财经商贸类职业教育校企合作"双元规划"创新型教材

大数据财务报表分析

何群英　欧少冠　彭　娜　**主编**

天津出版传媒集团

天津科学技术出版社

内容提要

本书主要内容包括：大数据财务报表分析概述、资产负债表分析、利润表的分析、现金流量表的分析、所有者权益变动表的分析、财务效率分析、财务报表综合分析、财务报表分析报告、大数据在财务报表分析中的运用等。

本书可作为职业院校会计专业教材，也可作为相关人员参考用书。

图书在版编目（CIP）数据

大数据财务报表分析 / 何群英, 欧少冠, 彭娜主编. —天津：天津科学技术出版社, 2022.3（2025.7重印）

ISBN 978-7-5576-9887-4

Ⅰ.①大… Ⅱ.①何… ②欧… ③彭… Ⅲ.①会计报表—会计分析—高等职业教育—教材 Ⅳ.①F231.5

中国版本图书馆CIP数据核字（2022）第032414号

大数据财务报表分析

DASHUJU CAIWU BAOBIAO FENXI

责任编辑：刘　颖

责任印制：赵宇伦

出　　版：	天津出版传媒集团 天津科学技术出版社
地　　址：	天津市西康路35号
邮　　编：	300051
电　　话：	（022）23332372
网　　址：	www.tjkjcbs.com.cn
发　　行：	新华书店经销
印　　刷：	保定瑞隆印刷有限公司

开本 889×1194　1/16　印张 18　　字数 518 000

2025年7月第1版第2次印刷

定价：59.00元

前 言

"大数据财务报表分析"是职业教育财经类专业学生所学的一门专业拓展课程,该课程既是对财务管理课程地巩固、提升,也是学好会计专业后续课程的基础,更是培养学生分析能力、应用能力和岗位能力的基石,在专业课程体系中具有重要的地位和作用。为了让学生熟练掌握财务报表分析操作技能,为社会培养知识、能力和素质全面发展的会计专业人才,在编写本书的过程中,我们广泛采集了会计报表分析课程的教学成果,充分吸纳了企业的宝贵意见,以满足有财务报表分析课程的高等学校和职业院校的教学需要。

本书是按照财政部颁布的《企业会计准则》和《企业会计准则——应用指南》编写的,主要内容包括大数据财务报表分析概述、资产负债表分析、利润表的分析、现金流量表的分析、所有者权益变动表的分析、财务效率分析、财务报表综合分析、财务报表分析报告、大数据在财务报表分析中的运用。本书运用真实的企业财务报表进行分析与评价,具有很强的实用性。

与目前市场上已有的同类教材相比,本教材的显著特点是:

1. 财务状况质量分析理论更加完善

财务状况质量分析理论的最新研究成果主要体现在资产质量分析、利润质量分析、现金流量质量分析、所有者权益变动分析、合并财务报表分析等相关内容之中。

2. 建立了与现行准则相适应的财务分析方法体系

本书构建了与现行会计准则的概念体系和报表体系相适应的财务分析方法体系。本书是作者首次在教材中向读者系统地展示这方面的研究成果。

3. 选择的案例与现行准则联系密切,针对性、实用性强

本书在案例的选择与安排上,融入了作者近期收集的具有代表性的案例,具有说服力。

本书内容结构完整、前后连贯,实训内容具有实践性、启发性、应用性,难度和强度适中,突出知识的落实和技能的掌握。本书可作为会计、金融、工商管理专业学生学习财务报表分析的教材。

在编写本书的过程中,编者选择具有代表性的会计专业校外紧密型实训基地为合作方,认真咨询了校外专家的指导意见,同时听取了从事会计工作的往届毕业生的建议,使本教材更加具有实用性和针对性。

由于编者水平有限,书中难免存在疏漏之处,敬请广大读者批评指正。

编 者

编委会

主　审　夏连虎

主　编　何群英　欧少冠　彭　娜

副主编（排名不分先后）

　　　　胡安林　施文全　陈碧丽

　　　　姚和平　黄思敏　宣芳敏

　　　　赵孝斌

编　者（排名不分先后）

　　　　吕爱玲　章　珊　刘　雯

　　　　张　秋　屠晓佳　吴思哗

目录

CONTENTS

项目一　大数据财务报表分析概述 1

　　任务一　财务报表分析的内涵和作用 2
　　任务二　财务报表分析的主体及分析目的 3
　　任务三　财务报表分析的内容和形式 4
　　任务四　财务报表分析的依据和原则 8
　　任务五　财务报表分析的程序和基本方法 10
　　本项目小结 22

项目二　资产负债表分析 27

　　任务一　资产负债表的编制 28
　　任务二　资产负债表项目分析 47
　　任务三　资产负债表结构分析 52
　　任务四　资产负债表水平分析 65
　　任务五　资产负债表中重要项目结构及其变动的管理含义 69
　　本项目小结 70

项目三　利润表的分析 80

　　任务一　利润表的编制 81
　　任务二　利润表分析的目的和内容 86
　　任务三　利润表具体项目分析 87
　　任务四　利润表水平分析 91
　　任务五　利润表的垂直分析 94
　　本项目小结 97

项目四　现金流量表的分析 103

　　任务一　了解现金流量表的概念、内容及其分析目的 104
　　任务二　现金流量表的编制 108

  任务三 现金流量表项目分析 ……………………………………………………… 124
  任务四 现金流量表结构分析 ……………………………………………………… 137
  任务五 现金流量表趋势分析 ……………………………………………………… 142
  本项目小结 …………………………………………………………………………… 145

项目五 所有者权益变动表的分析 ………………………………………………… 151

  任务一 认识所有者权益变动表 …………………………………………………… 151
  任务二 所有者权益变动表分析 …………………………………………………… 156
  任务三 所有者权益变动表结构分析 …………………………………………… 157
  任务四 财务报表附注的编制 ……………………………………………………… 161
  本项目小结 …………………………………………………………………………… 166

项目六 财务效率分析 ………………………………………………………………… 171

  任务一 偿债能力分析 …………………………………………………………… 172
  任务二 盈利能力分析 …………………………………………………………… 185
  任务三 营运能力分析 …………………………………………………………… 198
  任务四 发展能力分析 …………………………………………………………… 207
  任务五 现金流量比率分析 ……………………………………………………… 215
  本项目小结 …………………………………………………………………………… 220

项目七 财务报表综合分析 ……………………………………………………………… 235

  任务一 财务报表综合分析概述 …………………………………………………… 236
  任务二 杜邦财务分析体系 ……………………………………………………… 237
  任务三 沃尔综合评分分析法 …………………………………………………… 244
  任务四 可持续发展财务分析体系 …………………………………………… 245
  本项目小结 …………………………………………………………………………… 249

项目八 财务报表分析报告 ……………………………………………………………… 260

  任务一 认识财务报表分析报告 …………………………………………………… 261
  任务二 财务报表分析报告的格式 …………………………………………… 262
  任务三 财务报表分析报告的编写要求与编写方法 …………………………… 262
  任务四 财务报表分析报告中应注意的问题 …………………………………… 263
  本项目小结 …………………………………………………………………………… 269

项目九 大数据在财务报表分析中的运用 …………………………………………… 272

  本项目小结 …………………………………………………………………………… 276

参考文献 ……………………………………………………………………………………… 277

项目一　大数据财务报表分析概述

知识目标

1. 了解财务报表分析的含义、内容和形式；
2. 熟悉财务报表分析主体及分析目的；
3. 理解财务报表分析的依据和原则；
4. 掌握财务报表分析的各种方法及运用时应注意的问题；
5. 理解财务报表分析的程序及应注意的问题。

能力目标

能运用财务报表分析的基本方法进行简单的财务分析。

素质目标

具有良好的政治素质，热爱祖国，拥护共产党领导，拥护社会主义制度，具有正确的世界观、人生观、价值观，德、智、体、美全面发展；具有良好的职业素养、具备财务报表分析课程所应掌握的财务报表分析计算技能和财务报表分析的技能。

项目引例

沃尔玛是世界零售业的巨头，它和著名的投资大师巴菲特之间有过一次高效的合作。多年来，《财富》杂志在进行"最受人景仰的企业"的调查时，巴菲特一直把票投给沃尔玛，因为他对沃尔玛的诚信品质和经营能力有着高度的信任。当年沃尔玛有意出售其下属的一个年营业额约230亿美元的非核心企业——麦克林，此消息被巴菲特得知，他立即做出相应的收购投资决策。当时整个收购交易过程异常简单、迅速，巴菲特和沃尔玛的首席财务官面谈了两个小时，当场同意全额购买这个企业，而沃尔玛的首席财务官只打了一通电话请示首席执行官，交易就宣告完成。29天后，购买麦克林的15亿美元款项，就由伯克希尔公司直接汇入沃尔玛账户，中间没有任何投资银行介入。这种交易方式是否过于草率？巴菲特说，他相信沃尔玛财务报表所提供的一切数字，因此计算合理的收购价格对他来说轻而易举。事后也证明，沃尔玛提供给巴菲特的各项数据的确坦诚无欺。

案例分析

财务报表是财务报告的重要组成部分，是投资者了解被投资方的最直接、最基础的信息来源。通过财务报表，投资者可以评价企业的经营业绩及投资价值，判断企业的财务健康状况，规划企业未来的经营策略和财务政策。对于公司的财务总监以及领导层而言，他们需要了解公司近年来的盈利状况、资金周转状况，以及公司的债务负担状况等，并结合公司发展战略来决定是否通过某项提议；如果新投资计划的资金需求准备通过申请贷款来解决，那么银行主管需要考虑公司当前的债务状况及其以往的信用状况，并结合新项目的盈利潜力来决定是否给予该公司贷款；对于公司已有的股东而言，他们需要了解新项目可能带来的风险和收益，并据此做出是否继续持有该公司股票的决定；对于公司的潜在投资者而言，他们需要考虑公司新项目的收益及风险情况，并考虑新项目给公司带来的发展潜力，从而决定是否投资该公司。不同的公司利益相关者，从自身决策的角度出发需要不同的决策信息，因此我们需要了解公司财务报表的分析方法。

任务一 财务报表分析的内涵和作用

一、财务报表分析的内涵

财务报表分析是以企业的财务报表为主要依据，采用科学的评价标准和适用的分析方法，遵循规范的分析程序，对企业的财务状况、经营成果和现金流，以及所有者权益变动情况等进行分析与评价，为投资者、债权人及其他信息使用者了解企业过去、评价企业现状、预测企业未来和做出正确决策提供信息的一种活动。财务报表分析的含义体现在：

1. 财务报表分析有完整的理论体系和健全的方法论体系

财务报表分析的内涵、目的、功能、内容，以及财务报表分析的原则和形式等，都日趋成熟。随着财务报表分析的实践程度逐步加深，财务报表分析的方法也不断地发展和完善，进而形成了财务报表分析的专门方法，如比较分析法、比率分析法、趋势分析法，及因素分析法等。

2. 财务报表分析依据系统、客观的资料

财务报表分析依据的最基本资料是财务报表。财务报表的体系、结构，及内容的科学性、系统性、客观性为财务报表分析的系统性和客观性奠定了基础。此外，财务报表分析不仅要以财务报表资料为依据，还需要参考企业经营战略、外部市场信息等资料，这样能使财务报表分析所依据的资料更加完整。

3. 财务报表分析有明确的目的和功能

财务报表分析的目的受财务主体和财务报表分析服务对象的制约，不同的财务主体进行财务报表分析的目的不同，不同的财务报表分析服务对象所关心的问题也不相同。各种财务主体进行财务报表分析的目的和财务报表分析服务对象所关心的问题，构成了财务报表分析的目的和研究目标。财务报表分析的功能从不同的角度来看是不同的：从财务报表分析的服务对象角度来看，财务报表分析不仅对企业内部生产经营管理有重要作用，而且对企业外部投资决策、贷款决策、赊销决策等都有重要作用；从财务报表分析的职能作用来看，财务报表分析对预测、决策、计划、控制、考核与评价都有着重要作用。

二、财务报表分析的作用

企业编制财务报表的目的在于为投资者、债权人和经营者提供有助于他们决策的会计信息。但从财务报表的数字中，只能了解企业的财务状况、经营成果和现金流量、所有者权益变动情况的概要。不能解释和说明财务状况、经营成果和现金流量、所有者权益变动情况的原因，也无法系统地对企业的偿债能力、盈利能力和经营能力等做出评价。因此，现代企业管理的科学化、企业投资主体的多元化、会计信息使用者的不断增多，都要求根据财务报表资料进行分析，以有利于会计信息者及时、全面地获得他们决策所需的比较容易理解的、有用的会计信息。具体来讲，财务报表分析的作用主要体现在以下三个方面：

1. 财务报表分析可以正确评价企业的过去

正确评价企业的过去是说明企业现在和揭示企业未来的基础。对实际财务报表等资料进行分析，能够准确地说明企业过去的业绩状况，指出企业的成绩、问题，以及问题产生的原因等。这不仅对正确评价企业过去的经营业绩十分有益，还可以对企业投资者和债权人的行为产生积极的影响。

2. 财务报表分析可以全面反映企业的现状

财务报表等资料是企业各项生产经营活动的综合反映。根据不同的分析目的，采用不同的分析手段和方法分析财务报表等资料，可以获得反映企业现状的各项指标，如反映企业的资产结构、现金流量、偿债能力、盈利能力、营运能力等的指标。这种分析对于全面反映和评价企业的现状具有重要作用。

3. 财务报表分析可以预测企业的未来发展趋势

分析不仅可以评价过去和反映现状，更重要的是通过对企业过去与现状的分析和评价，可以预测企业未来的发展状况和趋势，为企业未来的正确评估、企业未来的财务预测、财务预算和财务决策指明方向。此外，财务报表分析也可以为企业财务危机的预测，提供必要的信息。

任务二　财务报表分析的主体及分析目的

财务报表分析的主体是指与企业存在一定的现实或潜在的利益关系，为特定目的而对企业的财务状况、经营成果和现金流量情况等进行分析的单位、团体或个人。财务报表分析的主体分为内部分析主体和外部分析主体两种。内部分析主体主要指企业内部的经营管理人员和普通员工。外部分析主体包括投资者、债权人、政府机构和其他与企业有利益关系的人员。

财务报表分析的目的是通过财务报表所提供的会计信息，揭示数字背后隐含的信息，了解企业的生产经营状况和未来的发展趋势，为信息使用者进行经济决策提供依据。由于财务报表分析在不同的应用领域有不同的主体，所以不同的财务报表分析主体进行财务报表分析的目的不同，所关注的问题也不同。

1. 投资者

投资者拥有收益权和对企业最终资产的剩余要求权，是公司最终风险的承担者。出于对自身经济利益的关心，投资者需要随时了解企业的总体经营状况，使资本得以保全与增值。投资者进行财务报表分析的主要目的：通过了解企业的投资报酬率，正确判断企业在资本市场上的投资价值；发现有效地减免税收的渠道，了解企业未来的发展趋势，分析企业在激烈的市场竞争中可能具备的竞争优势或隐含弊端，防范经营者或其他相关人员可能存在的会计舞弊和欺诈行为；合理评价公司经营与盈利的风险，评估公司的潜在成长性，以便最终决定自己的投资与进退策略等。

2. 债权人

债权人包括贷款银行、融资租赁出租方、企业债券持有人等。企业与债权人之间的关系是债务资本的取得和本金及利息的偿还关系。一般来说，债权人不仅要求及时收回本金，而且要求得到相应的报酬或收益，而收益的大小又与其承担的风险程度相适应，通常债券偿还期越长，风险越大。债权人进行财务报表分析的主要目的：研究企业偿债能力的大小，分析其对企业的借款或其他债权是否能及时、足额收回；将偿债能力分析与盈利能力分析相结合，分析债权人的收益状况与风险程度是否相适应。

3. 企业经营管理者

企业经营管理者是企业日常生产经营活动的决策者、组织者和管理者。作为被聘任方，经营管理者往往要对企业的全面生产经营活动负责，对企业的经营业绩的提升具有举足轻重的作用。企业经营管理者进行财务报表分析的主要目的：全面了解企业目前的财务状况，包括企业可利用的经济资源及其质量、企业的债务构成及偿还期限等；了解企业现有资产的利用效率与利用效果，检查各项财务计划指标的完成情况；了解企业目前的现金流向并预测未来的流量构成，了解企业资产的流动性与资本结构弹性，发现企业可能存在的问题以便及时进行有效控制，科学规划解决问题的策略。此外，通过对竞争对手的分析，掌握企业目前所处的外部环境及具备的竞争优势，从而审时度势，及时调整生产经营战略，进一步抓住机遇，科学合理地进行资本经营、规模扩张、兼并收购等决策。

4. 社会中介机构

会计师事务所、律师事务所、资产评估事务所、证券公司、资信评估公司，以及各类咨询公司等社会中介机构，在为企业提供服务时，都需要站在客观的立场上，对企业相关事项提出建议、意见、评定等。在服务过程中，这些社会中介机构都或多或少地需要借助财务报表分析，了解企业相关的经营成果和财务状况等。因此，社会中介机构也是企业财务报表分析的主体之一。

一般来说，在这些社会中介机构中，会计师事务所进行财务报表分析的频次最高。在对企业进行审计时，注册会计师要对企业财务报表的合法性、合理性等进行验证并提出相应的审计意见。而财务报表分析是进行审计工作的一个非常重要的手段。财务报表分析可以帮助审计人员发现错误、遗漏或不寻常的事项，为进一步追查相关问题提供线索，为做出审计结论提供依据。

5. 政府管理部门

政府管理部门也是公司财务报表的使用人，这些政府管理部门包括税务部门、国有企业管理部门、证券管理机构、会计监管机构和社会保障部门等。政府管理部门使用财务报表是为了履行自己的监督管理职责。工商、税务、财政等对企业有监管职能的政府部门，在履行监管职能时，往往需要进行财务报表分析。因此，相关的政府管理部门也是企业财务报表分析的主体之一。政府管理部门进行财务报表分析的主要目的：监督企业遵循相关政策法规，检查企业是否偷逃税款等，以维护正常的市场经济秩序、保障国家和社会的利益。

6. 业务关联单位

业务关联单位主要指企业供应商、客户等。企业从事生产经营活动，必然与其他企业发生业务联系。这些单位出于保护自身利益的需要，非常关心往来企业的财务状况和经营情况，要对对方企业进行财务报表分析。他们在分析时最关注的是企业的信用状况，包括商业信用状况和财务信用状况。商业信用是指按时、按质完成各种交易的行为；财务信用则指企业能够及时清算各种款项。通过财务报表分析，可以判断企业的支付能力和偿债能力，了解企业完成交易情况并分析原因，评估企业财务信息状况进而追溯企业商业信用状况。其最终目的是保证交易安全、维护自身利益。

7. 企业员工

企业员工是企业最直接的利益相关者。企业的现在和将来、企业的经营和理财、企业的生存和发展、企业的好坏，都直接影响员工的切身利益。因此，企业员工必须了解关心企业的发展情况。他们最关注的是企业为其提供的就业机会及其稳定性、劳动报酬高低和职工福利好坏等方面的信息，而这些信息又与企业债务结构和盈利能力密切相关。企业员工了解企业财务状况的方法很多，如直接观察和感受等方法；但这些方法不够全面，要想全面完整地了解企业财务状况和经营成果，把握企业的现在和未来，主要还应依据财务报表进行分析，其最终目的是做出合理的就业决策。

任务三　财务报表分析的内容和形式

财务报表列报的内容能揭示和反映企业开展生产经营活动的过程和结果，包括筹资活动、投资活动和经营活动等方面。因此，围绕财务报表列报的上述内容，本书主要分析的内容如下。

一、财务报表分析的内容

(一)财务报表分析

财务报表分析主要是指对资产负债表、利润表、现金流量表,及所有者权益变动表等主要财务报表的分析。大多数的财务报表分析都是以企业财务会计报告所反映的数据及其他相关信息为主要原始资料的,因此对企业财务会计报告,特别是财务报表的阅读与理解能力,便成为决定财务报表分析质量的基本要素之一。明确每个项目数据的含义和编制过程,掌握报表数据的特性和结构。

1. 财务报表的质量分析

企业披露的最主要的财务报表是资产负债表、利润表、现金流量表及所有者权益变动表等,涵盖了六大会计要素和现金流量状况。因此,财务报表质量分析就是对财务状况质量、经营成果质量和现金流入流出质量进行分析,关注表中数据与企业现实经济状况的吻合程度、不同时期数据的稳定性和不同企业数据总体的分布状况等。

2. 财务报表趋势分析

在取得多期财务报表的情况下,相关人员可以进行趋势分析。趋势分析是依据企业连续多期的财务报表,以某一年或某一期间(基期),计算每期各项目相对基期同一项目的变动状况,观察该项目数据的变化趋势,揭示各期企业进行经济行为的性质和发展方向。

3. 财务报表结构分析

财务报表结构是指各报表内容之间的相互关系。通过结构分析,可以从总体上了解企业财务状况的组成,利润形成的过程和现金净流量的来源,深入探究企业财务结构的具体构成因素及原因,有利于更准确地评价企业的财务能力。如通过观察流动资产在总资产中的比重,可以明确企业当前是否面临较大的流动风险,是否对非流动资产投入过少,是否影响了资产整体的盈利能力等。

(二)财务比率分析

财务比率是在对企业财务报表进行分析、解读并熟悉其所揭示的基本信息的基础上,根据表内或表间存在的相互关系,计算出一系列反映企业各项财务能力的指标。

1. 偿债能力分析

企业偿债能力是指企业偿还到期债务(本金与利息)的能力。企业的债务是以持有一定的资产作为物质保障的,债务到期就必须用资产变现偿付。如果企业变现资产不足以清偿到期债务,企业就很难再从银行或者其他金融机构取得借款,也很难再从供应商那里取得赊购的优惠,从而直接影响企业筹措资金的能力,影响正常的生产经营活动。企业偿债能力分析包括短期偿债能力分析和长期偿债能力分析。

2. 营运能力分析

资产营运能力分析主要是指对企业营运资产的利用效率和效益的分析。营运资产的效率是指各项资产的周转速度。各项资产的周转速度越快,资产的利用效率越高。营运资产的效益是指资产的利用效果,用资产的投入与产出之间的比率来表示。同等数量的资产为企业带来的收益越高,利用效果越好。资产营运能力分析主要从流动资产营运能力、固定资产营运能力和全部资产营运能力三个方面进行。

3. 盈利能力分析

盈利能力是指企业在一定时期内赚取利润的能力。一般来说,资源投入的比率越高,盈利能力越强;资产投入的比率越低,盈利能力越弱。由于利润是衡量企业经营成果的重要标准,企业经营业绩的好坏最终可以通过企业的盈利能力来反映。同时,投资者、债权人等财务报表分析主体对企业盈利能力的分析都是其决策的重要依据,因此无论是企业经营者、投资者、债权人,还是企业职工,甚至政府,都十分关心企业的盈利能力，非常重视对企业盈利能力水平、盈利能力变化的分析和判断。盈利能力分析可以针对一般企业和上市公司等从不同角度进行；同时，要十分关注收益的质量问题。

4. 发展能力分析

企业的发展成长是企业从起步期开始逐渐发展壮大的一个动态过程。在这个过程中，企业可以综合运用内部积累和外部融资两种方式，充分考虑各个利益相关者的要求，合理制订发展战略，实现企业价值的不断提升。企业发展能力分析主要采用两种分析框架：发展成长性指标分析和企业可持续性成长分析。在实际分析中，不仅要按照这两种分析框架分别进行分析，还应当关注从这两种分析思路出发对发展能力进行分析所获得的分析结果之间的联系，从而更加全面地展现企业发展能力的实际情况。

（三）财务综合分析

财务综合分析是在单项财务报表分析的基础上，运用财务综合分析方法将反映企业营运能力、偿债能力、盈利能力和发展能力等的各方面的财务指标融合成一个有机的整体，全面地反映和揭示企业的财务状况和经营成果。财务综合评价是指在财务综合分析的基础上，运用财务综合评价方法对财务活动过程和财务效果进行综合评判。财务评价以财务报表分析为前提，财务报表分析以财务评价为结论，只有在财务综合分析的基础上进行财务综合评价，才能从整体上系统地、全面地评价企业的财务状况和经营成果。

二、财务报表分析的形式

明确不同的财务报表分析形式，对于财务报表分析主体达到分析目的具有重要的意义和作用。

（一）内部分析和外部分析

根据财务报表分析主体的不同，财务报表分析可以分为内部分析与外部分析。

1. 内部分析

内部分析是指企业内部经营者对企业财务状况和经营成果的分析。分析的目的是分析评价企业生产经营活动是否正常，还存在哪些不足，以便为企业未来生产经营的顺利进行、提高经济效益指明方向。

2. 外部分析

外部分析是指企业投资者、债权人和国家政府部门等外部报表分析主体根据各自的要求对企业的财务状况和经营成果进行分析。这些企业外部报表分析主体的分析目的前面已详述，在此不再赘述。

当然，内部分析与外部分析并不是彼此孤立的、要保证报表分析的准确性，内部分析有时也应站在外部分析的角度进行；而外部分析也应参考内部分析的结论，以免得出片面的结论。

（二）动态分析和静态分析

根据财务报表分析方法的不同，财务报表分析可以分为动态分析和静态分析。

1. 动态分析

动态分析是对两个或两个以上时期会计报表项目及其变化进行分析的一种报表分析形式。对比分析和趋势分析属于动态分析，如把前后两期的资产负债表进行对比，编制比较资产负债表可分析报表中各项目的变化。

2. 静态分析

静态分析是就某一时点或某一时期的会计报表各项目及其关系进行分析的一种报表分析形式。在报表分析中常用的比率分析和结构分析就属于静态分析，如流动比率、速动比率这两个财务比率就是根据某一时点资产负债表计算出来的反映企业短期偿债能力的指标。

（三）全面分析和专题分析

根据财务报表分析范围不同，财务报表分析可以分为全面分析和专题分析。

1. 全面分析

全面分析是指对企业生产经营的各个方面所进行的分析，既要分析主观和客观的情况，又要分析企业内部和外部的原因。分析的目的是找出生产经营中带有的普遍性问题，全面总结企业在这一时期的成绩与问题，为做好下期的生产经营提供可靠的依据。全面分析通常站在企业经营者的角度在年终进行，最终形成综合、全面的报表分析报告。

2. 专题分析

专题分析是指就企业生产经营的某一方面所进行的分析，往往带有调查研究的性质，主要是对企业的关键问题或存在的薄弱环节进行专门分析。专题分析不必等到年终进行，只要生产经营需要可随时进行，如在生产过程中出现了成本升高的势头，对此就可以搞一个专题分析，分析企业成本升高的原因，又如当企业出现资金紧张的局面时，也可以搞一个专题分析，从筹资结构、资产结构、现金流量和支付能力等方面分析企业资金紧张的具体原因。

（四）定期分析和不定期分析

根据财务报表分析的时间性不同，财务报表分析可以分为定期分析和不定期分析。

1. 定期分析

定期分析是指按事先约定的时间所进行的分析，如定期对企业月报、季报、年报所进行的分析。定期分析便于定期全面地评价企业财务活动。

2. 不定期分析

不定期分析是指事先没有约定分析时间，而根据不同报表分析主体的实际需要随时进行的分析，如当某一企业发行股票时，投资者就可以对这一企业的会计报表进行分析，以决定是否购买这一企业的股票；又如当某一企业申请银行贷款时，银行可对其报表进行分析，以决定是否对其贷款和贷款的条件。

（五）财务报表分析与内部报表分析

根据财务报表分析所依据的资料不同，可分为财务报表分析与内部报表分析。

1. 财务报表分析

财务报表分析是指对企业财务报表所进行的分析。这里所指的财务报表是企业依据会计准则和会计制度编制的，向企业外部有关部门及与企业有利害关系的单位等提供的反映企业财务状况和经营成果等会计信息的报告文件。由于对外报送的财务报表有资产负债表、利润表和现金流量表、所有者权益变动表，相应的财务报表分析也分为资产负债表分析、利润表分析、现金流量表分析、所有者权益变动表分析，以及四张报表的综合分析。

2. 内部报表分析

内部报表分析主要是指对企业内部经营者参考的内部成本管理会计类报表所进行的分析。内部报表主要是指一些内部成本管理会计类报表，这些报表不对外报送，仅供企业内部管理参考。

在实际分析时，财务报表分析与内部报表分析应相互结合，只有这样才能达到分析目的。如通过利润表分析，只能看到利润升高了还是下降了，是销售收入还是销售成本抑或是期间费用的变化引起的；但销售成本变化的原因是什么，是材料费用变化引起的，还是人工费用引起的，抑或是制造费用引起的，要知道这些，必须借助于内部成本报表资料。

以上各种形式的分析，各有特点。在实际工作中，要结合企业的具体情况灵活运用，使各种形式的财务报表分析相互结合，更好地达到分析的要求。

任务四　财务报表分析的依据和原则

一、财务报表分析的依据

按照规定要求编制的财务会计报告和取得的其他资料是进行财务报表分析的主要依据。

（一）财务会计报告

根据国务院 2000 年 6 月 1 日发布并于 2001 年 1 月 1 日起实施的《企业财务会计报告条例》的规定，企业财务会计报告包括会计报表和文字报告两部分。

1. 会计报表

会计报表是由企业以一定的会计方法和程序通过会计账簿的数据整理得出，以表格的形式反映企业财务状况、经营成果和现金流量的书面文件，是财务会计报告的主体和核心。企业会计报表按其反映的内容不同，分为资产负债表、利润表、现金流量表、所有者权益（股东权益）变动表。其中，相关附表是反映企业财务状况、经营成果和现金流量的补充报表，主要包括利润分配表和国家统一会计制度规定的其他附表。

2. 文字报告

文字报告不是会计报表，但却是阅读和分析会计报表的基础。许多会计报表数字不能表达的内容和数字背后隐含的内容，需要通过文字部分来加以说明。文字报告主要包括会计报表附注、财务状况说明书和注册会计师的审计报告。

（1）会计报表附注

会计报表附注是为便于会计报表使用者理解会计报表的内容而对会计报表的编制基础、编制依据、编制原则和方法及主要项目等所做的解释。会计报表附注是财务会计报告的一个重要组成部分，它有利于增进会计信息的可理解性，提高会计信息可比性和突出重要的会计信息。会计报表附注一般包括如下内容：

①企业基本情况；

②不符合基本会计假设的说明；

③重要会计政策和会计估计及其变更情况、变更原因，以及其对财务状况和经营成果的影响；

④或有事项的说明；

⑤资产负债表日后事项的说明；

⑥关联方关系及其交易的说明；

⑦重要资产转让及其出售情况；

⑧企业合并、分立；

⑨重大投资活动、融资活动；

⑩会计报表中重要事项的明细资料。

（2）财务情况说明书

财务情况说明书是财务会计报告的组成部分，是指企业对自身财务状况和经营成果做出自我评价。通过阅读会计报表和会计报表附注可以对企业的基本情况有一个比较全面和具体的了解，但还有一些信息不能充分地表达和揭示。财务状况说明书就用于未来更全面地说明有关财务状况。因此，阅读会计报表附注之后，应仔细阅读财务情况说明书，以达到以下目的：对企业的情况有更全面、更深刻的理解；对企业经营者认识问题、分析问题的能力有更深刻的了解，客观地评价经营者的业绩。财务状况说明书主要包括以下内容：

①企业生产经营的基本情况；

②利润实现和分配情况；

③资金增减和周转情况；

④对企业财务状况、经营成果和现金流量有重大影响的其他事项。

（3）注册会计师的审计报告

如果企业的会计报表必须经过会计事务所审计，在阅读和分析会计报表的时候，必须阅读注册会计师的审计报告。这样做的目的是了解会计报表的真实性和可靠性；了解注册会计师对企业会计报表的审计结果；了解企业的会计事项是否存在问题。注册会计师出具的审计报告有四种类型：

①无保留意见的审计报告。这种类型的审计报告说明被审计单位会计报表的编制符合《企业会计准则》和国家其他财务会计法规的规定；会计报表在所有重大方面公允地反映了被审计单位的财务状况、经营成果和现金流量情况，被审计单位不存在应调整而未调整的重要事项，被审计单位的会计信息具有较高的信赖度。

②保留意见的审计报告。这种类型的审计报告说明被审计单位会计报表的反映就整体而言是公允的，但还存在下述情况之一：个别重要会计事项的处理或个别重要会计报表项目的编制不符合《企业会计准则》和国家其他财务会计法规的规定，企业拒绝进行调整；因审计受到局部限制，无法按照独立审计准则的要求取得应用的审计证据。

③否定意见的审计报告。这种类型的审计报告说明被审计单位会计报表不能公允地反映被审计单位的财务状况、经营成果和现金流量情况，或者被审计单位会计报表已经失去其价值，即存在下述情况之一：会计处理方法的选用严重违反了《企业会计准则》和国家其他财务会计法规的规定，企业拒绝进行调整；会计报表严重歪曲了企业的财务状况、经营成果和现金流量情况，企业拒绝进行调整。

④拒绝表示意见的审计报告。这种类型的审计报告说明被审计单位会计报表不能发表意见。其原因是：注册会计师在审计过程中，由于审计范围受到委托人、被审计单位或客观环境的严重限制不能获取必要的审计证据，以致无法对会计报表整体发表审计意见。

（三）其他相关资料

在财务报表分析中，还将运用下列资料来辅助分析：国家有关经济政策、法律法规、市场信息、行业信息，以及与财务报表分析有关的定额、计划、统计和业务等方面的资料。如果企业是上市公司，财务报表分析所运用的其他资料还包括招股说明书、上市公告、定期公告和零时公告等。

二、财务报表分析的原则

财务报表分析的原则是指各类报表使用人在进行财务报表分析时应遵循的一般规范，可以概括为：相关性原则、可理解性原则、定性分析与定量分析相结合原则，以及客观性、全面性、联系性、发展性相结合原则。

1. 相关性原则

相关性原则也称有用性原则，是由财务报表分析的目的决定的。财务报表分析的目的就是充分利用财务报表及其分析所揭示的信息，使之成为决策有用的依据。财务报表分析的结果只有对未来的生产经营产生影响，能够成为信息使用者进行决策的重要参考，才有利用价值。相关性原则与信息使用者的目的密切相关。如作为债权人，其决策所需要的主要是企业偿债能力方面的信息；作为投资人，其决策所需要的主要是企业盈利能力方面的信息；而对企业经营者来说，其决策所需要的信息则涉及财务报表分析的各个方面。因此，相关性原则是财务报表分析的前提和基础。

2. 可理解性原则

财务报表分析的结果是提供给财务报表使用者做决策的信息。财务报表分析的使用者只有读懂且能准确理解报表分析的内容，才能更好地利用财务报表分析的结果进行科学决策。因此，财务报表分析的结果应直观、明确、易于理解，使财务信息使用者能够准确加以理解和运用。该原则要求在财务报表分析过程中尽量采用通用的方法和计算口径，对于行业财务制度中已规定的计算方法和口径，分析时必须共同遵守；对未作规定部分，应在探讨和实践的基础上尽可能达成一致做法；对于没有统一计算口径的指标，应注明采用分析计算的方法，以便报表使用者理解。

3. 定性分析和定量分析相结合原则

财务报表分析就是透过现象看本质。定性分析是财务报表分析的基础和前提。定量分析是财务报表分析的手段和工具。没有定性分析就弄不清事物的本质、趋势及其其他事物的联系；没有定量分析就弄不清事物发展的界限、阶段性和特殊性，没有数字就得不出结论。另外，由于企业面临复杂多变的外部环境，而这些外部环境有时很难定量，但环境的变化却对企业的产业发展、投资目标的实现和企业销售情况产生重要影响。因此，在分析的过程中要将定量分析与定性分析有机结合起来，在定量分析的同时，要做出定性判断；在定性判断的基础上，再进一步进行定量分析和判断，才能得出科学、合理的结论。

4. 客观性、全面性、联系性、发展性相结合的原则

客观性、全面性、联系性、发展性相结合的原则，就是在财务报表分析时应以实际发生的经济业务为依据，用客观的、全面的、联系的，发展的眼光看待问题，避免用片面的、孤立的、静止的观点分析问题。因此，在进行财务报表分析时，要从实际出发，坚持实事求是的原则，客观反映情况，反对不尊重客观事实、主观臆断、结论先行、搞数字游戏的做法；既要全面地看问题，坚持一分为二，反对片面地看问题，又要兼顾成功经验与失败教训、有利因素与不利因素、主观因素与客观因素、经济问题与技术问题、外部问题与内部问题；既要注重事物的联系，坚持用联系的眼光看问题，反对孤立地看问题，又要注意局部与全部；要发展地看问题，反对静止地看问题，注意过去、现在和将来的关系。在进行财务指标分析时，既要对指标本身的数值做出分析解释，又要对该指标数值对其他方面所产生的影响做出解释，要通过一个指标的变化追溯到其他指标的变化。如企业资产结构的恶化要同企业实现利润情况、企业资金增减情况结合分析，看是否会导致企业财务状况恶化。要联系企业和投资者、决策者的实际情况，静态和动态相结合，对指标值的含义做出判断，以便为决策服务。

任务五　财务报表分析的程序和基本方法

一、财务报表分析的程序

财务报表分析的程序是进行财务报表分析所应遵循的一般过程。研究财务报表分析程序是进行财务报表分析的基础与关键，它为开展财务报表分析工作、掌握财务报表分析技术指明了方向。财务报表分析的程序包括：明确分析目的与分析范围，收集、整理、核实分析资料，确定分析标准，选择分析方法，编写分析报告。

1. 明确分析目的与分析范围

在进行财务报表分析时，首先要确立分析目的。进行财务报表分析的一般目的是解读财务信息，并将这些信息作为某项决策的依据。因为不同的财务报表使用者与企业的利益关系不同，所需要做出的决策不同，所以其财务报表分析的具体目标也不尽相同。企业短期债权人进行财务报表分析的目的在于了解企业的短期偿债能力，便于进行短期投资决策；企业长期债权人分析财务报表的目的在于了解企业的长期偿债能力，为长期投资提供决策依据；企业投资者进行财务报表分析的目的在于获悉企业的经营业绩、获利能力、财务状况及资本结构等信息，这些信息对股票价格的涨落具有重大影响；企业经营管理者进行财务报表分析的目的在于及时掌握企业的财务状况及经营成果，检查各项措施的执行情况，及时发现问题，并采取有效措施解决问题，以促进企业的稳定发展。明确了分析目标后才能明确应该收集哪些资料，选用何种分析方法。所以，明确分析目的是进行财务报表分析的第一步。

财务报表分析主体不同，分析目的不同，分析范围也不同。大多数财务报表并不需要对企业的财务状况和经营成果进行全面分析，更多的情况是仅需对其中的某一个方面进行分析，或是重点对某一个方面进行分析，对其他方面的分析仅起参考的作用。这就要求财务报表分析主体在确立分析目的的基础上，明确分析的范围，做到有的放矢，将精力集中在重点分析上，以节约收集分析资料、选择分析方法等环节的成本。

2. 收集、整理、核实分析资料

确定分析范围之后，分析主体要根据分析目标，收集分析所需的数据资料。进行财务报表分析通常需要财务报表，除此之外，还需要宏观经济形势信息、行业情况信息、企业内部数据（企业的市场占有率、企业的销售政策与措施、产品品种、有关经济预测数据）等。可通过查找资料、专题调研、召开座谈会或其他相关会议等多种渠道收集资料。

在收集资料过程中，分析主体还需要对所收集的资料进行整理和核实。首先要核对财务报表的真实性。财务报表分析的一个重要前提是能够反映企业的真实财务状况和经营成果，否则，财务报表分析将毫无意义。这就要求分析主体对所收集的资料进行认真的核实，判断所收集的资料是否与企业的真实情况相符，尽可能地保证资料的真实性。在实施内部分析时，如果发现资料、数据不真实、不全面，可以进一步核对。但对企业外部分析主体而言，这个过程比较困难。因此，在分析时需要高度重视财务报表的真实性。

3. 确定分析标准

财务报表分析的对象是特定的企业，为了得出分析结论，必须将企业的财务状况、经营业绩与分析标准相比较。财务报表分析者应根据分析目的和分析范围，对财务报表分析标准进行选择。例如，如果要对企业的经营业绩进行分析，就要选择企业历史同期经营业绩进行比较，即选择历史标准；还要将本企业的经营业绩与同行业的标准企业进行比较，即选择行业标准；如果要进行企业内部业绩评价，则还应与企业预算、计划进行比较，即选择预算标准。可见，在分析时，分析主体可选择一个或多个分析评价标准。

4. 选择分析方法

分析方法服从于分析目的，分析主体应当根据不同的分析目的选择不同的分析方法。常用的分析方法有比较分析法、比率分析法、趋势分析法和因素分析法。这些分析方法各有特点，在对财务报表进行全面分析时，可以综合使用；进行局部分析时，可以选择其中某一种方法。例如，对营运能力进行分析，通常选用比率分析法；对计划的执行情况进行分析，往往采用因素分析法；进行全面的财务报表分析则应综合运用各种方法，做出客观、全面的评价。

5. 编写分析报告

编写财务报表分析报告是财务报表分析的最后步骤，它将财务报表分析的基本问题、财务报表分析的结论，以及解决问题的措施、建议以书面的形式表示出来，为财务报表分析主体及财务报表分析报告的其他受益者提供决策依据。财务报表分析报告作为对财务报表分析工作的总结，还可以作为历史信息，为以后的财务报表分析提供参考，保证财务报表分析的连续性。在财务报表分析报告中，要明确分析目的，评价要客观、全面、准确，进行必要的分析，说明评价的依据，对分析的主要内容、选用的主要方法、采用的分析步骤也要简明扼要地进行叙述，以便审阅分析报告的人了解在整个分析过程中所发现的问题、所提出的改进建议。如果财务报表分析报告能对企业今后的发展提出预测性意见，则具有更大的作用。

三、财务报表分析的基本方法

财务报表中列示的数据都为某一项目的总额或净额，从这些数据中很难揭示企业财务状况、经营绩效与资金流转中存在的问题。财务报表分析究其本质，就是通过比较来发现矛盾，进而分析矛盾，从而解决矛盾。因此，财务报表分析的核心在于比较。财务报表分析可以分为两种基本形式：同一期间的财务报表分析和不同期间的财务报表分析。财务分析方法就是分析工作中用来预测数据、权衡效益、揭示差异、查明原因的具体方法，是完成财务报表分析的方式和手段。最常见的基本方法有：比较分析法、比率分析法、趋势分析法和因素分析法。

（一）比较分析法

比较分析法是指通过主要项目或指标数值的对比，确定出差异，分析和判断企业经营及财务状况的一种方法。比较分析法在财务报表分析中运用得最广泛，通过比较分析，可以发现差距，找出产生差距的原因，进一步判定企业的财务状况和经营成果；通过比较分析，可以确定企业生产经营活动的收益性和企业资金投向的安全性，分析企业的发展状况。

1. 比较分析法的形式

（1）绝对数比较分析

绝对数比较分析是将各报表项目的绝对数额与比较对象的绝对数额进行比较，以揭示其数量差异。

（2）相对数比较分析

相对数比较分析是将财务报表中有相关关系的数据的相对数进行比较，如将绝对数换算成百分比、结构比重、比率等进行比较，以揭示相对数之间的差异。

2. 比较分析法的标准

（1）历史标准

所谓历史标准，就是以企业的历史数据作为标准。历史数据可以是历史最佳水平、历史平均水平或特定历史期间的水平，如前一个期间的水平或选定的基期水平等。

（2）行业标准

所谓行业标准，就是以企业所在行业的数据作为标准。行业数据可以是行业平均水平、行业先进水平或行业中特定企业的水平，如竞争对手的水平等。

（3）预算标准

所谓预算标准，就是将企业的预算数据作为标准。由于预算水平往往反映了企业预定的目标，因此预算标准又称目标标准。

（4）经验标准

所谓经验标准，就是以经验数据作为标准。经验数据是在较长的时间内积累起来的被很多人认同的一种数据。

3. 运用比较分析法应注意的问题

①指标内容、范围和计算方法的一致性；

②会计计量标准、会计政策和会计处理方法的一致性；

③时间单位和长度的一致性；

④企业类型、经营规模、财务规模，以及目标大体一致。

4. 比较分析法应用举例

不同企业之间拥有的能给企业带来经济利益的资源的规模不同，其取得这些经济资源的方式存在差别，比较它们盈利的绝对水平、负债的绝对水平是没有任何意义的。因此，企业之间的比较分析，主要是比较它们之间的财务比率，比较它们的共同百分比报表（结构比率），或者比较它们主要财务数据的增长情况（不同企业某项财务数据的环比增长率）。下面通过一个例子来说明这一点：

例题 1-1 假设存在 A、B 两个企业，其最近一个会计期间的净利润水平分别是 5 万元和 45 万元。哪一个企业的盈利能力更强？显然，不能说 A 企业的盈利能力不如 B 企业，因为这两个企业创造净利润所耗用的经济资源存在差别，它们的资本结构或者说它们取得这些经济资源的渠道也不尽相同，所以不能直接比较其净利润水平。不妨进一步假设：

1. A 企业的总资产为 100 万元，没有负债。

2. B 企业的总资产为 1000 万元，其中债权人为该企业提供了 600 万元的长期债务资金，利率为 8%。

3. 假设所得税税率为 25%。

有了这些数据，就可以进行计算了，计算步骤如表 1-1 所示。

表 1-1 A、B 企业盈利能力分析表

计算步骤	A 企业	B 企业
一、净利润（万元）	5	45
总资产净利润率（%）	5	4.5
所有者权益净利润率（%）	5	11.25
加：所得税费用（万元）	1.67	15
二、税前利润（万元）	6.67	60
加：利息费用（万元）	0	48
三、营业利润（万元）	6.67	108
总资产营业利润率（%）	6.67	10.8
所有者权益营业利润率（%）	6.67	27

分析如下：总资产净利润率、所有者权益净利润率是分别用总资产和所有者权益总额扣除净利润得到的。它们的含义是：每 1 元的总资产、所有者权益能够带来几元钱的净利润。因此，比较 A、B 两个企业的总资产净利润率、所有者权益净利润率，即比较这两个企业运用单位经济资源赚取利润的能力，比直接简单地比较两个企业的净利润水平（绝对数）更有意义。比较这两个企业的总资产净利润率，A 企业是 5%，B 企业为 4.5%，似乎 A 企业运用资产赚取利润的能力更强。实则不然，这里忽略了一个很重要的事实，即这两个企业取得其经济资源的来源存在差别，A 企业没有负债，而 B 企业有 600 万元的长期负债。换言之，A 企业据以赚取利润的资产全部由企业所有者提供，而 B 企业用以赚取利润的总资产中，所有者只提供了 400 万元，而净利润全部属于所有者。因此，计算所有者权益净利润更加富有意义，即计算所有者投入的每 1 元钱，能够为所有者带来几元钱的利润。比较两个企业的所有者权益净利润率，A 企业仍为 5%，而 B 企业则为 11.25%。显然，从所有者的角度来看，在 B 企业的单位投资能够带来更大的回报。因此，B 企业的盈利能力更强。

另外，如果要评价 A、B 两个企业的投资业绩，或者说评价企业运用资产创造利润的能力，则用总资产利润率（净利润除以总资产）是不合适的。因为该指标的分母是属于债权人和所有者共同所有的总资产，而分子却是只属于所有者的净利润。正确的做法是分子采用营业利润（没有扣除利息和所得税，由企业运用全部资产创造的，属于所有者、债权人和政府的经济利益）。营业利润除以总资产营业利润率的值为总资产营业利润率。比较上述两个企业，A 企业的总资产营业利润率为 6.67%，B 企业为 10.8%。显然，B 企业单位投资创造的营业利润高于 A 企业，B 企业的投资绩效更好一些。

通过上面的例子，说明以下四个问题：第一，绝对数分析没有意义，主要因为绝对额不可比。第二，要注意可比性。剔除不可比因素的影响。本例中，如果两个企业均是全额股本融资，则比较其总资产营业利润率或者所有者权益净利润率，无论对于分析股东单位投资的盈利能力，还是分析企业单位资产投资的盈利能力是没有区别的。但是，如果一个企业负有较大债务而另一企业没有债务，即两者资本结构存在较大区别时，用所有者净利润率判断企业的营业绩效，其可比性就因为资本结构的差别而下降了。第三，要结合分析目的选择恰当的财务比率。不同的分析目的，财务分析选择的财务比率不同。本例中，评价股东单位投资回报率与评价企业单位投资绩效，所运用的财务比率不同。第四，企业间比较分析在本质上是一个参照系的选择问题，即借助于其他企业或其他可比财务比率，来评价分析对象的财务状况、经营成果与现金流量情况。这一参照系，或者说一组能够代表一个特定行业正常财务状况、经营成果的财务比率，一般被称为标准财务比率。

（二）比率分析法

比率分析法是利用指标间的相互关系，通过计算比率来考察、计量和评价企业经济活动效益的一种方法。在财务报表分析的过程中，相关人员将具有重要联系的相关数字进行对比，就可以计算出一系列有意义的比率，这种比率通常叫作财务比率，如资产负债率、流动比率等。比率是一种相对数，它揭示了指标间的某种关系，可以把某些用绝对数不可比的指标转化为可比的指标。比率分析法是财务报表分析的一个重要方法。由于比率是由密切联系的两个或两个以上的相关数字计算出来的，所以通过比率分析往往可以利用一个或几个比率独立地揭示和说明企业某一方面的财务状况和经营业绩。

1. 财务比率的分类

（1）相关比率

相关比率是根据两个相互联系的财务指标的数额扣除后得出的，据以对企业财务状况进行分析的一种方法。财务会计报告分析中常用的相关比率有：流动比率、资产负债率、流动资产周转率、资产利润率等。通过相关比率分析，可以使财务会计报告分析更全面、更深刻。在分析时，将这些相关比率的实际数与目标数、与上期或历史数、与同行业平均数进行对比，能够充分揭示企业财务状况的发展变化情况。

（2）效率比率

效率比率是指某项财务活动中所费与所得的比率，反映投入与产出的关系。报表中常用的效率比率有：营业利润率、总资产报酬率、成本费用利润率、净资产收益率等。利用效率比率指标，可以进行得失比较，考察经营成果，评价经济效益。

（3）相关比率

相关比率是指某个项目和与其有关但又性质不同的项目加以对比所得的比率，有助于从经济活动的客观联系中认识企业的生产经营状况。利用相关比率指标，可以考察联系的相关业务安排得是否合理，以保证企业运营活动能够顺畅进行。如将流动资产与流动负债加以对比，计算出流动比率，据以判断企业的短期偿债能力。

2. 运用比率分析法应注意的问题

（1）对比项目的相关性

计算比率的分子项目与分母项目必须具有相关性，把不相关的项目进行对比是没有意义的。如销售成本与销售收入之间有关系，可以组成比率；运输费与有价证券之间没有必然的联系，把两个项目组成比率就没有意义。在构成比率指标中，部分指标必须是总体指标这个大系统中的一个小系统；在效率比率指标中，投入与产出必须有因果关系；在相关比率指标中，两个对比指标也要有内在联系，才能评价有关经济活动之间是否协调均衡，安排是否合理。

（2）对比口径的一致性

计算比率的分子项目和分母项目必须在计算时间、范围等方面保持一致。如构建某一比率的两个指标，一个来自资产负债表，另一个来自利润表或现金流量表时，应将资产负债表的数据取期间内的平均数，这是因为资产负债表是静态指标，表示某一时刻的财务状况；而利润表或现金流量表是动态指标，表示一定期间内的经营成果或现金流量，两者的计算口径不同。

（3）衡量标准的科学性

运用比率分析法计算出来某一比率后，并不能充分说明其对应的经济意义，需要选用一定的标准比率与该比率进行对比分析，以便对企业的财务状况做出正确的评价。如企业当前的销售利润率是12%，是好还是不好，不能简单地下结论。如果企业以前各期销售利润率都低于12%，那么企业是在向好的方向发展；如果同行业同类企业的销售利润率平均为15%，那么该企业与同类企业之间就有较大的差距，应进一步努力。通常而言，科学合理的对比有公认标准（预算标准、行业标准和历史标准）。

（4）与其他资料相结合

必须与其他资料相结合，经过细心考察，才能获得真相。如某公司账面上流动资产与流动负债之比为2:1，与标准比率相比，令人满意；然而若再考察其他资料（如会计报表附注），发现该公司正面临一项重大诉讼，而且通过法律辩论，很有可能败诉，从而将付出一笔可能大于其全部流动资产的赔偿费。一旦败诉，公司的短期支付能力将陷于严重困境。可见，对比分析的可信性不能过分估高，应尽可能配合其他有关资料全面评价，以免做出错误判断。

（三）趋势分析法

趋势分析法是根据企业连续时期的财务报表中的相同指标，运用指数或完成率的计算，确定分析期各有关项目的变动情况和趋势的一种财务报表分析方法。趋势分析法既可用于财务报表的整体分析（研究一定时期报表的各项变动趋势），也可对某些主要指标的发展趋势进行分析。

1. 运用趋势分析法的步骤

①计算趋势比率或指数。通常来说，指数包括两种：

一是定基指数，定基指数是指各个时期的指数都以某一固定时期为基期来计算。其计算公式为：

定基动态比率＝分析基数值/固定基期数值＊100%

二是环比指数。环比指数则是各个时期的指数都以前一期为基期来计算。其计算公式为：

环比动态比率＝分析期数值/前期数值＊100%

趋势分析法通常采用定基指数。但应注意的是，对基年的选择要有代表性，如果基年选择不当，则以其为基期计算出的百分比趋势，会使企业判断失误或做出不准确的评价。

②根据指数计算结果评价与判断企业各项指标的变动趋势及其合理性。

③预测未来的发展趋势。根据企业以前各项指标的变动情况，研究其变动趋势或规律，从而预测出企业未来的发展变动情况。

2. 运用趋势分析法应该注意的问题

①当基期的某个项目为零或负数时，是不能计算趋势百分比的；

②如果分析中前后期的会计政策不一致，则相关趋势分析将失去意义；

③在分析中，物价水平的变动将直接影响趋势分析。

3. 趋势分析法应用举例

例题 1-2 某有限责任公司成立于 1980 年，主要生产经营丝绸等产品，企业品质优良，产品质量一流，在国内具有较高的市场信誉，市场占有率较高，在同行业中具有较强的竞争力。2017 年—2021 年营业状况如表 1-2 所示。请分别采用定基动态比率和环比动态比率对该企业营业状况进行趋势分析。

表 1-2 营业收入情况表

编制单位：苏杭有限责任公司　　　　　2017 年—2021 年　　　　　金额单位：万元

项目	2017 年	2018 年	2019 年	2020 年	2021 年
营业收入	6000	6200	6800	6500	6750

要求：根据表 1-2 的资料，计算出有限责任公司定基动态分析比率和环比动态比率（表 1-3）。

表 1-3 营业收入情况表定基动态分析比率和环比动态比率计算表

项目	2018 年/2017 年	2019 年/2017 年	2020 年/2017 年	2021 年/2017 年
定基动态比率（以 2017 年为基数）	103.33	113.33	108.33	112.5
	2018 年/2017 年	2019 年/2018 年	2020 年/2019 年	2021 年/2020 年
环比动态比率（以前期为基数）	103.33	109.68	95.59	103.85

由表 1-3 可知：

从动态比率来看，各年的环比动态比率均大于 100%，说明该企业 2017 年后的 4 年间，营业收入较 2017 年均有所增长。其中 2019 年增长幅度最大。

从环比动态比率来看，该企业的营业状况除了 2020 年较前年有所下降之外，其余 4 年保持了比较稳定的增长态势。

总体来看，该企业的营业基本呈稳定增长趋势，但增长的速度较低。所以，该企业今后应加强市场营销，不断开拓市场，提高营业增长率和企业发展能力。

例题 1-3 资料见表 1-4 所示。

表 1-4 某公司综合项目分析表

项目	2018 年		2019 年		2020 年		2021 年	
	金额	百分比	金额	百分比	金额	百分比	金额	百分比
销售净额	350	100	367	105	441	126	485	139
销售成本	200	100	196	98	230	115	285	143
毛利	150	100	171	114	211	141	200	133
销售费用	145	100	169	117	200	138	192	132
税前利润	5	100	2	40	11	220	8	160

要求：试用定基分析法对某公司 2018 年—2021 年的趋势进行分析。

将 2018 年作为基期（固定基期），通过表 1-4 可比较 2018 年—2021 年各个项目比基期（2018 年）的增减，并分析其发展趋势。如 2019 年同 2018 年比较，销售净额增加 5%，而销售成本反而减少 2%，所以毛利净增 14%；但由于销售费用增加更多，达 17%；因此，税前利润反而比 2018 年减少了 60%。2020 年的情况最好，销售净额比 2018 年增加 26%，而销货成本只增加 15%，因此毛利增加 41%；并且销售费用增加的百分比低于毛利增加的百分比，因而税前利润比 2018 年增加高达 120%。2021 年的发展趋势不如2020年，销售净额增加39%，但销售成本增加更多，达43%；因此，毛利增加的百分比低于销售增加的百分比，只有33%；销售费用的增加百分比32%同毛利增加的百分比33%相仿，故税前利润只增加60%。按发展趋势分析，应认真检查2021年销货成本大量增加的原因，提出措施，控制其增加额，至少要求其增加率不超过销售额的增加率，这样才能提高税前利润，保持2020年的势头。

（四）因素分析法

在进行财务报表分析时，采用比较分析法可以找出差异，但很难说明差异产生的原因是什么，分析对象受何种因素的影响程度如何，要解决这些问题，就必须使用因素分析法。因素分析法是依据分析指标与其影响因素之间的关系，按照一定的程序和方法，确定各因素对分析指标差异影响程度的一种分析方法。运用这一方法的出发点在于，当有若干因素对分析指标发生作用时，假定其他各个因素都无变化，依顺序确定每一个因素单独变化所产生的影响。因素分析法根据其分析特点可分为连环替代分析法和差额分析法。

1. 连环替代法

所谓连环替代法是指通过顺次、逐个替换影响因素，计算各因素变动对分析指标变动影响程度的一种因素分析方法。

（1）连环替代法的计算步骤

根据分析指标的报告期数值与基期数值列出两个关系式，确定分析对象

基期关系式：$P0=A0\times B0$；

报告期关系式：$P1=A1\times B1$；

分析对象即为报告期与基期的差异值：$\triangle P=P1-P0$。

采用连环替代法，即以基期关系式为计算基础，用报告期关系式中的每一个因素的实际数顺序地替代其相应的基期数，每次替代一个因素，替代后的因素被保留下来，并计算出每次替代的结果，有几个因素就替代几次。

首先，替代影响因素排在第一位的，A：$P2=A1\times B0$；

其次，替代影响因素排在第二位的，B：$P1=A1\times B1$。

将上述替代式的计算值依次反向相减进行比较，其差额分别为各组成因素变动对综合指标变动的影响程度。比较替代结果是连环进行的，用公式表示如下：

A因素变动的影响程度：$\triangle A=P2-P0$；

B因素变动的影响程度：$\triangle B=P1-P2$。

检验分析结果，即将各组成因素的影响程度相加，检验其代数和是否等于分析对象。将A、B两个因素影响程度相加即为综合影响因素：

$\triangle A+\triangle B=(P2-P0)+(P1-P2)=P1-P0=\triangle P$

分析结果与分析对象，即变动数指标与基数指标的差异相符合。

（2）运用连环替代法应注意的问题

连环替代法作为因素替代法的主要形式，在实践中应用比较广泛。但是，在运用连环替代法的过程中应注意以下几个问题：

①因素分解的相关性是指分析指标与其影响因素之间必须真正相关，即有实际经济意义，各影响因素的变动确实能说明分析指标差异产生的原因。

②因素替代的顺序性是指连环替代、置换各因素时，要按一定的顺序逐个替代，不能随意改变各因素替代的先后顺序。若对同一指标的分析采用不同的替代顺序，各个因素变动影响的总和虽然仍会等于指标变动的总差异，但是各个因素变动的影响程度会随着不同的替代顺序而不同。

③顺序替代的连环性是指在确定各因素变动对分析对象的影响时，都是将某因素替代后的结果与该因素替代前的结果对比，一环套一环。这样既能保证各因素对分析对象影响结果的可分性，又便于检验分析结果的准确性。因为只有连环替代并确定各因素影响额时，才能保证各因素对经济指标的影响之和与分析对象相等。

④分析前提的假定性是指分析某一因素对经济指标差异的影响时，必须假定其他因素不变，否则就不能分清各单一因素对分析对象的影响程度。但是实际上，有些因素对经济指标的影响是共同作用的结果，共同影响的因素越多，假定的准确性就越差，分析结果的准确性也就越差。因此，在对因素分解时，分解的因素并非越多越好，而应根据实际情况，具体问题具体分析，尽量减少对相互影响较大的因素再分解，且要使之与分析前提的假设基本相符。

（3）连环替代法应用举例

例题1-4 某公司汽车的销售收入、销售量与单价的资料（表1-5）。

表1-5 某公司有关销售资料表

项目	2021年	2020年	差异
销售收入（亿元）	420	300	+120
销售量（万辆）	60	40	+20
单价（万元）	7	7.5	-0.5

要求：分析各因素变动对销售收入影响程度分析过程如下：

（1）销售收入的因素分解式：销售收入=销售量×单价。

（2）根据连环替代法的程序和上述销售收入的因素分解式，可以得出：

基期指标体系（2020年销售收入）：40×7.5=300（亿元）；

报告期指标体系（2021年销售收入）：60×7=420（亿元）；

分析对象：420-300=120（亿元）。

（3）根据第三步骤进行连环顺序替代，并计算每次替代后的结果。

基期指标体系（2020年销售收入）：40×7.5=300（亿元）。①

替代第一因素：以2021年销售量替代；

销售收入=60×7.5=450（亿元）。②

替代第二因素：以2021年销售单价替代；

销售收入=60×7=420（亿元）。③

（4）根据第四步骤确定销售量和销售单价两个因素的变动对销售收入的影响程度。

销售量变动对销售收入的影响数=②-①=450-300=150（亿元）；

销售单价变动对销售收入的影响数=③-②=420-450=-30（亿元）。

（5）检验分析结果。

各因素对销售收入的影响数=销售量影响数+销售单价影响数=150+（-30）=120（亿元）

根据上述测算可以得出如下结论：2021年的销售收入比2020年的销售收入增加了120亿元，主要是由于2021年的销售量比2020年多20万辆，从而使销售收入增加150亿元；由于2021年的销售单价比2020年降低0.5万元，从而使销售收入减少30亿元。因此，增加市场销售数量应为今后的努力方向。

2. 差额计算法

差额计算法是利用因素本身变动的差额，直接计算各因素变动对综合指标变动影响程度的方法，是因素分析法在实际应用中的一种简化形式。差额计算法的计算程序：计算各个因素的差额；如果影响因素是两个，则先以第一个因素的差额乘以第二个因素的差额的上年数（或计划数等），求出第一个因素的影响程度，再以第二个因素的差额乘以第一个因素的本年数（或实际数等），求出第二个因素的影响程度；检验分析结果，汇总各个因素对综合指标差异数的影响数。差额分析法实际上是因素分析法的简便计算法。

（1）差额分析法应用举例

例题 1-5 以例 1-4 来说明差额计算法。

①计算各因素的差额。

销售量差额=2021年销售量-2020年销售量=60-40=20（万辆）；

销售单价差额=2021年销售单价-2020年销售单价=7-7.5=-0.5（万元）。

②测算各因素变动对销售收入差异数的影响额。

销售量变动的影响额=销售量差额×上年销售单价=20×7.5=150（亿元）；

销售单价变动的影响额=销售单价差额×本年销售量=0.5×60=30（万元）。

③汇总各个因素的影响数。

销售收入差异数=销售量变动影响额+销售单价变动影响额=150+（-30）=120（亿元）。

四、财务报表分析应注意的问题

财务报表分析作为对企业经营理财活动进行诊断、检查的工具，可以帮助财务信息使用者发现存在的问题，确定已经取得的成绩。财务报表分析是对企业全方位的、系统的分析，必须考虑各种可能的影响因素，排除各种因素对财务报表分析的影响。因此，在分析企业财务报表，识别评价企业经营业绩过程中，应注意以下问题，以便作出正确结论。

（一）注意财务表分析的局限性

由于市场经济环境的复杂性、多样性和不确定性，人们对客观社会经济活动认知的局限性，现行会计制度、会计核算原则和财务报表设计编制本身的局限性，以及各种利益集团为追求自身利益而对会计信息造成的影响等诸多主客观因素的共同作用导致了财务报表分析不可避免地存在诸多的局限性，从而影响了财务信息使用者的决策。财务报表分析的局限性表现在以下四个方面：

1. 财务报表信息滞后的局限性

财务报表反映企业已经发生的历史情况、核算已经发生的经济事项，不能反映企业将要发生的经济事项。财务报表提供的信息都是历史状况，记录着过去发生的事情，尚未考虑现行市价、重置成本等因素；其数据均是对已发生的成本、费用、收入的记录，缺乏时效性。财务报表的资产价值都是过去的实际成本，在物价变动幅度较大的情况下，虽然有的企业计提减值准备，但也不能完全正确地反映企业资产的市场价值。而进行财务报表分析，不仅是为了分析评价企业以往的财务状况和已经取得的经营业绩，更重要的是对企业未来的经营理财活动进行规划和指导。因此，财务报表所提供的会计信息有一定的滞后性。

2. 财务报表提供的信息以货币作为计量单位的局限性

财务报表是以货币作为统一计量单位反映企业的财务状况和经营成果的，不能反映企业经营活动中的非货币信息，如企业经营管理团队的经验能力、组织效率、人力资源潜力、劳动力素质、创新能力、企业文化、经营战略、科研开发投入的数量和质量、市场开拓的范围、产品或劳务的品牌商誉和质量，以及设备先进或落后的状况等。而这些非货币信息与企业的未来盈利水平变化有关，对相关经济决策具有重大参考价值。进行财务报表分析时，一旦忽视这些因素，将不利于正确分析企业的市场竞争能力，也不利于正确评估企业的市场价值，就难以得出正确结论。因此，为使分析评价尽可能全面、公正，除了以财务报表作为重要依据外，还要注意其他有关资料的收集，以达到丰富、补充财务报表数据的目的。这些资料包括：企业内部的计划资料、统计资料、业务核算资料、同业资料、其他专业机构（投资咨询服务机构、行业协会、证券交易所等）所提供的有关资料，以及企业管理人员对企业当期生产经营与未来展望的评价，均可作为财务报表分析必要的资料。

另外，币值稳定的假设使得在物价变动较大的情况下（特别在通货膨胀情况下），会计数据的连续可比性可能会受到影响。此时财务报表的数据隐含着资产价值低估或高估的风险，从而导致分析结论的错误。

3. 财务报表简化与概括的局限性

财务报表是按会计准则、会计制度编制的，简化与概括了企业复杂多样的经营理财活动。企业将大量纷繁复杂的会计资料经过整理、归类、汇总，然后简化、概括地用财务报表的形式加以披露。虽然这样符合规范的要求，但简化与概括有损财务报表的清晰性，导致信息使用者在分析中所需要的具有潜在价值的信息无法提供或虽有提供但不能完全反映企业的客观实际。如某公司资产负债表上"应收账款"期初余额为100万元，期末余额为50万元，对此是否就可以下结论：该公司应收账款回收管理有效，期末比期初减少50万元？不一定，因为必须在了解该公司期初与期末计提坏账准备的情况后，才能下结论。然而，在资产负债表上却没有清晰地直接反映出来，可能会被人忽视、误解。另外，由于保密原因，企业的一些重要信息也不便在财务报表中披露，这也影响了信息使用者的理解。如各项成本数据、材料消耗和人工消耗等数据资料，企业是不便提供的，因为这样的信息如果被竞争对手获得将对企业极为不利。

4. 财务报表的判断与动机的局限性

编制财务报表需要会计职业判断，而会计职业判断的不正确使用和过多使用，经常会使会计信息的质量和可靠性发生波动，甚至有可能被用于操纵。会计职业判断不可避免地会受判断者主观动机的影响，也要受到某些利益集团为维护自身利益的动机的影响。首先，由于市场经济本身的复杂性、多样性和不确定性，现行企业会计制度规定，对于同一会计事项的账务处理，企业可以根据自身的实际情况，在现行法律法规和会计制度规定的范围内，在多种不同会计政策和会计估计中自行选择确定。如果不同企业对于存货发出的计价方法、固定资产的折旧方法、计提减值准备的方法等会计政策，以及固定资产折旧年限、无形资产的摊销年限、计提坏账准备的比例等会计估计进行了不同的选择，那么就会影响会计信息在不同企业之间的横向可比性，从而影响对企业经营业绩的比较。其次，现行会计制度规定，根据法律法规和会计制度规定及实际情况的变化，企业可以变更原先的会计政策和会计估计的选择。如果同一企业在某一时期变更了它原先遵循的会计政策和会计估计，那么就会影响企业不同时期会计信息的纵向可比性，从而影响对企业变动趋势的分析。再次，会计政策、会计估计选择和变更的不同给人为操纵会计报表数据提供了机会，降低了财务信息真实性。最后，稳健性原则要求预计可能的损失而不预计可能的收益，有可能夸大费用、少计资产和收益，从而使会计报表数据不实。

正是由于财务报表存在着上述局限性，因此在进行分析时，必须对财务报表本身的特征有全面、明确地了解。

（二）报表数据必须结合附注内容进行分析

报表数据是对企业已经发生的经济业务用货币高度概括的结果，是一个总括概念。如果单纯用报表数据进行分析，就可能无法得到对决策有用的信息；而会计报表附注是财务报表的必要补充和说明。因此，在进行财务报表分析时，必须将报表数据与附注内容结合起来进行，这样才可能获得相关信息。如资产负债表中列示的存货信息实际上是众多产成品、半成品、原材料等科目汇总而成的，在财务报表分析时就必须结合附注中存货的构成进行分析。因为存货中有90%的产成品与90%的原材料对企业的影响是完全不同的。产成品比重过大可能意味着市场产品滞销，企业的经营风险增大；而原材料比重较大，则可能预示着企业的发展前景较好。又如对应收账款的分析，必须结合会计报表附注中的账龄分析表，分析应收账款的可收回性，否则就会高估应收账款的价值。

（三）注意区分企业可控因素与不可控因素和正常经营事项与非正常经营事项

一般而言，企业的经营业绩同时受众多因素的影响，其中包括可控因素与不可控因素。可控因素是指企业管理人员可以控制的因素（如生产经营计划、人财物的安排等）。不可控因素是指企业管理人员无法控制但对企业的生产经营具有影响的事项（如国民经济的运转情况、国家宏观经济政策等）。因此，认识可控因素和不可控因素对企业业绩的不同影响，对合理评价企业和管理人员的业绩是十分必要的。

正常经营事项是指企业只要持续运营就会持续发生的事项，如各种生产经营活动；这些事项是经常性的、持久的，与这类事项有关的信息是对未来进行预测的基础。非正常经营事项是指那些偶然发生的事项，如接受捐赠、自然灾害等；这些事项只是偶然发生的、暂时的，其对企业的影响一般是当期的、与这类事项有关的信息的决策相关性较差。由此可见，这两类事项对企业的生产经营状况的影响有着本质的区别；在财务报表分析时，要注意区分这两类事项的不同影响。

（四）注意财务比率分析的局限性

财务比率是相对数，能排除企业规模大小的影响，能反映各会计要素的内在联系，能提供关于企业基本状况的线索与征兆。因此，运用财务比率分析企业的财务报表，能综合衡量企业的财务状况、经营成果和现金流量。但是，它也有一定的局限性。其局限性主要表现在以下几个方面：

1. 某些财务比率会受人为因素的操纵

财务比率是若干个相关财务指标数据之比，而会计决算前发生的一些经济业务事项会影响和改变某些财务指标数据，从而会影响和改变某些财务比率。如年终收到一批材料，货款未付，如何处理？如果增加存货和应付账款，就会影响速动比率；又如在资产负债表日之前将借款还掉，下年初再设法借入，以粉饰其偿债能力。在这种情况下，企业流动比率所揭示的信息就缺乏真实性。这样，财务比率在一定程度上会受到人为的调节和操纵。因此，在进行财务报表分析时，应注意会计期末前后一段时间的变化情况及财务报表数据是否经过人为的粉饰等。

2. 财务比率的优劣没有一个绝对的判断标准

"没有一个绝对的判断标准"具有两层含义：一是不能根据单独一项财务比率或一个具体的数值来评价企业的优劣。就以核心指标净资产收益率来说，一般认为至少应高于10%为好，但不能绝对化：把高于10%的公司都列入绩优行列，把低于10%的公司都列入绩差行列。如A公司2012年净资产收益率虽然达到15%，然而A公司有大量收不回的应收账款、现金流量严重匮乏，经营活动现金净流量为负数，那么能说A公司经营业绩很好吗？实质上A公司已面临重重危机。再如，较高的流动比率不一定比较低的流动比率好，较高的流动比率也可能是企业存在较多的闲置流动资产，这反而会影响企业的盈利能力。二是同一财务比率在不同行业、不同时期都会有不同的标准，只有通过具体的分析比较，才能做出正确地判断。如一般来说，速动比率在0.8~1.2之间，可以认为企业资产的流动性及短期偿债能力比较理想；但对于主要以现金销售为主的零售企业来说，其速动比率可以远远低于此标准。

（五）注意评价标准的选择和客观性

财务报表分析的一个重要前提是要有共同的比较基础。财务比率虽克服了财务报表只揭示绝对数的缺陷，但比率本身并不能充分说明问题；财务比率等财务指标只有与特定的标准进行对比之后，才能作为判断的基础。财务报表分析的标准包括定量标准和定性标准。定量标准一般包括企业的历史指标、计划指标及行业标准。其中行业标准代表着企业所在行业的平均水平或先进水平，因而是分析人员应首先考虑的评价标准。定性标准是指那些不能用数量表示的规定、计划和目标等，如企业文化、管理人员的素质。企业生产经营环境的复杂化经常使定量标准不能全面反映企业的经营状况，而必须结合定性标准的应用。在财务报表分析中将两种标准结合起来运用能更好地反映企业的真实情况，获得对决策有用的信息。分析企业财务报表时，还要注意评价标准的客观性。如流动比率，一般认为不低于200%为好。但如果只有170%或120%，企业的经营会发生怎样的不良状况？如果为240%，又会出现什么样的结果？对此，恐怕难以做出肯定的回答。再者，企业所处的地理环境、企业生产经营的特点、企业所属行业特点等，对评价标准也有一定影响。因此，用一个统一的评价标准去评价各行各业的企业的经营业绩和财务状况是不合理的，也是不恰当的；每个企业应结合自身的特点，参照同行业水平，实事求是地制订评价标准。

（六）注意财务报表的真实性

财务报表的真实性是正确进行财务报表分析的前提和基础。如果财务报表本身失真，就不可能进行正确地财务报表分析。造成财务报表失真的原因主要有：一是对会计准则的错送理解，采用了错误的会计处理；二是发生各种会计差错；三是为了某种目的蓄意造假误导报表使用者，如不恰当地运用谨慎原则以计提巨额秘密准备，利用关联交易高计收入、虚增资产，利用非经常性损益制造盈利假象等。

（七）结合审计报告意见的类型

目前，我国用于公布目的的财务报表一般都需要经过注册会计师的审计，虽然审计不能发现报表中可能存在的全部错误或舞弊，但却可为报表的真实性和可靠性提供合理的保证。因而，财务报表分析应当结合注册会计师出具审计报告的意见类型。当审计报告为非无保留意见类型时，分析人员就应注意审计报告中的说明段，了解审计人员出具非无保留意见报告的原因及其对财务报表的影响。只有将上述影响的数额从财务报表数据中扣除，分析的结果才会是可靠的、对决策有用的。

本项目小结

本项目主要从财务报表分析的概念、分析主体及其目的、分析内容及形式、分析依据及基本原则、分析方法和分析程序等有关问题入手，对财务报表分析的基础知识作了比较全面的阐述。财务报表分析是理财工作的重要内容，对于企业的投资者、债权人和管理者了解企业的财务状况、经营成果和现金流量，进而采取相应的对策，有着十分重要的意义。学习者必须对财务报表分析的要求、内容、方法、应注意的问题等有一个比较全面地认识，以便为进一步学习奠定扎实的基础。

财务报表分析的产生与发展

财务报表分析是在人类社会产生了会计职业并且编制财务报表之后才出现的，最早由银行家所倡导。19世纪末，当时的财务报表仅限于资产负债表，为了防止竞争对手获得信息，企业一般不公开损益报表。随着现代企业的出现，自有资本积累已不能满足企业的资金需要，银行的地位和作用逐渐增强。而作为银行家，在决定是否向企业发放贷款时，最关心的是申请贷款的企业能否按时还本付息。为确保债权权益，尽量避免放贷风险，银行家逐渐感到，单凭企业经营者的个人信用、对企业经营状况的主观判断和经验估测作为放贷依据是不可靠的。于是，在决定放贷之前，银行要求企业提供历史的资产负债表，对企业进行信用调查和分析。借以判断企业的偿债能力，这样就产生了财务报表分析。

银行在财务报表分析中发挥了特有的洞察力，对贷款企业的发展前途及在本行业的地位与经营状况做出了较为准确的判断。因此，这种分析结果不仅为银行本身所利用，也引起了企业其他投资者的兴趣，他们往往以银行对企业的评价作为自己行为决策的参考。此外，企业之间进行交易往来也很自然地借用银行分析结论相互作为对方企业实施经营方针的依据。银行对企业进行财务报表分析的重要作用越来越被人们所认识，各家银行纷纷开办专门的经营咨询机构，通过提供财务报表分析资料和其他调查资料为企业及其他有关单位或个人决策提供咨询服务和业务方面的指导。

尽管在20世纪初财务报表分析技术出现了许多重大突破，但财务报表分析成为一门独立的学科还是始于20世纪50年代。随着股份制经济和证券市场的发展，股东为了自身投资的安全与收益，开始重点关注企业未来的财务状况和经营成果，以便得到企业未来的价值信息。这时，财务报表分析从金融机构用以观察借款企业偿还能力的手段，发展到投资单位或个人作为在资本投资时确认对其是否有利的手段。于是，财务报表分析由信用分析阶段进入到投资分析阶段。时至今日，伴随着市场经济的飞速发展，各行各业在激烈的市场竞争中面临更多的经营风险和财务风险的挑战，财务报表分析已经成为企业众多利益相关主体进一步获取有价值的信息并对未来进行决策的主要手段和方法，财务报表分析在企业加强管理、政府增强决策的科学性等诸多方面发挥着日益重要的作用。

知识巩固

一、单项选择题

1. 债权人关注的重点是（　　）。
   A. 盈利能力　　B. 偿债能力　　C. 营运周期　　D. 营运能力
2. 比较分析法的两种具体形式是（　　）。
   A. 绝对数比较法和百分比变动比较法　　B. 水平分析法和动态分析法
   C. 横向比较法和水平比较法　　D. 纵向比较法和动态分析法
3. 下列财务报表分析评价标准中，只是简单地根据事实、现象归纳结果的是（　　）。
   A. 经验标准　　B. 行业标准　　C. 历史标准　　D. 预算标准
4. 下列财务报表分析评价标准中，属于财务报表分析人员综合企业历史财务数据和现实经济状况提出的理想标准的是（　　）。
   A. 经验标准　　B. 行业标准　　C. 历史标准　　D. 预算标准
5. 通过顺序变换各个因素的数量，来计算各个因素的变动对总的经济指标的影响程度的分析方法是（　　）。
   A. 比率分析法　　B. 比较分析法　　C. 因素分析法　　D. 趋势分析法
6. 财务分析的对象是（　　）。
   A. 财务报表　　B. 财务报告　　C. 财务活动　　D. 财务效率
7. 在下列财务报表分析主体中，必须对企业营运能力、偿债能力、盈利能力和发展能力的全部信息予以详细了解和掌握的是（　　）。
   A. 投资者　　B. 企业经营者　　C. 债权人　　D. 财税部门
8. 反映企业特定日期的财务状况的报表是（　　）。
   A. 资产负债表　　B. 现金流量表　　C. 利润表　　D. 所有者权益变动表
9. 下列不属于财务报表的是（　　）。
   A. 资产负债表　　B. 利润表　　C. 现金流量表　　D. 审计报告

10. 下列信息中，属于非财务信息的是（　　）。
    A. 利润分配情况　　　　　　　　　　B. 资金增减情况
    C. 资金周转情况　　　　　　　　　　D. 生产经营基本情况
11. 下列不属于财务报表分析原则的是（　　）
    A. 有用性　　　　　　　　　　　　　B. 可理解性
    C. 定量分析与定性分析相结合　　　　D. 配比性
12. 为了评价判断企业所处的地位与水平，在分析时通常采用的标准是（　　）。
    A. 经验标准　　B. 历史标准　　C. 行业标准　　D. 预算标准
13. 在财务报表分析的方法中，哪一个是最基本的分析方法（　　）。
    A. 趋势分析法　　B. 因素分析法　　C. 比较分析法　　D. 比率分析法
14. 可以预测企业未来财务状况的分析方法是（　　）。
    A. 比较分析　　B. 比率分析　　C. 趋势分析　　D. 结构分析
15. 盈利能力是（　　）最关心的核心问题。
    A. 债权人　　B. 投资者　　C. 企业经营者　　D. 客户

二、多项选择题

1. 下列各项中，属于财务报表分析内容的有（　　）。
    A. 会计报表解读　　　　　　　　　　B. 盈利能力分析
    C. 偿债能力分析　　　　　　　　　　D. 营运能力分析
2. 财务报表分析评价标准有（　　）。
    A. 经验标准　　　　　　　　　　　　B. 行业标准
    C. 历史标准　　　　　　　　　　　　D. 预算标准
    E. 自然标准
3. 目前，我国会计准则要求企业披露的财务报表主要包括（　　）。
    A. 资产负债表　　　　　　　　　　　B. 利润表
    C. 现金流量表　　　　　　　　　　　D. 所有者权益变动表
    E. 附注
4. 财务报表分析信息需求主体主要包括（　　）。
    A. 股东及潜在投资者　　　　　　　　B. 债权人
    C. 企业内部管理者　　　　　　　　　D. 政府
    E. 企业供应商
5. 因素分析法常用的方式有（　　）。
    A. 差异分析法　　B. 连环替代法　　C. 趋势分析法　　D. 差额计算法
    E. 比率分析法
6. 现代财务分析的应用领域包括（　　）。
    A. 筹资分析　　B. 投资分析　　C. 经营分析　　D. 资本市场
    E. 绩效评价
7. 财务分析的作用在于（　　）。
    A. 评价企业的过去　　　　　　　　　B. 反映企业现状
    C. 评估企业未来　　　　　　　　　　D. 进行全面分析
    E. 进行专题分析

8. 财务报表分析按照分析的内容和范围不同，可以分为（　　）。
   A. 外部分析　　　　B. 全面分析　　　　C. 内部分析　　　　D. 专题分析
9. 下列属于财务状况说明书内容的有（　　）。
   A. 企业主营业务范围经营情况　　　　B. 关联方关系及其交易的说明
   C. 财务状况说明书　　　　D. 财务报表附注
10. 企业对外报送的公布的主要财务报表包括（　　）。
    A. 资产负债表　　　　B. 利润表
    C. 现金流量表　　　　D. 所有者权益变动表
11. 年度财务报告由（　　）三部分组成。
    A. 财务报表　　　　B. 财务预算
    C. 财务情况说明书　　　　D. 财务报表附注
12. 附表是指对主表中的某一项或几项内容提供更为详细情况的报表。下列属于附表的有（　　）。
    A. 应交增值税明细表　　　　B. 所有者权益变动表
    C. 主营业务收入明细表　　　　D. 管理费用明细表
13. 属于效率比率的指标有（　　）。
    A. 成本费用利润率　　　　B. 销售利润率
    C. 资产负债率　　　　D. 净资产收益率
14. 下列说法正确的有（　　）。
    A. 效率比率反映投入与产出的关系
    B. 总资产报酬率属于效率比率
    C. 流动比率是相关比率
    D. 由于"资产＝负债＋所有者权益"，因此，资产负债率属于构成比率。
15. 下列项目中，属于采用比率分析法时应注意的问题有（　　）。
    A. 对比项目的相关性　　　　B. 对比口径的一致性
    C. 因素替代的顺序性　　　　D. 衡量标准的科学性

三、判断题
1. 财务分析是一门独立的边缘性学科，将成为一个独立于会计学和财务学的专门方向。（　　）
2. 比率能够综合反映与比率相关的某一报表的联系，但给人们不保险的最终印象。（　　）
3. 财务分析是在企业经济分析基础上形成的一门综合性、边缘性的学科。（　　）
4. 财务报表是企业向外界传递财务信息的主要途径。（　　）
5. 内部会计报表是提供企业内部经营管理职能部门和决策人使用的报表，必须统一格式、统一时间。（　　）
6. 财务报表分析的主要作用在于评价过去、反映现在和预测未来。（　　）
7. 财务报表分析的依据是企业财务报告，不包括来自企业内部的其他信息。（　　）
8. 定性分析是财务报表分析的基础和前提。定量分析是财务报表分析的手段和工具。（　　）
9. 债权人通常不仅关心企业的偿债能力比率，也关心企业的盈利能力比率。（　　）
10. 比率分析法是一种特殊形式的比较分析法，它使用相对数比较，可以把规模不同企业的相关指标进行对比分析。（　　）
11. 在采用因素分析法时，既可以按照各因素的依存关系排列成一定的顺序并依次替代，又可以任意颠倒顺序，其结果是相同的。（　　）
12. 用本企业实际水平与国内外先进水平进行比较，有利于找出本企业同国内外先进水平之间的差

距，明确本企业今后的努力方向。（　　）

13. 在财务报表分析中，将通过对比两期或连续期财务报表中的相同指标，以说明企业财务状况或经营成果变动趋势的方法称为比较分析法。（　　）

四、案例分析

1. 海银公司 2017—2021 年营业成本如表 1-5 所示。

表 1-5　营业成本资料表

项目	2017 年	2018 年	2019 年	2020 年	2021 年
营业成本	580	573	565	550	540

要求：（1）以 2017 年营业成本为基数，计算定基动态比率，分析其营业成本变动情况。

（2）以上年营业成本为基数，计算环比动态比率，分析其营业成本变动情况。

2. 海银公司生产 A 产品产量、单位产品材料消耗量、材料单价和材料费用总额资料如表 1-6 所示。

表 1-6　A 产品材料消耗有关资料

项目	单位	计划数	实际数
产品产量	件	500	510
单位产品材料消耗量	千克	12	13
材料单价	元	6	5
材料费用总额	元	36 000	33 150

要求：分别采用连环替代法和差额分析法分析产品产量、单位产品材料消耗量和材料单价对材料费用的影响。

项目二 资产负债表分析

知识目标

1. 理解资产负债表的格式，了解其作用；
2. 掌握资产项目的阅读与分析；
3. 掌握负债项目的阅读与分析；
4. 掌握所有者权益项目的阅读与分析；
5. 掌握资产负债表的编制；
6. 掌握资产负债表的水平分析和垂直分析。

能力目标

能够对资产负债表及其相关资料进行整理，运用各种分析方法对企业的财务状况、资产、负债、所有者权益结构进行有效分析，并能根据分析结果提出改善企业经营管理的合理建议。

素质目标

具有良好的政治素质，热爱祖国，拥护共产党领导，拥护社会主义制度，具有正确的世界观、人生观、价值观，德、智、体、美全面发展；具有良好的职业素养、具备财务报表分析课程所应掌握的财务报表分析计算技能和财务报表分析的技能。

项目引例

如何发现和对待财务报表中的异常现象？

某公司在向银行的首次贷款申请中，提出了一次性贷款 4 200 万元人民币的请求。银行信贷人员在对该公司进行信贷请求调查分析时发现，该公司当年上半年财务会计报表显示：公司注册资金 4 950 万元，总资产 5.13 亿元，其中对外债权投资总额近 2.5 亿元（约占总资产的 48.73%），应收及预付款项近 2 亿元（占总资产的 38.99%），其余为固定资产和存货（约占总资产的 12.28%）。而其目前负债总额中，长期与短期借款总额约 2.45 亿元，与公司同期的对外债权投资总额相差无几。由此银行信贷人员初步猜测，该公司没有自己的主要经营项目，存在着通过挪用银行贷款，以更高利率水平向其他企业转贷以获取利差利益的可能。

案例分析

基于财务报表分析上的这一猜测，信贷人员开始有针对性地对该企业的资金往来及其主要业务活动进行深入、细致的调查，并最终证实了最初的猜测。于是，信贷人员在向银行负责人员如实汇报了分析与调查结果之后，银行基于信贷风险和资金安全的考虑，果断地拒绝了该公司的贷款要求。

任务一　资产负债表的编制

一、认识资产负债表

（一）资产负债表概述

资产负债表又称财务状况表，是反映企业某一特定日期的财务状况的静态报表，即反映企业某一特定日期所拥有或控制的经济资源、所承担的现实义务和所有者对净资产的要求权的财务报表。资产负债表所列示的相关内容有助于分析、评价并预测企业的财务弹性、资本结构和偿还能力。

资产负债表是根据资产、负债和所有者权益之间的相互关系，根据"资产＝负债＋所有者权益"这一会计等式，按照一定的编制要求编制而成的。

（二）资产负债表的内容和结构

目前，国际上通行的资产负债表的格式主要有报告式和账户式两种。我国会计制度规定，企业编制资产负债表一般采用账户式结构。资产负债表分为左右两方，左列示资产类项目，反映企业全部资产的分布情况；右方列示负债和所有者权益类项目，反映企业全部负债和所有者权益的内容及构成情况。资产负债表左右两方平衡，资产总计等于负债和所有者权益合计，即符合会计恒等式"资产＝负债＋所有者权益"。

资产负债表分为表头、表身和表尾三个部分。资产负债表的表头是报表的标志，包括报表的名称、编制单位、编制时间和金额单位四个部分。资产负债表的表身是报表的主体。表身的左方列示资产类项目，各资产类项目按照其流动性排列，流动性强的在前，流动性弱的在后。表身的右方列示负债和所有者权益类项目，各负债类项目按照其偿还日期排列，偿还日期近的在前，偿还日期远的在后。各所有者权益类项目按照资本的永久性排列，永久性高的在前，永久性低的在后。具体见表 2-1 所列。

表 2-1　资产负债表

编制单位：　　　　　　　　　　　　　年　月　日　　　　　　　　　　　　　金额单位：元

资产	期末余额	年初余额	负债和所有者权益	期末余额	年初余额
流动资产：			流动负债：		
货币资金			短期借款		
以公允价值计量且其变动计入当期损益的金融资产（交易性金融资产）			以公允价值计量且其变动计入当期损益的金融负债（交易性金融负债）		
应收票据			应付票据		
应收账款			应付账款		
预付账款			预收账款		
应收利息			应付职工薪酬		
应收股利			应交税费		
其他应收款			应付利息		
存货			应付股利		
一年内到期的非流动资产			其他应付款		
其他流动资产			一年内到期的非流动负债		

续表

资产	期末余额	年初余额	负债和所有者权益	期末余额	年初余额
流动资产合计			其他流动负债		
非流动资产：			流动负债合计		
以摊余成本计量的金融资产（可供出售金融资产）			非流动负债：		
以公允价值计量且其变动计入其他综合收益（持有至到期投资）			长期借款		
长期应收款			应付债券		
长期股权投资			长期应付款		
投资性房地产			专项应付款		
固定资产			预计负债		
在建工程			递延所得税负债		
工程物资			其他非流动负债		
固定资产清理			非流动负债合计		
生产性生物资产			负债合计		
油气资产			所有者权益：		
无形资产			实收资本（股本）		
开发支出			资本公积		
商誉			减：库存股		
长期待摊费用			盈余公积		
递延所得税资产			未分配利润		
其他非流动资产			所有者权益合计		
非流动资产合计					
资产合计			负债和所有者权益合计		

单位负责人：　　　　　财会主管：　　　　　复核：　　　　　制表：

（三）资产负债表的作用

通过资产负债表的阅读，报表使用者可以了解企业某一日期的资产总额和资产结构，债务的期限、结构和数量，以及判断所有者投入资本的保值、增值情况。具体来说，资产负债表的作用体现在以下几个方面：

1. 反映企业拥有或控制的经济资源及其分布情况和结构

资产负债表可以提供某一日期企业资产的总额及结构，表明企业拥有或控制的资源及其分布情况。通过资产负债表中的资产总额可以大致了解企业的规模大小、财务强弱；通过表中的各具体资产项目数据，可以了解企业资产的分布情况和结构状况；通过表中的流动资产的有关数据和结构，可以判断企业变现能力的强弱。因此，资产负债表是分析企业生产能力的重要资料。

2. 资产负债表有助于使用者全面了解企业的资金来源和资本结构，评价企业进一步融资的能力及潜在的运营风险

资产负债表可以提供某一日期企业的负债总额及其结构和所有者权益总额及其结构，表明企业未来需要用多少资产或劳务清偿债务和清偿时间，据以判断所有者投入资本的保值增值情况和负债的保障程度。企业权益总额中负债与所有者权益、负债中流动负债与非流动负债、所有者权益中投入资本与留存收益等的比例关系就是资本结构。它在一定程度上反映了企业所面临的财务风险和偿还债务的能力。因此，资产负债表是判断企业面临财务风险、企业的财务实力和长期发展能力的主要依据。

3. 资产负债表有助于使用者分析、判断企业的财务状况，特别是企业资金需求的未来变动趋势

资产负债表还可以提供进行财务分析的基本资料。通过资产负债表可以计算出流动比率、速动比率等指标，来判断企业的短期偿债能力；可以计算出资产负债率、产权比率等指标，来判断企业的长期偿债能力。通过对资产负债表各项目前后期对比，可以看出企业资本结构的变化情况，分析企业财务状况的发展趋势，从而有助于财务报表使用者做出决策。

二、编制资产负债表

（一）填列资产负债表"年初余额"栏数据

资产负债表各项目"年初余额"栏内的数据，原则上是根据上年年末资产负债表的"期末余额"栏数字填列。如果上年度资产负债表项目的名称和内容与本年度不一致，则应按本年度规定对上年度资产负债表有关项目进行调整，并将调整后的金额填入本年度资产负债表对应项目的"年初余额"栏内。

（二）填列资产负债表"期末余额"栏数据

1. 根据对应总账账户的期末余额直接填列

"以公允价值计量且其变动计入当期损益的金融资产"项目，反映企业持有的以公允价值计量且其变动计入当期损益的为交易目的所持有的股票投资、债券投资、基金投资、权证投资等金融资产。本项目"期末余额"栏内金额应根据"交易性金融资产"总账账户的期末借方余额填列。

"其他流动资产"项目，反映企业报表中列示的流动资产项目以外的其他流动资产。本项目"期末余额"栏内金额应根据有关总账账户的期末借方余额填列。若其他流动资产价值较大，应在会计报表附注中披露其内容和金额。

"以摊余成本计量的金融资产"项目，反映企业持有的以摊余成本计量的金融资产。本项目"期末余额"栏内金额应根据有关总账账户的期末余额分析填列。

"以公允价值计量且其变动计入其他综合收益的金融资产"项目反映企业持有的以公允价值计量且其变动计入其他综合收益的金融资产。本项目"期末余额"栏内金额应根据有关科目的期末余额分析填列。

"固定资产清理"项目，反映企业因出售、毁损、报废、对外投资、非货币性资产交换、债务重组等原因处置固定资产，转入清理但尚未清理完毕的固定资产的账面价值，以及固定资产清理过程中所发生的清理费用和清理收入等各项金额的差额。本项目"期末余额"栏内金额应根据"固定资产清理"总账账户的期末余额分析填列，若期末余额在借方，应以"+"号填列；若期末余额在贷方，应以"-"号填列。

"开发支出"项目，反映企业自行开发无形资产过程中能够资本化形成无形资产成本的支出部分。本项目"期末余额"栏内金额应根据"研发支出"总账账户所属的"资本化支出"明细账户期末借方余额填列。

"长期待摊费用"项目，反映企业已经发生但应由本期和以后各期负担的，分摊期限在一年以上的各项费用，如租入固定资产改良支出。长期待摊费用在一年内（含一年）摊销的部分，应在本表"一年内到期的非流动资产"项目填列。本项目"期末余额"栏内金额应根据"长期待摊费用"总账账户的期末借方余额填列。

"递延所得税资产"项目，反映企业因确认可抵扣暂时性差异产生的递延所得税资产。本项目"期末余额"栏内金额应根据"递延所得税资产"总账账户的期末借方余额填列。

"其他非流动资产"项目，反映企业除长期股权投资、固定资产、在建工程、工程物资、无形资产等资产以外的其他非流动资产。本项目"期末余额"栏内金额应根据相关总账账户的期末借方余额填列。若其他长期资产的金额较高，应在会计报表附注中披露其内容和金额。

"短期借款"项目，反映企业向银行或其他金融机构等借入的一年期以下（含一年）的各种借款。本项目"期末余额"栏内金额应根据"短期借款"总账账户的期末贷方余额填列。

"以公允价值计量且其变动计入当期损益的金融负债"项目，反映企业持有的以公允价值计量且其变动计入当初损益的为交易目的所发行的金融负债。本项目"期末余额"栏内金额应根据"交易性金融负债"总账账户的期末贷方余额填列。

"应付票据"项目，反映企业购买材料、商品和接受劳务等开出、承兑的商业汇票，包括银行承兑汇票和商业承兑汇票。本项目"期末余额"栏内金额应根据"应付票据"总账账户的期末贷方余额填列。

"应付职工薪酬"项目，反映企业根据有关规定应支付给职工的各项薪酬，包括工资、奖金、津贴、职工福利、社会保险费、住房公积金、工会经费、职工教育经费、非货币性福利、辞退福利等内容。外商投资企业按净利润提取的职工奖励及福利基金，也在本项目列示。本项目"期末余额"栏内金额应根据"应付职工薪酬"总账账户的期末贷方余额填列，如果"应付职工薪酬"账户期末为借方余额，以"-"号填列。

"应交税费"项目，反映企业按照税法等规定计算应交纳的各项税费，包括增值税、消费税、企业所得税、资源税、土地增值税、城市维护建设税、教育费附加等。企业代扣代缴的职工个人所得税也在本项目列示。本项目"期末余额"栏内金额应根据"应交税费"总账账户的期末余额填列。若期末余额在借方，应以"-"号填列；若期末余额在贷方，应以"+"填列。

"应付利息"项目，反映企业按照规定应当支付的利息，包括短期借款利息、分期付息到期还本的长期借款应支付的利息、企业发行的企业债券应支付的利息。本项目"期末余额"栏内金额应根据"应付利息"总账账户的期末贷方余额填列。余额归在"其他应付款"科目。

"应付股利"项目，反映企业确定或宣告支付但尚未支付的给投资者及其他单位或个人的现金股利或利润。本项目"期末余额"栏内金额应根据"应付股利"总账账户的期末贷方余额填列，金额归在"其他应付款"科目。

"其他应付款"项目，反映企业除应付票据、应付账款、预收账款、应付职工薪酬、应付股利、应付利息、长期应付款等以外的各项暂收或应付、其他单位或个人的款项。本项目"期末余额"栏内金额应根据"其他应付款"总账账户的期末贷方余额再加上"应付利息""应付股利"填列金额。

"其他流动负债"项目，反映企业报表中列示的流动负债以外的其他流动负债。本项目"期末余额"栏内金额应根据有关总账账户的期末贷方余额填列。若其他流动负债金额较高，应在会计报表附注中披露其内容及金额。

"长期借款"项目，反映企业向银行或其他金融机构借入的一年期以上（不含一年）的各种借款。本项目"期末余额"栏内金额应根据"长期借款"总账账户的期末贷方余额减去其明细账中将要在一年内偿还的"长期借款"明细账账户的期末贷方余额的净额填列。

"应付债券"项目，反映企业为筹集长期资金而发行的债券本金和到期一次还本付息的债券利息。本项目"期末余额"栏内金额应根据"应付债券"总账账户的期末贷方余额减去其明细账中将要在一年内偿还的"应付债券"明细账账户的期末贷方余额的净额填列。

"长期应付款"项目，反映企业除长期借款和应付债券以外的其他各种长期应付款，包括应付融资租入固定资产的租赁费、以分期付款方式购入固定资产等发生的长期应付款项等。本项目"期末余额"

栏内金额应根据"长期应付款"总账账户的期末贷方余额减去相应的"未确认融资费用"账户期末余额后的金额,再减去其明细账中将要在一年内偿还的"长期应付款"明细账账户的期末贷方余额的净额填列。

"专项应付款"项目,反映企业取得的政府作为企业投资者投入的具有专项或特定用途的款项,如政府拨专款扶持企业搞大型的基础设施建设等。本项目"期末余额"栏内金额应根据"专项应付款"总账账户的期末贷方余额减去将在一年内偿还的"专项应付款"明细账账户的期末贷方余额的净额填列。

"预计负债"项目,反映企业确认的对外担保、未决诉讼、产品质量保证、重组义务、亏损性合同等原因产生的预计负债。本项目"期末余额"栏内金额应根据"预计负债"总账账户的期末贷方余额填列。

"递延所得税负债"项目,反映企业因确认应纳税暂时性差异而产生的递延所得税负债。本项目"期末余额"栏内金额应根据"递延所得税负债"总账账户的期末贷方余额填列。"其他非流动负债"项目,反映企业除报表中列示的非流动负债项目以外的其他非流动负债。本项目"期末余额"栏内金额应根据相关总账账户的期末贷方余额填列。若其他非流动负债金额较高,应在会计报表附注中披露其内容和金额。

"实收资本(或股本)"项目,反映企业接受投资者实际投入的资本(或股本)总额,或股份有限责任公司发行的股票面值总额。本项目"期末余额"栏内金额应根据"实收资本"(或"股本")总账账户的期末贷方余额填列。

"资本公积"项目,反映企业收到的投资者出资额超出其注册资本或股本的溢价部分,以及直接计入所有者权益的利益和损失。本项目"期末余额"栏内金额应根据"资本公积"总账账户的期末贷方余额填列。

"盈余公积"项目,反映企业从净利润中提取的盈余公积,包括法定盈余公积和任意盈余公积。本项目"期末余额"栏内金额应根据"盈余公积"总账账户的期末贷方余额填列。

"未分配利润"项目,反映企业经过弥补亏损、提取法定盈余公积、提取任意盈余公积和向投资者分配利润等利润分配之后剩余的利润,是企业留待以后年度进行分配的历年结存的利润。本项目"期末余额"栏内金额应根据"利润分配——未分配利润"账户的期末余额分析计算填列。若期末余额在借方,应以"-"号填列;若期末余额在贷方,应以"+"号填列。

2. 根据相关总账账户的期末余额计算填列

"货币资金"项目,反映企业生产经营过程中处于货币形态的资产,包括库存现金、银行存款、外埠存款、银行汇票存款、银行本票存款、信用卡存款、信用证保证金存款等。本项目"期末余额"栏内金额应根据"库存现金""银行存款""其他货币资金"总账账户的期末借方余额计算填列。

例题 2-1 根据表 2-2 所列数据计算某公司 2020 年资产负债表中"货币资金"项目"期末余额"栏金额。

表 2-2 某公司 2017 年总账账户期末余额表

单位:元

账户名称	借方余额	账户名称	贷方余额
库存现金	8 000	坏账准备	1 370
银行存款	236 751	累计折旧	160 000
其他货币资金	10 000	累计摊销	120 000
应收账款	117 000	固定资产减值准备	20 000
应收票据	23 400	短期借款	50 000
原材料	125 980	应付账款	80 000

续表

账户名称	借方余额	账户名称	贷方余额
周转材料	3600	应付职工薪酬	122 851
生产成本	79 330	长期借款	500 000
库存商品	215 600	实收资本	1 000 000
固定资产	800 000	盈余公积	16 544
无形资产	600 000	利润分配	148 896
合计	2 219 661	合计	2 219 661

"货币资金"项目"期末余额"栏金额＝"库存现金"总账账户的期末借方余额+"银行存款"总账账户的期末借方余额+"其他货币资金"总账账户的期末借方余额＝8000+236 751+10 000＝254 751（元）。

"存货"项目，反映企业持有以备出售的产品或商品、处于生产过程中的在产品和在生产过程中或提供劳务过程中将要耗用的材料物资等的可收回净值。存货包括各类材料、在产品、半成品、产成品、商品，以及包装物、低值易耗品、委托代销商品等。本项目"期末余额"栏内金额应根据"材料采购""在途物资""原材料""周转材料""生产成本""委托加工物资""库存商品""自制半成品""发出商品""委托代销商品""受托代销商品"等总账账户的期末借方余额合计数减去"存货跌价准备"总账账户的期末贷方余额，并结合"材料成本差异"账户的期末余额计算分析填列。

例题2-2，根据表2-2所列数据计算某公司编制的2020年资产负债表中"存货"项目"期末余额"栏金额。"存货"项目"期末余额"栏金额＝"原材料"总账账户的期末借方余额+"周转材料"总账账户的期末借方余额+"生产成本"总账账户的期末借方余额+"库存商品"总账账户的期末借方余额＝125 980+3 600+79 330+215 600＝424 510（元）。

3. 根据总账账户所属有关明细账户的期末余额分析填列

资产负债表中，需要根据总账账户所属有关明细账户的期末余额分析填列的项目有"应收账款"和"预收账款"、"应付账款"和"预付账款"两组共四个项目。

① "应收账款"项目和"预收账款"项目。"应收账款"项目，反映企业因销售产品或商品，提供劳务等应向购买单位收取的款项，是企业的一项资产。应收账款主要包括企业销售产品或提供劳务等应向有关债务人收取的价款及代购货单位垫付的包装费、运杂费等。本项目"期末余额"栏内金额应根据"应收账款""预收账款"明细账账户的期末借方余额和"坏账准备"明细账账户的期末贷方余额分析填列。

"预收账款"项目，反映企业预收购买单位的货款，是企业的一项负债。本项目"期末余额"栏内金额应根据"预收账款"和"应收账款"明细账账户的期末贷方余额分析填列。

例题2-3 根据表2-3计算某公司编制的2020年资产负债表中"应收账款"项目和预收账款

表2-3

账户名称	期末借方余额	期末贷方余额
应收账款——乙	117 000	
应收账款——丙	20 000	
应收账款——丁		20 000

"应收账款"项目"期末余额"栏金额＝"应收账款"明细账账户的期末借方余额合计-"坏账准备"总账账户的期末贷方余额＝117 000+20 000-1370＝135 630（元）。

"预收账款"项目"期末余额"栏金额="应收账款"明细账账户的期末贷方余额合计=2000（元）

②"应付账款"项目和"预付账款"项目。"应付账款"项目，反映企业因购买商品或接受劳务而应向供货单位支付的款项，是企业的一项负债。本项目"期末余额"栏内金额应根据"应付账款"和"预付账款"明细账账户的期末贷方余额分析填列。

"预付账款"项目，反映企业预付给供货单位的款项，是企业的一项资产。本项目"期末余额"栏内金额应根据"预付账款"和"应付账款"明细账账户的期末借方余额分析填列。

例题2-4 根据表2-4，计算某公司编制的2020年资产负债表中"应付账款"项目"期末余额"栏金额表。

表2-4 某公司应付账款明细账资料

账户名称	期末借方余额	期末贷方余额
应付账款——A	40 000	
应付账款——B		100 000
应付账款——C		20 000

"应付账款"项目"期末余额"栏金额="应付账款"明细账账户的期末贷方余额合计=100 000+20 000=120 000（元）。

"预付账款"项目"期末余额"栏金额="应付账款"明细账账户的期末借方余额合计=40 000（元）。

4. 根据相关明细账账户的期末借方余额合计分析填列

"一年内到期的非流动资产"项目，反映企业将于资产负债表日起一年内（含一年）到期的非流动资产的金额，涉及的非流动资产项目主要有"债权投资"和"长期应收款"项目。本项目"期末余额"栏内金额应根据"债权投资"和"长期应收款"明细账账户的期末借方余额分析填列。

例题2-5 2020年年末，某公司"债权投资"账户的借方余额为700 000元，其中包括2019年5月购入的4年期债券300 000元，2018年5月购入的3年期债券400 000元。"长期应收款"账户的借方余额为1 000 000元，预计今后10年每年收到100 000元。

要求：计算某公司编制的2020年资产负债表中"一年内到期的非流动性资产"项目"期末余额"栏金额。

"一年内到期的非流动性资产"项目"期末余额"栏金额=将于一年内到期的"持有至到期投资"明细账账户的期末借方余额+将于一年内到期的"长期应收款"明细账账户的期末借方余额=300 000+100 000=400 000（元）。

"一年内到期的非流动负债"项目，反映企业将于资产负债表日起一年内（含一年）到期的非流动负债的金额，涉及的非流动负债项目主要有"长期借款""应付债券""长期应付款""专项应付款"项目。本项目"期末余额"栏内金额应根据"长期借款""应付债券""长期应付款""专项应付款"明细账账户的期末贷方余额分析填列。

例题2-6 2020年年末，某公司"长期借款"账户的期末贷方余额为600 000元，其中2018年10月借入3年期借款100 000元，2019年5月借入5年期借款500 000元。"应付债券"账户的期末贷方余额为1 000 000元，这些应付债券均为2016年1月1日发行的5年期债券。

要求：计算该公司编制的2020年资产负债表中"一年内到期的非流动负债"项目"期末余额"栏金额。

"一年内到期的非流动负债"项目"期末余额"栏金额=将于一年内偿还的"长期借款"明细账账

户的期末贷方余额+将于一年内偿还的"应付债券"明细账账户的期末贷方余额＝100 000＋1 000 000＝1 100 000（元）。

5. 根据总账账户余额减去其他对应的备抵账户余额后的净额填列

"应收票据"项目，反映企业因销售商品、提供劳务等而收到并持有的应收取的商业汇票的账面价值。商业汇票包括商业承兑汇票和银行承兑汇票。本项目"期末余额"栏内金额应根据"应收票据"账户的期末余额减去"坏账准备"账户中有关应收票据计提的坏账准备期末余额后的金额填列。

"应收利息"项目，反映企业因债权性投资应收取而未收取的利息。本项目"期末余额"栏内金额应根据"应收股利"账户的期末余额减去"坏账准备"账户中有关应收利息计提的坏账准备期末余额后的金额填列。企业购入的到期一次还本付息的债券应收取而未收取的利息不应在本项目中反映。数字归在报表"其他应收款"项目。

"应收股利"项目，反映企业因股权性投资而应收取的未收现金股利或应收其他单位分配的利润。本项目"期末余额"栏内金额应根据"应收股利"账户的期末余额减去"坏账准备"账户中有关应收股利计提的坏账准备期末余额后的金额填列。数字归在报表"其他应收款"项目。

"其他应收款"项目，反映企业应收或暂付的除应收账款、应付票据、预付账款之外的应收款项减去对其计提的坏账准备之后的净额。本项目"期末余额"栏内金额应根据"其他应收款"总账账户的期末借方余额减去"坏账准备"明细账账户中根据"其他应收款"计提的部分的净额再加上"应收利息"和"应收股利"的金额填列。

"长期应收款"项目，反映企业收回期限在一年以上的长期应收款项，包括融资租赁产生的应收款项、采用延期收款方式具有融资性质的销售商品和提供劳务等业务中产生的应收款项。

本项目"期末余额"栏内金额应根据"长期应收款"总账账户的期末借方余额减去"坏账准备"明细账账户中根据"长期应收款"计提的部分，减去"未实现融资收益"总账账户的期末贷方余额，再减去将于一年内到期的"长期应收款"明细账账户的期末借方余额的净额填列。

"长期股权投资"项目，反映企业持有的包括其子公司、合营企业的权益性投资、联营企业的权益性投资，以及企业持有的对被投资单位不具有控制、共同控制或重大影响，且在活跃市场中没有报价、公允价值不可能靠计量的权益性投资。本项目"期末余额"栏内金额应根据"长期股权投资"总账账户的期末借方余额减去"长期股权投资减值准备"总账账户的期末贷方余额的净额填列。

"投资性房地产"项目，反映企业持有的为赚取租金或资本增值，或二者兼有的房屋建筑物或土地使用权。本项目"期末余额"栏内金额应根据"投资性房地产"总账账户的期末借方余额减去"投资性房地产减值准备"总账账户的期末贷方余额的净额填列。

"固定资产"项目，反映企业持有的为生产商品、提供劳务、出租或经营管理而持有的，使用寿命超过一个会计年度的有形资产的净值，这些固定资产包括企业拥有的厂房、机械、设备等可供企业长期使用的实物资产。本项目"期末余额"栏内金额应根据"固定资产"总账账户的期末借方余额减去"累计折旧"总账账户的期末贷方余额，再减去"固定资产减值准备"总账账户的期末贷方余额的净额填列。

"在建工程"项目，反映企业基建、更新改造等在建工程发生的支出，包括交付安装的设备价值，未完工建筑安装工程已耗用的材料物资、人工工资和各种费用支出等，预付出包工程的款项，已经建筑安装完毕但尚未实际交付使用的工程等。本项目"期末余额"栏内金额应根据"在建工程"总账账户的期末借方余额减去"在建工程减值准备"总账账户的期末贷方余额的净额填列。

"工程物资"项目，反映企业为在建工程准备的各种物资的实际成本。本项目"期末余额"栏内金额应根据"工程物资"总账账户的期末借方余额减去"工程物资减值准备"总账账户的贷方余额的净额填列。

"生产性生物资产"项目，反映企业，尤其是农业企业持有的用于生产的生物资产的净值。本项目"期末余额"栏内金额应根据"生产性生物资产"总账账户的期末借方余额减去"生产性生物资产累计折旧"总账账户的期末贷方余额，再减去"生产性生物资产减值准备"总账账户的期末贷方余额的净值填列。

"油气资产"项目，反映企业，主要是石油天然气开采企业持有的矿区权益和油气井及相关设施的净值。本项目"期末余额"栏内金额应根据"油气资产"总账账户的期末借方余额减去"累计折耗"总账账户的期末贷方余额，再减去"油气资产减值准备"总账账户的期末贷方余额的净额填列。

"无形资产"项目，反映企业所拥有或者控制的没有实物形态的可辨认的非货币性资产，包括专利权、非专利技术、商标权、著作权、特许权、土地使用权等。本项目"期末余额"栏内金额应根据"无形资产"总账账户的期末借方余额减去"累计摊销"总账账户的期末贷方余额，再减去"无形资产减值准备"总账账户的期末贷方余额的净额填列。

"商誉"项目，反映企业在合并中形成的商誉的价值。本项目"期末余额"栏内金额应根据"商誉"总账账户的期末借方余额减去"商誉减值准备"总账账户的期末贷方余额的净额填列。

例题 2-7，根据表 2-2 计算某公司编制的 2020 年资产负债表中"固定资产"项目和"无形资产"项目"期末余额"栏金额。

"固定资产"项目"期末余额"栏金额＝"固定资产"总账账户的期末借方余额－"累计折旧"总账账户的期末贷方余额－"固定资产减值准备"总账账户的期末贷方余额＝800 000－160 000－20 000＝620 000（元）。

"无形资产"项目"期末余额"栏金额＝"无形资产"总账账户的期末借方余额－"累计摊销"总账账户的期末贷方余额＝600 000－120 000＝480 000（元）。

6. 根据资产负债表中相关项目的金额合计填列

"流动资产合计"项目，反映企业资产负债表中流动资产金额的合计数。本项目"期末余额"栏内金额应根据"货币资金"项目、"交易性金融资产"项目、"应收票据"项目、"应收账款"项目、"预付账款"项目、"应收利息"项目、"应收股利"项目、"其他应收款"项目、"存货"项目、"一年内到期的非流动资产"项目和"其他流动资产"项目"期末余额"栏内金额计算填列。

"非流动资产合计"项目，反映企业资产负债表中非流动资产金额的合计数。本项目"期末余额"栏内金额应根据"其他债权投资"项目、"债权投资"项目、"长期应收款"项目、"长期股权投资"项目、"投资性房地产"项目、"固定资产"项目、"在建工程"项目、"工程物资"项目、"固定资产清理"项目、"生产性生物资产"项目、"油气资产"项目、"无形资产"项目、"开发支出"项目、"商誉"项目、"长期待摊费用"项目、"递延所得税资产"项目和"其他非流动资产"项目"期末余额"栏内金额计算填列。

"资产合计"项目，反映企业资产负债表中全部资产金额的合计数。本项目"期末余额"栏内金额应根据"流动资产合计"项目和"非流动资产合计"项目"期末余额"栏内金额计算填列。

"流动负债合计"项目，反映企业资产负债表中流动负债金额的合计数。本项目"期末余额"栏内金额应根据"短期借款"项目、"交易性金融负债"项目、"应付票据"项目、"应付账款"项目、"预收账款"项目、"应付职工薪酬"项目、"应交税费"项目、"其他应付款"项目、"一年内到期的非流动负债"项目和"其他流动负债"项目"期末余额"栏内金额计算填列。

"非流动负债合计"项目，反映企业资产负债表中非流动负债金额的合计数。本项目"期末余额"栏内金额应根据"长期借款"项目、"应付债券"项目、"长期应付款"项目、"专项应付款"项目、"预计负债"项目、"递延所得税负债"项目和"其他非流动负债"项目"期末余额"栏内金额计算填列。

"负债合计"项目，反映企业资产负债表中全部负债金额的合计数。本项目"期末余额"栏内金额应根据"流动负债合计"项目和"非流动负债合计"项目"期末余额"栏内金额计算填列。"所有者权益合计"项目，反映企业资产负债表中所有者权益金额的合计数。本项目"期末余额"栏内金额应根据"实收资本（股本）"项目、"资本公积"项目、"盈余公积"项目、"未分配利润"项目"期末余额"栏内金额计算填列。

"负债和所有者权益合计"项目，反映企业资产负债表中全部负债和所有者权益（或股东权益）金额的合计数。本项目"期末余额"栏内金额根据"负债合计"项目和"所有者权益（或股东权益）合计"项目"期末余额"栏内金额计算填列。

综上所述，资产负债表各项目"期末余额"栏金额的填列方法见表2-5。

表2-5 资产负债表项目分类表

编制单位：　　　　　　　　　　　　　　年　月　日　　　　　　　　　　　　金额单位：元

资产		负债和所有者权益	
流动资产：		流动负债：	
货币资金	(2)	短期借款	
以公允价值计量且其变动计入当期损益的金融资产	(1)	以公允价值计量且其变动计入当期损益的金融负债	(1)
应收票据		应付票据	(1)
应收账款		应付账款	(3)
预付账款		预收账款	(3)
应收利息		应付职工薪酬	(1)
应收股利		应交税费	(1)
其他应收款	(5)	应付利息	(1)
存货		应付股利	
一年内到期的非流动资产	(4)	其他应付款	(1)
其他流动资产		一年内到期的非流动负债	(4)
流动资产合计	(6)	其他流动负债	(1)
非流动资产：		流动负债合计	(6)
以摊余成本计量的金融资产		非流动负债：	
以公允价值计量且其变动计入其他综合收益的金融资产		长期借款	(1)
长期应收款	(5)	应付债券	(1)
长期股权投资	(5)	长期应付款	(1)
投资性房地产	(5)	专项应付款	(1)
固定资产	(5)	预计负债	(1)
在建工程	(5)	递延所得税负债	(1)
工程物资	(5)	其他非流动负债	(1)
固定资产清理		非流动负债合计	(6)
生产性生物资产	(5)	负债合计	(6)
油气资产	(5)	所有者权益（或股东权益）：	
无形资产	(5)	实收资本（或股本）	(1)
开发支出		资本公积	(1)

三、资产负债表编制案例分析

例题 2-8 案例资料：

（一）某汽车股份有限公司于 2020 年按面值 1 元平价发行股票 5 000 000 股成立。该公司为一般纳税人，适用的增值税税率为 13%，所得税税率为 25%，原材料采用计划成本法进行核算。该公司 2020 年年末总账账户的余额见表 2-6 所示，资产类账户如"存货""长期股权投资""固定资产""无形资产"等都未计提减值准备。

（二）按最新增值税税率 13% 计算，某汽车股份有限公司 2021 年部分经济业务如下：

①收到银行通知，用银行存款支付到期的商业承兑汇票 100 000 元。

②购入甲材料一批，收到的增值税专用发票上注明的材料价款为 150 000 元，增值税税额为 19 500 元，开出一张银行转账支票支付，材料尚未验收入库。

③收到甲材料一批，实际采购成本为 100 000 元，计划成本为 95 000 元，材料已验收入库。

④用一张金额为 113 000 元的银行汇票支付材料价款，收到开户银行转来银行汇票多余款收账通知，通知上填写的多余款为 226 元，购入材料价款为 99 800 元，增值税税额为 12 974 元，货款尚未收到。该批材料的实际生产成本为 100 000 元。

⑤销售产品一批，开出的增值税专用发票上注明的价款为 300 000 元，增值税税额为 39 000 元，货款尚未收到。该批产品的实际生产成本为 180 000 元，产品已发出。

⑥公司出售交易性金融资产（股票），收到 16 500 元存入银行，该股票的初始投资成本为 13 000 元，公允价值变动收益为 2000 元。

⑦购入不需要安装的管理用设备一台，收到的增值税专用发票上注明的设备价款为 85 470 元，增值税税额为 11 111.10 元，另支付包装、运杂费 1000 元。均以银行存款支付，设备已交付使用。

⑧购入工程用材料一批，收到的普通发票上注明的金额为 150 000 元，款项已通过银行转账支付。

⑨核算应支付工程人员薪酬 228 000 元。

⑩在建工程完工，交付生产使用，已办理竣工手续，固定资产价值 1 400 000 元。

⑪生产车间报废一台机床，该设备的原值为 200 000 元，已计提折旧 180 000 元，支付清理费用 500 元，残值变价收入为 800 元，款项均通过银行存款收支。该项固定资产已清理完毕。

⑫从银行借入 3 年期借款 1 000 000 元，存入银行账户。

⑬销售产品一批，开出的增值税专用发票上注明的销售价款为 700 000 元，增值税税额为 91 000 元，款项已存入银行。该批产品的实际生产成本为 420 000 元。

⑭公司将要到期的一张面值为 200 000 元的不带息银行承兑汇票，联通解讫通知和进账单交银行办理转账。收到银行盖章退回的进账单一联。款项银行已收妥。

⑮公司出售一台不需要设备，收到价款 300 000 元，该设备原值为 400 000 元，已计提折旧 150 000 元。

⑯购入股票作为交易性金融资产，价款为 103 000 元，交易费用为 2000 元，已通过银行支付。

⑰分配应支付的职工工资 300 000 元（不包括应支付的在建工程人员工资），其中生产人员工资 275 000 元，车间管理人员薪酬 10 000 元，行政管理部门人员薪酬 15 000 元。

⑱提取职工福利费 42 000 元（不包括在建工程应负担的福利费 28 000 元），其中生产工人福利费 38 500 元，车间管理人员福利费 1400 元，行政管理部门福利费 2100 元。

⑲通过银行支付职工工资 500 000 元，其中包括在建工程人员的工资 200 000 元。

⑳基本生产车间领用原材料，该材料的计划成本为 700 000 元；领用低值易耗品，计划成本为 50 000 元，低值易耗品采用一次摊销法摊销。

㉑结转领用原材料应分摊的材料成本差异。假设材料成本差异率为5%。

㉒以银行存款支付基本生产车间水电费 90 000 元。

㉓收到应收账款 51 000 元，存入银行。

㉔用银行存款支付宣传费 10 000 元。

㉕公司采用商业承兑汇票结算方式销售产品一批，开出的增值税专用发票上注明的销售价款为 250 000 元，增值税税额为 32 500 元，收到金额为 282 500 元的商业承兑汇票一张，该批产品的实际生产成本为 150 000 元。

㉖将上述承兑汇票到银行办理贴现，支付贴现息 20 000 元。

㉗本期产品销售应交纳的教育费附加为 2000 元。

㉘用银行存款交纳增值税 100 000 元，教育费附加 2 000 元。

㉙本期在建工程应负担的长期借款利息为 200 000 元，长期借款为分期付息。

㉚提取应计入本期损益的长期借款利息费用 10 000 元，长期借款为分期付息。

㉛偿还短期借款本金 250 000 元。

㉜支付长期借款利息 210 000 元。

㉝偿还长期借款本金 1 000 000 元。

㉞通过银行支付广告费 10 000 元。

㉟上年度销售产品一批，开出的增值税专用发票上注明的销售价款为 10 000 元，增值税税额为 1300 元，购货方开出商业承兑汇票。本期由于购货方发生财务困难，无法按合同规定偿还债务，经双方协议，该汽车股份公司同意购货方用产品抵偿应收票据。用于抵债的产品市价为 8 000 元，适用的增值税税率为 13%。

㊱计提无形资产摊销额 60 000 元。

㊲计提固定资产折旧 100 000 元，其中计入制造费用 80 000 元，管理费用 20 000 元。

㊳将制造费用 233 900 元转入生产成本。

㊴计算并结转本期完工产品成本 1 282 400 元。期末没有在产品，本期生产的产品全部完工入库。

㊵结转本期产品销售成本 750 000 元。

㊶期末计提应收账款坏账准备金 900 元。

㊷期末所持有的交易性金融资产的公允价值为 105 000 元。

㊸期末计提固定资产减值准备 30 000 元。

㊹将各损益类账户本年发生额结转到本年利润账户。

㊺假设本例中，除计提固定资产减值准备 30 000 元造成固定资产账面价值与其计税基础存在差异外，不考虑其他项目的所得税影响。企业按照税法规定计算确定的应交所得税为 94 865 元，递延所得税资产为 7500 元。

㊻按照净利润的 10% 提取法定盈余公积。

㊼净利润分配各明细科目的余额转入"未分配利润"明细科目，结转本年利润。

㊽用银行存款缴纳当年应交所得税。

要求：编制该汽车股份有限公司 2020 年度经济业务的会计分录，并在此基础上编制资产负债表。

表 2-6　2019 年年末总账账户期末余额表

金额单位：元

账户名称	借方余额	账户名称	借方余额
库存现金	1 000	坏账准备	900
银行存款	2 285 300	累计折旧	400 000
其他货币资金	120 000	累计摊销	100 000
交易性金融资产	15 000	短期借款	300 000
应收票据	246 000	应付票据	200 000
应收账款	400 000	应付账款	954 800
预付账款	100 000	其他应付款	50 000
其他应收款	305 000	应付职工薪酬	110 000
原材料	1 500 000	应交税费	36 600
材料采购	100 000	长期借款	1 600 000
周转材料	100 000	股本	5 000 000
库存商品	800 000	盈余公积	100 000
长期股权投资	250 000		
固定资产	1 200 000		
在建工程	1 500 000		
无形资产	700 000		
其他非流动资产	200 000		
合计	8 902 300	合计	8 902 300

1. 编制经济业务的会计分录

①借：应付票据　　　　　　　　　　　　　　　　　　　　　　　　　100 000
　　贷：银行存款　　　　　　　　　　　　　　　　　　　　　　　　　100 000
②借：材料采购　　　　　　　　　　　　　　　　　　　　　　　　　150 000
　　应交税费——应交增值税（进项税额）　　　　　　　　　　　　　　19 500
　　贷：银行存款　　　　　　　　　　　　　　　　　　　　　　　　　169 500
③借：原材料　　　　　　　　　　　　　　　　　　　　　　　　　　　95 000
　　贷：材料采购　　　　　　　　　　　　　　　　　　　　　　　　　95 000
　借：材料成本差异　　　　　　　　　　　　　　　　　　　　　　　　5000
　　贷：材料采购　　　　　　　　　　　　　　　　　　　　　　　　　5000
④借：材料采购　　　　　　　　　　　　　　　　　　　　　　　　　　99 800
　　应交税费——应交增值税（进项税额）　　　　　　　　　　　　　　12 974
　　贷：其他货币资金　　　　　　　　　　　　　　　　　　　　　　　112 774
　借：银行存款　　　　　　　　　　　　　　　　　　　　　　　　　　226
　　贷：其他货币资金　　　　　　　　　　　　　　　　　　　　　　　226
　借：原材料　　　　　　　　　　　　　　　　　　　　　　　　　　　100 000
　　贷：材料采购　　　　　　　　　　　　　　　　　　　　　　　　　100 000
　借：材料采购　　　　　　　　　　　　　　　　　　　　　　　　　　200
　　贷：材料成本差异　　　　　　　　　　　　　　　　　　　　　　　200
⑤借：应收账款　　　　　　　　　　　　　　　　　　　　　　　　　339 000
　　贷：主营业务收入　　　　　　　　　　　　　　　　　　　　　　　300 000

	应交税费——应交增值税（销项税额）	39 000
⑥借：银行存款		16 500
贷：交易性金融资产——成本		13 000
交易性金融资产——公允价值变动		2000
投资收益		1500
⑦借：固定资产		86 470
应交税费——应交增值税（进项税额）		11 111.10
贷：银行存款		97 581.1
⑧借：工程物资		150 000
贷：银行存款		150 000
⑨借：在建工程		228 000
贷：应付职工薪酬		228 000
⑩借：固定资产		1 400 000
贷：在建工程		1 400 000
⑪借：固定资产清理		20 000
累计折旧		180 000
贷：固定资产		200 000
借：固定资产清理		500
贷：银行存款		500
借：银行存款		800
贷：固定资产清理		800
借：营业外支出——处置固定资产净损失		19 700
贷：固定资产清理		19 700
⑫借：银行存款		1 000 000
贷：长期借款		1 000 000
⑬借：银行存款		791 000
贷：主营业务收入		700 000
应交税费——应交增值税（销项税额）		91 000
⑭借：银行存款		200 000
贷：应收票据		200 000
⑮借：固定资产清理		250 000
累计折旧		150 000
贷：固定资产		400 000
借：银行存款		300 000
贷：固定资产清理		300 000
借：固定资产清理		50 000
贷：资产处置损益——处置固定资产净收益		50 000
⑯借：交易性金融资产——成本		103 000
投资收益		2000
贷：银行存款		105 000

⑰借：生产成本		275 000
制造费用		10 000
管理费用		15 000
贷：应付职工薪酬——工资		300 000
⑱借：生产成本		38 500
制造费用		1400
管理费用		2100
贷：应付职工薪酬——工资		42 000
⑲借：应付职工薪酬——工资		500 000
贷：银行存款		500 000
⑳借：生产成本		700 000
贷：原材料		700 000
借：制造费用		50 000
贷：原材料		50 000

㉑原材料结转超支差异：700 000×5%＝35 000（元）
　低值易耗品结转超支差异：50 000×5%＝2500（元）

借：生产成本		35 000
制造费用		2500
贷：材料成本差异		37 500
㉒借：制造费用		90 000
贷：银行存款		90 000
㉓借：银行存款		51 000
贷：应收账款		51 000
㉔借：销售费用		10 000
贷：银行存款		10 000
㉕借：应收票据		282 500
贷：主营业务收入		250 000
应交税费——应交增值税（销项税额）		32 500
㉖借：银行存款		262 500
财务费用		20 000
贷：应收票据		282 500
㉗借：税金及附加		2000
贷：应交税费——应交教育费附加		2000
㉘借：应交税费——应交增值税（已交税金）		100 000
应交税费——应交教育费附加		2000
贷：银行存款		102 000
㉙借：在建工程		200 000
贷：应付利息		20 000
㉚借：财务费用		10 000
贷：应付利息		10 000

㉛借：短期借款 250 000
　　贷：银行存款 250 000
㉜借：应付利息 210 000
　　贷：银行存款 210 000
㉝借：长期借款 1 000 000
　　贷：银行存款 1 000 000
㉞借：销售费用 10 000
　　贷：银行存款 10 000
㉟借：库存商品 8000
　　应交税费——应交增值税（进项税额） 1040
　　营业外支出 2260
　　贷：应收票据 11 300
㊱借：管理费用 60 000
　　贷：累计摊销 60 000
㊲借：制造费用 80 000
　　管理费用 20 000
　　贷：累计折旧 100 000
㊳借：生产成本 233 900
　　贷：制造费用 233 900
㊴借：库存商品 1 282 400
　　贷：生产成本 1 282 400
㊵借：主营业务成本 750 000
　　贷：库存商品 750 000
㊶借：信用减值损失 900
　　贷：坏账准备 900
㊷借：交易性金融资产——公允价值变动 2000
　　贷：公允价值变动损益 2000
㊸借：资产减值损失 30 000
　　贷：固定资产减值准备 30 000
㊹借：主营业务收入 1 250 000
　　投资收益 −500
　　资产处置损益 50 000
　　公允价值变动损益 2000
　　贷：本年利润 1 301 500
　借：本年利润 951 960
　　贷：主营业务成本 750 000
　　　　税金及附加 2000
　　　　销售费用 20 000
　　　　管理费用 97 100
　　　　财务费用 30 000
　　　　资产减值损失 30 000

信用减值损失		900
营业外支出		21 960

㊺借：所得税费用　　　　　　　　　　　　　　94 865
　　贷：应交税费——应交所得税　　　　　　　　　　94 865
　借：递延所得税资产　　　　　　　　　　　　　7500
　　贷：所得税费用　　　　　　　　　　　　　　　　7500
　借：本年利润　　　　　　　　　　　　　　　　87 365
　　贷：所得税费用　　　　　　　　　　　　　　　　87 365
㊻借：利润分配——提取法定盈余公积　　　　　25 467.5
　　贷：盈余公积——法定盈余公积　　　　　　　　25 467.5
㊼借：本年利润　　　　　　　　　　　　　　　254 675
　　贷：利润分配——未分配利润　　　　　　　　　254 675
　借：利润分配——未分配利润　　　　　　　　25 467.5
　　贷：利润分配——提取法定盈余公积　　　　　　25 467.5
㊽借：应交税费——应交所得税　　　　　　　　94 865
　　贷：银行存款　　　　　　　　　　　　　　　　94 865

2. 编制总账账户期末余额表（表 2-7）

表 2-7　总账账户期末余额表

账户名称	借方金额	账户名称	贷方余额
库存现金	1000	坏账准备	1800
银行存款	1 046 469	累计折旧	170 000
其他货币资金	3000	累计摊销	160 000
交易性金融资产	105 000	固定资产减值准备	30 000
应收票据	34 300	短期借款	50 000
应收账款	700 000	应付票据	100 000
预付账款	100 000	应付账款	954 800
其他应收款	305 000	其他应付款	50 000
原材料	995 000	应付职工薪酬	180 000
材料采购	150 000	应交税费	105 274
周转材料	50 000	长期借款	1 600 000
库存商品	1 340 400	股本	5 000 000
材料成本差异	47 300	盈余公积	126 209.50
长期股权投资	250 000	利润分配	285 885.50
固定资产	2 101 000		
在建工程	528 000		
工程物资	150 000		
无形资产	700 000		
递延所得税资产	7500		
其他非流动资产	200 000		
合计	8 813 969		8 813 969

（备注，上表的数字与上述业务不一定一致）

3. 编制资产负债表

（1）项目计算

① "货币资金"项目"期末余额"栏金额。"货币资金"项目"期末余额"栏金额＝"库存现金"总账账户的期末借方余额＋"银行存款"总账账户的期末借方余额＋"其他货币资金"总账账户的期末借方余额＝1000＋1 046 469＋3000＝1 050 469（元）。

② "应收账款"项目"期末余额"栏金额。"应收账款"项目"期末余额"栏金额＝"应收账款"明细账账户的期末借方余额合计－"坏账准备"明细账账户期末贷方余额中依据"应收账款"的计提数＝700 000－1800＝698 200（元）。

③ "存货"项目"期末余额"栏金额。"存货"项目"期末余额"栏金额＝"材料采购"总账账户的期末借方余额＋"原材料"总账账户的期末借方余额＋"周转材料"总账账户的期末借方余额＋"库存商品"总账账户的期末借方余额＋"材料成本差异"总账账户的期末借方余额＝150 000＋995 000＋50 000＋1 340 400＋47 300＝2 582 700（元）。

④ "固定资产"项目"期末余额"栏金额。"固定资产"项目"期末余额"栏金额＝"固定资产"总账账户的期末借方余额－"累计折旧"总账账户的期末贷方余额－"固定资产减值准备"总账账户的期末贷方余额＝2 101 000－170 000－30 000＝1 901 000（元）

⑤ "无形资产"项目"期末余额"栏金额。"无形资产"项目"期末余额"栏金额＝"无形资产"总账账户的期末借方余额－"累计摊销"总账账户的期末贷方余额＝700 000－160 000＝540 000（元）

⑥ "流动资产合计"项目"期末余额"栏金额。"流动资产合计"项目"期末余额"栏金额＝"货币资金"项目"期末余额"栏金额＋"交易性金融资产"项目"期末余额"栏金额＋"应收票据"项目"期末余额"栏金额＋"应收账款"项目"期末余额"栏金额＋"预付账款"项目"期末余额"栏金额＋"其他应收款"项目"期末余额"栏金额＋"存货"项目"期末余额"栏金额＝1 050 469＋105 000＋34 300＋698 200＋100 000＋305 000＋2 582 700＝4 875 669（元）

⑦ "非流动资产合计"项目"期末余额"栏金额。"非流动资产合计"项目"期末余额"栏金额＝"长期股权投资"项目"期末余额"栏金额＋"固定资产"项目"期末余额"栏金额＋"在建工程"项目"期末余额"栏金额＋"工程物资"项目"期末余额"栏金额＋"无形资产"项目"期末余额"栏金额＋"递延所得税资产"项目"期末余额"栏金额＋"其他非流动资产"项目"期末余额"栏金额＝250 000＋1 901 000＋528 000＋150 000＋540 000＋7500＋200 000＝3 576 500（元）

⑧ "资产总计"项目"期末余额"栏金额。"资产总计"项目"期末余额"栏金额＝"流动资产合计"项目"期末余额"栏金额＋"非流动资产合计"项目"期末余额"栏金额＝4 875 669＋3 576 500＝8 452 169（元）

⑨ "流动负债合计"项目"期末余额"栏金额。"流动负债合计"项目"期末余额"栏金额＝"短期借款"项目"期末余额"栏金额＋"应付票据"项目"期末余额"栏金额＋"应付账款"项目"期末余额"栏金额＋"应付职工薪酬"项目"期末余额"栏金额＋"应交税费"项目"期末余额"栏金额＋"其他应付款"项目"期末余额"栏金额＝50 000＋100 000＋954 800＋180 000＋105 274＋50 000＝1 440 074（元）

⑩ "非流动资产负债合计"项目"期末余额"栏金额。"非流动资产负债合计"项目"期末余额"栏金额＝"长期借款"项目"期末余额"栏金额＝1 600 000（元）

⑪ "负债合计"项目"期末余额"栏金额。"负债合计"项目"期末余额"栏金额＝"流动负债合计"项目"期末余额"栏金额＋"非流动负债合计"项目"期末余额"栏金额＝1 440 074＋1 600 000＝3 040 074（元）

⑫ "股东权益合计"项目"期末余额"栏金额。"股东权益合计"项目"期末余额"栏金额＝"股

本"项目"期末余额"栏金额+"盈余公积"项目"期末余额"栏金额+"未分配利润"项目"期末余额"栏金额=5 000 000+126 209.5+285 885.5=5 412 095(元)

⑬"负债和股东权益总计"项目"期末余额"栏金额。"负债和股东权益总计"项目"期末余额"栏金额="负债合计"项目"期末余额"栏金额+"股东权益合计"项目"期末余额"栏金额=3 040 074+5 412 095=8 452 169(元)

根据上述有关资料,编制资产负债表(表2-8)。

表2-8 资产负债表

编制单位:某汽车股份有限公司　　　　　2020年12月31日　　　　　　　金额单位:元

资产	期末余额	年初余额	负债和股东权益	期末余额	年初余额
流动资产:			流动负债:		
货币资金	1 050 469.00	1 406 300.00	短期借款	50 000.00	300 000.00
交易性金融资产	105 000.00	15 000.00	交易性金融负债	—	—
应收票据	34 300.00	246 000.00	应付票据	100 000.00	200 000.00
应收账款	698 200.00	400 000.00	应付账款	954 800.00	954 800.00
预付账款	100 000.00	100 000.00	预收账款	—	—
应收利息	—	—	应付职工薪酬	180 000.00	110 000.00
应收股利	—	—	应交税费	105 274.00	36 600.00
其他应收款	305 000.00	305 000.00	应付利息		
存货	2 582 700.00	2 580 000.00	应付股利		
一年内到期的非流动资产	—	—	其他应付款	50 000.00	50 000.00
其他流动资产	—	—	一年内到期的非流动负债	—	1 000 000.00
流动资产合计	4 875 669.00	5 051 400.00	其他流动负债		
非流动资产:			流动负债合计	1 440 074.00	2 651 400.00
可供出售金融资产	—	—	非流动负债:		
持有至到期投资			长期借款	1 600 000.00	600 000.00
长期应收款			应付债券		
长期股权投资	250 000.00	250 000.00	长期应付款		
投资性房地产	—	—	专项应付款		
固定资产	191 000.00	1 200 000.00	预计负债		
在建工程	528 000.00	1 500 000.00	递延所得税负债		
工程物资	150 000.00		其他非流动负债		
固定资产清理	—	—	非流动负债合计	1 600 000.00	600 000.00
生产性生物资产	—	—	负债合计	3 040 074.00	3 251 400.00
油气资产			股东权益:		
无形资产	540 000.00	700 000.00	股本	5 000 000.00	5 000 000.00
开发支出	—	—	资本公积	—	—

续表

资产	期末余额	年初余额	负债和股东权益	期末余额	年初余额
商誉	—	—	减：库存股	—	—
长期待摊费用	—	—	盈余公积	126 209.50	100 000.00
递延所得税资产	7500.00		未分配利润	285 885.50	50 000.00
其他非流动资产	200 000.00	200 000.00	股东权益合计	5 412 095.00	5 150 000.00
非流动资产合计	3 576 500.00	3 350 000.00			
资产合计	8 452 169.00	8 401 400.00	负债和股东权益合计	8 452 169.00	8 401 400.00

单位负责人： 财会负责人： 复核： 制表：

任务二 资产负债表项目分析

"绿大地"财务造假案例分析

云南绿大地生物科技股份有限公司（简称"绿大地"）（股票代码：002200）前身是云南河口绿大地实业有限公司，成立于1996年6月，公司注册资本1.5亿元，2001年3月以整体变更方式设立为股份有限公司。公司于2007年12月21日在深圳证券交易所挂牌上市，发行价为16.49元。它以绿化工程和苗木销售为主营业务，是云南省最大的特色苗木生产企业，也是国内绿化行业第一家上市公司，号称园林行业上市第一股，其复权后股价曾一路飙升到81.05元。2010年3月因涉嫌信息披露违规被立案稽查，证监会发现该公司存在涉嫌"虚增资产、虚增收入、虚增利润"等多项违法违规行为。2010年12月，董事长何学葵持有的4325.8万股"绿大地"股票被冻结，引发投资者大量抛售，四个交易日内公司市值蒸发12.2亿元，超过80%的投资人损失惨重。2011年4月，其财务总监李鹏因信息披露违规被公安机关控制。2013年2月7日，昆明市中级人民法院对"绿大地"欺诈发行股票案做出一审判决，认定"绿大地"犯欺诈发行股票罪、伪造金融票证罪、故意销毁会计凭证罪，判处罚金1040万元；绿大地原董事长何学葵被判处有期徒刑10年。

案例分析

在上市之前，"绿大地"为了扩大资产规模以达到上市条件而通过一系列的运作来虚增资产，其中最主要的手段就是通过阴阳合同，大幅度地增加资产的账面价值，如其购买的曲靖市马龙县马鸣乡的3500亩荒山使用权，购买时只有100多万，但计入账上就变成了1000万。然后，通过关联企业周转资金，形成虚假的资金流，流出的是采购款，流入时就变成了销售收入，以此来伪造现金流，虚增收入。

资产负债表究竟能够提供哪些信息？如何处理这些信息？在本项目的学习中，我们会找到。

一、资产负债表分析的内容

1. 资产负债表项目分析

资产负债表项目分析是指在资产负债表全面分析的基础上，对资产负债表中资产、负债和股东权益的主要项目进行深入分析，包括会计政策、会计估计等变动对相关项目影响的分析。

2. 资产负债表结构分析

资产负债表结构分析是指通过将资产负债表中各项目与总资产或权益总额进行对比，分析企业的资产构成、负债构成和股东权益构成，揭示企业资产结构和资本结构的合理程度，探索企业资产结构优化、资本结构优化的思路。

二、资产负债表项目分析

（一）资产项目分析

1. 流动资产类项目分析

（1）货币资金

货币资金核算范围一般包括库存现金、银行存款和其他货币资金。具体表现为库存现金、银行结算户存款、外埠存款、银行汇票存款、银行本票存款、信用证存款、信用卡存款及在途资金等。企业的银行存款能通过银行存款对账单和银行存款余额调节表反映出来，在分析此项时，需要注意对企业未达账项的处理。

① 由于货币资金是流动性最强的企业资产，因此，加强对货币资金的管理和控制，以及有效地利用货币资金是企业管理的一项重点。

② 一个企业的货币资金多，一方面反映出企业的支付能力和现金流动性很好，对债权人的支付能力强，债权人的债务有较大的保障；另一方面反映出企业的管理问题，如投资渠道单一、企业资产利用效率低下、盈利能力差等。因为资金如果不流动，将不会产生增值效果，在银行利率低于消费价格指数时资金会出现贬值。

③ 货币资金的流动性强，也是极容易引起犯罪的原因之一。加强货币资金流动量和流向的监控，是保证企业货币资金安全的手段之一。

④ 企业应该保持多大规模的货币资金，取决于货币资金的质量。影响货币资金质量的因素包括企业资产规模、业务规模、业务策略、行业特性、企业的货币资金运用能力，以及货币资金的构成质量。

（2）应收账款

应收账款是指企业向外销售产品或提供劳务而向购货单位或劳务接受单位收取的款项，以及因销售商品而产生的代垫运杂费和承兑到期未能收到的商业承兑汇票。与应收账款相关联的科目是"坏账准备"。坏账准备的核算方法有四种，分别是余额百分比法、销售百分比法、账龄分析法和个别认定法。应收账款项目的分析内容主要包括应收账款规模分析、应收账款账龄分析、应收账款债务人分析、坏账准备分析。

① 应收账款在某种程度上反映出企业的销售政策和市场策略，从策略上反映出企业的市场地位。

② 行业不同，企业的应收账款规模也应该不同，企业应该时刻关注其应收账款的规模。一般来说，制造企业、生产企业及批发企业应收账款的规模相对较大，零售企业应收账款的规模较小。

③ 应收账款的账龄不同，产生坏账的可能性也不同，企业应该控制应收账款的账龄；同时，在企业财务报表附注中应该披露企业应收账款的账龄状态。

④ 在企业管理过程中，应该针对不同的客户建立不同的应收账款政策。制定应收账款政策主要根据对应收账款债务人的分析，信誉好的客户可以放大应收账款额度，信誉差的客户应该收紧应收账款额度直至取消赊销策略，并追回所欠账款。

⑤ 需要关注企业所采用的坏账准备计提方法，不同方法在坏账准备中的反映不同，企业应该根据实际情况选用不同的坏账准备计提方法。大多数企业采用账龄分析法进行坏账准备计提。

⑥ 管理者在日常报表分析和查看中应该对应收账款增长状态进行分析，如果应收账款的增长幅度持

续超过营业收入的增长幅度,就应该关注应收账款回收状态,并密切关注企业的现金流状态。

(3) 预付账款

预付账款是企业在采购商品或接受劳务前,根据合同或协议向供货方或劳务提供方预先支付的款项。预付款项与应收账款性质相同,都是企业的债权。一般来说,企业的预付款项周期在三个月内。预付款的周期越长,产生风险的可能性越大。除了特殊行业外,预付款周期超过一年的,基本属于财务高风险状态。

① 预付账款在某种程度上反映出企业的采购政策和供应市场策略。

② 行业不同,供应市场的垄断状态不同,企业预付账款的规模也应该不同。供应市场垄断性越强或供应市场竞争激烈(商品供不应求),预付款比例就越高甚至需要全款预付。

③ 预付账款是供应商对企业资金的无偿占用,企业应该严格管理预付账款的数量、规模和周期。

(4) 存货

存货是指企业在日常活动中持有的以备出售的产成品或商品、处在生产过程中的在产品、在生产过程或提供劳务过程中耗用的材料和物料等,包括各种商品、半成品、在产品、原材料、辅料。企业应当在财务报表附注中披露与存货有关的下列信息:各类存货的期初和期末账面价值;确定发出存货成本所采用的方法,现行会计准则要求在一般情况下采用先进先出法核算发出存货存本;存货可变现净值的确定依据、存货跌价准备的计提方法、当期计提的存货跌价准备的金额、当期转回的存货跌价准备的金额,以及计提和转回的有关情况;用于债务担保的存货的账面价值。存货分析应该包括存货的数量及占比分析、存货质量分析。

①企业存货的数量反映出企业的管理水平和管理方法。一般情况下,企业的存货量越小,企业的管理水平越高,资产利用状态越好。

②行业不同,存货的周转率和存货量不同。

③企业持有存货,会由此产生大量的存货持有成本,如仓储费、保险费、管理费、存货损失等。

④企业应该保持多大规模的存货量,取决于很多条件,包括但不限于供应市场的供给状态、企业的采购政策、供应商的供应政策、企业的资金实力。

⑤企业持有的存货量较大,会产生企业的"多米诺"效应,如存货量大,资金占用量大,管理人员增多,储存环境变大,管理费用增加,存货成本上升。

⑥企业持有的存货按成本入账,但是需要注意存货价值虚高的问题,即按成本入账后存货的市场价值大幅下跌,而企业没有提取相应的存货跌价损失和进行存货的价值重估,那么,在资产负债表中将会高估资产的价值,这也是因为存货项目在资产负债表中反映的是历史成本,未按市价重估。如果进行现值估价,则要注意存货可变现净值的估价方法。

2. 非流动资产类项目分析

(1) 长期股权投资

《企业会计准则第 2 号——长期股权投资》将长期股权投资的范围界定为:企业持有的能够对被投资单位实施控制的权益性投资,即对子公司投资;企业持有的能够与其他合营方一同对被投资单位实施共同控制的权益性投资,即对合营企业投资;企业持有的能够对被投资单位施加重大影响的权益性投资,即对联营企业投资;企业对被投资单位不具有控制、共同控制或重大影响,且在活跃市场中没有报价、公允价值不能可靠计量的权益性投资。除上述情况外,企业持有的其他权益性投资,应当按照《企业会计准则第 22 号——金融工具确认和计量》的规定处理。

长期股权投资分析的内容包括长期股权投资的结构(构成)分析、长期股权投资核算方法选择,以及初始成本确认。

①长期股权投资反映企业对外的长期投资情况,该投资相对风险较大。

②长期股权投资不同于交易性金融资产，前者是长期投资行为，后者是短期投资行为。

③长期股权投资的核算方法不同，会影响其在资产负债表中的价值。应注意《企业会计准则》的相关规定。同时，企业在合并报表中反映长期股权投资时应该将成本法改为权益法进行调整。

④需要关注长期股权投资的减值准备。

⑤国家工商管理条例规定：企业的长期投资不应该超过其注册资本的25%（国有企业除外）。所以，在进行长期股权投资分析时，首先需要关注投资规模和比率。

⑥长期股权投资的投资收益是衡量其投资质量的重要指标。投资企业的利润分配状况、财务状况和现金流状况决定了长期股权投资的财务风险。

（2）固定资产类

这里的固定资产类包括资产负债表中反映的固定资产、固定资产清理、工程物资和在建工程。判定固定资产依据的标准包括时间标准和价值标准，即固定资产的使用时间在一年以上，单项价值在规定标准以上。在资产负债表中反映的固定资产实际上是固定资产净值，是固定资产原值减去累计折旧和固定资产减值准备后的净值。固定资产分析的主要内容包括分析固定资产规模、固定资产结构、固定资产变动状况、固定资产折旧方法。

①固定资产投资具有不可逆转性。固定资产投资后会变成沉没成本，风险较大。一般情况下，获取固定资产有自行购买、融资租赁等方式，企业可以根据实际情况进行决策。

②固定资产规模过大，将会在运营中产生较大的折旧费用，即运营的成本会很高，在固定资产使用效率不提高的情况下，单位产品承担的固定资产折旧费用就比较高。

③固定资产的结构决定了固定资产使用效率。固定资产按照经济用途和使用情况分为生产用固定资产、非生产用固定资产、未使用固定资产和不需用固定资产。如果生产用固定资产的比例较小，那么企业将承担较大的其他固定资产折旧，导致生产成本升高；同时，企业应该重点管理不需用和未使用的固定资产。

④固定资产的使用状况和更新状况一方面反映了企业固定资产的持续生产能力，另一方面也反映了企业未来更新固定资产需要的现金的流出时间、流出量。

⑤固定资产使用时的费用支出遵循浴缸曲线，即在固定资产刚刚投入使用和固定资产临近报废前的使用费较高，所以，在浴缸曲线的指导下，应该准确决定固定资产的更新时间和周期。

⑥对企业来说，在总资产规模一定的情况下，固定资产和流动资产具有此消彼长的矛盾性，流动资产越多，固定资产就越少。在经营过程中，流动资产的流动性越好、周转越快，比例越大，越有利于获取更多利润；但是，固定资产投资不足，由于产能小，将会失去一部分市场。所以，应该权衡二者的比例关系，寻求固定资产投入的平衡和流动资产的流动性保障。

⑦固定资产的折旧方法不同，将会在一定程度上影响企业在不同时间周期内的固定资产净值和利润状况。影响固定资产折旧的因素包括折旧方法的选择、折旧年限的确定、固定资产原值的确定，及固定资产净残值的确定。

（二）负债项目分析

1. 短期借款

短期借款是企业向银行或非银行机构借入的、偿还期在一年以内的各种借款。短期借款一般包括流动资金借款、票据贴现、结算借款等。

①短期借款在某种程度上反映企业应对短期流动资金需求的融资能力。

②短期借款由于借款期限短，所以需要做缜密的资金计划和还款计划，其数额需要与流动资产规模匹配，否则，很容易产生不能偿债的问题。

③企业是否需要举债（短期借款）与企业的资金需求有关，但是，企业能不能举债需要考虑流动资产状况和偿债能力；企业是否能够举债，与企业的短期融资能力有关。

④短期借款相对于长期借款来说利率较低，同时使用灵活，是企业短期资金需求的解决方案。

2. 应付账款

应付账款是企业购买原材料、商品或接受劳务而产生的应该支付给商品或劳务供应商的款项。

①应付账款在某种程度上反映出企业的采购政策和供应市场策略，从策略上反映出企业在供应市场中的地位。

②行业不同，市场背景不同，企业应付账款的规模和账期都有所不同。企业应该时刻关注其应付账款的规模，防止出现到期未付或不能支付的应付账款而影响企业的信用的问题。在国内，超市类零售企业的应付账款规模较大。

③在企业管理过程中，应根据企业的实际情况及资金需求状况决定采购策略，从而决定应付账款的规模和账期。在资金充足的情况下，应该减少应付账款的规模，以获取现金采购的折扣；在企业资金需求大，流动资金短缺的情况下，应该加大应付账款的规模和账期，把它作为一种短期的融资工具，但是需要时刻关注应付账款的规模和结构的变化。

④在经营过程中，如果应付账款的增长幅度过大、速度过快，应该调整采购策略，并加强资金规划。

3. 合同负债

合同负债是指企业在产品销售或劳务提供前，向客户收取的定金或合同的全部款项。合同负债是企业的一项主动负债，也是一项良性负债。

①合同负债在某种程度上反映出企业的销售政策和市场策略，从策略上反映出企业的市场地位。采用预收款项的企业产品在市场中处于良好的销售状态，预示着企业具有良好的偿债能力和盈利能力。

②合同负债的变化，在某种程度上反映了企业销售政策的变化和销售市场的变化。当一个企业的应收账款增加，预收款项降低时，预示着企业的主动市场在丢失，同时，销售政策发生了实质性的变化，即由预售变为了赊销。

③合同负债的规模不是越大越好，而需要与企业的实际供应能力和合同的条款相适应，千万不可为了提前收款而签订企业在交货期、供应量、产品质量承诺等方面难以履行的合同。

4. 长期借款

长期借款是企业向银行或非银行金融机构借入的，偿还期限在一年以上的款项。长期借款一般用于固定资产购建、固定资产改扩建、固定资产大修理，以及满足其他流动资产的正常需求。

①长期借款在某种程度上反映出企业的融资能力，同时反映出企业具有良好的商业信誉。

②在国内，大多数企业难以从证券市场上获得融资，基本上是从银行获得长期借款，由于融资渠道单一，在某种程度上加大了企业的财务风险。

③企业能否从银行获得长期借款，除了与企业的资信状况有关外，还与国家的宏观政策有关，在从紧的财政政策和货币政策下，企业将难以借款；在适度宽松的货币政策下，企业借款会相对容易。

④企业能否从银行借款，也与企业所处的行业有关。如果企业所处的行业不符合国家产业政策，属于限制性产业，将很难融资；如果企业属于新兴产业和鼓励发展产业，银行等金融机构将会看好这样的公司，企业借款也就相对容易。

5. 长期应付款

长期应付款是指企业除长期借款和应付债券以外的其他各种长期应付款项。长期应付款包括通过补偿贸易方式引进设备的未支付款项、融资租赁方式租入的设备款项，以及分期付款方式购买设备的款项。

①一般来说，长期应付款项均与企业设备购买、更新等相关。

②长期应付款项对于企业来说相对风险较小，特别是通过补偿贸易方式引入的设备，其款项使用产品销售所得进行偿还，风险更小，并且，如果符合国家政策相关规定，还可以得到相关的政策优惠。

③融资租赁方式是公司相对较灵活的融资方式。

（三）所有者权益项目分析

1. 实收资本

实收资本是指投资人实际投入的资本（或股本），也就是指经营执照上指明的公司登记的时候投入的资本额。

①实收资本反映的是投资人资本的实际投入状态。实收资本越高，企业开始运营时的资本越雄厚，出现资金短缺的风险越小。

②实收资本是投资人投入的资本，但是，它并不等同于投入资本，因为企业在运作一段时间后，有可能产生资本公积，从严格意义上来说，这部分资本也是投入资本。

③实收资本一般情况下是保持不变的，只有在企业进行增资和减资的情况下才会变动。

④《中华人民共和国公司法》规定，股东可以分期缴纳出资，所以，就有可能出现注册资本和实收资本不一致的现象。在这种情况下，需要关注下一期资本的注入及企业的运作资金的需求。

⑤股东投入资本时，可以以固定资产形式进行投资。这时，需要注意投入固定资产的估值问题。此外，针对固定资产的出资方式，需要注意注册资本高，但运营资金短缺的问题。

2. 资本公积

资本公积是指归所有者的、非收益转化而形成的资本。增加的资本公积源于资本溢价和其他资本公积，如接受捐赠、法定财产重估增值、资本汇率折算差额和资本溢价。

3. 盈余公积

盈余公积是指公司从税后净利润中提取的公共积累基金。盈余公积按规定可用于弥补亏损，也可按法定程序转增资本金。盈余公积的增减变动情况可以直接反映公司创利及其积累的情况。

4. 未分配利润

未分配利润是指企业尚未分配的税后净利润或尚未弥补的亏损。未分配利润是指还没分配的税后净利润，但它不等同于现金，它与企业利润表中的税后净利润有关联，但是它不等同于企业资产负债表中的货币资金。

①未分配利润是企业的留存收益，它的变化不能说明企业某一会计周期盈利的增加或减少，但是它能够反映企业历来的盈亏状况，也能反映企业的利润分配政策。

②企业的未分配利润（正向利润）越多，说明企业的股利分配能力和抗风险能力越强。

③未分配利润是企业的留存收益，只是会计当期未确定用途，所以，相对于资本公积而言，企业的自主决定权较大。

任务三　资产负债表结构分析

前面已经介绍了资产负债表的资产和资本的单项阅读与分析，报表分析者对企业某一时点上的财务状况已经有了一个基本的了解，但是，要系统地把握企业财务状况，还要对资产负债表进行垂直和水平分析。

一、资产负债表总体结构

(一) 资产结构

资产结构，是指各种资产占企业总资产的比重，主要是指固定投资和证券投资及流动资产投放的比例。一些企业存在流动资产不足的问题，其中一个重要的原因就是没处理好固定资产和流动资产投入的比例。从盈利性来看，基于流动资产和固定资产盈利能力上的差别，如果企业净运营资金较少，意味着企业以较大份额资金运用到盈利能力较高的固定资产上，从而使整体盈利水平上升；但从风险性上看，企业的运用资金越少，意味着流动资产和流动负债的差额越小，则到期无力偿债的危险性也越大。在实际工作中，如将过多的资金投入前期的固定资产上，极有可能引起流动资金紧张、无力进货、拖欠职工工资、短期偿债能力下降等恶果。资产结构管理的重点，在于确定一个既能维持企业正常开展经营活动，又能在减少或不增加风险的前提下，给企业带来更多利润的流动资金水平。

企业在进行资产结构决策时，往往关注资产的流动性问题，特别是流动资产占总资产的比重。根据这个比重的大小，可以将企业的资产结构分为三种类型：

①保守型资产结构，是指流动资产占总资产的比重偏大，一般大于或等于60%。在这种资产结构下，企业资产流动性较好，从而降低了企业的风险，但因为收益水平较高的非流动资产比重较小，企业的盈利水平同时降低。因此，企业的风险和收益水平都较低。

②风险性资产结构，是指流动资产占总资产的比重偏小，一般小于或等于40%。在这种资产结构下，企业资产流动性和变现能力较弱，从而提高了企业的风险，但因为收益水平较高的非流动资产比重较大，企业的盈利水平同时也提高。因此，企业的风险和收益水平都较高。

③中庸型资产结构，指介于保守型和风险型之间的资产结构。

例题 2-9 某企业 2020 年资产总体结构分析表如表 2-9 所示。

表 2-9 某企业 2020 年资产总体结构分析表

项目	期初数		期末数	
	金额（亿元）	比重（%）	金额（亿元）	比重（%）
流动资产合计	34.30	80.90	30.70	58.59
非流动资产合计	8.10	19.10	21.70	41.41
资产合计	42.40	100.00	52.40	100.00

分析：从表 2-9 中得出，该企业 2020 年年初流动资产占总资产比重为 80.9%，年末流动资产占总资产比重为 58.59%。从总体上看该企业流动资产所占比重较大，流动资产占总资产比重接近 60%，属于风险性资产结构。

例题 2-10 湖南某公司 2020 年资产结构分析如表 2-10 所示。

表 2-10 湖南某公司 2020 年资产结构分析表

项目	2020 年初金额（千元）	所占比重（%）	2020 年末金额（千元）	所占比重（%）
流动资产	37 587 105.00	60.05%	37 992 266.00	61.72%
非流动资产	25 001 734.00	39.35%	23 562 701.00	38.28%
资产合计	62 588 839.00	100.00%	61 554 967.00	100.00%

分析：从表 2-10 中可以看出，该公司 2020 年末流动资产金额为 37 587 105.00（千元），占总资产比重为 60.05%；2020 年末流动资产为 37 992 266.00（千元），较 2020 年初有小幅度增长，所占比重为

61.72%。综上所述，该公司流动资产所占比重较大，流动比率大于60%，属于保守型企业。

（二）资本结构分析

资本结构是指企业筹建长期资金的各种来源、组合，以及相互之间的构成及比例关系。资本结构上的核心是债务性资本与权益性资本的比例关系。

资本结构与资产结构的对称性分析是以两者之间存在的内在关系为基础的，它们之间的对称关系表现为：一是长期资产需要由长期融资来保证，否则就会因以短期融资来支持长期资产而带来偿债压力，以至到期不能偿债，而陷入财务困境。当然，企业可以用不断地借新债还旧债的方法，用短期融资来支持长期资产，可获得低融资成本的好处。但是，一旦新债难于筹措，企业仍将陷入财务危机之中。

另外是短期资产需要由短期融资来保证，这时短期资产能在很短时间实现、转移、摊销其价值，也就能保证短期融资的清欠和退还。短期资产也可以由长期融资来支持，从理论上讲这是一种最保险的方法，但也是一种成本最高的方法。

资本结构与资产结构的对称类型：保守结构、稳健结构、平衡结构和风险结构。

（1）保守结构（表2-11）

这种结构的主要标志是流动资产的一部分资金源于非流动负债，而另一部分是由所有者权益满足的。

表2-11 保守型资本结构

资产负债表		
流动资产	零时性占有流动资产	非流动负债
	永久性占用流动资产	所有者权益
非流动资产		

（2）稳健资产结构（表2-12）

这种结构的主要标志是流动资产的一部分资金来源是由流动负债来满足的，而另一部分是由长期负债来满足的。这意味着：

一是以长期融资的长期负债用来满足流动资产的需要，企业将不会遇到流动压力或偿债压力。因此，可以说这是一种风险最小的结构。

二是以长期融资来满足短期资产和资金需要，融资成本较高，因为相对短期融资而言，长期融资成本高。

表2-12 稳健性资本结构

资产负债表		
流动资产	零时性占有流动资产	流动负债
	永久性占用流动资产	非流动负债
非流动资产		所有者权益

（3）平衡结构（表2-13）

资产与资本的中庸结构特征是流动资产的资金由流动负债提供，这意味着：

一是流动资产不会占用长期融资，从而使融资成本相对较低；

二是流动负债也不会支持长期资产，从而使财务风险或偿债风险较低。其结果是这种结构风险中等，成本中等。

表 2-13 保守资产结构

资产负债表	
流动资产	流动负债
非流动资产	非流动负债 所有者权益

（4）风险结构（表 2-14）

资产与资本风险结构的特征是流动资产所占用的资金由流动负债提供，并且长期资产的部分资金也由流动负债提供，这意味：

一是长期资产的资金由流动负债提供，使融资成本最低；

二是流动负债用来作为长期资产的资金来源，由于两者在流动性上的不对称，从而使财务风险最大。所以，这种结构是成本最低、风险最大的结构。

表 2-14 稳健资产结构

资产负债表	
流动资产	流动负债
非流动资产	流动负债
	非流动负债
	所有者权益

纵观上述四种结构，可以看出，稳定结构是经常采用的结构，它适合于各种企业；平衡结构对于经营状况特别好而且前景也看好的企业，可作为一种正常、持久的结构，但应注意保持良好的财务形象，以及时获得临时借款应付临时偿债压力；风险结构一般只能由企业在某一较短的时期内使用，并要有准确的市场预测和良好的信用状况及环境。

例题 2-11 某重工股份有限公司 2020 年资本结构分析如表 2-15 所示。

表 2-15 重工股份有限公司 2020 年资本结构分析

项目	期初数		期末数	
	金额（千元）	比重	金额（千元）	比重
负债合计	38 189 528.00	61.05%	38 102 264.00	61.90%
股东权益合计	24 399 311.00	39.00%	23 452 703.00	38.10%
资本合计	62 558 839.00	100.00%	61 554 967.00	100.00%

某重工股份有限公司所属行业资本结构分析对比，如表 2-16 所示。

表 2-16 重工股份有限公司所属行业资本结构表

项目	期末数			
	某重工	某重科	某工程	某机械
负债合计	61.90%	57.60%	53.42%	45.21%
股东权益合计	38.10%	42.40%	46.58%	54.79%
资本合计	100%	100.00%	100.00%	100.00%

分析：从上表可以看出，该公司 2020 年初负债占总资本比率为 61.05%，2020 年末负债占总资本比重为 61.90%，有略微上升趋势，该公司负债率大于 60.00%，从计算结果和所属行业分析，该公司负债

占比偏高。但该公司流动资产的资金大部分源于流动负债，其他则源于长期资金，虽然总体资产负债率偏高，但公司的资产结构与资金结构对称性搭配合理，属于平衡型资本结构。

二、资产负债表的垂直分析

资产负债表的垂直分析亦称共同比资产负债表分析，就是将常规形式的资产负债表转换成结构百分比形式的资产负债表，即分别以资产合计数和负债及所有者权益合计数为共同基础（100%）；然后求出表中左右两方各项目相对于共同基数的百分比，进一步结合企业规模、经营性质、销售状况，以及行业风险等因素分析企业在资产运用和资金筹措等方面存在地问题，揭示企业的资产结构和资本结构变动的合理程度，深入分析企业资产结构、资本结构及资产结构地优化问题；在此基础上，还可以将前后几期的结构百分比报表汇集在一起，以判断企业财务状况的发展趋势。

资产负债表垂直分析可以从静态和动态两方面进行。从静态角度分析就是以本期资产负债表为分析对象，分析其实际构成情况；从动态角度分析就是将资产负债表的本期实际构成与基期的构成进行对比分析。

下面是某股份有限公司的资产负债表，见表2-17所列。

表2-17 某股份有限公司资产负债表 金额单位：元

资产	年末余额	年初余额	负债和所有者权益（或股东权益）	年末余额	年初余额
流动资产：			流动负债：		
货币资金	127 530 439.08	74 765 564.65	短期借款	120 610 000.00	149 730 000.00
交易性金融资产			交易性金融负债		
应收票据	5 568 336.08	18 841 133.66	应付票据	3 194 546.70	2 728 750.02
应收账款	91 857 731.82	79 743 418.39	应付账款	123 673 381.37	86 587 745.29
预付款项	34 426 109.84	19 419 356.87	预收款项	6 028 461.27	1 350 681.24
应收利息			应付职工薪酬	5 616 884.13	4 806 034.12
应收股利			应交税费	4 659 323.03	4 211 275.07
其他应收款	71 335 202.91	3 148 327 052.00	应付利息		
存货	78 506 816.87	62 900 816.06	应付股利		
一年内到期的非流动资产			其他应付款	85 141 656.33	21 347 671.32
其他流动资产			一年内到期的非流动负债		
流动资产合计	409 224 636.60	258 818 617.15	其他流动负债		
非流动资产：			负债合计	348 924 252.83	270 762 157.06
债权投资			非流动负债：		
其他债权投资			长期借款	140 000 000.00	
长期应收款			应付债券		
长期股权投资	743 957 757.57	572 065 804.88	长期应付款		
投资性房地产			专项应付款		
固定资产	231 131 686.21	208 725 513.92	预计负债		
在建工程	84 185 982.04	81 865 274.14	递延所得税负债		
工程物资			其他非流动负债		
固定资产清理			非流动负债合计	140 000 000.00	
生产性生物资产			负债合计	488 924 252.83	270 762 157.06
油气资产			所有者（股东）权益：		

续表

资产	年末余额	年初余额	负债和所有者权益（或股东权益）	年末余额	年初余额
无形资产	25 004 994.77	15 282 738.09	实收资本（股本）	285 127 200.00	283 316 200.00
开发支出			资本公积	405 134 463.62	328 843 060.67
商誉			减：库存股		
长期待摊费用	1 879 143.37	1 914 954.61	盈余公积	67 744 734.63	58 231 493.35
递延所得税资产	1 960 434.12	1 272 764.35	未分配利润	250 413 983.60	198 792 756.06
其他非流动资产	1 088 119 998.88	881 127 049.99	所有者（股东）权益合计	1 008 420 381.85	869 183 510.08
非流动资产合计					
资产总计	1 497 344 634.68	1 139 945 667.14	负债和所有者（股东）权益合计	1 497 344 634.68	1 139 945 667.14

根据表2-13提供的资料，编制某股份有限公司资产负债表垂直分析表（表2-18）。

表2-18 某股份有限公司资产负债表垂直分析表　　　金额单位：

项目	期末数		期初数		变动情况
	金额	百分比（%）	金额	百分比	
资产					
流动资产：					
货币资金	127 530 439.08	8.52	74 765 564.65	6.56	1.96
交易性金融资产					
应收票据	5 568 336.08	0.37	18 841 133.66	1.65	-1.28
应收账款	91 857 731.82	6.13	79 743 418.39	7.00	-0.87
预付款项	34 426 109.84	2.30	19 419 356.87	1.70	0.60
应收利息					
应收股利					
其他应收款	71 335 202.91	4.76	3 148 327.52	0.28	4.48
存货	78 506 816.87	5.24	62 900 816.06	5.52	-0.28
一年内到期的非流动资产					
其他流动资产					
流动资产合计	409 224 636.60	27.32	258 818 617.15	22.71	4.61
非流动资产：					
其他债权投资					
持有至到期投资					
长期应收款					
长期股权投资	743 957 757.57	49.69	572 065 804.88	50.18	-0.49
投资性房地产					
固定资产	231 131 686.21	15.44	208 725 513.92	18.31	-2.87
在建工程	84 185 982.04	5.62	81 865 274.14	7.18	-1.56
工程物资					
固定资产清理					
生产性生物资产					
油气资产					

续表

项目	期末数		期初数		变动情况
	金额	百分比（%）	金额	百分比	
无形资产	25 004 994.77	1.67	15 282 738.09	1.34	0.33
开发支出					
商誉					
长期待摊费用	1 879 143.37	0.13	1 914 954.61	0.17	-0.04
递延所得税资产	1 960 434.12	0.13	1 272 764.35		0.02
其他非流动资产					
非流动资产合计	1 088 119 998.08	72.68	881 127 049.99	77.29	-4.61
资产总计	1 497 344 634.68	100	1 139 945 667.14	100	0.00
负债和所有者（股东）权益					
流动负债：					
短期借款	120 610 000.00	8.05	149 730 000.00	13.13	-5.08
交易性金融负债					
应付票据	3 194 546.70	0.21	2 728 750.02	0.24	-0.03
应付账款	123 673 381.37	8.26	86 587 745.29	7.60	0.66
预收款项	6 028 461.27	0.4	1 350 681.24	0.12	0.28
应付职工薪酬	5 616 884.13	0.38	4 806 034.12	0.42	-0.04
应交税费	4 659 323.03	0.31	4 211 275.07	0.37	-0.06
应付利息					
应付股利					
其他应付款	85 141 656.33	5.69	21 347 671.32	1.87	3.82
一年内到期的非流动负债					
其他流动负债					
流动负债合计	348 924 252.83	23.30	270 762 157.06	23.75	-0.45
非流动负债：					
长期借款	140 000 000.00	9.35			9.35
应付债券					
长期应付款					
专项应付款					
预计负债					
递延所得税负债					
其他非流动负债					
非流动负债合计	140 000 000.00	9.35			9.35
负债合计	488 924 252.83	32.65	270 762 157.06	23.75	8.90
所有者（股东）权益：					
实收资本（股本）	285 127 200.00	19.04	283 316 200.00	24.85	-5.81
资本公积	405 134 463.62	27.06	328 843 060.67	28.85	-1.79
减：库存股					
盈余公积	67 744 734.63	4.53	58 231 493.35	5.11	-10.58

续表

项目	期末数		期初数		变动情况
	金额	百分比（%）	金额	百分比	
未分配利润	250 413 983.60	16.72	198 792 756.06	17.44	−0.72
所有者（股东）权益合计	1 008 420 381.85	67.35	869 183 510.08	76.25	−8.90
负债和所有者（股东）权益总计	1 497 344 634.68	100.00	1 139 945 667.14	100	0.00

表中数据计算方法：某项目的结构百分比=项目金额/总计数×100%

资产负债表结构变动分析是分析资产负债表中每个项目在年初和年末时，其在资产或资本中的占比变化情况。表中数据计算方法：

$$变动情况百分比=年末结构百分比-年初结构百分比$$

表中数据计算方法：

负债和所有者（股东）权益结构变动情况百分比与上述结构百分比计算相同，计算方法为：变动情况百分比=年末结构百分比-年初结构百分比

三、资产负债表结构变动总体分析

（一）资产结构总体分析

资产结构分析是对流动资产与非流动资产各主要项目占总资产的比重，表明投入企业资源的运用情况。资产负债表的资产项目按照流动性进行分类和排列，总的来说可以分为流动资产与非流动资产，因此，在进行总体分析时，主要就是从两类资产的比例及其变动趋势说明企业资金的使用情况。

1. 企业资产结构总体分析的思路

①从静态角度观察企业资产的配置情况，特别关注流动资产与非流动资产的比重，分析时可以通过与行业的水平或可比企业资产结构进行比较，对企业资产的流动性和资产风险性作出判断，进而对企业资产结构的合理性做出评价。

②从动态角度分析企业资产的变动情况，对企业资产结构的稳定性做出评价，进而对企业资产结构总体变动情况做出评价。

2. 资产结构总体分析的应用

从表2-18可以看出：

①从静态方面分析。就一般意义而言，流动资产变现能力较强，其资产风险较小；而非流动资产变现能力较差，其资产风险较大。所以，流动资产比重较大时，企业资产的流动性强而风险小；非流动资产比重较大时，企业资产弹性较差，不利于企业灵活调度资金，风险较大。华天股份有限公司2020年末流动资产比重只有27.32%，非流动资产比重却有72.68%。根据该公司的资产结构，可以认定该公司资产的流动性不强，资产风险较大。当然，一个企业的流动资产也不宜保持过多，这将会降低企业的盈利能力。

②从动态方面分析。该公司流动资产比重上升了4.61%，非流动资产比重下降了4.61%，结合各资产项目的结构变动情况来看，变动幅度不是很大，说明该公司的资产结构相对比较稳定。

（二）资本结构总体分析

资本结构分析是指对企业各种资本的构成及其比例关系的分析，其实质是债务资本在资本结构中安

排多大的比例。资本总体结构反映的是企业资金的总体来源情况，既有多少来源就有多少负债，有多少是所有者投入，可以反映企业可能面对的财务风险。对资本结构的分析能够帮助报表使用者正确评价企业价值水平，从而为其科学决策提供良好的基础。

1. 企业资本结构总体分析的思路

①从静态角度观察企业资本的构成，衡量企业的财务实力，评价企业财务风险；同时结合企业盈利能力和经营风险，评价其资本结构的合理性。

②从动态角度分析企业资本总体的变动情况，对企业资本结构的变动情况及股东收益可能产生的影响做出评价。

2. 企业资本结构总体分析的应用

从表2-18可以看出：

①从静态方面分析。某股份有限公司2020年末所有者权益比重为67.35%，负债比重为32.65%，资产负债率较低，财务风险相对较小。这样的财务结构是否合适，仅凭以上分析难以做出判断，必须结合企业盈利能力，通过权益结构优化分析才能予以说明。

②从动态方面分析。所有者权益比重下降了8.90%，负债比重上升了8.90%，表明资本结构还是比较稳定的，但财务实力有所减弱。

四、资产结构、负债结构和所有者权益结构的具体分析

（一）资产结构的具体分析

通过对资产结构的具体分析，可以及时发现和揭示与企业经营性质、经营时期不相适应的资产结构比例，并及时加以调整；可以及时发现企业的固定资产等非流动资产占用资金过多现象并帮助企业查找有问题资产，以减少资金沉淀，保持资产足够的流动性，加速资金周转，有效防止或消除资产经营风险。

1. 经营资产与非经营资产的比率关系

企业占有的资产是企业经营活动的物质基础，但并不是所有资产都是用于企业自身经营的。其中，有些资产被其他企业所运用，如一些债权类资产和对外投资类资产；有些资产已经转化为今后的费用，如长期待摊费用、开发支出和递延所得税资产等。这些资产尽管是企业的资产，但已无助于企业自身的经营。如果这些非经营资产所占比重过大，企业的经营能力就会远远小于企业资产总额所表现出来的经营能力。当企业资产规模扩大时，从表面上看，似乎是企业的经营能力增强了；但如果仅仅是非经营资产比重上升，经营资产比重反而下降了，是不能真正增强企业经营能力的。

根据表2-17的资料，可编制某股份有限公司经营资产与非经营资产结构分析表（表2-19）。

表2-19 某股份有限公司经营资产与分经营资产结构分析表

资产	年末余额	年初余额	年末结构百分比（%）	年初结构百分比（%）	变动情况（%）
经营资产：					
货币资金	127 530 439.08	74 765 564.65	8.52	6.56	1.96
预付款项	34 426 109.84	19 419 356.87	2.30	1.70	0.60
存货	78 506 816.87	62 900 816.06	5.24	5.52	-0.28
固定资产	231 131 686.21	208 725 513.92	15.44	18.31	-2.87
在建工程	84 185 982.04	81 865 274.14	5.62	7.18	-1.56
无形资产	25 004 994.77	15 282 738.09	1.67	1.34	0.33

续表

资产	年末余额	年初余额	年末结构百分比（%）	年初结构百分比（%）	变动情况（%）
经营资产合计	580 786 028.81	462 959 263.73	38.79	40.61	-1.82
非经营资产					
应收票据	5 568 336.08	18 841 133.66	0.37	1.65	-1.28
应收账款	91 857 731.82	79 743 418.39	6.13	7.00	-0.87
其他应收款	71 335 202.91	3 148 327.52	4.76	0.28	4.48
长期股权投资	743 957 757.57	572 065 804.88	49.69	50.18	-0.49
长期待摊费用	1 879 143.37	1 914 954.61	0.13	0.17	-0.04
递延所得税资产	1 960 434.12	1 272 764.35	0.13	0.11	0.02
非经营资产合计	916 558 605.87	676 986 403.41	61.21	59.39	1.82
资产总计	1 497 344 634.68	1 139 945 667.14	100.00	100.00	0.00

从上表可以看出，该股份有限公司的经营资产总额有所增长，但其比重下降了1.82%，而非经营资产无论是总额还是比重都有所增加，表明该公司的实际经营能力有所下降。

2. 固定资产与非流动资产的比例关系

固定资产主要是满足企业正常的生产经营需要，保持企业适当的规模和竞争力，获取充分的盈利。固定资产与流动资产的比例关系取决于企业的行业特点、生产和发展方向。一般而言，企业固定资产与流动资产之间只有保持合理的比例结构，才能形成现实的生产能力；否则，就有可能造成部分生产能力闲置、资金浪费，或加工能力不足、影响到企业生产经营的发展。以下三种固流结构可供企业选择：

①适中固流结构政策。采取这种策略，就是将固定资产存量与流动资产存量的比例保持在平均水平。这种情况下，企业的盈利水平一般，风险程度一般。

②保守固流结构政策。采取这种策略，流动资产比例较高。这种情况下，由于增加了流动资产，企业资产的流动性提高，资产风险会因此降低，但可能导致盈利水平的下降。

③激进的固流结构政策。采取这种策略，固定资产的比例较高。这种情况下，由于增加了固定资产，会相应提高企业盈利水平；同时可能导致企业资产的流动性降低，经营风险会因此提高。

根据表2-18资料的分析可知，某股份有限公司2020年末流动资产比重为27.32%，固定资产比重为15.44%，固流比例大致为1：1.77；2020年初流动资产比重为22.71%。固定资产比重为18.31%，固流比例大致为1：1.24。如果说该公司2019年度采取的是适中的固流结构政策，那么2020年度则是逐步向保守的固流结构政策转变。

3. 流动资产的内部结构

流动资产的内部结构是指组成流动资产的各个项目占流动资产的比重。分析流动资产的内部结构，可以了解流动资产的分布情况（配置情况、资产的流动性及支付能力）。

根据表2-17的资料，编制某股份有限公司流动资产结构分析表（表2-20）。

表2-20 某股份有限公司流动资产结构分析表

项目	金额（元）		结构（%）		
	2020年末	2020年初	2020年末	2020年初	差异
货币资金	127 530 439.08	74 765 564.65	31.17	28.89	2.28
债权资产	203 187 380.65	121 152 236.44	49.65	46.81	2.84
存货资产	78 506 816.87	62 900 816.06	19.18	24.30	-5.12
合计	409 224 636.60	258 818 617.15	100.00	100.00	

从表2-20可以看出，该股份有限公司货币资产比重上升，虽然会在一定程度上提高企业的即期支付能力，但会降低企业的盈利能力；债权资产比重较大且呈上升趋势，说明企业信用政策的制订可能过于宽松，这种情况应当引起注意；存货资产比重下降，应与固定资产变动情况联系起来进行分析。针对企业的流动资产结构是否合理没有统一的绝对判断标准，仅仅通过前后两期的对比，只能说明流动资产结构的变动情况，而不能说明这种变动是否合理。为此，企业应首先选择一个标准（可以是同行的平均水平或财务计划中确定的目标结构），然后将流动资产结构的变动情况与选定的标准进行比较，以反映流动资产结构变动的合理性。

（二）资本结构的具体分析

通过对资本结构具体分析，可以及时了解企业资金来源渠道，衡量财务风险，发现其中存在的某些不合理因素，并结合企业自身的盈利能力、发展机遇，以及外部的市场经济环境，进一步优化理财结构，降低理财成本，规避财务风险。

1. 负债结构的具体分析

负债结构分析是指负债中流动资产和非流动资产及其各项目在负债总额中所占比例关系的分析，流动负债所占比重越高，说明企业对短期资金的依赖性越强，偿债压力越大，企业资金周转速度就要快；非流动负债所占比重越高，表明企业在经营中借助于长期资金的程度越大。一般来说，如果企业的流动资产周转速度快，在流动负债的资金成本较低的情况下，企业可筹资的流动负债就可以多一些；非流动负债占负债总额的比重，成长型企业较高，成熟型企业较低。

①负债结构是企业采用不同负债筹资方式所形成的，是负债筹资的结果。负债结构分析必须结合其他有关因素进行。

一是负债结构与负债规模。负债结构反映的是各种负债在全部负债中的组成情况，虽然与负债规模相关，却不能说明负债规模的大小。负债结构变化既可能是负债规模变化引起的，又可能是负债各项目变化引起的。换言之，就是负债规模不变，不等于说负债结构不变。分析时，只有联系负债规模，才能真正揭示出负债结构变动的原因和变动趋势。

二是负债结构与负债成本。企业负债不仅要按期归还本金，还要支付利息，这是企业使用他人资金必须付出的代价，通常称为资金成本。企业在筹集资金时，总是希望付出最低的代价。企业对资金成本的权衡，会影响到企业筹资方式的选择，进而对负债结构产生影响；反过来，负债结构的变化也会对负债成本产生影响。不同的负债筹资方式所取得的资金，其成本是不一样的，任何一个企业都很难只用一种负债筹资方式来获取资金。因此，当企业用多种负债筹资方式筹资时，其负债成本的高低除了与各种负债筹资方式的资金成本相关外，还取决于企业的负债结构。

三是负债结构与债务偿还期限。负债必须要按期偿还，企业举债时，就应当根据债务的偿还期限来安排负债结构。企业负债结构合理的一个重要标志就是债务的偿还期限与企业现金流入的时间吻合，债务的偿还金额与现金流入量相适应。如果企业能够根据其现金流入的时间和金额妥善安排举债的时间、偿还的时间和债务金额，使各种长期、短期债务相配合，各种长期、短期债务的偿还时间分布合理，企业就能及时偿付各种到期债务，以维护企业的信誉。否则，如果负债结构不合理，各种债务偿还期相对集中，就可能产生偿付困难，造成现金周转紧张，影响企业形象，也会增加企业今后通过负债筹资的难度。

四是负债结构与财务风险。企业财务风险源于企业采用的负债经营方式。不同类型的负债，其风险是不同的。一般来说，流动负债的风险要高于非流动资产的风险。任何企业，只要采取负债经营的方式，就不可能完全回避风险，但通过合理安排负债结构可以降低财务风险。

②对负债结构的分析，可以从以下三个方面进行。

一是负债期限结构分析。负债按期限长短分为流动负债和非流动负债。根据表 2-17 编制某股份有限公司负责按期限结构分析表（表 2-21）。

表 2-21　某股份有限公司负责按期限结构分析表

项目	金额（元）		结构（%）		
	2020 年末	2020 年初	2020 年末	2020 年初	差异
流动负债	348 924 252.83	270 762 157.06	71.37	100.00	-28.63
非流动负债	140 000 000.00	0.00	28.63	0.00	28.63
负债合计	488 924 252.83	270 762 157.06	100.00	100.00	

从表 2-21 可以看出，某股份有限公司流动负债的比率虽然有所下降，但其比重仍然很高且远大于非流动负债，表明该公司在使用负债资金时，以短期资金为主，这虽然会降低负债成本，但会增加公司的偿债压力，承担较大的财务风险。

二是负债方式结构分析。负债按其取得方式可以分为银行信用、商业信用、应交款项、内部结算、未付股利和其他负债。根据表 2-21，将负债按其取得来源和方式汇总整理后，编制该股份有限公司负债方式结构分析表（表 2-22）。

表 2-22　某股份有限公司负债方式结构分析表

项目	金额（元）		结构（%）		
	2020 年末	2020 年初	2020 年末	2020 年初	差异
银行信用	260 610 000.00	149 730 000.00	53.30	55.30	-2.00
商业信用	218 038 045.67	112 014 847.87	44.60	41.37	3.23
应交款项	4 659 323.03	4 211 275.07	0.95	1.56	-0.61
内部结算款项	5 616 884.13	4 806 034.12	1.15	1.77	-0.62
合计	488 924 252.83	270 762 157.06	100.00	100.00	

从表可以看出，某股份有限公司 2020 年银行信用的比重虽然有所下降，但银行信用仍然是该公司负债资金最主要的来源。由于银行信贷资金风险要高于其他负债方式，因此，随着银行信贷资金比重的下降，其风险也会相应地有所降低。商业信用的比重有所上升，由 2020 年初的 41.37% 上升到年末的 44.60%，说明商业信用逐渐成为该公司负债资金的主要来源。值得注意的是，商业信用的比重过高，必须要考虑该公司的信誉与支付能力。

三是负债成本结构分析。各种负债由于其来源渠道和取得方式的不同，成本也有较大差异。有些负债（如应付账款）基本属于无成本负债，有些负债（如短期借款）则属于低成本负债，而长期借款、应付债权等属于高成本负债。根据对各种负债成本的划分，然后归类整理，就会形成负债成本结构。根据表 2-17，经整理后编制某股份有限公司负债成本结构分析表（表 2-23）。

表 2-23　某股份有限公司负债成本结构分析表

项目	金额（元）		结构（%）		
	2020 年末	2020 年初	2020 年末	2020 年初	差异
无成本项目	228 314 252.83	121 032 157.06	46.70	44.70	2.00
低成本项目	120 610 000.00	149 730 000.00	24.67	55.30	-30.63
高成本项目	140 000 000.00	0	28.63	10	28.63
合计	488 924 252.83	270 762 157.06	100	100.00	

从上表可以看出，该股份有限公司 2020 年末全部负债中，无成本负债比重为 46.7%，比 2020 年初提高 2.00%，导致低成本负债的比重下降了 30.63%，其结果必然导致企业负债成本下降。由此可见，合理地利用无成本负债，是降低企业负债成本的重要途径之一。值得注意的是，高成本负债的比重上升了 28.63%，这势必又会增加企业的利息负担。

2. 所有者权益结构的具体分析

所有者权益结构分析是指所有者权益各项目在所有者权益总额中所占比例关系。所有者权益结构可以反映企业承担风险能力的大小，所有者权益构成比重越高，企业的财务状况越稳定，发生债务危机的可能性越小。对所有者权益结构分析的目的是掌握所有者权益资金内部的构成及其变化情况，帮助决策者做出更加合理有效的经济决策。

①所有者权益结构是企业采用不同的权益资本筹资方式形成的，是权益资本筹资的结果。对所有者权益结果进行分析，必须考虑以下因素：

一是所有者权益结构与所有者总量。所有者权益结构变动既可能是因为所有者权益总量变动引起的，也可能是因为所有者权益内部各项目本身变动引起的。

二是所有者权益结构与企业利润分配政策。所有者权益从实在上说可分为两大类：投资者投入和生产经营活动形成的结果。一般来说，投资者投资不是经常变动的。因此，由企业生产经营获得的利润累积而形成的所有者权益数量的多少，就会直接影响所有者权益结构，而这完全取决于企业生产经营业绩和利润分配政策。如果企业实行高利润分配政策，就会把大部分利润分配给投资者，留存收益额就会较小，生产经营活动形成的所有者权益所占比重就较低；反之，其比重就会提高。

三是所有者权益结构与权益资金成本。所有者权益结构影响权益资金成本的一个基础前提是所有者权益各项目的资金成本不同。事实上，在所有者权益各项目中，只有投资者投入资本才会发生实际成本支出，其余各项目是无实际筹资成本的资金来源，其资金资本只不过是机会成本。基于此，留存收益在所有者权益结构中所占比重越大，则权益资金成本就越低。

四是所有者权益结构与企业控制权。如果企业通过吸收投资者追加投资来扩大规模，就会增加所有者权益中投入资本的比重，使企业所有者结构发生变化，同时也会分散企业的控制权。

②对所有者权益结构分析。根据表 2-17，编制某股份有限公司所有者权益结构变动情况分析表（表 2-24）：

表 2-24　某股份有限公司所有者权益结构变动情况分析表

项目	金额（元）		结构（%）		
	2020 年末	2020 年初	2020 年末	2020 年初	差异
股本	285 127 200.00	283 316 200.00	28.27	32.60	-4.33
资本公积	405 134 463.62	328 843 060.67	40.18	37.83	2.35
投入资本合计	690 261 663.62	612 159 260.67	68.45	70.43	-1.98
盈余公积	67 744 734.63	58 231 493.35	6.72	6.70	0.02
未分配利润	250 413 983.60	198 792 756.06	24.83	22.87	1.96
内部形成资本合计	318 158 718.23	257 024 249.41	31.55	29.57	1.98
股东权益合计	1 008 420 381.85	869 183 510.08	100.00	100.00	

从表可以看出，如果从静态方面分析，投入资本仍然是该股份有限公司所有者权益的最主要来源。从动态方面分析，虽然投入资本金额 2020 年末较年初有所增加，但由于 2020 年留存收益的增加幅度更大，致使投入资本的比重下降了 1.98%，内部形成权益资金的比重相应上升了 1.98%，说明该公司所有者权益结构的变动是生产经营获得的利润积累的原因引起的。

任务四　资产负债表水平分析

一、资产负债表水平分析表的编制

资产负债表水平分析就是通过水平分析法，将资产负债表的本期实际数与基期数进行比较，编制出资产负债表水平分析表，在此基础上对企业财务状况进行分析评价。资产负债表水平分析的目的就是从总体上概况了解资产、权益的变动情况，揭示出资产、负债和所有者权益变动的差异，分析其差异产生的原因。资产负债表水平分析除了要计算出某项目的变动额和变动幅度外，还要计算出该项目变动对资产总额或负债和所有者权益总额的影响程度，以便确定影响资产总额或者负债和所有者权益总额的重点项目，为进一步分析指明方向。

根据表2-17，编制某股份有限公司资产负债表水平分析表（表2-25）。

表2-25　某股份有限公司资产负债表水平分析表　　　　金额单位：元

资产	年末余额	年初余额	变动额	变动率（%）	影响（%）（对资产总额的影响）
流动资产：					
货币资金	127 530 439.08	74 765 564.65	52 764 874.43	70.57	4.63
交易性金融资产					
应收票据	5 568 336.08	18 841 133.66	-13 272 797.58	-70.45	-1.16
应收账款	91 857 731.82	79 743 418.39	12 114 313.43	15.19	1.06
预付款项	34 426 109.84	19 419 356.87	15 006 752.97	77.28	1.32
应收利息					
应收股利					
其他应收款	71 335 202.91	3 148 327 052	68 186 875.39	2 165.81	5.98
存货	78 506 816.87	62 900 816.06	15 606 000.81	24.81	1.37
一年内到期的非流动资产					
其他流动资产					
流动资产合计	409 224 636.60	258 818 617.15	150 406 019.45	58.11	13.20
非流动资产：					
可供出售金融资产					
持有至到期投资					
长期应收款					
长期股权投资	743 957 757.57	572 065 804.88	171 891 952.69	30.05	15.08
投资性房地产					
固定资产	231 131 686.21	208 725 513.92	22 406 172.29	10.73	1.97
在建工程	84 185 982.04	81 865 274.14	2 320 707.90	2.83	0.20
工程物资					
固定资产清理					
生产性生物资产					
油气资产					

续表

资产	年末余额	年初余额	变动额	变动率（%）	影响（%） （对资产总额的影响）
无形资产	25 004 994.77	15 282 738.09	9 722 256.68	63.62	0.85
开发支出					
商誉					
长期待摊费用	1 879 143.37	1 914 954.61	−35 811.24	−1.87	0.00
递延所得税资产	1 960 434.12	1 272 764.35	687 669.77	54.03	0.06
其他非流动资产					
非流动资产合计	1 088 119 998.88	881 127 049.99	206 992 948.09	23.49	18.16
资产总计	1 497 344 634.68	1 139 945 667.14	357 398 967.54	31.36	31.36
流动负债：					
短期借债	120 610 000.00	149 730 000.00	−29 120 000.00	−19.45	−2.55
交易性金融负债					
应付票据	3 194 546.70	2 728 750.02	465 796.68	17.07	0.04
应付账款	123 673 381.37	86 587 745.29	37 085 636.08	42.83	3.25
预收款项	6 028 461.27	1 350 681.24	4 677 780.03	346.33	0.41
应付职工薪酬	5 616 884.13	4 806 034.12	810 850.01	16.87	0.07
应交税费	4 659 323.03	4 211 275.07	448 047.96	10.64	0.04
应付利息					
应付股利					
其他应付款	85 141 656.33	21 347 671.32	63 793 985.01	298.83	5.60
一年内到期的非流动负债					
其他流动负债					
流动负债合计	348 924 252.83	270 762 157.06	78 162 095.77	28.87	6.86
非流动负债：					
长期借款	140 000 000.00		140 000 000.00		12.28
应付债券					
长期应付款					
专项应付款					
预计负债					
递延所得税负债					
其他非流动负债					
非流动负债合计	140 000 000.00		140 000 000.00		12.28
负债合计	488 924 252.83	270 762 157.06	218 162 095.77	80.57	19.14
所有者（股东）权益：					
实收资本（股本）	285 127 200.00	283 316 200.00	1 811 000.00	0.64	0.16
资本公积	405 134 463.62	328 843 060.67	76 291 402.95	23.20	6.69
减：库存股					
盈余公积	67 744 734.63	58 231 493.35	9 513 241.28	16.34	0.84
未分配利润	250 413 983.60	198 792 756.06	51 621 227.54	25.97	4.53
所有者（股东）权益合计	1 008 420 381.85	869 183 510.08	139 236 871.77	16.02	12.22

续表

资产	年末余额	年初余额	变动额	变动率（%）	影响（%）（对资产总额的影响）
负债和所有者（股东）权益合计	1 497 344 634.68	1 139 945 667.14	357 398 967.54	31.36	31.36

表中计算说明如下：某项目对资产总额（或总权益）的影响＝某项目的变动额/基期总资产（或总权益）×100%

二、资产负债表水平分析的评价

企业资产总额表明企业资产的存量规模。随着企业经营规模的变动，资产存量规模也处在经常变动之中。资产存量规模过小，将难以满足企业经营的需要，影响企业经营活动的正常进行；资产存量规模过大，将造成资产的闲置，使资金周转缓慢，影响资产的利用效率。企业通过举债或吸收投资者的投资来满足对企业资产的资金融通，从而产生了债权人、投资者对企业资产的两种不同的要求权。资产、权益分别提示在资产负债表的左右两方，反映企业的基本财务状况，随资产负债表变动情况的分析评价也应当从这两方面进行。

（一）从资产角度进行分析评价

①从资产角度进行分析评价主要从以下三个方面进行：

a. 分析资产总额规模的变动状况及各类、各项资产的变动状况，揭示出资产变动的主要方面，从总体上了解企业经过一定时期经营后资产的变动状况。

b. 发现变动幅度较大或对资产总额变动影响较大的重点类别和重点项目。分析时，首先要注意发现变动幅度较大的资产类别或资产项目，特别是发生异常变动的项目；其次要把对资产总额变动影响较大的资产项目作为分析重点。某资产项目变动自然会引起资产总额发生同方向的变动，但不能完全根据该项目本身的变动来说明对资产总额的影响。该项目变动对资产总额的影响，不仅取决于该项目本身的变化程度，还取决于该项目在资产总额所占的比重。某项目本身变动幅度较大时，如果该项目在资产总额中所占比重较小，则该项目变动对资产总额的变动就不会有太大的影响；反之，即使某项目本身变动幅度较小，如果其在资产总额中所占比重较大，则其对资产总额变动的影响程度也很大。如表2-21中其他应收款项目，在所有资产项目中变动幅度最大。2020年增长了2165.81%，但由于该项目占资产总额比重不大，所以仅使资产总额增加5.98%；相反，长期股权投资虽然只增长了30.05%，但由于其所占比重较大，对资产总额的影响却达到15.08%。分析时只有注意到这一点，才能突出分析重点。

c. 注意考察资产规模变动与所有者权益总额变动的适应程度，进而评价企业财务结构的稳定性和安全性。在资产负债表上，资产总额等于负债和所有者权益总额之和。如果资产总额的幅度大于所有者权益总额的增长幅度，表明企业债务负担加重，这虽然可能是由于企业筹资政策变动而引起的，但却可能引起偿债保证程度的下降，偿债压力加重。一般来说，为了保证企业财务结构的稳定性和安全性，资产规模变动应与所有者权益总额变动相适应。

②根据表2-21，可以对某股份有限公司资产总额变动情况做出以下评价：

a. 流动资产增长150 406 019.45元，增长幅度为58.11%，使资产总额规模增长了13.20%。如果仅就这一变化来看，该公司资产的流动性有所增强。货币资金增加了52 764 874.43元，增长幅度为70.57%，这将对企业的偿债能力和满足资金流动性需要有所影响。当然，对于货币资金的这种变化是否会影响企业整体资源的效率，还应结合该公司未来的发展战略和现金需要量，从资金利用效果方面进行更为深入的分析，做出合理的评价。应收票据减少了13 272 797.58元，下降幅度达70.45%，说明应收票据的质量是可靠的，基本不存在拒付。其他应收款增加了68 186 875.39元，增长幅度高达2165.81%，说明该公司内部控制制度执行不力，不必要的资金占用大幅度增加。预付账款增加了15 006 752.97元，增长幅度为 77.28%，这说明企业因商业信用预付部分款项外，还有可能是企业向有关单位提供贷款、非法转移资金或抽逃资本。存货增加 15 606 000.81 元，增长幅度为 24.81%，这可能会导致企业资金占用增加，机会成本增加；但结合固定资产的变动情况，可以认为这种变动与该公司经营规模不断扩大的状况比较吻合，有助于形成现实的生产能力。

b. 长期股权投资增加了 171 891 952.69 元，增长幅度为 30.05%，说明该公司对外扩张意图明显。

c. 固定资产增加了 22 406 172.29 元，增长幅度为 10.73%，使资产总额规模增长了 1.97%，是非流动资产中对资产总额变动幅度影响较大项目之一。固定资产规模体现了一个企业的生产能力，这说明该公司的未来生产能力会有明显提高。但整体而言，固定资产在资产总额中所占比重比较小。

d. 在建工程增加了 2 320 707.90 元，增长幅度为 2.83%，使资产总额规模上升了 0.2%。在建工程项目的增加虽然对 2020 年度的经营成果没有太大的影响，但随着在建工程在今后的陆续完工，有助于扩张该公司的生产能力。

e. 无形资产增加了 9 722 256.68 元，增长幅度为 63.62%。经查看企业会计报表附注，发现无形资产的增加主要是土地使用权的增加引起的，说明无形资产增加是该公司为了扩大生产规模，购置土地使用权而引起的。

(二) 从权益角度进行分析评价

权益各项目的变动既可能是企业经营活动造成的，也可能是企业会计政策变更造成的，或者是由会计的灵活性、随意性造成的。因此，只有结合权益各项目变动情况的分析，才能揭示权益总额变动的真正原因。从权益角度进行分析评价主要从以下两方面进行：

①分析权益总额的变动状况以及各类、各项筹资的变动状况，揭示出权益总额变动的主要方面，从总体上了解企业经过一定时期经营后权益总额的变动情况。通过对流动负债各项目的增减变动分析，了解企业短期筹资渠道的变化情况及偿债压力的大小，借以判断企业短期资金筹资能力；通过对非流动负债各项目的增减变动分析，了解企业长期筹资渠道的变化情况，借以判断企业长期资金的筹资能力，通过对所有者权益各项目的增减变动分析，可进一步了解企业权益对负债偿还的保证程度和企业自己积累资金和筹措的能力与潜力。

②发展变动幅度较大或对权益总额变动影响较大的重点类别和重点项目，为进一步分析指明方向。

根据表 2-25 可以对某股份有限公司权益总额变动情况做出以下分析评价：

某股份有限公司权益总额较 2020 年末比年初增加 357 398 967.54 元，增长幅度为 31.36%，说明该公司 2020 年权益总额有较大幅度的增长。进一步分析可以发现：

a. 2020 年度负债增加了 218 162 095.77 元，增长幅度为 80.57%，使权益总额增加了 19.14%。其中，流动负债增长幅度为 28.87%，主要表现为其他应付款和预收账款大幅度增长。短期借款的减少对于减轻企业的偿债压力是有利的。应付账款和应交税费的增加则可能说明该公司的信用状况不一定值得信赖，当然这还需要结合企业的具体情况进行分析。非流动负债对权益总额的增长幅度为 12.28%，主要是由长期借款引起的。

b. 2020 年度股东权益增加了 139 236 871.77 元，增长幅度为 16.02%，使权益总额增加了 12.22%，主要是由未分配利润和资本公积的较大幅度的增长引起的，盈余公积和股本的增加也是股东权益增加的原因之一。

任务五　资产负债表中重要项目结构及其变动的管理含义

1. 货币资金

货币资金在总资产中的占比反映了企业经营管理过程中对资金的利用程度。该占比过低，企业的正常经营和正常支付能力将减弱，风险较高；该占比过高，企业的资金就会受到限制，获利能力低，同时也说明管理者对货币资金的使用效率低。

货币资金占比的变化（即年初和年末的比较，或者是连续几年的比较），无论是占比的升高或降低，都预示着管理者在货币资金管理方式上的变化：或者是企业的信用政策的变化，导致货币资金回笼变化（回笼加快是由于采用了从紧的信用政策；回笼变慢是由于采用了宽松的信用政策）；或者是企业的采购政策的变化，如赊购比例增加、现金采购比例增加。货币资金占比的变化取决于货币资金的变动方向。

2. 应收账款

应收账款在总资产中的占比反映了企业流动资产的周转速度，同时，由于应收账款是由销售引起的，它的占比也反映了销售的市场状况。该占比过高，企业资金的周转速度就会变慢，偿债能力就会变弱，并会出现现金短缺。

应收账款和货币资金在总量不变的情况下，一般是反向变动的，即货币资金增加时，应收账款减少；货币资金减少时，应收账款增加。

应收账款占比的变化（即年初和年末的比较，或者连续几年的比较），无论是占比的升高还是降低，都预示着管理者在销售政策和应收账款管理策略上发生了变化；同时，应收账款的占比在几个会计期间内发生变化，也说明企业面对的销售市场发生了很多变化。

3. 预付账款

预付账款与采购有关，它是供应商无偿占有企业资产的一种方式，所以，它在资产结构中的比例应该越低越好。它的占比越高，说明外部无偿占有企业的资产越多。

预付账款的变化趋势反映出企业的采购政策和供应市场的供给状态。预付账款有升高的趋势，表示供应市场变成了卖方市场；预付账款有降低的趋势，表示供应市场变成了买方市场。

4. 存货

存货也是一项变现能力较弱的流动资产，它在资产中的占比在某种程度上也代表了资产的流动性。所以，它在资产中的占比越小越好。

如果企业资产负债表反映的存货占比较高，需要进一步分析哪种存货占比高，即进行存货结构分析。进行存货结构分析要按照存货的性质进行分析，如按照原材料、半成品、产成品包装物、低值易耗品等进行占比分析。明确了相应的占比后，方可对症下药，而分析存货结构需要借助资产负债表以外的信息。

存货在资产中的占比的变动趋势反映了企业的管理水平。存货占比趋于下降，说明企业在存货方面的管理状态变好；反之，说明企业在存货方面的管理状态变差。

5. 流动资产

以上几项均是流动资产，在分析结构时，也需要关注流动资产的占比情况及占比变化情况。

判断流动资产结构的合理性没有一个具体的标准。流动资产结构受营业利润的变化、生产额的变化、生产经营增长速度与流动资产增长速度等因素的影响。

一般来说，在总资产一定的情况下，准备的流动资产较大比较有利于企业的生产经营。如果企业准备的流动资产较大，那企业的经营风险会相对较小，总资产的流动性会相对较强。

6. 长期股权投资

长期股权投资在总资产中的占比没有一个合理的标准，需要根据企业的具体情况进行具体分析。但是，基本原则是，企业的长期股权投资不应该影响企业的正常生产经营。

长期股权投资是一个相对风险较高的行为，所以，它的占比高，企业承担的经营风险就较大，未来利润的不可预期性就较强。

长期股权投资占比增长，反映了企业当前所在的行业处于利润降低阶段或处于产业链上的价值低洼区，企业在寻求新的发展方向和发展行业或产业。

7. 固定资产类

固定资产的流动性非常弱，一旦投入，基本上无流动性可言。所以，从流动性角度来说，其占比应该越小越好。

固定资产代表了企业的生产经营能力，其占比高低与行业有关。一般来说，生产制造企业的固定资产占比相对较高，贸易零售企业的固定资产占比相对较低。

对固定资产在总资产中的占比情况进行分析时，更应该关注固定资产中生产经营用固定资产和可用固定资产的占比情况，这类固定资产占比越高越好。

8. 短期借款

由于短期借款是企业需要在一年以内偿还的债务，所以，其在资本结构中的占比不宜过高。如果短期借款在资本结构中占比过高，预示着企业在短期内需要偿还大笔债务，有大量的现金流出，可能给企业的经营带来资金周转困难的问题。短期借款的占比呈现上升的趋势时，说明企业可能发生了流动资金不足的问题，或者企业正在进行扩张，有大量的流动资金需求。短期借款占比高，企业面临的风险较大。

9. 应付账款

由于应付账款是由采购引起的，它的占比也反映了供应市场的状况。应付账款在资本结构中占比过高，企业的资金需求就会很大，短期内有大笔的现金流出，容易出现现金短缺的问题。应付账款也反映了企业的采购策略——大量采用赊购的方式进行采购，采购成本增加。

应付账款和货币资金的变化有一定的关联，在其他条件不变的情况下，它们同向变动，即货币资金增加时，应付账款增加；货币资金减少时，应付账款减少。

10. 合同负债

合同负债与销售有关，它是无偿占有客户资产的一种方式，所以，它在资产中的比例应该高一些。它的占比高，说明企业占用的外部资产较多。

合同负债的变化趋势反映出企业的销售政策和销售市场状态。合同负债有升高的趋势，表示销售市场变成了卖方市场；合同负债有降低的趋势，表示销售市场变成了买方市场。

11. 长期借款

长期借款反映了企业的融资能力和负债经营能力，其占比高，反映了企业举债较多，但是，其是否构成很大的风险，需要结合企业的经营信息进行分析。

长期借款占比的增加或在资本中的占比大，说明企业通过融资渠道获取的固定资产增多，或者更多的固定资产需要进行维修、更新。

本项目小结

本项目是基于资产负债表而进行的财务分析，包括具体项目分析、水平分析和垂直分析。具体项目分析是在资产负债表进行一般性数据分析的基础上对影响企业资产、负债和所有者权益的主要项目内涵质量进行深入分析。水平分析是通过趋势分析法，将资产负债表的实际数与选定的标准进行比较，在此基础上对企业资产、负债和所有者权益的发展趋势进行评价。垂直分析是将资产负债表各项目与资产总额或权益总额比较，计算出各项目占总体的比重，分析说明企业资产结构和权益结构及其增减变动合理程度和变动的具体原因，评价企业资产结构与资本结构的适应程度。

巧识资产

凡有一定会计知识的人都了解资产的定义，资产是企业拥有或控制的、能给企业带来经济利益流入的经济资源。说起来容易，但在实际工作中，当你真正做了会计，你未必真能认清资产的本来面目。判断一样东西是否是企业的资产，通常要反复查看。

第一看，看看所有权。通常，企业对资产都拥有所有权。例如，你为了办企业，买来了办公设备（如传真机、复印机、电脑等），这些都是你的固定资产，你销售了货物对方没给钱，这项应收账款作为债权是你的流动资产；企业注册了一项专利，这项专利则构成了你的无形资产。根据所有权判断法则也有例外的资产，如由于我国的土地归国家所有，企业购买的土地只有使用权，没有所有权。所以，土地是企业一项没有所有权的资产。

第二看，看看经济利益。一样东西，如果它能为企业带来经济利益，那它就是企业的资产；否则，它就不是企业的资产。例如，某豆制品加工企业仓库里刚进了一批黄豆，价值10万元。它是该企业的资产，因为这些黄豆加工成豆制品卖了可以收钱。但不幸的是，一场大雨，仓库里"水漫金山"，黄豆全部变质了，不能给企业带来经济利益。那么它就不再是企业的资产，而是企业的损失了。有人说通过资产看规模，但别忘了前提是没有"虚胖"。你应戴上"经济利益"的过滤镜去过滤一下企业的资产，是否有过时不用的物品、长期挂账的债权或已经无法使用的设备。

第三看，看看具体用途。判断一项资产应该归到哪一类，关键是看资产的经济用途：企业用它做什么。房产是什么资产？汽车是什么资产？你一定脱口而出：这些不是固定资产吗？不一定！房地产企业的房子是商品，属于资产负债表中的存货。汽车制造企业的汽车是商品，属于资产负债表中的存货。同样的房子，你买来办公；同样的汽车，你买来跑运输，那么房子汽车则变成了你的企业的固定资产。所以，同一件东西，随着用途的不同，在资产负债表中就会属于不同的项目。

归纳起来，判断资产你就有了三大法宝：所有权、经济利益和用途。你要在实践中练就一双"火眼金睛"。

知识巩固

一、单项选择题

1. 报表使用者判断所有者的资本保值增值情况依据的报表是（   ）。
   A. 资产负债表   B. 利润表   C. 现金流量表   D. 所有者权益变动表
2. 对资产负债表上数据反映企业真实财务状况的程度的分析是指（   ）。
   A. 资产负债表结构分析   B. 资产负债表质量分析
   C. 资产负债表趋势分析   D. 资产负债表层次分析
3. 如果持有的货币资金量过大，则导致企业整体获利能力（   ）。
   A. 不变   B. 上升   C. 下降   D. 不确定
4. 应收票据质量可靠的票据是（   ）。
   A. 商业承兑汇票   B. 银行承兑汇票
   C. 银行本票   D. 银行汇票
5. 资产按流动性分类，可分为（   ）。

A. 固定资产与流动资产　　　　　　　B. 有形资产与无形资产
C. 货币资产与非货币资产　　　　　　D. 流动资产与长期资产

6. 资产负债表的共同比报表的基数通常为（　　）。
   A. 流动资产总额　　　　　　　　　　B. 长期资产总额
   C. 资产总额　　　　　　　　　　　　D. 净资产总额

7. 企业应收账款的账龄越大，应收账款不能收回的可能性就越大，发生坏账的可能性就（　　）。
   A. 越大　　　B. 越小　　　C. 不确定　　　D. 以上三种情况均有可能

8. 关于资产负债表表头的编制时间的说法中，正确的是（　　）。
   A. 一定时期，如2011年1月　　　　　B. 一个会计期间，如2010年1月—2010年12月
   C. 任意一个时点，如2011年5月15日　D. 某一个会计期间的期末，如2010年12月31日

9. 资产负债表中的"期末余额"栏金额应根据有关账户的（　　）填制。
   A. 期末余额　　B. 期初余额　　C. 累计发生额　　D. 本期发生额

10. 资产负债表的编制依据是（　　）。
    A. 资产=流动资产+固定资产　　　　B. 利润=收入−费用
    C. 资产=负债+所有者权益　　　　　D. 余额试算平衡公式

11. 资产负债表中，（　　）项目"期末余额"栏内金额应根据"应收账款""预收账款"明细账账户的期末借方余额和"坏账准备"明细账账户的期末贷方余额分析填列。
    A. "应收账款"　　　　　　　　　　B. "预收账款"
    C. "应付账款"　　　　　　　　　　D. "预付账款"

12. 资产负债表中，（　　）账户不应通过"存货"项目反映。
    A. "原材料"　　　　　　　　　　　B. "材料成本差异"
    C. "工程物资"　　　　　　　　　　D. "生产成本"

13. 资产负债表中，（　　）项目"期末余额"栏内金额可直接根据相关总账账户的余额填列。
    A. "投资性房地产"　　　　　　　　B. "债权投资"
    C. "长期股权投资"　　　　　　　　D. "交易性金融资产"

14. 资产负债表和利润表同属于（　　）。
    A. 对外报表　　B. 动态报表　　C. 静态报表　　D. 财务成果表

15. 资产负债表各项目是按照（　　）排列的。
    A. 变现速度　　B. 流动性　　　C. 盈利能力　　D. 偿债能力

16. 不能随着生产和销售规模变动而变动的资产项目是（　　）。
    A. 货币资金　　B. 应收账款　　C. 存货　　　　D. 固定资产

17. 关于货币资金，下列说法错误的是（　　）。
    A. 货币资金包括库存现金、银行存款和其他货币资金
    B. 信誉好的企业没有必要保持大量的货币资金
    C. 企业不仅应保持一定量的货币资金，而且越多越好
    D. 货币资金本身就是现金，无须变现

18. 交易性金融资产持有的目的是近期内出售获利，所以交易性金融资产的计价方式是（　　）。
    A. 历史成本　　　　　　　　　　　B. 公允价值法
    C. 预期收益法　　　　　　　　　　D. 加权平均法

19. 在正常情况下，大多数存货的账面价值与可变现净值相比较（　　）。

A. 账面价值较高　　　　　　　　　　B. 可变性净值较高
　　C. 二者相等　　　　　　　　　　　　D. 没有可比关系
20. 对于短期借款偿还的主要保障是企业的（　　）。
　　A. 资本结构　　B. 偿还期限　　C. 流动资产　　D. 权益乘数
21. 对资产负债表进行综合分析，一般采用的方法首先是（　　）。
　　A. 计算财务比率　　　　　　　　　　B. 理解项目内涵
　　C. 编制比较报表　　　　　　　　　　D. 进行综合评价
22. 资产负债表结构分析中，计算各项目所占比重时，通常以（　　）作为分母。
　　A. 资产总额　　　　　　　　　　　　B. 流动资产总额
　　C. 净利润　　　　　　　　　　　　　D. 所有者权益总额
23. 下列属于经营性资产项目的是（　　）。
　　A. 货币资金　　B. 应收账款　　C. 应收票据　　D. 其他应收款
24. 企业流动资产的资金由流动负债提供，并且长期资产的部分资金也由流动负债提供，这种情况应属于（　　）。
　　A. 稳健结构　　B. 适中结构　　C. 激进结构　　D. 保守结构

二、多项选择题

1. 通过资产负债表，报表使用者可以了解企业在某一日期的（　　）。
　　A. 资产总额　　　　　　　　　　　　B. 资产结构
　　C. 负债的期限结构　　　　　　　　　D. 债务数量
　　E. 所有者的资本保值增值情况
2. 决定企业货币资金持有量的因素有（　　）。
　　A. 企业规模　　　　　　　　　　　　B. 所在行业的特性
　　C. 企业融资能力　　　　　　　　　　D. 企业负债结构
　　E. 企业资产结构
3. 判断应收账款质量时应考虑（　　）。
　　A. 应收账款的账龄　　　　　　　　　B. 应收账款的债务分布
　　C. 计提的坏账准备　　　　　　　　　D. 存货的质量
　　E. 应付账款的总额
4. 对于存货质量进行分析，应当关注（　　）。
　　A. 存货的增值情况　　　　　　　　　B. 存货的周转状况
　　C. 存货的构成　　　　　　　　　　　D. 存货的技术构成
　　E. 存货的可变现净值与账面金额之间的差异
5. 企业的长期负债主要包括（　　）。
　　A. 应付股利　　　　　　　　　　　　B. 应付债券
　　C. 长期应付款　　　　　　　　　　　D. 长期借款
　　E. 递延所得税负债
6. 在编制资产负债表时，（　　）项目"期末余额"栏内金额可根据有关总账账户的期末余额直接填列。
　　A. "应收票据"　　B. "应收账款"　　C. "应付票据"　　D. "应付账款"
7. 在编制资产负债表时，（　　）项目"期末余额"栏内金额应根据有关总账账户的期末余额计算填列。

A. "货币资金"　　B. "应收账款"　　C. "存货"　　D. "其他货币资金"

8. 在编制资产负债表时，（　　）项目"期末余额"栏内金额应根据总账账户所属有关明细账账户的期末余额分析填列。

A. "应收账款"　　B. "预付账款"　　C. "应付账款"　　D. "预收账款"

9. 在编制资产负债表时，（　　）项目"期末余额"栏内金额应根据总账账户余额减去其对应的备抵账户余额后的净额填列。

A. "固定资产"　　B. "无形资产"　　C. "其他债权投资"　　D. "投资性房地产"

10. 在编制资产负债表时，"一年内到期的非流动负债"项目"期末余额"栏内金额应根据（　　）明细账账户的期末贷方余额分析填列。

A. "长期借款"　　B. "应付债券"　　C. "其他债权投资"　　D. "投资性房地产"

11. 在编制资产负债表时，应作为"存货"项目列出的有（　　）。

A. 生产成本　　B. 委托加工物资　　C. 在途物资　　D. 周转材料

12. 资产负债表中的"货币资金"项目反映（　　）账户的内容。

A. "现金"　　B. "库存现金"　　C. "银行存款"　　D. "其他货币资金"

13. 一份完整的资产负债表通常由（　　）组成。

A. 表首　　B. 正表　　C. 补充资料　　D. 分析报告

14. 资产负债表的分析可以分为（　　）三部分。

A. 资产负债表结构分析　　　　B. 资产负债表趋势分析
C. 资产负债表具体项目分析　　D. 资产负债表补充资料

15. 通过对资产负债表的阅读与分析，可以了解以下内容（　　）。

A. 企业拥有的资产总额　　　　B. 企业的资产结构
C. 企业的资金来源　　　　　　D. 企业的资本保值增值情况

16. 企业货币资金存量及比重是否合理的分析评价应考虑的因素有（　　）。

A. 资产规模与业务量　　　　　B. 企业融资能力
C. 行业特点　　　　　　　　　D. 运用货币资金的能力

17. 坏账准备的计提应当关注（　　）。

A. 计提方法　　B. 坏账准备　　C. 计提比率　　D. 坏账明细

18. 对存货项目的质量分析，应当关注（　　）。

A. 存货内容及构成　　　　　　B. 存货计价方法
C. 存货周转情况　　　　　　　D. 存货跌价情况

19. 分析非流动资产各项目的增减变动，在于分析企业长期资金的（　　）。

A. 分布情况　　B. 筹资渠道变化　　C. 运用情况　　D. 筹资能力

20. 进行负债结构分析时必须考虑的因素有（　　）。

A. 负债规模　　B. 负债成本　　C. 债务偿还期限　　D. 财务风险

21. 股东权益结构分析时必须考虑的因素有（　　）。

A. 企业控制权　　　　　　　　B. 企业利润分配政策
C. 财务风险　　　　　　　　　D. 权益资金成本

22. 采取保守的固流结构政策可能的财务结果是（　　）。

A. 资产流动性提高　　　　　　B. 资产风险降低
C. 资产流动性降低　　　　　　D. 盈利水平下降

三、判断题

1. 资产负债表揭示了企业在特定日期所持有的不同形态资产的价值的存量，以及对不同债权人承担的偿债责任和对投资人净资产的价值归属。（　　）
2. 货币资金规模与销售规模是无关的。（　　）
3. 企业的应收账款增长率超过销售收入增长率是正常现象。（　　）
4. 预收账款体现的是一种商业信用和资金的无偿使用。（　　）
5. 非生产性固定资产的增长幅度一般不应超过生产用固定资产的增长幅度。（　　）
6. 盈余公积的数量越多，反映企业资本的积累能力、补亏能力、股利分配能力，以及应对风险能力越强。（　　）
7. 如果企业的资金全部是自有资金，则企业既无财务风险又无经营风险。（　　）
8. 如果本期期末未分配利润少于期初，说明企业本期经营亏损。（　　）
9. 企业盈余公积与未分配利润的增减变化与投资者的投资行为有关。（　　）
10. 流动负债增减变动分析，主要分析企业短期筹资渠道的变化情况及偿债压力的大小。（　　）
11. 负债结构变动一定会引起负债规模发生变动。（　　）
12. 稳健结构的主要标志是流动资产的一部分资金需要由长期资金来满足。（　　）
13. 资产负债表的表头是报表的标志，包括报表的名称、编制单位、编制时间和金额单位四个部分。（　　）
14. 资产负债表各负债类项目按照其偿还日期排列，偿还日期远的在前，偿还日期近的在后。（　　）
15. 资产负债表各所有者权益类项目按照资本的永久性排列，永久性高的在前，永久性低的在后。（　　）
16. 流动资产是指在一年内（含一年）可以变现的资产。（　　）
17. 资产负债表中的"货币资金"项目，包括库存现金、银行存款、其他货币资金和现金等价物。（　　）
18. 委托代销商品应通过资产负债表"存货"项目反映。（　　）

四、案例分析题

1. 资料：某公司 2016 年 1 月有关账户余额如表 2-24 至表 2-28 所示。

（1）要求：计算该公司 2016 年 1 月编制的资产负债表中"货币资金"项目和"存货"项目"期末余额"栏内金额。

（2）要求：计算该公司 2016 年 1 月编制的资产负债表中"应收账款"项目和"预收账款"项目"期末余额"栏内金额。

（3）要求：计算该公司 2016 年 1 月编制的资产负债表中"应付账款"项目和"预付账款"项目"期末余额"栏内金额。

（4）要求：计算该公司 2016 年 1 月编制的资产负债表中"固定资产"项目、"无形资产"项目和"投资性房地产"项目"期末余额"栏内金额。

（5）要求：计算该公司 2016 年 1 月编制的资产负债表中"一年内到期的非流动资产"项目和"持有至到期投资"项目"期末余额"栏内金额。

（6）要求：计算该公司 2016 年 1 月编制的资产负债表中"一年内到期的非流动负债"项目和"长期借款"项目"期末余额"栏内金额。

2. 资料：某企业为增值税一般纳税人，2018 年 6 月发生经济业务如下：

(1) 销售商品一批，开出的增值税专用发票中注明价款为 100 000 元，增值税税额为 16 000 元。

(2) 销售材料一批，开出的增值税专用发票中注明价款为 20 000 元，增值税税额为 3200 元。

(3) 应收票据到期，收到 58 500 元存入银行。

(4) 收到往来单位退回的商品一批，金额为 11 700 元，并通过银行存款退款。

(5) 收到往来单位支付的违约金 30 000 元，存入银行。

(6) 收到前期确认的坏账 35 100 元，存入银行。

(7) 收到出口退增值税 10 000 元，存入银行。

要求：计算该公司 2018 年 6 月编制的现金流量表中经营活动产生的现金流量各个项目"本期金额"栏内金额。

3. 资料：某企业为增值税一般纳税人，2018 年 6 月发生经济业务如下：

(1) 购买原材料一批，取得的增值税专用发票中注明价款为 200 000 元，增值税税额为 32 000 元。

(2) 购买包装物一批，取得的增值税专用发票中注明价款为 10 000 元，增值税税额为 1600 元。

(3) 开出转账支票一张，支付前期货款 70 200 元。

(4) 从银行提取现金 300 000 元，以备发放职工工资。

(5) 发放生产工人工资 100 000 元，车间管理人员工资 20 000 元，行政管理人员工资 50 000 元，离退休人员工资 30 000 元，工程人员工资 100 000 元。

(6) 通过银行转账向税务机关预交企业所得税 20 000 元。

(7) 通过银行转账支付广告费 5000 元。

(8) 用库存现金支付罚款 1000 元。

要求：计算该公司 2018 年 6 月编制的现金流量表中经营活动产生的现金流量各个项目"本期金额"栏金额。

4. 资料：某企业为增值税一般纳税人，2018 年 6 月发生经济业务如下：

(1) 购入 A 股票 100 万股，每股价格为 3.2 元，另支付税金和手续费 10 000 元，该股票按"交易性金融资产"核算。

(2) 购入 B 债券 10 000 份，每份债券票面价值为 100 元，票面利率为 6%，该债券为分次付息到期一次还本的债券，每年的 6 月 30 日和 12 月 31 日为付息期。购买该债券共支付 1 050 000 元，其中 30 000 元为债券利息，20 000 元为支付的税金和手续费。该债券按"持有至到期投资"核算。

(3) 收到上述 30 000 元债券利息，存入银行。

(4) 购买材料一批，取得的增值税专用发票中注明价款为 500 000 元，增值税税额为 80 000 元，该批材料计划用于建造企业的厂房，开出一张银行汇票支付。

(5) 购入非生产用机器设备一台，取得的增值税专用发票中注明价款为 2 000 000 元，增值税税额为 320 000 元，通过银行转账支付。

(6) 以现金支付建造厂房的工人的工资 30 000 元。

(7) 为建造厂房的工人支付五险一金共计 100 000 元，通过银行转账支付。

(8) 支付为购建固定资产的专项借款的资本化借款利息 50 000 元。

(9) 出售 C 股票 10 万股，每股价格为 7.8 元，支付税金和手续费 10 000 元，所得款项存入银行。

(10) 报废机器设备一台，该设备原值为 1 000 000 元，已计提折旧 900 000 元。清理过程中支付清理费用 20 000 元，取得残料变现收入 5000 元存入银行。

(11) 持有的 D 债券到期，该债券为到期一次还本付息的债券，所得款项为 150 000 元，其中债券本金为 100 000 元，利息为 50 000 元。

(12) 出售一项专利权，该专利权的原值为 7 000 000 元，已计提摊销 2 000 000 元，出售所得

10 000 000 元存入银行。

（13）收到被投资单位发放的现金股利 35 000 元存入银行。

（14）收到购买债券的利息 10 000 元存入银行。

（15）收到被投资单位发放的股票股利 20 000 股，按市场价值计算折合金额为 40 000 元。

要求：计算该公司 2018 年 6 月编制的现金流量表中投资活动产生的现金流量各个项目"本期金额"栏金额。

5. 资料：某企业为增值税一般纳税人，2018 年 6 月发生经济业务如下：

（1）向银行借入期限为 6 个月的借款 200 000 元，款项已存入银行账户。

（2）发行股票 1 000 000 股，每股面值为 1 元，发行价为 5 元，代理发行的证券公司按照发行价的 1%收取佣金和手续费。另外，支付因发行股票而发生的审计费、律师费共计 20 000 元。

（3）发行债券 10 000 份，每份面值为 100 元，票面利率为 6%，期限为 3 年，发行价格为 1 200 000 元。代理发行的证券公司按照发行价的 1.5%收取佣金和手续费。另外，支付因发行债券而发生的审计费、律师费共计 30 000 元。

（4）向银行借入期限为 6 个月的借款 200 000 元，款项已存入银行账户。

（5）分期购买机器设备一台，本月支付首付款 200 000 元，剩余的 400 000 元分两次支付。若一次支付全款，只需支付 560 000 元。

（6）核算本月应支付借款利息 70 000 元，其中符合资本化条件的长期借款利息 50 000 元，费用化的借款利息 20 000 元。

（7）支付本月借款利息 70 000 元。

（8）向股东发放现金股利 100 000 元。

（9）支付融资租赁固定资产的租金 20 000 元，支付经营租赁固定资产的租金 10 000 元。

（10）向股东发放股票股利 100 000 股，按市场价值计算折合金额为 500 000 元。

要求：计算该公司 2018 年 6 月编制的现金流量表中筹资活动产生的现金流量各个项目"本期金额"栏金额。

6. 资料：某公司 2018 年 6 月份有关账户资料如下，见表 2-26、表 2-27、表 2-28、表 2-29 所示：

表 2-26　总账账户期末余额表　　　　　　　　　　　　　　　　　　金额单位：元

账户名称	借方余额	账户名称	贷方余额
库存现金	23 000	坏账准备——应收账款	8190
银行存款	1 579 611	坏账准备——其他应收款	200
其他货币资金	100 000	累计折旧	758 000
交易性金融资产	200 000	累计摊销	196 000
应收票据	58 500	存货跌价准备	23 966
应收账款	719 000	投资性房地产累计折旧	85 000
其他应收款	20 000	固定资产减值准备	25 860
在途物资	200 000	长期股权投资减值准备	60 000
原材料	950 000	短期借款	200 000
周转材料	78 100	应付账款	993 000
生产成本	1 237 759	其他应付款	50 000
库存商品	923 547	应交税费	279 301
委托加工物资	779 000	应付职工薪酬	855 000

续表

账户名称	借方余额	账户名称	贷方余额
持有至到期资产	200 000	长期借款	2 800 000
长期股权投资	660 000	应付债券	2 000 000
固定资产	3 880 000	实收资本	3 000 000
无形资产	568 000	盈余公积	367 000
投资性房地产	337 000	资本公积	35 000
递延所得税资产	75 000	利润分配	852 000
合计	12 588 517	合计	12 588 517

表 2-27　应收账款期末余额明细表　　　　　　　　　　　　　　金额单位：元

账户名称	借方余额	贷方余额
应收账款——A 公司	585 000	
应收账款——B 公司	234 000	
应收账款——C 公司		100 000

表 2-28　应付账款期末余额明细表　　　　　　　　　　　　　　金额单位：元

账户名称	借方余额	贷方余额
应付账款——D 公司		351 000
应付账款——E 公司	20 000	
应付账款——F 公司	40 000	
应付账款——G 公司		702 000

表 2-29　长期借款期末余额明细表　　　　　　　　　　　　　　金额单位：元

账户名称	期末余额	借入时间	借款期限
长期借款——甲银行	1 000 000	2016 年 5 月 22 日	3 年
长期借款——乙银行	500 000	2017 年 9 月 8 日	5 年
长期借款——丙银行	1 300 000	2018 年 1 月 9 日	3 年

要求：根据以上资料编制该公司 2018 年 6 月的资产负债表。

7. 某公司 2020 年资产负债表简表，见表 2-30 所列。

表 2-30　资产负债表

编制单位：某公司　　　　　　　　2020 年 12 月 31 日　　　　　　　　单位：千元

资产	期初	期末	负债及所有者权益	期初	期末
流动资产			流动负债		
货币资金	40 000	50 000	短期借款	37 600	55 000
交易性金融资产	28 000	20 000	应付账款	13 600	15 500
应收账款	15 500	25 000	应交税费	7400	9530
存货	97 000	85 000	其他流动负债	4487	3300
其他流动资产	37 910	48 510	流动负债合计	63 087	83 330
流动资产合计	218 410	228 510	非流动负债		
非流动资产			长期借款	38 400	42 000

续表

资产	期初	期末	负债及所有者权益	期初	期末
长期股权投资	42 200	51 000	应付债券	181 000	181 000
固定资产净值	631 000	658 500	非流动负债合计	219 400	223 000
无形资产	91 000	94 000	负债合计	282 487	306 330
非流动资产合计	764 200	803 500	所有者权益		
			实收资本	500 000	500 000
			资本公积	107 000	102 640
			盈余公积	82 423	85 320
			未分配利润	10 700	37 720
			所有者权益合计	700 123	725 680
			负债及所有者权益合计	982 610	1 032 010

要求：(1) 运用水平分析法分析资产负债表的变动情况并做出评价。

(2) 运用垂直分析法分析资产负债表的变动情况并做出评价。

项目三 利润表的分析

知识目标

1. 了解利润表的含义与作用及利润表分析的内容与目的；
2. 理解利润表的结构与具体格式；
3. 掌握利润表的具体项目分析；
4. 掌握利润表的趋势分析和结构分析。

能力目标

1. 能够阅读并理解利润表的各项数据；
2. 运用结构分析法对企业利润表进行结构分析；
3. 运用趋势分析法对企业收入、成本费用、利润的未来趋势进行分析。

素质目标

具有良好的政治素质，热爱祖国，拥护共产党领导，拥护社会主义制度，具有正确的世界观、人生观、价值观，德、智、体、美全面发展；具有良好的职业素养、具备财务报表分析课程所应掌握的财务报表分析计算技能和财务报表分析的技能。

项目引例

万福生科财务造假案例分析

万福生科全称万福生科（湖南）农业开发股份有限公司，简称万福生科（股票代码300268），成立于2003年，2009年完成股份制改造，2011年9月在深圳证券交易所挂牌上市。2012年8月，湖南证监局在对万福生科的例行检查中偶然发现两套账本，万福生科财务造假问题便浮现出来。截至2013年5月，证监会对该造假案件的行政调查终结。调查结果显示，一方面，万福生科涉嫌欺诈发行股票和信息披露违法。万福生科上市前，2008年至2010年累计虚增销售收入约46 000万元，虚增营业利润约11 298万元；上市后披露的2011年年报和2012年半年报累计虚增销售收入44 500万元，虚增营业利润10 070万元，同时隐瞒重大停产事项。另一方面，相关中介机构未能勤勉尽责。保荐机构平安证券、审计机构中磊会计师事务所和法律服务机构湖南博鳌律师事务所在相关业务过程中未能保持应有的谨慎性和独立性，出具的报告存在虚假记载。

根据《中华人民共和国证券法》等相关法律的规定，证监会责令万福生科改正违法行为，给予警告，并处以30万元罚款；因其相关行为涉嫌犯罪，证监会已将万福生科董事长龚永福和财务总监移送公安机关追究刑事责任；对三家中介机构处以"没一罚二"的行政处罚，暂停平安证券保荐机构资格3个月，撤销平安证券和中磊会计师事务所证券服务业务许可，不接受湖南博鳌律师事务所12个月内出具的证券发行专项文件；同时对相关责任人采取警告、罚款和终身市场禁入措施。鉴于该财务造假行为给万福生科带来的负面影响无法确定等原因，中磊会计师事务所对万福生科2012年财务报告出具了带强调段的保留意见审计报告。

万福生科存在财务造假、高估收入、虚增利润的情况。万福生科2008年至2012年主营业务收入分别为22 824万元、32 765万元、43 359万元、55 324万元和29 616万元，2009年至2012年主营业务收入增长率分别为43.55%、32.33%、27.60%和-46.47%。而同属于农产品加工行业的、首批农业产业化国家重点龙头企业湖南金健米业股份有限公司2009年至2012年的主营业务收入增长率分别为2.27%、1.99%、13.86%和3.23%。二者同在湖南省常德市，且主营业务同为稻米精深加工，但是财务数据相差悬殊，让人难以置信。

如何通过利润表分析来衡量企业的经营成果？如何判断企业是否盈利？企业为什么会没有实现盈利？什么因素影响企业盈利？本项目主要通过利润表分析的内容，识别利润表中的虚假信息，进而判断企业的经营成果，为决策者提供相关的有用信息。

任务一　利润表的编制

一、认识利润表

1. 利润表的概念

利润表是反映企业一定时期（年度、季度、月份）内的经营成果的财务报表。利润表根据收入、费用和利润三个会计要素的内在联系，反映企业一定时期内的经营成果。利润表是企业的主要财务报表之一，是一张动态报表。通过利润表获取相关信息，有助于了解企业的经营业绩、盈利能力，有助于了解企业收益的稳定性和可持续性，有助于预测企业的未来收益等。

2. 利润表的内容和结构

利润表的格式主要有单步式和多步式两种。我国会计准则规定，企业编制利润表应采用多步式利润表。

企业可以按照下列三个步骤编制多步式利润表：

① 在"营业收入"的基础上，减去"营业成本""税金及附加""销售费用""管理费用""财务费用""资产减值损失"，加上"公允价值变动收益"或减去"公允价值变动损失"，加上"投资收益"或减去"投资损失"，最终计算出"营业利润"。

营业利润=营业收入-营业成本-税金及附加-销售费用-管理费用-财务费用-资产减值损失+公允价值变动收益（-公允价值变动损失）+投资收益（-投资损失）。

② 在"营业利润"的基础上，加上"营业外收入"，减去"营业外支出"，计算出"利润总额"。利润总额=营业利润+营业外收入-营业外支出。

③ 在"利润总额"的基础上，减去"所得税费用"，计算出"利润"。净利润=利润总额-所得税费用。

利润表一般包括表头和表身两个部分，如表3-1所示，利润表的表头是报表的标志，包括报表的名称、编制单位、编制时间和金额单位四个部分。其中，编制时间应为利润表报告期间的一段时间。

利润表的表身是利润表的主体，按照"营业收入""营业成本""税金及附加""销售费用""管理费用""财务费用""资产减值损失""公允价值变动收益""投资收益""营业利润""营业外收入"

"营业外支出""利润总额""所得税费用""净利润""每股收益"的顺序填列。

表 3-1 利润表

编制单位：　　　　　　　　　　　　　　　年　　月　　　　　　　　　　　　金额单位：元

项目	本期金额	上期金额
一、营业收入		
减：营业成本		
税金及附加		
销售费用		
管理费用		
财务费用		
资产减值损失		
加：公允价值变动收益（损失以"-"填列）		
投资收益（损失以"-"填列）		
其中：对联营企业和合营企业的投资收益		
资产处置收益（损失以"-"号填列）		
二、营业利润（亏损以"-"填列）		
加：营业外收入		
其中：非流动资产处置利得		
减：营业外支出		
其中：非流动资产处置损失		
三、利润总额（亏损总额以"-"填列）		
减：所得税费用		
四、净利润（净亏损以"-"填列）		
五、每股收益		
（一）基本每股收益		

3. 利润表的作用

利润表所反映的会计信息，可以用来了解企业一定期间内的收入和成本费用情况，判断企业盈利能力和利润的来源；可以用来评价一个企业的经营效率和经营成果，评估投资的价值和报酬，进而衡量一个企业在经营管理上的成功程度。具体来说，有以下三个方面的作用：

①利润表可以反映企业利润形成的过程，可以作为分配的依据。利润表反映企业在某一会计期间的营业收入、营业成本、税金及附加、各期间费用和营业外收支等项目，最终计算出利润综合指标以反映企业在该会计期间实现的净利润或者是发生亏损的情况。利润表上的数据直接影响到许多相关利益集团的利益，如国家的税收收入、管理人员的报酬、职工的薪酬、股东的股利等。

②通过利润表，能综合反映企业生产经营活动的各个方面，有助于考核可以评价企业的盈亏状况、经营者的业绩。企业在生产、经营、投资和筹资等各个项目活动中的管理效率和效益都可以从利润数额的增减变化中综合反映出来。通过将收入、成本费用、利润与企业的生产经营计划对比，可以考核生产经营计划的完成情况，体现经营者能力水平的高低、管理工作的好坏，表明经营者在生产、经营和管理方面的效率和效益，是企业经营绩效的直接反映。

③通过利润表，可以用来分析企业的获利能力，可以预测企业未来的盈亏、未来的现金流量。利润表揭示了企业经营利润、投资净收益和营业外收支净额的详细资料，可以据以分析企业的盈利水平，评

估企业的获利能力。评价一个企业是否具有持久的获利能力，主要看其营业利润。如果一个企业营业利润多，则企业具有较强的获利能力。如果企业的营业外收入很多，可以认为企业能够创造利润，但不能判断企业具有较强的获利能力。同时，报表使用者所关注的各种预期的现金来源、金额和实际，如股利或利息、出售证券的所得及借款的清偿，都与企业的获利能力密切相关。

二、编制利润表

（一）填列利润表"上期金额"栏

利润表各个项目"上期金额"栏内的金额，应根据上期利润表各个项目"本期金额"栏的金额对应填列。如果本期利润表规定的各个项目的名称或内容与上期不一致，应当对上期利润表各项目的名称和数字按照本期的新规定进行调整，并按调整后的金额填入本期利润表对应项目的"上期金额"栏内。填列利润表"本期金额"栏

利润表各个项目"本期金额"栏内的金额，应根据企业损益类账户总账的本期发生额分析填列。根据利润表各个项目的分析填列方法的不同，可将利润表"本期金额"栏的填列方法划分为以下三类

1. 根据对应总账账户的本期发生额直接填列

① "税金及附加"项目。"税金及附加"项目，反映企业因生产经营活动而应负担的各种税费，包括消费税、资源税、土地增值税、城市维护建设税、教育费附加、土地增值税、房产税、城镇土地使用税、车船税、印花税等税费。本项目"本期金额"栏应根据"税金及附加"总账账户的本期借方发生额填列。

② "销售费用"项目。"销售费用"项目，反映企业在销售商品和材料、提供劳务过程中发生的各项费用支出，包括企业在销售商品过程中发生的包装费、保险费、展览费、广告费、商品维修费、预计产品质量保证损失、运输费、装卸费等费用，以及企业发生的为销售本企业商品而专设的销售机构的职工薪酬、业务费、折旧费、固定资产修理费等费用。本项目"本期金额"栏应根据"销售费用"总账账户的本期借方发生额填列。

③ "管理费用"项目。"管理费用"项目，反映企业为组织和管理生产经营活动而发生的各类管理费用支出，包括企业在筹建期间发生的开办费、董事会和行政管理部门在企业的经营管理中发生的或者应由企业统一负担的公司经费（行政管理部门职工薪酬、物料消耗、低值易耗品摊销、办公费和差旅费等）、董事会费（董事会成员津贴、会议费和差旅费等）、聘请中介机构费、咨询费、顾问费、诉讼费、业务招待费、技术转让费、矿产资源补偿费、研究费用、排污费，以及企业发生的固定资产修理费等。本项目"本期金额"栏应根据"管理费用"总账账户的本期借方发生额填列。

④ "财务费用"项目。"财务费用"项目，反映企业为筹集生产经营所需资金等而发生的筹资费用支出，包括利息支出（或利息收入）、汇兑损益，以及相关的手续费、企业发生或收到的现金折扣等。本项目"本期金额"栏应根据"财务费用"总账账户的本期借方发生额填列。

⑤ "资产减值损失"项目。"资产减值损失"项目，反映企业计提各项资产减值准备所形成的损失，这些资产减值准备包括"坏账准备""存货跌价准备""长期股权投资减值准备""投资性房地产减值准备""固定资产减值准备""在建工程减值准备""工程物资减值准备""生产性生物资产减值准备""油气资产减值准备""无形资产减值准备""商誉减值准备"。本项目"本期金额"栏应根据"资产减值损失"总账账户的本期借方发生额填列。

⑥ "公允价值变动收益"项目。"公允价值变动收益"项目，反映企业因交易性金融资产、交易性金融负债，以及采用公允价值模式计量的投资性房地产、衍生金融工具、套期保值业务等公允价值变动而形成的应计入当期损益的利得或损失。本项目"本期金额"栏应根据"公允价值变动损益"总账账户

的本期发生额填列，若本期发生额最终是一个借方的发生额，应以"-"号填列；若本期发生额最终是一个贷方的发生额，则应以"+"号填列。

⑦"投资收益"项目。"投资收益"项目，反映企业进行对外金融资产投资所发生的投资收益或损失。本项目"本期金额"栏应根据"投资收益"总账账户的本期发生额填列，若本期发生额是一个借方的发生额，应以"-"号填列；若本期发生额最终是一个贷方的发生额，则应以"+"号填列。

⑧"营业外收入"项目。"营业外收入"项目，反映企业发生的与其日常生产经营无直接关系的各项利得的合计。本项目"本期金额"栏应根据"营业外收入"总账账户的本期贷方发生额填列。

⑨"营业外支出"项目。"营业外支出"项目，反映企业发生的与其日常生产经营无直接关系的各项损失的合计。本项目"本期金额"栏应根据"营业外支出"总账账户的本期借方发生额填列。

⑩"所得税费用"项目。"所得税费用"项目，反映企业根据会计准则的规定计算出的当期所得税支出，包括当期所得税费用和递延所得税费用。本项目"本期金额"栏应根据"所得税费用"总账账户的本期借方发生额填列。

2. 根据相关总账账户的本期发生额计算填列

①"营业收入"项目。"营业收入"项目，反映企业在日常活动中形成的、会导致所有者权益增加的，但与所有者投入资本无关的经济利益的总流入，包括主营业务收入和其他业务收入。本项目"本期金额"栏应根据"主营业务收入"总账账户的本期贷方发生额加上"其他业务收入"总账账户的本期贷方发生额的合计额填列。

②"营业成本"项目。"营业成本"项目，反映企业销售商品、提供劳务等经常性活动所发生的成本与除主营业务活动以外的企业其他经营活动所发生的成本之和，即主营业务成本和其他业务成本之和。本项目"本期金额"栏应根据"主营业务成本"总账账户的本期借方发生额加上"其他业务成本"总账账户的本期借方发生额的合计额填列。

3. 根据利润表中相关项目的金额计算填列

①"营业利润"项目。"营业利润"项目，反映企业在日常生产经营过程中形成的收入减去成本费用后的利润。本项目应根据"营业收入"项目、"营业成本"项目、"税金及附加"项目、"销售费用"项目、"管理费用"项目、"财务费用"项目、"资产减值损失"项目、"公允价值变动收益"项目、"投资收益"项目"本期金额"栏的金额计算分析填列。

"营业利润"项目"本期金额"栏金额 = "营业收入"项目"本期金额"栏金额－"营业成本"项目"本期金额"栏金额－"税金及附加"项目"本期金额"栏金额－"销售费用"项目"本期金额"栏金额－"管理费用"项目"本期金额"栏金额－"财务费用"项目"本期金额"栏金额－"资产减值损失"项目"本期金额"栏金额＋"公允价值变动损益"项目"本期金额"栏金额＋"投资收益"项目"本期金额"栏金额。

②"利润总额"项目。"利润总额"项目，反映企业在生产经营过程中形成的营业利润加上利得，再减去损失后的利润。本项目应根据"营业利润"项目、"营业外收入"项目、"营业外支出"项目"本期金额"栏的金额计算分析填列。

"利润总额"项目"本期金额"栏金额 = "营业利润"项目"本期金额"栏金额＋"营业外收入"项目"本期金额"栏金额－"营业外支出"项目"本期金额"栏金额。

③"净利润"项目。"净利润"项目，反映企业在生产经营过程中形成的净利润。本项目应根据"利润总额"项目、"所得税费用"项目"本期金额"栏的金额计算分析填列。

"净利润"项目"本期金额"栏金额 = "利润总额"项目"本期金额"栏金额－"所得税费用"项目"本期金额"栏金额。

例题 3-1 根据表 3-2 中的资料，编制某公司 2020 年 5 月的利润表。

表3-2 2020年5月份损益类账户发生额表

金额单位：元

账户名称	贷方发生额	账户名称	借方发生额
主营业收入	120 000	主营业务成本	75 000
其他业务收入	30 000	其他业务成本	20 000
营业外收入	28 000	税金及附加	13 000
		销售费用	5000
		管理费用	17 500
		财务费用	1500
		资产减值损失	6300
		投资收益	5000
		营业外支出	12 700
		所得税费用	3925

（1）各个项目"本期金额"栏金额的计算

①"营业收入"项目"本期金额"栏金额。"营业收入"项目"本期金额"栏金额＝"主营业务收入"总账账户的本期贷方发生额＋"其他业务收入"总账账户的本期贷方发生额＝120 000＋30 000＝150 000（元）。

②"营业成本"项目"本期金额"栏金额。"营业成本"项目"本期金额"栏金额＝"主营业务成本"总账账户的本期借方发生额＋"其他业务成本"总账账户的本期借方发生额＝75 000＋20 000＝95 000（元）。

③"营业利润"项目"本期金额"栏金额。"营业利润"项目"本期金额"栏金额＝150 000－95 000－13 000－5 000－17 500－1500－6300－5000＝6700（元）。

④"利润总额"项目"本期金额"栏金额。"利润总额"项目"本期金额"栏金额＝16 700＋28 000－12 700＝22 000（元）。

⑤"净利润"项目"本期金额"栏金额。"净利润"项目"本期金额"栏金额＝22 000－3925＝18 075（元）。

（2）编制利润表（表3-3）

表3-3 利润表

编制单位：某公司　　　　　　　　　2020年5月　　　　　　　　　金额单位：元

项目	本期金额	上期金额
一、营业收入	150 000	
减：营业成本	95 000	
税金及附加	13 000	
销售费用	5000	
管理费用	17 500	
财务费用	1500	
资产减值损失	6300	
加：公允价值变动收益（损失以"－"填列）	0	
投资收益（损失以"－"填列）	－5000	
其中：对联营企业和合营企业的投资收益		

续表

项目	本期金额	上期金额
二、营业利润（亏损以"-"填列）	6700	
加：营业外收入	28 000	
减：营业外支出	12 700	
其中：非流动资产处置损失		
三、利润总额（亏损总额以"-"填列）	22 000	
减：所得税费用	3925	
四、净利润（净亏损以"-"填列）	18 075	
五、每股收益		
（一）基本每股收益		
（二）稀释每股收益		

任务二　利润表分析的目的和内容

一、利润表分析的目的

①可以正确评价企业各方面的经营业绩。由于利润受各环节和各因素的影响，故通过对不同环节的利润分析，可以准确地说明各环节的业绩。

②及时、准确地反映企业经营管理中存在的问题，预测企业未来经营获利能力和发展趋势，为不同的会计报表使用者提供相关的决策依据。

正因为分析不仅能明确业绩，还能发现问题。所以，通过对利润表的分析，可发现企业在各环节存在的问题或不足，为进一步改进企业经营管理工作指明了方向。

③给投资者、经营者、债权人等提供正确的信息。无论是投资者还是债权人，他们通过对利润表的金额分析，揭示出企业经营潜力及发展前景使他们能够做出正确的经营和信贷决策及投资决策。

二、利润表分析的内容

1. 利润表具体项目分析

利润表具体项目分析就是对利润表中营业利润、利润总额和净利润进行分析，同时对形成各层次利润的不同项目进行分析。

2. 利润额增减变动分析（利润表趋势分析、水平分析）

通过编制利润表的水平分析表，从利润的形成情况方面反映企业利润的增减额和增减率的变动情况，从而了解企业收入、成本费用项目的变动情况，揭示企业在利润形成过程中的管理业绩和存在的问题。

3. 利润表的垂直分析

利润表垂直分析也称利润表结构分析，就是通过编制利润表结构分析表来进行分析，将利润表中各项目与营业收入比较，计算出各项目占营业收入的比重，揭示各项利润及成本费用与收入的关系，并将各项目比重与历史数据、行业水平进行比较，分析说明企业利润构成各个项目的结构及增减变动情况等。

任务三　利润表具体项目分析

利润表项目分析就是通过对利润表中各项目内容质量内涵进行逐一分析，以确定利润形成过程和利润结果的质量高低。从利润形成过程来看，企业利润来源有多种，包括主营业务、其他业务、投资收益、营业外收支和资产价值变动损益等；不同来源的利润在未来的可持续性不同，只有企业利润主要来自那些未来可持续较强的经济业务时，利润的质量才比较高。从利润结果来看，因为权责发生制的关系，企业利润与现金流量并不同步，而没有现金支撑的利润质量较差。下面对利润表各个项目进行具体分析。

一、收入类项目的分析

1. 营业收入分析

营业收入是指企业在从事销售商品、提供劳务和让渡资产使用权等日常经营活动过程中取得的收入，分为主营业务收入和其他业务收入两部分。一个企业的主营业务是最稳定的收入来源，一个健康的企业应该拥有健康的利润，健康的利润主要来自主营业务收入。因此，主营业务收入在企业总收入中所占的比重最大。如果一个企业主营业务收入逐年下降，而营业收入逐年上升，可能有两个原因：一是该企业的经营战略和经营方式可能正在进行转型或调整；二是该企业可能正处在衰退阶段，营业收入上升的趋势不明显。

营业收入分析主要包括以下内容：

①营业收入的区域构成分析：如果企业为不同的地区提供产品或劳务，可以根据各地区的收入变动情况，结合不同地区消费者对不同品牌商品的不同偏好预测企业利润的发展趋势，也有助于预计企业未来期间的收入状况。

②营业收入客户构成情况分析：企业产品的销售群体中，不同消费者群体需求是不一样的，通过营业收入的客户构成情况分析，可以明确主要的大客户，通过给大客户一定的优惠政策，保持良好的客户关系，通过不断的沟通，争取以较低的成本获得最高的经济效益。

③分析营业收入中来自关联方的比重。有些企业的营业收入主要来自与关联方的交易，在集团化经营条件下，应慎重考虑这种收入，各个关联方有可能为了粉饰经营业绩，通过制造虚假业务来虚增利润。对于这种不真实的业务产生的营业收入，应考虑在利润表中单列出来，或按其公允价值进行调整，或者直接从企业营业收入中剔除出去。

④营业收入的有效结构分析。有效收入与无效收入的判断标志，主要看收入是否最终给企业带来的经济利益，主要形式是带来现金净流入。由于会计上收入是按权责发生制核算的，只要产品发出，不管货款是否收到，都作为收入，这就有可能使一部分的应收账款收不回来，形成坏账。因此，判断一个企业收入的有效性，主要看在收入增长的同时，与之对应的现金流入量是否增长；若没有现金流入量，而是应收账款增长，就要引起重视，特别是编制年终报表时更要尤为重视。

⑤营业收入分析应用举例。

例题 3-2　某股份有限公司 2020 年和 2019 年营业收入的构成情况如表 3-4，请做出评价。

表 3-4　某股份有限公司 2020 年和 2019 年营业收入的构成情况表

项目	2019 年比重（%）	2020 年比重（%）
营业收入	100	100
主营业务收入	90	92

续表

项目	2019年比重（%）	2020年比重（%）
其中：		
甲产品	35	25
乙产品	48	57
丙产品	7	10
其他业务收入	10	8
其中：		
材料销售	5	4
运输业务	3	2
出租包装物	2	2

在该股份有限公司的营业收入中，2020年的构成情况是：主营业务收入占92%，其中甲产品占25%，乙产品占57%，丙产品占10%；其他业务收入中占8%。其中材料销售占4%，运输业务占2%，出租包装物占2%。因此，该公司要增加收入，重点应放在扩大甲、乙两种产品的销售上。在此基础上，再将其与该公司2019年的营业收入构成进行对比分析，从而进一步了解哪一种产品的比重上升（下降），上升（下降）的原因是什么，然后根据这种分析做出正确的决策。如甲产品所占比重2020年比2019年下降，经分析，其主要原因是该产品已经处于成熟阶段，市场已经饱和，该公司应停止扩大生产该产品，以免遭受损失；乙产品所占比重由2019年的48%上升到2020年的57%，经分析，其主要原因是该产品正处于成长期，市场销售潜力仍很大，所以公司应保持该产品的生产规模；丙产品所占比重虽然不大，但也有一定程度的上升，经分析，该产品正处于上升阶段，市场前景看好，公司应扩大生产和销售，以占有更多市场份额。

从其他业务来看，2020年比2019年比重下降了2%。其中材料销售降低了1%，运输业务降低了1%，出租包装物的比重没有变化。从企业经营目标来看，这种变化是可喜的，说明该公司将主要精力放在主营业务上，应予以肯定。

2. 营业外收入分析

营业外收入是指企业在生产经营业务以外取得的收入，主要包括固定资产出售净收益、固定资产盘盈收入、处置无形资产净收益、债务重组利得、政府补助收入、罚款收入、接受捐赠等。营业外收入稳定性比较差，是偶发性的、不长久的，因此投资者不能根据这部分收益来预测企业未来的利润水平和发展趋势。企业的营业外收入比重不应过高，如果其比重过高，说明企业的盈利结构出现了问题，直接影响了企业的利润质量。但是，企业的营业外收入越多对企业也越有利。

3. 投资收益分析

投资收益是企业持有的交易性金融资产、债权投资、其他债权投资，以及长期股权投资等为企业带来的收益。大多数的企业现在比较重视对外投资，他们投资的目的主要有两个：一是利用企业闲置的资金取得临时性收益，如买卖国债、股票基金等；二是希望投资一些项目来控制被投资单位，从而有利于企业的长远发展。投资收益的稳定性比较差，存在较高的风险，因此，企业在进行投资时要充分考虑其收益的不确定性，以做出冷静和谨慎的判断。

4. 公允价值变动收益分析

公允价值变动收益指企业的交易性金融资产、交易性金融负债，以及采用公允价值模式计量的投资性房地产、衍生工具、套期保值业务等因为公允价值的变动而产生的损失或是收益。

通过列报公允价值变动损益，利润表全面反映了企业的收益情况，这些收益具体分为经营性收益和非经营性收益。投资者通过对公允价值变动收益进行分析能了解企业因公允价值变动而产生的损益额及其占企业全部收益的比重，从而更好地进行决策。另外，有些特殊业务产生的收益计入资产负债表的所有者权益中但未通过利润表反映，如资产评估增值和债务重组利得等，这样就会出现一些收益绕过利润表而直接计入资产负债表的问题，使资产负债表和利润表失去了内在的逻辑联系。通过列报公允价值变动损益项目，利润表全面反映了这种收益，也提供了一种协调资产负债表和利润表内在关系的方法。

5. 其他业务收入分析

其他业务收入是指企业主营业务收入以外的所有通过销售商品、提供劳务及让渡资产使用权等日常活动所形成的经济利益的流入，如材料物资及包装物销售、无形资产转让、固定资产出租、废旧物资出售收入等。其他业务收入是企业从事除主营业务以外的其他业务活动所取得的收入，这些收入不经常发生，收入的每笔金额一般较小，占收入的比重也较低。

二、成本费用类项目的分析

1. 营业成本分析

对营业成本进行分析时应该注意分析以下几个因素：

①分析企业营业成本水平。营业收入减去营业成本后的余额为毛利。企业必须先形成毛利，才能形成营业利润。企业都希望有较高的毛利率，而企业营业成本水平的变化对企业毛利率的高低有着直接影响。企业营业成本水平受很多因素的影响，如供货渠道、批量采购、行业竞争、人为操纵等。

②分析发出存货的方法。目前企业采用的发出存货的方法有先进先出法、加权平均法、移动加权平均法、个别计价法。企业一定要选择适合企业需要的方法。

③分析营业收入与营业成本之间的配比。根据收入与成本配比原则，可以将不同的成本项目与其对应的收入项目进行比较，分析是否存在应本期确认的成本而延期确认，或应在后期确认的成本而在本期提前确认的情况，分析是否存在随意变更成本计算方法从而人为控制成本的情况。

2. 税金及附加分析

税金及附加反映企业经营主要业务应负担的消费税、城市维护建设税、资源税、土地增值税和教育税附加等。填报此项目时应注意，实行新税制后，应交增值税不再计入"税金及附加"项目，无论是一般纳税企业还是小规模纳税企业均应在"应交增值税明细表"中单独反映。在分析税金及附加时，应注意其计算的准确性和缴纳的及时性。一般来说企业的税金及附加金额应与营业收入相匹配。

3. 销售费用分析

销售费用是指企业在销售商品和材料，提供劳务过程中发生的各项费用，包括保险费、包装费、展览费和广告费等费用和为销售本企业商品而专设销售机构的职工薪酬、业务费、折旧费等经营费用。设有独立销售机构（如门市部、经理部）的工业企业，其独立销售机构所发生的一切费用均计入销售费用。未设立独立销售机构且销售费用很小的工业企业，按规定，可将销售费用并入管理费用。商业企业在商品销售过程中所发生的各项费用属于商品流通费，一般不计入商品的销售成本，而通过商品的售价直接补偿。在对投资进行分析时，销售费用是计算经济效益的基础数据。一般来说，企业的销售收入增加，销售费用也会相应增加。

4. 管理费用分析

管理费用是指企业行政管理部门为组织和管理生产经营活动而发生的各项费用。管理费用属于期间费用，在发生的当期就计入当期的损益，包括企业筹建期间发生的开办费，董事会和行政管理部门在企业的经营管理中发生的或者应由企业统一负担的公司经费、工会经费、董事会费、诉讼费、业务招待费、技术转让费等。常见的管理费用的分析方法是按管理费用项目进行分析或者是按部门进行分析。对于管理费用分析，要关注业务招待费项目，分析是否有超支现象；要关注董事会会费，分析开支是否合理，是否存在人为操纵现象。一个企业提高管理效率的最优途径就是增加收入，这会使得一定数额的管理费用可以支持更大的营业规模。在企业正常发展条件下，管理费用的变化一般不会太大。

5. 财务费用分析

财务费用是指企业在生产经营过程中为筹集资金而发生的各项费用，包括企业生产经营期间发生的利息支出（减利息收入）、汇兑净损失（有的企业，如商品流通企业、保险企业进行单独核算，不包括在财务费用中）、金融机构手续费，以及在筹资过程中发生的其他财务费用，如债券印刷费、国外借款担保费等。

在分析财务费用时应注意分析以下几个因素：

①贷款规模。如果因为贷款规模的减少而导致应计入利润表中的财务费用降低，企业虽然降低了财务风险，但是不能获得财务杠杆作用，会限制企业的发展规模。

②贷款期限和贷款利率。企业的贷款利息取决于贷款的期限和贷款的利率，贷款的利率又取决于一定时期的资本市场的供求关系、贷款规模和贷款担保条件等，企业贷款在利率选择上可选择固定利率、变动利率和浮动利率等。在不考虑贷款规模和贷款期限的条件下，利息费用将随着贷款利率水平的波动而波动。

6. 营业外支出分析

营业外支出是指不属于企业生产经营费用，与企业生产经营活动没有直接的关系，但应从企业实现的利润总额中扣除的支出，包括固定资产盘亏、报废、毁损和出售的净损失，非季节性和非修理性期间的停工损失，职工子弟学校经费和技工学校经费，公益救济性的捐赠，赔偿金，违约金等。营业外支出的数额不应过大，否则是不正常的，应严加关注营业外支出过大是否是由以下因素造成的，如企业的经营管理水平较低；关联方交易、转移企业资产；有违法经营行为；有经济诉讼和纠纷等。

7. 资产减值损失分析

资产减值损失是指因资产的账面价值高于其可收回金额而造成的损失。新会计准则规定资产减值范围主要是固定资产、无形资产，以及除特别规定外的其他资产减值。《企业会计准则第 8 号——资产减值》准则改变了固定资产、无形资产等的减值准备计提后可以转回的做法，资产减值损失一经确认，在以后会计期间不得转回，这样就消除了一些企业通过计提准备来调节利润的可能，限制了利润的人为波动。在对资产减值损失进行分析时，企业应关注报表附注的内容。

8. 其他业务成本分析

其他业务成本指企业确认的除主营业务活动以外的其他经营活动所发生的支出。其他业务成本包括销售材料的成本、出租固定资产的折旧额、出租无形资产的摊销额、出租包装物的成本或摊销额等。

9. 所得税费用分析

所得税费用是指企业在一定会计期间的利润总额，按照税法的有关规定，进行调整后，得出应纳税所得额，依据适用税率，计算缴纳的税款。利润总额减去所得税费用后的差额，即为净利润。企业的当期所得税费用分为两部分：一是当期应缴纳的部分，即按照税法计算的应交所得税；二是在当期发生但是应在以后期间缴纳的部分，即递延所得税。企业在分析这个项目时应结合资产负债表的"递延所得税资产"、"递延所得税负债"和"应交税费"项目进行分析。

三、利润类项目的分析

1. 营业利润

营业利润是企业在生产经营活动中实现的经营性利润，是企业利润的主要来源。营业利润的多少反映了企业的总体经营管理水平和效果。

①营业利润额较大。当企业营业利润额较大时，通常认为该企业经营管理水平和效果好。但在分析

中应注意如下问题：

一是因为营业利润中包括了其他业务利润，所以企业多元化经营、多种经营业务开展得较好时，其他业务利润会弥补主营业务利润的不足；但若其他业务利润长期高于主营业务利润，考虑企业产业结构调整问题。

二是应注意其他业务利润的用途有两种：一是用来发展了主营业务；二是用于了非生产经营性消费的购买小汽车、高档装修。如果是前者，企业的盈利能力会越来越强；如果是后者，企业缺乏盈利能力。

②营业利润额较小。当企业营业利润额较小时，应着重分析主营业务利润的大小、多种经营的发展情况和期间费用的多少。如果企业主营业务利润和其他业务利润均较大，但期间用较高，也会使营业利润较小。这就要重点分析三项期间费用的构成，找出三项期间费用居多的原因，并对其进行严格控制与管理，通过降低费用来提高营业利润。

2. 利润总额

利润总额是指税前利润，也就是企业在所得税前一定时期内经营活动的总成果。利润总额中包括了许多非经常性项目的净收益，它的稳定性最差，全部的利润项目都增加了所有者权益，投资者都可以进行分配。利润总额越多，对企业越有利。

3. 净利润

净利润是指企业按规定缴纳了所得税之后形成的利润留成，一般称为税后利润或净收益。由于企业所得税费用是相对稳定的，利润总额越大，企业的净利润也会越大。但是在分析利润表时要注意利润质量的高低，要注意盈利是否具有可持续性。净利润是衡量一个企业经济效益的主要指标，它也是一个企业最终的经营成果，所以净利润越高，企业的经营效益就越好，反之经济效益就越差。

任务四　利润表水平分析

一、利润表的水平分析

利润表的水平分析主要是通过编制利润水平分析表计算利润表中各个项目的增减变动额和增减变动率（百分比），进而编制利润水平分析表。

例题 3-3　某汽车股份有限公司是一家制造业企业，以下是该企业 2018 年、2019 年和 2020 年的利润表（表 3-5 至表 3-7）。根据该企业 2020 年和 2019 年的利润表中各项目年度数据编制某汽车股份有限公司利润水平分析表。

表 3-5　利润表

编制单位：某汽车股份有限公司　　　　2018 年 12 月　　　　会企 02 表金额单位：元

项目	行次	本月数	本年累计数
一、主营业务收入	1	5 903 820.00	77 647 500.00
减：主营业务成本	4	5 336 145.00	59 728 846.15
税金及附加	5	303 694.77	3 953 085.12
二、主营业务利润（亏损以"-"号填列）	10	263 980.23	13 965 568.73
加：其他业务利润（亏损以"-"号填列）	11	7 569.00	1 034 865.00
减：销售费用	14	23 277.70	321 030.00
管理费用	15	18 972.46	26 466.32
财务费用	16	35 574.30	12 086 040.00

续表

项目	行次	本月数	本年累计数
三、营业利润（亏损以"-"号填列）	18	193 724.77	2 331 897.41
加：投资收益（亏损以"-"号填列）	19		140 940.00
补贴收入	22		
营业外收入	23	227 070.00	2 784 000.00
减：营业外支出	25	136 242.00	2 175 000.00
四、利润总额（亏损总额以"-"号填列）	27	284 552.77	3 081 837.41
减：所得税	28	93 902.41	1 017 006.35
五、净利润	1	190 650.36	2 064 831.06

企业负责人：　　　　主管会计：　　　　制表：　　　　填表日期：2018 年 12 月 31 日

表 3-6　2019 年利润表

会企 02 表

编制单位：南方汽车股份有限公司　　　2019 年 12 月　　　金额单位：元

项目	行次	本月数	本年累计数
一、主营业务收入	1	8 482 500.00	87 435 000.00
减：主营业务成本	4	7 410 092.76	76 382 040.63
税金及附加	5	353 394.84	4 154 294.96
二、主营业务利润（亏损以"-"号填列）	10	719 012.40	6 898 664.41
加：其他业务利润（亏损以"-"号填列）	11	571 359.74	7 901 340.00
减：销售费用	14	27 766.05	270 552.60
管理费用	15	25 039.47	302 555.55
财务费用	16	26 970.00	9 606 160.68
三、营业利润（亏损以"-"号填列）	18	1 210 596.61	4 620 735.58
加：投资收益（亏损以"-"号填列）	19		147 900.00
补贴收入	22		
营业外收入	23	326 250.00	4 071 600.00
减：营业外支出	25	261 100.05	2 610 130.50
四、利润总额（亏损总额以"-"号填列）	27	1 275 746.56	6 230 105.08
减：所得税	28	420 996.37	2 055 934.68
五、净利润	1	854 750.20	4 174 170.40

企业负责人：　　　　主管会计：　　　　制表：　　　　填表日期：2019 年 12 月 31

表 3-7　2020 年利润表

会企 02 表

编制单位：某汽车股份有限公司　　　2020 年 12 月　　　金额单位：元

项目	行次	本月数	本年累计数
一、主营业务收入	1	9 729 210.00	113 917 800.00
减：主营业务成本	4	8 908 800.00	99 730 833.54
税金及附加	5	361 424.10	4 337 030.91
二、主营业务利润（亏损以"-"号填列）	10	458 985.90	9 849 935.55
加：其他业务利润（亏损以"-"号填列）	11	801 480.76	9 617 769.09
减：销售费用	14	23 324.70	313 030.35
管理费用	15	25 517.10	306 052.08

续表

项目	行次	本月数	本年累计数
财务费用	16	804 877.92	9 585 350.28
三、营业利润（亏损以"-"号填列）	18	406 746.94	9 263 271.93
加：投资收益（亏损以"-"号填列）	19		183 199.38
补贴收入	22		
营业外收入	23	348 000.00	4 350 000.00
减：营业外支出	25	217 500.00	2 433 499.27
四、利润总额（亏损总额以"-"号填列）	27	537 246.94	11 362 972.04
减：所得税	28	134 311.74	2 840 743.01
五、净利润	1	402 935.21	8 522 229.03

企业负责人：　　　主管会计：　　　制表：　　　填表日期：2020 年 12 月 31 日

解答：①根据表 3-5、表 3-6、表 3-7 编制水平分析表，编制利润表水平分析表（表 3-8）。

表 3-8　利润表水平分析表

编制单位：某汽车股份有限公司　　　　　　　　　　　　　　　　　　　　　　　　　金额单位：元

项目	2020 年度	2019 年度	增减额	增减率（%）
一、主营业务收入	113 917 800.00	87 435 000.00	26 482 800.00	30.29
减：主营业务成本	99 730 833.54	76 382 040.63	23 348 792.91	30.57
税金及附加	4 337 030.91	4 154 294.96	182 735.95	4.40
二、主营业务利润（亏损以"-"号填列）	9 849 935.55	6 898 664.41	2 951 271.14	42.78
加：其他业务利润（亏损以"-"号填列）	9 617 769.09	7 901 340.00	1 716 429.09	21.72
减：销售费用	313 030.35	270 552.60	42 477.75	15.70
管理费用	306 052.08	302 555.55	3496.53	1.16
财务费用	9 585 350.28	9 606 160.68	-20 810.40	-0.22
三、营业利润（亏损以"-"号填列）	9 263 271.93	4 620 735.58	4 642 536.35	100.47
加：投资收益（亏损以"-"号填列）	183 199.38	147 900.00	35 299.38	23.87
补贴收入				
营业外收入	4 350 000.00	4 071 600.00	278 400.00	6.84
减：营业外支出	2 433 499.27	2 610 130.50	-176 631.23	-6.77
四、利润总额（亏损总额以"-"号填列）	11 362 972.04	6 230 105.08	5 132 866.96	82.39
减：所得税	2 840 743.01	2 055 934.68	784 808.33	38.17
五、净利润	8 522 229.03	4 174 170.40	4 348 058.63	104.17

企业负责人：　　　主管会计：　　　制表：　　　填表日期：2019 年 12 月 31 日

②根据利润表水平分析表，分析和评价该公司利润增减变动情况。

某汽车股份有限公司的利润增减变动情况评价和分析如下。

a. 净利润分析。净利润是企业经营的最终财务成果，是衡量一个企业经济效益的主要指标。净利润多，企业的经济效益就好；净利润少，企业的经济效益就差。该汽车股份有限公司 2020 年度实现净利润 8 522 229.03 元，比 2019 年度增长了 4 348 058.63 元，增长率为 104.16%，增长的幅度是比较高的。本公司净利润增长的主要原因是 2020 年度利润总额比 2019 年度增长了 5 132 866.96 元，所得税费用比上年增长 784 808.33 元，二者相抵，净利润最终增长了 4 348 058.63 元。

b. 利润总额分析。利润总额是反映企业在一定会计期间的全部经营成果。它不仅反映企业的营业利润情况，还反映企业的营业外收入和营业外支出情况。该汽车股份有限公司 2020 年度实现利润总额 11 362 972.04 元，比 2019 年度上升了 5 132 866.96 元，上升幅度为 82.39%，主要原因是 2020 年度营业外收入比 2016 年度上升了 278 400 元，上升幅度为 6.84%；投资收益上升了 35 299.38 元，上升幅度为 23.87%；营业外支出下降了 176 631.23 元，下降幅度为 6.77%，三个因素共同影响使利润总额上升了 5 132 866.96 元。必须要注意，虽然营业外收入和投资收益的增长及营业外支出的下降对利润总额的增长是有利的，但由于它们是非经常性项目，数额过高过低都不是正常现象，所以一定要分析它们的变化状况。

c. 营业利润分析。营业利润是企业在生产经营活动中实现的经营性利润，它既包括主营业务利润又包括其他业务利润。营业利润较大说明企业管理水平较高，否则说明企业管理水平较低。该汽车股份有限公司 2020 年度实现营业利润 9 263 271.93 元，比 2019 年度上升了 4 642 536.35 元，上升幅度为 100.47%，主要原因是 2020 年度营业收入比 2019 年度上升了 26 482 800.00 元，上升幅度为 30.29%；营业成本上升了 23 348 792.91 元，上升幅度为 30.57%，应具体分析营业成本上升的原因是原材料价格上涨还是成本控制措施不力。2020 年度其他业务利润比 2019 年度增加了 1 716 429.09 元，上升幅度为 42.78%，这对于企业来说是有利的。销售费用和管理费用都有不同程度的增加，应结合企业具体情况具体分析，找出这两项费用增加的原因，找出控制这两项费用的措施。2020 年度财务费用比 2019 年度下降了 20 810.48 元，下降幅度为 0.22%，这对于企业来说是有利的，也应该结合具体情况具体分析。

任务五　利润表的垂直分析

利润表的垂直分析是通过编制利润垂直分析表以利润表的营业收入作为共同比，分别计算利润表的每个项目占营业收入的比例，以此评价影响企业盈利能力的重大变化项目。

一、利润构成变动情况分析和评价

例题 3-4　根据例 3-3 中南方汽车股份有限公司 2019 年、2020 年的利润表，编制利润垂直分析表。见表 3-9。

表 3-9　利润垂直分析表

会企 02 表

编制单位：某汽车股份有限公司　　　　　　　　　　　　　　　　　　　　　　　　　单位:%

项目	2020 年度	2019 年度	变动幅度
一、主营业务收入	100	100	—
减：主营业务成本	87.55	87.36	0.19
税金及附加	3.81	4.75	−0.94
二、主营业务利润（亏损以"−"号填列）	8.65	7.89	0.76
加：其他业务利润（亏损以"−"号填列）	8.44	9.04	−0.6
减：销售费用	0.27	0.31	−0.04
管理费用	0.27	0.35	−0.08
财务费用	8.41	10.99	−2.58
三、营业利润（亏损以"−"号填列）	8.13	5.28	2.85
加：投资收益（亏损以"−"号填列）	0.16	0.17	−0.01
补贴收入			
营业外收入	3.82	4.66	−0.84

续表

项目	2020年度	2019年度	变动幅度
减：营业外支出	2.14	2.99	-0.85
四、利润总额（亏损总额以"-"号填列）	9.97	7.13	2.84
减：所得税	2.49	2.35	0.14
五、净利润	7.48	4.77	2.71

该汽车股份有限公司利润构成变动情况评价和分析如下。

从表3-9中可以看出该汽车股份有限公司2020年度财务成果构成情况：营业利润占营业收入的比重为8.13%，与2019年度的5.28%相比上升了2.85%；利润总额占营业收入的比重为9.97%，与2019年度的7.13%相比上升了2.84%；净利润占营业收入的比重为7.48%，与2019年度的4.77%相比上升了2.71%。从企业的利润构成上看，营业利润、利润总额、净利润占营业收入的比重都有不同程度的上升，说明2020年度的盈利能力比2019年度有所增强。

从营业利润的内部结构变化来看，南方汽车股份有限公司2020年度营业成本、税金及附加、销售费用、管理费用、财务费用占营业收入的比重相较于2019年度都有所降低，这些因素的共同影响使营业利润上升。利润总额结构增长的主要原因是营业外支出比重降低。利润表中的每一个项目的增加或减少都会对营业利润、利润总额和净利润结构产生一定的影响。

二、利润质量分析

一般来说，企业的净利润高表示企业盈利能力强，企业发展前景看好。但正如前面对利润项目的分析，利润还存在着结构问题，而盈利结构是否合理，决定着企业的长远发展前景。因此，进行利润质量分析有着十分重要的意义。

（一）利润的结构质量分析

我国财政部2006年公布的《企业会计准则30号—财务报表列报》中，已不再区分主营业务和其他业务。主营业务利润因而被并入营业利润，但考虑到在实际业务中企业主营业务和其他业务对企业经营成果的影响不同，这里依然采用四个利润项目的分类。根据利润表的四个重要指标的不同组合，可将其进行如下分类，见表3-10所示。

表3-10 利润表的四个重要指标的不同组合

项目类型	A						B					
主营业务利润	盈利						亏损					
营业利润	盈利			亏损			盈利		亏损		盈利	亏损
利润总额	盈利		亏损	盈利		亏损	盈利		盈利		盈利	亏损
净利润	盈利	亏损	盈利	盈利	亏损	盈利	盈利	亏损	盈利	亏损	盈利	亏损
类别编号	A1	A2	A3	A4	A5	A6	B1	B2	B3	B4	B5	B6

A1、A2、A3为企业的正常经营情况。其中，A1的利润质量最高。主营业务实现的利润不仅可以弥补各项期间费用，还可以向国家上缴企业所得税，最终形成可供企业发展或向股东分红的净利润，保证了企业具有可持续的发展能力，是企业利润结构的理想状态。A2产生亏损的原因在于应税所得与会计利润出现了巨大的差额，究其原因，无外乎两种因素：时间性差异和永久性差异。时间性差异可随着时间的推移逐步消失，它对利润的影响只是暂时的，如果A2产生的原因是时间性差异造成的，尽管出现亏

损，也可视同 A1 来理解，若是永久性差异造成的，如自制的产品用于在建工程项目，支付各种赞助费、发生和计提过多的业务招待费等，则应具体问题具体分析。一般来说，A2 的亏损状况是暂时现象，但要注意限制各种赞助费和业务招待费的开支。A3 的出现，表明企业发生了过多的营业外支出，如处置固定资产和无形资产发生的净损失。

A4、A5、A6 表明企业毛利率太低，不足以弥补各项期间费用。其中 A6 是因为毛利率低而产生亏损的代表。A4 出现的盈利主要是营业外收入形成的，这种盈利只是暂时的，分析时可视同 A6 考虑。A5 的出现，说明本期存在着应税所得大于会计利润的现象，无论是何种差异造成的均可视同 A6 看待，若因为投资损失，则应分析撤回投资的可能性，确保企业主管业务的发展。

B1、B2、B3 的共同点在于主营业务利润为负，而营业利润为正。这种现象的出现，表明企业其他业务突出或企业拥有巨大的存量现金，能够产生足够的其他业务收益或利息收入来弥补主营业务的不足。作为经营者要考虑产业结构的调整或寻求好的项目，以此来形成企业利润的新增长点。

B4、B5、B6 表明企业要考虑进行深层次的变革或转产，否则会面临破产的风险。B4 出现的盈利，是由于企业过多的营业外收入的结果，单就企业而言，其利润质量不高。而 B6 则显示企业已处于危机之中。

（二）利润内涵质量分析

以上对利润结构质量进行分析，有助于在分析时把握大的方向。但形成企业利润的因素有很多，除进行宏观层面的分析外，还应进行微观分析，即对利润的内涵进行分析。

1. 信号识别法

由于企业经营管理、产品市场需求等方面的原因，或者报表编制者出于各种目的，对利润进行人为的粉饰等因素，都会造成利润质量或利润表的信息质量不高，主要表现在以下八个方面：

①其他应收款、长期待摊费用非正常上升。这种非正常上升，有可能是企业当前发生费用及损失无能力吸收而暂时放入这些项目内的，目的是将实亏转换为潜亏。

②期间费用中广告费用占销售收入的比率相对下降，这样可以提高当前利润，但从长期看对企业不利。

③一次性收入的突升。企业可能利用资产重组、非货币性资产置换、股权投资转让、非生产性资产处置所得调节盈余等手段调节企业利润。

④对各项准备金不提或少提，改变折旧计提方法或折旧提取不足等，借以提高当期利润。

⑤没有资金支持的应付职工薪酬上升，暗示企业支付工资能力低，现金流向可能存在问题。

⑥毛利率下降，一是说明企业产品价格降低，市场竞争激烈；二是可能成本失去了控制，有上升趋势；或者是企业产品组合发生了变化，对企业利润产生影响。

⑦企业大量的货款不能及时收回，产生挂账、呆账和坏账的风险加大，业绩隐藏在应收账款上，利润质量不佳。

⑧企业的业绩过分依赖非主营业务。有些企业为了维持一定的利润水平，通过非主营业务实现的利润来弥补主营业务和投资收益的不足。这种方法可以使企业短期内维持表面的繁荣，但会影响企业的长期发展战略。

2. 剔除识别平均法

在分析利润质量时，可以将影响利润质量的个别因素单独列示或剔除，之后再对企业的利润进行分析。

①不良资产剔除法，不良资产主要是长期待摊费用等虚拟资产或高龄应收账款、存货跌价和积压损失等项目。如果不良资产的总额接近或超过净资产，或者不良资产的增加额（增加幅度）超过净资产，或者不良资产的增加额超过了净利润的增加额（增加幅度），说明企业当期利润有"水分"。

②关联交易剔除法。将来自关联企业的营业收入和利润剔除，分析企业的盈利能力有多大幅度依赖

于关联企业，如果主要依赖于关联企业，就应特别关注关联交易的定价政策，分析企业是否以不等价交换的方式与关联企业进行交易以调节盈余。当然有的集团总公司只管生产，而子公司专门从事销售，这是例外情况，分析时要区别对待，不能一概而论。

③异常利润剔除法。将补贴收入、营业外收入从利润总额中扣除，以分析和评价企业利润来源的主要渠道及其稳定性。分析中要特别注意营业外收入等一次性的偶然收入。

3. 现金流量分析识别法

它是将经营活动产生的现金流量、现金净流量分别与主营业利润和净利润进行比较分析，以判断企业盈利质量。一般而言，没有现金净流量的利润，其盈利质量是不可靠的。如"经营活动产生的现金净流量/利润总额"指标等于或小于零，说明其利润不是来自经营活动，而是来自其他渠道。

本项目小结

本项目是基于利润表而进行的财务分析，包括具体项目分析、趋势分析和结构分析。具体项目分析是在对利润表进行一般性数据分析的基础上对影响企业营业利润、利润总额和净利润的主要项目内涵质量进行深入分析。趋势分析是将利润表的本期实际数与上期数或基数进行比较，以揭示利润变动差异，分析评价利润表各项目增减变动情况，揭示产生差异的原因。结构分析是将常规形式的利润表换算成结构百分比形式的利润表，可以了解企业利润表的各项目占营业收入的比重、有关销售利润率，以及各项目费用率的情况，同时其他各个项目与关键项目之间的比例关系也会更加清晰地显示出来，据此分析企业利润的稳健性和合理性，进而做出利润质量地判断和评价。

钟表店到底亏了多少——巧学利润表

一个衣着华丽的女郎走进一家品牌钟表店，她看中了一款镶嵌钻石的新款手表，进价5000元，税金及其他摊销的费用为500元，标价13 800元，与店老板讨价还价后，讲好价是9980元。该女郎拿出一沓面值100元的人民币，共计10 000元付给了店老板。钟表店老板为了找钱，拿了1张100元的钞票到隔壁的服装店兑换成零钱，然后把钻石手表和20元零钱交给该女郎，女郎走后，服装店老板再仔细检查那张钞票，发现是假的，就来找钟表店老板，钟表店老板只得自认倒霉赔人家100元，并赶紧把自己手中的99张100元钞票又找人鉴定一下，结果发现又有79张是假的。

那么，请你核算一下，钟表店老板在这笔生意中一共损失了多少钱？有以下四个答案供你选择，先好好想想，你很可能答错：

A. 9980元　　　　　　B. 100 000元　　　　　　C. 8020元　　　　　　D. 3520元

通过本项目的学习，我们知道：利润表实际上是对利润产生过程的总体反映，但不是用总收入减去总成本和总费用直接得出，而是像剥竹笋一样依次递进累计形成的，即营业利润→利润总额→净利润。用这种方法，企业容易分析最后的盈利或亏损是什么原因造成的，是主营业务不利还是意外灾害，主营业务不利是收入太低还是成本太高……所以，通过利润表。可以看到公司的业务经营层、管理层对利润的影响，以及社会环境对经营利润的影响。简单一张表。不是数字，而是历史，是公司经营的历史。

那么，故事中的钟表店老板到底亏了多少？我们一起来核算一下：

（1）收入。收到10 000元找回20元，所以收入为9980元。

（2）成本费用。钻石手表的进价为5000元，税金及其他摊销的费用为500元，共计5500元。

(3) 钟表店老板拿出 100 元真钞，赔给服装店老板，而且另外又有 79 张 100 元为假钞，所以钟表店老板有 8000 元的意外损失，也就是财务上的营业外支出。

现在，我们可以轻松地算出钟表店老板到底亏了多少：

利润 = 9980 − 5500 − 8000 = −3520（元）

所以，正确答案选 D，即钟表店老板在这笔生意中亏了 3520 元。你算对了吗？这个答案绝对没错，千万不要被钟表店老板收到的 8000 元假钞的"表面现象"所迷惑。

知识巩固

一、单项选择题

1. 流动资产和流动负债的比值被称为（　　）。
   A. 流动比率　　　　B. 速动比率　　　　C. 营运比率　　　　D. 资产负债比率
2. 反映一个企业全部经营成果的指标是（　　）。
   A. 主营业务利润　　B. 利润总额　　　　C. 营业利润　　　　D. 投资收益
3. 可以分析和评价企业长期偿债能力的指标是（　　）。
   A. 流动比率　　　　B. 存货周转率　　　C. 现金比率　　　　D. 产权比率
4. 企业的长期偿债能力主要取决于（　　）。
   A. 企业获利能力　　　　　　　　　　　B. 负债规模
   C. 资产的短期流动性　　　　　　　　　D. 资产规模
5. 下列选项中，不属于管理费用的是（　　）。
   A. 行政人员差旅费　B. 职工培训费　　　C. 办公费　　　　　D. 业务招待费
   E. 包装费
6. 对（　　）项目进行分析时，应注意其计算的准确性和缴纳的及时性。
   A. 营业利润　　　　B. 税金及附加　　　C. 投资收益　　　　D. 净利润
7. 进行利润表分析时，不需要分析的项目是（　　）。
   A. 营业利润　　　　B. 营业外收入　　　C. 营业外支出　　　D. 增值税
8. 能够反映企业即时付现能力的指标有（　　）。
   A. 存货周转率　　　B. 流动比率　　　　C. 速动比率　　　　D. 现金比率
9. 下列说法中，正确的有（　　）。
   A. 流动资产由长期资金供应　　　　　　B. 资产负债率较低，企业的财务风险较小
   C. 长期资产由短期资金供应　　　　　　D. 所有者总是倾向于提高资产负债率
10. 将资产按流动性进行分类，可以分为（　　）。
    A. 固定资产与流动资产　　　　　　　　B. 有形资产与无形资产
    C. 货币资产与非货币资产　　　　　　　D. 流动资产与长期资产
11. （　　）是企业利润表中所反映出的第一个层次的业绩，反映企业通过生产经营获得利润的能力。
    A. 利润总额　　　　　　　　　　　　　B. 净利润
    C. 营业利润　　　　　　　　　　　　　D. 营业外收支净额
12. 与利润分析无关的资料是（　　）。
    A. 收入明细表　　　　　　　　　　　　B. 应交增值税明细表
    C. 分别报表　　　　　　　　　　　　　D. 营业外收支明细表

13. 为销售本企业商品而专设的销售机构的职工薪酬应计入（　　）。
    A. 财务费用　　　　B. 营业外支出　　　　C. 管理费用　　　　D. 销售费用
14. 分析税金及附加时，应将该项目与（　　）进行对应的配比分析，如果两者不配比，就可能存在"漏税"之嫌。
    A. 资产　　　　　　B. 利润总额　　　　　C. 投资收益　　　　D. 营业收入
15. （　　）支出计入管理费用，而且要根据其发生额与当前营业收入的比例关系，将超标准支付部分进行纳税调整。
    A. 所得税费用　　　B. 业务招待费　　　　C. 增值税　　　　　D. 修理费
16. 每股收益是（　　）中的项目。
    A. 资产负债表　　　　　　　　　　　　　B. 利润表
    C. 现金流量表　　　　　　　　　　　　　D. 所有者权益变动表
17. 利润表结构分析表中，通常选择（　　）项目金额作为分母，其他项目金额作为分子，计算占该项目的比重。
    A. 营业利润　　　　B. 营业收入　　　　　C. 营业外收入　　　D. 利润总额

二、多项选择题

1. 对利润总额进行分析，主要对组成利润总额的（　　）项目进行比较分析。
    A. 营业外收入　　　B. 营业利润　　　　　C. 营业外支出　　　D. 所得税费用
2. 影响企业形成利润的因素有（　　）。
    A. 收入　　　　　　B. 费用　　　　　　　C. 利得　　　　　　D. 股东权益
3. 在利润表上，利润类项目有（　　），分析时应结合其具体明细资料分别进行分析。
    A. 营业利润　　　　B. 主营业务利润　　　C. 利润总额　　　　D. 其他业务利润
    E. 净利润
4. 企业的期间费用包括（　　）。
    A. 管理费用　　　　B. 制造费用　　　　　C. 销售费用　　　　D. 财务费用
5. 与税前利润相关的因素包括（　　）。
    A. 利息费用　　　　B. 销售费用　　　　　C. 所得税费用　　　D. 净利润
    E. 投资收益
6. 通过对利润表的分析，可以获得企业信息有（　　）。
    A. 一定期间的收入状况　　　　　　　　　B. 一定期间的成本费用状况
    C. 企业获利能力　　　　　　　　　　　　D. 企业的利润来源
7. 下列关于销售费用的表述，正确的有（　　）。
    A. 销售费用与本期营业收入密切相关，产生的影响也仅限于本期，故应从本期收入中全额扣除
    B. 由于销售费用是一项抵扣收入的费用，故企业应尽可能降低
    C. 销售费用中的运输费、装卸费和包装费等与企业销售量的变动呈正向变化
    D. 专设销售机构的费用通常随企业营业规模地扩大而呈阶梯式下降
8. 下列各项中，属于企业营业外收入的有（　　）。
    A. 罚款收入　　　　　　　　　　　　　　B. 固定资产出售净收益
    C. 政府补助收入　　　　　　　　　　　　D. 提供劳务收入
9. 投资收益一般包括（　　）。
    A. 对外投资分得的利润　　　　　　　　　B. 投资到期收回价款高于账面价值的差额
    C. 现金股利和债券利息　　　　　　　　　D. 投资中途转让价款低于账面价值的差额

10. 利润表中反映企业经营成果的指标主要有（　　）。
　　A. 毛利　　　　　B. 营业利润　　　　C. 利润总额　　　　D. 净利润
11. 对利润表项目进行阅读与分析应注意对（　　）进行阅读与分析。
　　A. 收入类项目　　B. 费用类项目　　　C. 利润类项目　　　D. 利润结构
12. 财务费用项目分析应包括的内容有（　　）。
　　A. 所得税费用　　B. 利息支出　　　　C. 手续费　　　　　D. 汇兑损失
13. 投资收益分析应包括的内容有（　　）。
　　A. 利息收入分析　　　　　　　　　　B. 租金收入分析
　　C. 处置固定资产的损益分析　　　　　D. 股利收入
14. 企业的经营性利润在利润总额中所占的比重大，说明企业的盈利（　　）。
　　A. 稳定性差　　　B. 稳定性好　　　　C. 持续性差　　　　D. 持续性好
15. 如果企业的（　　）主要由非营业利润获得，则该企业利润实现的真实性和特效性应引起报表分析人员的重视。
　　A. 利润总额　　　B. 公允价值变动损益　C. 投资收益　　　　D. 净利润

三、判断题

1. 利润表的表首是利润表的主体部分，能反映企业收入、费用和利润各项目的内容及相互关系。（　　）
2. 只有企业的利润主要源于那些持续性较强的经济业务时，利润的质量才比较高。（　　）
3. 如果企业的营运收入主要源于关联方的交易，那么其真实性就应该受到质疑。（　　）
4. 利润表中资产减值损失反映企业实际发生的各项资产损失。（　　）
5. 管理费用中工会经费、待业保险费和劳动保险费属于企业承担的社会责任，企业不得为控制费用开支而随意减少。（　　）
6. 当企业营业利润较小时，应着重分析主营业务利润的大小、多种经营的发展情况，以及期间费用的多少。（　　）
7. 营业外收入具有稳定性，企业可以根据这部分收益来预测将来的净收益水平。（　　）
8. 如果企业的营业利润主要源于投资收益，则应肯定企业以前的投资决策的正确性。（　　）
9. 如果企业的其他业务利润长期高于主营业务利润，那么企业应当考虑调整产业结构。（　　）
10. 对利润表的综合分析，要通过编制比较利润增减变动的分析和构成变动的分析。（　　）
11. 利润表应采用单步式结构编制。（　　）
12. 利润表中"营业外支出"项目影响企业的营业利润的金额。（　　）
13. 利润表可以编制年报、半年报、季报和月报。（　　）

四、案例分析题

1. 某滤清器厂是一家制造业企业，2020年度和2019年度利润表的各项指标见表3-11。请编制利润垂直分析表并对其做出分析和评价。

表3-11　2020年度和2019年度利润表各项指标

会企02表

编制单位：某滤清器厂　　　　　　　　　　　　　　　　　　　　　　　　　　　　金额单位：万元

项目	2020年度	2019年度
一、主营业务收入	30 000	28 500
减：主营业务成本	25 000	23 000
税金及附加（主营业务）	100	80
二、主营业务利润（亏损以"-"号填列）	4900	5420

续表

项目	2020年度	2019年度
加：其他业务利润（亏损以"-"号填列）	120	50
减：销售费用	550	580
管理费用	800	700
财务费用	430	300
三、营业利润（亏损以"-"号填列）	3240	3890
加：投资收益（亏损以"-"号填列）	400	80
补贴收入	—	—
营业外收入	500	50
减：营业外支出	100	100
四、利润总额（亏损总额以"-"号填列）	4040	3920
减：所得税	1010	980
五、净利润	3030	2940

2. 资料：某公司2018年6月份有关损益类账户资料，见表3-12所列。

表 3-12 损益类账发生额表　　　　　　　　　　　　　　　　　　　　　金额单位：元

账户名称	借方发生额	账户名称	贷方发生额
主营业务成本	2 503 000	主营业务收入	4 887 000
其他业务成本	120 000	其他业务收入	248 000
税金及附加	520 000	公允价值变动损益	300 000
销售费用	375 800	投资收益	256 000
财务费用	103 220	营业外收入	137 000
管理费用	569 300		
资产减值损失	127 800		
营业外支出	27 300		
所得税费用	370 395		

要求：根据以上资料编制该公司2018年6月的利润表。

3. 某公司主要生产小型及微型数据处理电脑，其市场目标主要定位于小规模公司和个人。该公司生产的产品质量优良、价格合理，在市场上颇受欢迎，销路很好。因此，该公司也迅速发展壮大起来。该公司目前正在做2020年的财务分析，财务总监向总经理汇报2020年公司的财务状况和经营成果，汇报的重点是公司经营成果的完成情况，并要出具体的分析数据。

小金是该公司的助理会计师，主要负责利润的核算、分析工作。财务总监要求小金对该公司2019年、2020年的有关经营成果的资料进行整理分析，并对公司经营成果的完成情况写成分析结果，以供公司领导决策考虑。接到财务总监交给的任务后，小金立即收集有关经营成果的资料。资料见表3-13至表3-15所列。

表 3-13　利润表

编制单位：某公司　　　　　　　　　　　2020 年　　　　　　　　　　　　　　单位：千元

项目	2020 年	2019 年
一、营业收入	1 296 900	1 153 450
减：营业成本	1 070 955	968 091
税金及附加	14 496	6805
销售费用	2723	1961
管理费用	124 502	108 309
财务费用	-24 122	105 541
加：公允价值变动损益	-5318	-2192
投资收益	21 509	68 976
二、营业利润	124 537	29 527
加：营业外收入	80	0
减：营业外支出	3113	1961
三、利润总额	121 504	27 566
减：所得税费用	23 344	4268
四、净利润	98 160	23 298

表 3-14　某公司财务费用明细表　　　　　　　　　　　　　　　　　　　　单位：千元

项目	2020 年	2019 年
利息支出	970	128 676
减：利息收入	26 854	25 320
汇兑损失	3108	2809
减：汇兑收益	1480	756
其他	134	132
财务费合计	-24 122	105 541

表 3-15　某公司管理费用明细表　　　　　　　　　　　　　　　　　　　　单位：千元

项目	2020 年	2019 年
工资及福利费	64 540	64 320
劳动保险费	4340	4308
业务招待费	8988	4211
工会经费	1150	1048
折旧费	1540	1540
技术开发费	38 600	27 856
其他	5344	5026
管理费用合计	124 502	108 309

请运用以上信息，协助小金做好以下分析工作：

（1）运用趋势分析法编制利润水平分析表；

（2）对公司 2020 年利润比 2019 年的增减变动情况进行分析并评价；

（3）运用结构分析法编制利润结构分析表并评价；

（4）对公司 2020 年利润结构变动情况进行分析并评价。

项目四　现金流量表的分析

知识目标

1. 熟悉企业现金流量表的基本内容；
2. 掌握经营活动、投资活动和筹资活动产生的现金流量质量分析，以及现金等价物净增加额的质量分析；
3. 掌握现金流量趋势分析和结构分析。

能力目标

能够运用现金流量趋势分析和及格分析方法，进行现金流量表分析操作。

素质目标

具有良好的政治素质，热爱祖国，拥护共产党领导，拥护社会主义制度，具有正确的世界观、人生观、价值观，德、智、体、美全面发展；具有良好的职业素养、具备财务报表分析课程所应掌握的财务报表分析计算技能和财务报表分析的技能。

项目引例

美国最大的商业企业之一 W. T. Grant 宣告破产，而在其破产前一年，其营业净利润近 1000 万美元，经营活动提供营运资金 2000 多万美元，银行贷款达 6 亿美元；破产前两年，公司股票仍按其收益 20 倍的价格出售。该企业破产的原因在于破产前 5 年的现金流量净额就已经出现了负数，虽然有高额的利润，但公司的现金不能支付巨额的生产性支出与债务费用，最后导致"成长性破产"。

案例分析

在企业财务管理中，人们重视的是现金流量而不是会计学上的收入与支出。财务经理必须分析和规划现金流量，维持企业的偿债能力。企业的现金流量必须足以偿还债务和购置为达到其经营目标所需要的资产。如果把人体比喻为一个企业，其每一次"心跳"表示一次交易行为，那么会计人员的主要任务就是把每一次"心跳"记录下来，即记录下销售收入、成本费用和利润；而财务经理关心的主要是由"心跳"而产生的经过动脉的"血液"是否抵达人体细胞，维持全身各种器官的功能。一个心脏强健的人体可能由于血液循环系统出现问题而停止活动；同样地，一个企业也许有发展前途，但仍然有可能由于现金流量不足以偿还到期债务而倒闭，因此要正确看待企业现金流量的作用。

任务一　了解现金流量表的概念、内容及其分析目的

一、认识现金流量表

(一) 现金流量表的概念

现金流量表是反映企业一定会计期间现金及现金等价物流入、流出状况的动态会计报表。在20世纪80年代以前,企业会计报表只包括资产负债表和损益表,但随着市场经济的发展和企业经营的日趋复杂,影响企业可持续发展的主要因素不仅包括权责发生制核算体系下的资产负债匹配关系,以及企业在扣除成本费用后的利润,还包括企业资金来源周转是否流畅,是否具备足够的现金储备供企业运营发展和生产经营所用。而现金流量表的最主要特征之一便是其编制方法是以收付实现制为基础编制的,其将以权责发生制为基础计算的营利信息调整为以收付实现制为基础的现金流量信息,与资产负债表和利润表采用的权责发生制相比编制方法上存在本质上的区别。因此,现金流量表的价值不可低估。现金流量表可以揭示企业获取现金和现金等价物的能力,从而评价企业的经营活动及其成果的质量;可以反映企业现金和现金等价物的流入、流出结构的变动情况和变动原因,便于信息使用者更好地了解企业净利润的情况,从而评价和预测企业的财务状况。现金流量表是企业的主要财务报表之一,每一个会计主体都必须按照规定定期编制现金流量表。

(二) 认识现金流量表

现金流量表中的现金是指广义的现金,包括企业所拥有的库存现金及可以随时用于支付的存款和现金等价物。其中,可以随时用于支付的存款包括银行存款和其他货币资金。这里所指的银行存款必须是可以随时支取的存款,包括提前通知金融机构便可支取的定期存款,但是不包括无法随时支取的存款,如保证金等。其他货币资金包括外埠存款、银行汇票存款、银行本票存款、信用卡存款、信用保证金存款和存出投资款等。现金等价物一般是指企业持有的期限短、流动性强、易于转换为已知金额现金、价值变动风险很小的投资。其中,"期限短"是指从购买之日起,期限短于3个月;"易于转换为已知现金、价值变动风险很小的投资"一般是指归于"交易性金融资产"的债券性投资。

(三) 现金流量的分类

现金流量分为四类,即经营活动产生的现金流量、投资活动产生的现金流量、筹资活动产生的现金流量、汇率变动对现金流量的影响额。

1. 经营活动产生的现金流量

经营活动是指企业投资活动和筹资活动以外的所有交易和事项。从经营活动的定义可以看出,经营活动的范围很广,它包括了除投资活动和筹资活动以外的所有交易和事项。对于工商企业而言,经营活动主要包括:销售商品、提供劳务、购买商品、接受劳务、支付税费等。

一般来说,经营活动产生的现金流入项目主要有:销售商品、提供劳务收到的现金,收到的税费返还,收到的其他与经营活动有关的现金;经营活动产生的现金流出项目主要有:购买商品、接受劳务支付的现金,支付给职工及为职工支付的现金,支付的各项税费,支付的其他与经营活动有关的现金。

各类企业由于行业特点不同,对经营活动的认定存在一定差异,在编制现金流量表时,应根据企业的实际情况,对现金流量进行合理的归类。

2. 投资活动产生的现金流量

投资活动是指企业长期资产的购建和不包括在现金等价物范围内的投资及其处置活动。其中，长期资产是指固定资产、无形资产、在建工程、其他资产等持有期限在一年或一个营业周期以上的资产。

需要注意的是，这里所讲的投资活动，既包括实物资产投资，也包括金融资产投资，它与《企业会计准则——投资》所讲的"投资"是两个不同的概念。"投资"是指企业为通过分配来增加财富，或为谋求其他利益，而将资产让渡给其他单位所获得的另一项资产。购建固定资产不是"投资"，但属于投资活动。

这里之所以将"包括在现金等价物范围内的投资"排除在外，是因为已经将包括在现金等价物范围内的投资视同现金。

一般来说，投资活动产生的现金流入项目主要有：收回投资所收到的现金，取得投资收益所收到的现金，处置固定资产、无形资产和其他长期资产所收回的现金净额，收到的其他与投资活动有关的现金；投资活动产生的现金流出项目主要有：购建固定资产、无形资产和其他长期资产所支付的现金，投资所支付的现金，支付的其他与投资活动有关的现金。

3. 筹资活动产生的现金流量

筹资活动是指导致企业资本及债务规模和构成发生变化的活动。这里所说的资本，既包括实收资本（股本），也包括资本溢价（股本溢价）；这里所说的债务，指对外举债，包括向银行借款、发行债券，以及偿还债务等。应付账款、应付票据等商业应付款等属于经营活动，不属于筹资活动。

一般来说，筹资活动产生的现金流入项目主要有：吸收投资所收到的现金，取得借款所收到的现金，收到的其他与筹资活动有关的现金；筹资活动产生的现金流出项目主要有：偿还债务所支付的现金，分配股利、利润或偿付利息所支付的现金，支付的其他与筹资活动有关的现金。

4. 汇率变动对现金流量的影响额

该项目反映外币现金流量及境外子公司的现金流量折算为人民币时，所采用的现金流量发生日的即期汇率或按照系统合理的方法确定的、与现金流量发生日即期汇率近似的汇率折算的人民币金额与"现金及现金等价物净增加额"中外币净增加额按期末汇率折算的人民币金额之间的差额。

（四）现金流量表的编制范围

①交易或事项的发生会引起非现金各项目之间的增减变动。
②交易或事项的发生会引起现金各项目与非现金各项目之间的增减变动。

（五）现金流量表的内容和结构

我国的现金流量表采用报告式结构，包括现金流量表的主表和补充资料两部分。现金流量表也是比较会计报表，企业应提供"本期金额"和"上期金额"两栏的数据金额。现金流量表的主表分为表头和表身两部分（表4-1）。现金流量表主表的表头是报表的标志，包括报表的名称、编制单位、编制时间和金额单位四个部分。其中，编制时间应为现金流量表报告期间的一段时间。

现金流量表的表身是报表的主体，通过经营活动产生的现金流量、投资活动产生的现金流量、筹资活动产生的现金流量、汇率变动对现金及现金等价物的影响、现金及现金等价物净增加额、期末现金及现金等价物余额六个方面的内容来反映企业一定时期现金及现金等价物的流入、流出状况。

现金流量表补充资料，是对现金流量表主表的补充说明，主要包括将净利润调整为经营活动的现金流量、不涉及现金收支的重大投资和筹资活动、现金及现金等价物净变动情况三个方面的内容。

表 4-1 现金流量表

编制单位：　　　　　　　　　　　　　　　年　月　　　　　　　　　　　　　　金额单位：元

项目	本期金额	上期金额
一、经营活动产生的现金流量：		
销售商品、提供劳务收到的现金		
收到的税费返还		
收到的其他与经营活动有关的现金		
经营活动现金流入小计		
购买商品、接受劳务支付的现金		
支付给职工及为职工支付的现金		
支付的各项税费		
支付其他与经营活动有关的现金		
经营活动现金流出小计		
经营活动产生的现金流量净额		
二、投资活动产生的现金流量：		
收回投资收到的现金		
取得投资收益收到的现金		
处置固定资产、无形资产和其他长期资产收回的现金净额		
处置子公司及其他营业单位收到的现金净额		
收到其他与投资活动有关的现金		
投资活动现金流入小计		
购建固定资产、无形资产和其他长期资产支付的现金		
投资支付的现金		
取得子公司及其他营业单位支付的现金净额		
支付其他与投资活动有关的现金		
投资活动现金流出小计		
投资活动产生的现金流量净额		
三、筹资活动产生的现金流量：		
吸收投资收到的现金		
取得借款收到的现金		
收到其他与筹资活动有关的现金		
筹资活动现金流入小计		
偿还债务支付的现金		
分配股利、利润或偿付利息支付的现金		
支付其他与筹资活动有关的现金		
筹资活动现金流出小计		
筹资活动产生的现金流量净额		
四、汇率变动对现金及现金等价物的影响		
五、现金及现金等价物净增加额		
加：期初现金及现金等价物余额		
六、期末现金及现金等价物余额		
补充资料		

续表

项目	本期金额	上期金额
1. 将净利润调整为经营活动的现金流量		
净利润		
加：资产减值准备		
固定资产折旧、汽油资产折耗、生产性生物产品折旧		
无形资产摊销		
长期待摊费用摊销		
处置固定资产、无形资产和其他长期资产的损失（收益以"-"填列）		
固定资产报废损失（收益以"-"填列）		
公允价值变动损失（收益以"-"填列）		
财务费用（收益以"-"填列）		
投资损失（收益以"-"填列）		
递延所得税资产的减少（增加以"-"填列）		
递延所得税负债的增加（减少以"-"填列）		
存货的减少（增加以"-"填列）		
经营性应收项目的减少（增加以"-"填列）		
经营性应付项目的增加（减少以"-"填列）		
其他		
经营活动产生的现金流量净额		
2. 不涉及现金收支的重大投资与筹资活动		
债务转为资本		
一年内到期的可转换公司债券		
融资租入固定资产		
3. 现金及现金等价物变动情况		
现金的期末余额		
减：现金的期初余额		
加：现金等价物的期末余额		
减：现金等价物的期初余额		
现金及现金等价物净增加额		

（六）影响现金流量表的因素

影响现金流量表的因素很多，可以归纳为宏观和微观两个方面。

1. 影响现金流量表的宏观因素

分析企业的现金流量，首先要了解企业所处的宏观环境，如可能对企业现金流量产生影响的政策环境、经济环境、企业对经济周期不同阶段的敏感性、企业产品的生产周期等。这些宏观环境状况往往会对企业现金流量产生持续而深远的影响。比如经济萎缩时，销售普遍下降；经济扩张时，销售普遍增长，从而引起企业现金流量的不同变化。又如国家为了扶持某些行业、某些地区的发展，会采取一些优惠措施，这在一定程度上也会影响企业的现金流量。

2. 影响现金流量表的微观因素

从企业角度而言，影响现金流量表的微观因素进一步可细分为微观外部因素和微观内部因素。

(1) 微观外部因素

对企业现金流量产生重要影响的微观外部因素主要是行业影响。企业所处行业及其经营背景不同，会对企业经营竞争力、经营规模、经营效果、资本运营等方面产生本质的差异，进而影响到企业的现金流量。一般而言，制造业的资本运营要慢于服务业，而经营规模要大于服务业，制造行业的经营竞争更加激烈和残酷，企业微观环境对这类行业现金流量影响很深刻。同样，较之于现代的、先进的行业来说，传统的、落后的行业的现金流量受到微观外部因素的影响更深。

因此，对现金流量分析，了解影响企业或行业现金流量的这些微观外部因素是至关重要的，要因行业而异、因企业而异。分析时要判断预期的行业增长率、预期的经营能力、技术发展等，当一个企业跨行业经营时，分析人员还应当分析几个行业间的相互影响或者是否依赖于另一个或几个经济因素。

(2) 微观内部因素

微观内部因素即是企业自身因素。对企业来说，这一因素可归纳为企业日常业务对现金流量的影响、运营管理对现金流量的影响两大类：

企业日常业务是影响现金流量的直接根源。在企业的经营活动、投资活动、筹资活动中，凡是属于现金各项目与非现金各项目之间的交易或事项，都会引起现金流量方面的变化，从而导致企业现金流量的增减。

企业在经济活动中的运营管理也是影响现金流量的重要因素之一。运营管理的效果，最终体现为现金流量增减变化的优劣。运营管理水平的不同，在企业中会形成不同的财务政策和经营政策，形成参差不齐的资产质量，产生周期长短不同的经营环境，最后通过渗透到企业日常业务中的交易或事项，形成千差万别的现金流量。

任务二　现金流量表的编制

一、现金流量表的编制方法

编制现金流量表时，列报经营活动现金流量的方法有两种：一种是直接法，二是间接法。

在直接法下，以利润表中的"营业收入"为起算点，通过调节与经营活动有关的项目的增减变动，最终计算出经营活动产生的现金流量。采用直接法编制的现金流量表，便于信息使用者分析企业经营活动产生的现金流量的来源和用途，并据此预测企业未来的现金流量状况。

在间接法下，以利润表中的"净利润"为起算点，通过调整不涉及现金流量的收入、利得、费用和损失，剔除投资活动和筹资活动对现金流量的影响，最终计算出经营活动产生的现金流量。间接法实际上就是将以权责发生制为基础计算出的净利润，调整为以收付实现制为基础计算出的经营活动现金净流量的方法。采用间接法编制的现金流量表，便于信息使用者将企业的净利润与经营活动产生的现金净流量相比较，了解净利润与经营活动产生的现金净流量之间差异的原因，从现金流量的角度分析企业净利润的质量。

我国企业会计准则规定，企业应当采用直接法编制现金流量表的主表，同时应采用间接法编制现金流量表的补充资料。

(一) 现金流量表的具体编制方法

在编制现金流量表的主表时，可以采用工作底稿法、T型账户法、分析填列法、现金类日记账法等具体的编制方法。

1. 工作底稿法

工作底稿法是以工作底稿为手段，以资产负债表和利润表中的数据为基础，对每一个项目进行分析并编制调整分录，从而编制出现金流量表的一种方法。

见下表4-2所示，工作底稿可分为四栏，第一栏是"项目"栏，按顺序填列资产负债表、利润表和现金流量表各项目的名称；第二栏是"期初数"栏，需根据资产负债表中各个项目的期初数填列，利润表和现金流量表项目的期初数不需要填列；第三栏是"调整分录"栏，又可进一步划分为"借方"和"贷方"两栏，需根据调整分录填列；第四栏是"期末数"栏，需过入资产负债表各项目的期末数，并根据调整分录计算出利润表和现金流量表各项目的期末数。

表4-2 现金流量表工作底稿（简化）

项目	期初数	调整分录		期末数
		借方	贷方	
一、资产负债表项目				
借方项目：				
货币资金				
……				
借方项目合计				
贷方项目：				
坏账准备				
累计折旧				
……				
贷方项目合计				
二、利润表项目				
营业收入				
……				
净利润				
三、现金流量表项目				
（一）经营活动产生的现金流量				
（二）投资活动产生的现金流量				
（三）筹资活动产生的现金流量				
（四）现金及现金等价物净增加额				
调整分录借贷合计				

采用工作底稿法编制现金流量表的程序：

①设置现金流量表工作底稿。

②将资产负债表"年初余额"和"期末余额"栏的数据分别过入到工作底稿的"期初数"和"期末数"栏中。

对当期的经济业务进行分析并编制调整分录。在编制调整分录时，应以利润表的项目为基础，从"营业收入"开始，并结合资产负债表的项目逐一进行分析。在调整分录中，有关现金和现金等价物的事项，并不直接借记或贷记现金，而应当分别计入"经营活动产生的现金流量""投资活动产生的现金流量"或"筹资活动产生的现金流量"内的具体项目中，借方发生额表示现金的流入，贷方发生额表示现金的流出。

③将调整分录过入到工作底稿中相对应的项目中。

④核对调整分录。调整分录的借方合计数和贷方合计数应相等，资产负债表各项目的"期初数"在

加或减调整分录中的借方或贷方的金额以后，也应等于其"期末数"。

⑤根据工作底稿中的现金流量表项目编制正式的现金流量表。

2. T型账户法

T型账户法是以T型账户为手段，以资产负债表和利润表中的数据为基础，对每一个项目进行分析并编制调整分录，从而编制出现金流量表的一种方法。

采用T型账户法编制现金流量表的程序：

①设置资产负债表和利润表中的所有非现金类项目都要设置T型账户，并将其期初期末的变动数过入到T型账户中。若项目的期末数大于期初数，应将其差额过入与该余额相同的方向；若项目的期末数小于期初数，应将其差额过入与该余额相反的方向。

②设置"现金及现金等价物"T型账户，在该T型账户的借方和贷方分别设置经营活动、投资活动和筹资活动三个部分。先将其期初期末的变动数过入期初，然后登记本期的发生额。其中，借方发生额代表现金的流入，贷方发生额代表现金的流出。

③以利润表中的项目为基础，结合资产负债表，分析每一个非现金项目的增减变动，并据此编制调整分录。

④将编制的调整分录过入各个非现金类项目T型账户的借方或贷方。核对各个非现金类项目T型账户，该账户借方发生额和贷方发生额相抵后的余额应当与原先过入的期末期初变动数一致。

⑤根据"现金及现金等价物"T型账户的借方和贷方发生额，编制正式的现金流量表。

3. 分析填列法

分析填列法是直接根据资产负债表、利润表和有关会计科目明细账的记录，通过分析，计算出现金流量表各个项目的金额，从而编制出现金流量表的一种方法。

4. 现金类日记账法

现金类日记账法是以现金类日记账为手段，通过对每笔现金类业务的分析，逐笔判断该现金类业务在现金流量表中的位置并在现金类日记账中加以标注，从而编制出现金流量表的一种方法。

采用现金类日记账法编制现金流量表的程序：

①设置现金类日记账。现金类日记账包括"库存现金日记账""银行存款日记账""其他货币资金明细账""现金等价物明细账"四类。

②在现金类日记账的"摘要"栏和"对方科目"栏之间增加"现金流量表行次"，简称"行次"栏。"行次"栏中的数字以现金流量表中列出的行次为准，其代表的是现金流量表中的项目名称。

③当企业发生影响现金流量的业务时，在登记现金类日记账的同时，还应当判断该笔业务产生的现金流量应计入现金流量表中的哪个项目，将该项目在现金流量表中所对应行次的序号记入现金类日记账的"行次"栏中。

若某笔业务虽然涉及现金或现金等价物，但是不影响企业的现金净流量，则该笔业务在登记现金类日记账时，应当在"现金流量表行次"栏内填写"X"，表示该笔业务不列入现金流量表；若某笔业务中产生的现金流量属于现金流量表中的两个不同项目，则该笔业务在登记现金类日记账时，应当分别填写"对应科目""金额"及所属的现金流量表行次。

在期末编制现金流量表时，只需要将现金类日记账中"行次"栏内相同行次所对应的金额进行汇总，再将其合计金额填列到现金流量表中的对应项目即可。

（二）分析填列法编制现金流量表主表应用举例

1. 填列现金流量表"上期金额"栏

现金流量表各个项目"上期金额"栏内的金额，应根据上期现金流量表各个项目"本期金额"栏的金额对应填列。如果本期现金流量表规定的各个项目的名称或内容与上期不一致，应当将上期现金流量表各项目的名称和数字按照本期的新规定进行调整，并按调整后的金额填入本期现金流量表对应项目的"上期金额"栏内。

2. 填列现金流量表"本期金额"栏

（1）填列经营活动所产生的现金流量有关项目

①"销售商品、提供劳务收到的现金"项目。"销售商品、提供劳务收到的现金"项目，反映企业因销售商品或提供劳务而实际创收的现金。该项目应反映企业收回当期的销售货款和劳务收入，当期收到前期销售商品、提供劳务而产生的应收款项，当期预收下期的销售货款或劳务收入等。企业因销售材料或代销代购业务而收到的现金也在该项目中反映。企业发生销售退回而支付的现金应从该项目中扣除。该项目"本期金额"栏应根据"库存现金""银行存款""应收票据""应收账款""合同账款""主营业务收入""其他业务收入"等明细账账户的记录分析填列。

例题4-1 某企业为增值税一般纳税人，2015年1月发生如下经济业务，计算这些经济业务对企业编制的现金流量表中"销售商品、提供劳务收到的现金"项目的影响数。（采用原增值税税率16%）

a. 销售产品一批，增值税专用发票上注明的价款为10 000元，增值税税额为1600元，货款及增值税收到后一并存入银行。

b. 销售产品一批，增值税专用发票上注明价款为5000元，增值税税额为800元，货款及增值税尚未收到。

c. 收回上个月的一笔应收账款，金额为23 400元，款项已存入银行。

d. 将一张未到期的银行承兑汇票贴现，该票据的面值为117 000元，贴现息为7000元，将实际收到的贴现所得额存入银行。

e. 本月发生已销售商品退回，通过银行转账退回商品价款及税款3510元。收到商品的预收款2000元存入银行。

f. 销售原材料一批，增值税专用发票上注明的价款为1000元，增值税税额为160元，货款及增值税收到后一并存入银行。

g. 收到上年已核销的坏账，金额为10 000元，存入银行。

"销售商品、提供劳务收到的现金"项目"本期金额"栏金额=（10 000+1600）+23 400+（117 000-7000）-3510+2000+（1000+160）+10 000=154 650（元）。

②"收到的税费返还"项目。"收到的税费返还"项目，反映企业收到的返还的各项税费，包括收到返还的增值税、消费税、企业所得税、关税和教育费附加等。该项目"本期金额"栏应根据"库存现金""银行存款""税金及附加""营业外收入""其他应收款"等明细账账户的记录分析填列。

③"收到的其他与经营活动有关的现金"项目。"收到的其他与经营活动有关的现金"项目，反映企业收到的与"销售商品、提供劳务收到的现金"和"收到的税费返还"无关，但是与企业的经营活动有关的现金流入，如企业收到的罚款收入、因经营性租赁固定资产而收取的租金收入、流动资产损失中由个人赔偿的现金收入、除税费返还外的其他政府补助收入等。该项目"本期金额"栏应根据"库存现金""银行存款""营业外收入"等明细账账户的记录分析填列。

④"经营活动现金流入小计"项目。"经营活动现金流入小计"项目，反映企业因经营活动而形成的现金流入量的合计金额。该项目"本期金额"栏应根据"销售商品、提供劳务收到的现金"项目、"收到的税费返还"项目和"收到的其他与经营活动有关的现金"项目的"本期金额"栏金额合计填列。

⑤"购买商品、接受劳务支付的现金"项目。"购买商品、接受劳务支付的现金"项目，反映企业因购买材料、商品或接受劳务而实际支付的货款和增值税税额。该项目应反映企业当期购买商品、接受

劳务而支付的现金，当期支付前期因购买商品、接受劳务而形成的应付款项及为购买商品、接受劳务而预先支付的款项。企业因购入的商品退回而形成的现金流入，应当在该项目中扣除。企业因购建固定资产而购入的材料物资形成的现金流出不应在该项目中反映，而应在"购建固定资产、无形资产和其他长期资产支付的现金"项目中反映。该项目"本期金额"栏应根据"库存现金""银行存款""应付票据""应付账款""预付账款""主营业务成本""其他业务成本""存货"等明细账账户的记录分析填列。

例题 4-2 某企业为增值税一般纳税人，2017 年 1 月发生如下经济业务，计算这些经济业务对企业编制的现金流量表中"购买商品、接受劳务支付的现金"项目的影响数。（采用增值税税率 16%）

　　a. 购买材料一批，取得的增值税专用发票上注明的价款为 20 000 元，增值税税额为 3200 元，货款与增值税未支付。购买材料一批，取得的增值税专用发票上注明的价款为 50 000 元，增值税税额为 8000 元，以银行存款支付货款与税额。

　　b. 开出转账支票一张，预付材料货款 50 000 元。

　　c. 通过银行转账支付到期的应付票据，票据到期值为 70 200 元。

　　d. 用银行本票支付材料价款及增值税，收到的增值税专用发票上注明的材料价款 100 000 元，增值税税额为 16 000 元。

　　f. 购买工程用材料 175 500 元（含增值税），款项已通过银行转账支付。

　　g. 退回上月购入的一批原材料，价款为 10 000 元，增值税税额为 1600 元。

"购买商品、接受劳务支付的现金"项目"本期金额"栏金额 =（50000+8000）+50 000+70 200+（100 000+16 000）-（10 000+1600）= 282 400（元）。

⑥ "支付给职工及为职工支付的现金"项目。"支付给职工及为职工支付的现金"项目，反映企业以现金形式支付给职工的薪酬和为职工支付的其他现金。该项目应反映企业支付给职工的工资、奖金及各种补贴等，以及为职工支付的养老保险、医疗保险、失业保险、工伤保险、生育保险和住房公积金等其他费用，还有企业代扣代缴的职工个人所得税等。企业支付给离退休人员的各项费用和支付给在建工程人员的工资及为其支付的各项费用不应在该项目中反映，应分别在"支付的其他与经营活动有关的现金"项目和"购建固定资产、无形资产和其他长期资产支付的现金"项目中反映。该项目"本期金额"栏应根据"库存现金""银行存款""应付职工薪酬"等明细账账户的记录分析填列。

例题 4-3 某企业为增值税一般纳税人，2017 年 1 月发生如下经济业务，计算这些经济业务对企业编制的现金流量表中"支付给职工及为职工支付的现金"项目的影响数。

　　a. 企业本月实际支付工资及各种奖金、津贴共 10 000 元，包括在建工程人员工资 10 000 元。

　　b. 企业本月支付除在建工程人员以外的职工的养老保险、医疗保险、失业保险、工伤保险、生育保险共计 40 000 元。

　　c. 企业本月支付除在建工程人员以外的职工的住房公积金 10 000 元。

　　d. 企业本月为本企业离退休人员支付各项费用共 20 000 元。

　　e. 企业支付除在建工程人员以外的职工的困难补助 10 000 元。

"支付给职工及为职工支付的现金"项目"本期金额"栏金额 =（100 000-10 000）+240 000+10 000+10 000 = 150 000（元）

⑦ "支付的各项税费"项目。"支付的各项税费"项目，反映企业实际向税务机关缴纳的各种税费。该项目应反映企业支付当期、当期支付以前各期发生的和当期预交的各项税费，如支付的增值税、企业所得税、城市维护建设税、教育费附加、印花税、房产税、土地增值税、车船使用税等。计入固定资产成本的耕地占用税不在该项目中反映，而应在"购建固定资产、无形资产和其他长期资产支付的现金"项目中反映。收到的本期退回的各项税费不应在该项目中反映，而应在"收到的税费返还"项目中反映。该项目"本期金额"栏应根据"库存现金""银行存款""应交税费"等明细账账户的记录分析

填列。

⑧ "支付的其他与经营活动有关的现金"项目。"支付的其他与经营活动有关的现金"项目，反映企业发生的与"购买商品、接受劳务支付的现金""支付给职工以及为职工支付的现金"和"支付的各项税费"无关，但是与企业的经营活动有关的现金流出，如企业支付的罚款支出、由经营性租赁而形成的租金、差旅费支出、业务招待费支出、保险费支出等。该项目"本期金额"栏应根据"库存现金""银行存款""管理费用""销售费用""营业外支出"等明细账账户的记录分析填列。

⑨ "经营活动现金流出小计"项目。"经营活动现金流出小计"项目，反映企业因经营活动而形成的现金流出量的合计金额。该项目"本期金额"栏应根据"购买商品、接受劳务支付的现金"项目、"支付给职工以及为职工支付的现金"项目、"支付的各项税费"项目和"支付的其他与经营活动有关的现金"项目的"本期金额"栏金额合计填列。

⑩ "经营活动产生的现金流量净额"项目。"经营活动产生的现金流量净额"项目，反映企业因经营活动而形成的现金净流量的金额。该项目"本期金额"栏应根据"经营活动现金流入小计"项目减去"经营活动现金流出小计"项目的净额计算填列。若"经营活动现金流入小计"的金额大于"经营活动现金流出小计"的金额，形成经营活动现金净流入，应以"+"号填列；若"经营活动现金流入小计"的金额小于"经营活动现金流出小计"的金额，形成经营活动现金净流出，则应以"-"号填列。

（2）填列投资活动产生的现金流量有关项目

① "收回投资收到的现金"项目。"收回投资收到的现金"项目，反映企业出售、转让或到期收回除现金等价物以外的权益投资或债权投资而收回的现金。债权性投资收回的本金应在该项目中反映，但是收回的利息不应在该项目中反映，而应在"取得投资收益收到的现金"项目中反映。处置子公司及其他营业单位收到的现金净额，也不应在该项目中反映，而应在"处置子公司及其他营业单位收到的现金净额"项目中反映。该项目"本期金额"栏应根据"库存现金""银行存款""其他货币资金""交易性金融资产""投资性房地产""债权投资""其他债权投资""长期股权投资"等明细账账户的记录分析填列。

② "取得投资收益收到的现金"项目。"取得投资收益收到的现金"项目，反映企业因股权性投资而从被投资单位分得的现金股利，从子公司联营企业或合营企业分回的现金形式的利润及因债权性投资而取得的利息收入。该项目"本期金额"栏应根据"库存现金""银行存款""其他货币资金""应收股利""应收利息""投资收益"等明细账账户的记录分析填列。

③ "处置固定资产、无形资产和其他长期资产收回的现金净额"项目，反映企业处置固定资产、无形资产和长期资产所取得的现金流入，减去为处置这些资产而发生的现金流出后的现金净额。若处置固定资产、无形资产和其他长期资产所收回的现金净额为负数，则不应在该项目中反映，而应在"支付的其他与投资活动有关的现金"项目中反映。该项目"本期金额"栏应根据"库存现金""银行存款""固定资产清理"等明细账账户的记录分析填列。

④ "处置子公司及其他营业单位收到的现金净额"项目。"处置子公司及其他营业单位收到的现金净额"项目，反映企业处置子公司及其他营业单位所取得的现金减去子公司或其他营业单位持有的现金和现金等价物及相关处置费用后的净额。若处置子公司及其他营业单位收到的现金净额为负数，则不应在该项目中反映，而应在"支付的其他与投资活动有关的现金"项目中反映。该项目"本期金额"栏应根据"库存现金""银行存款""长期股权投资"等明细账账户的记录分析填列。

⑤ "收到的其他与投资活动有关的现金"项目。"收到的其他与投资活动有关的现金"项目，反映企业收到的与"收回投资收到的现金""取得投资收益收到的现金""处置固定资产、无形资产和其他长期资产收回的现金净额""处置子公司及其他营业单位收到的现金净额"无关，但是与企业的投资活动有关的现金流入，如收到的投资是已宣告发放但尚未支出的现金股利和已到付息期但尚未领取的利

息。该项目"本期金额"栏应根据"库存现金""其他货币资金""应收股利""应收利息"等明细账账户的记录分析填列。

⑥ "投资活动现金流入小计"项目。"投资活动现金流入小计"项目,反映企业因投资活动而形成的现金流入量的合计金额。该项目"本期金额"栏应根据"收回投资收到的现金"项目,"取得投资收益收到的现金"项目,"处置固定资产、无形资产和其他长期资产收回的现金净额"项目,"处置子公司及其他营业单位收到的现金净额"项目和"收到的其他与投资活动有关的现金"项目的"本期金额"栏金额合计填列。

例题4-4 某企业为增值税一般纳税人,2017年1月发生如下经济业务,计算这些经济业务对企业编制的现金流量表中投资活动形成的现金流入各个项目的影响数。

a. 企业将持有的交易性金融资产(3个月以内的债券)出售,该债券的本金为25 000元,收回本金25 000元,债券利息500元,均存入银行。

b. 企业将持有的交易性金融资产(股票)出售,该股票的本金为100 000元,收回本金10 000元,投资收益20 000元,均存入银行。

c. 企业将某项债权性投资出售,债券的本金为300 000元,收回全部投资额330 000元,其中30 000元是债券利息。

d. 企业因调整投资策略,出售一项长期股权投资,该投资本金为1 000 000元,转让收入为900 000元,存入银行。

e. 企业收到购买股票时买价中包含的已宣告但尚未发放的现金股利10 000元,存入银行。

f. 企业在持股期间,实际收到被投资企业发放的现金股利3000元,存入银行。

g. 企业出售一项专利权,收到价款200 000元存入银行,该专利权账面原值为400 000元,已计提摊销250 000元。

h. 企业报废设备一台,该设备原价120 000元,已计提折旧100 000元,以现金支付清理费用20 000元,以现金收取残值变价收入5000元,该设备已清理完毕。

"收回投资收到的现金"项目"本期金额"栏金额=(100 000+20 000)+300 000+900 000=1 320 000(元)。

"取得投资收益收到的现金"项目"本期金额"栏金额=500+30 000+30 000=60 500(元)。"处置固定资产、无形资产和其他长期资产收回的现金净额"项目"本期金额"栏金额=200 000(元)。

g. "收到的其他与投资活动有关的现金"项目"本期金额"栏金额=10 000(元)。

"投资活动现金流入小计"项目"本期金额"栏金额=1 320 000+60 500+200 000+10 000=1 590 500(元)。

⑦ "购建固定资产、无形资产和其他长期资产支付的现金"项目。"购建固定资产、无形资产和其他长期资产支付的现金"项目,反映企业因购买、建造固定资产,取得无形资产和其他长期资产而实际支付的现金。该项目还应反映企业购买工程用材料物资、在建工程和无形资产应负担的职工薪酬形成的现金流出。购建固定资产、无形资产和其他长期资产应予以资本化的借款利息,融资性租赁固定资产支付的租金及分期付款购买固定资产支付的分期款项不应在该项目中反映,而应分别在"分配股利、利润或偿付利息所支付的现金"项目和"支付的其他与筹资活动有关的现金"项目中反映。该项目"本期金额"栏应根据"库存现金""银行存款""固定资产""在建工程""工程物资""无形资产"等明细账账户的记录分析填列。

⑧ "投资支付的现金"项目。"投资支付的现金"项目,反映企业取得除现金等价物以外的权益性投资和债权性投资所支付的现金。该项目应反映企业购买股票、债券或基金的买价,以及支付的佣金、手续费等交易费用。买价中包含的已宣告发放但尚未支付的现金股利和已到付息期但尚未领取的债券利

息不在该项目中反映,而应在"支付的其他与投资活动有关的现金"项目中反映。取得子公司及其他营业单位支付的现金,不应在该项目中反映,而应在"取得子公司及其他营业单位支付的现金净额"项目中反映。该项目"本期金额"栏应根据"库存现金""银行存款""其他货币资金""交易性金融资产""债权投资""其他债权投资""长期股权投资"等明细账账户的记录分析填列。

⑨ "取得子公司及其他营业单位支付的现金净额"项目。"取得子公司及其他营业单位支付的现金净额"项目,反映企业为取得子公司及其他营业单位而支付的现金,减去子公司或其他营业单位持有的现金和现金等价物之后的净额。若取得子公司及其他营业单位支付的现金净额为负数,则不应在该项目中反映,而应在"收到其他与投资活动有关的现金"项目中反映。该项目"本期金额"栏应根据"库存现金""银行存款""其他货币资金""长期股权投资"等明细账账户的记录分析填列。

⑩ "支付的其他与投资活动有关的现金"项目。"支付的其他与投资活动有关的现金"项目,反映企业发生的与"购建固定资产、无形资产和其他长期资产支付的现金""投资支付的现金""取得子公司及其他营业单位支付的现金净额"无关,但是与企业的投资活动有关的现金流出,如购买股票、债券和基金的买价中包含的已宣告发放但尚未支付的现金股利和已到付息期但尚未领取的债券利息有关。该项目"本期金额"栏应根据"银行存款""其他货币资金""应收股利""应收利息"等明细账账户的记录分析填列。

⑪ "投资活动现金流出小计"项目。"投资活动现金流出小计"项目,反映企业因投资活动而形成的现金流出量的合计金额。该项目"本期金额"栏应根据"购建固定资产、无形资产和其他长期资产支付的现金"项目、"投资支付的现金"项目、"取得子公司及其他营业单位支付的现金净额"项目和"支付的其他与投资活动有关的现金"项目的"本期金额"栏金额合计填列。

⑫ "投资活动产生的现金流量净额"项目。"投资活动产生的现金流量净额"项目,反映企业因投资活动而形成的现金净流量的金额。该项目"本期金额"栏应根据"投资活动现金流入小计"项目减去"投资活动现金流出小计"项目的净额填列。若"投资活动现金流入小计"的金额大于"投资活动现金流出小计"的金额,形成投资活动现金净流入,应以"+"号填列;若"投资活动现金流入小计"的金额小于"投资活动现金流出小计"的金额,形成投资活动现金净流出,则应以"-"号填列。

例题 4-5 a. 某企业为增值税一般纳税人,2017 年 1 月发生如下经济业务,计算这些经济业务对企业编制的现金流量表中投资活动形成的现金流出各个项目的影响数。(采用增值税新税率 16%)

b. 企业购入准备近期售出的股票,共支付买价 100 000 元,税金及手续费 3000 元,以银行存款支付。

c. 企业购入准备长期持有的按年付息的 5 年期债券,该债券的票面金额为 200 000 元,票面利率为 8%,企业实际支付 240 000 元,其中含上年的债券利息 16 000 元,税金及手续费 24 000 元,以银行存款支付。

d. 企业购入不需安装的管理用设备 1 台,取得的增值税专用发票列明的设备价款为 100 000 元,增值税税额为 16 000 元,包装费及运杂费 1000 元,款项均以银行存款支付,设备已经交付使用。企业购入工程用材料一批,取得的增值税专用发票列明的材料价款为 200 000 元,增值税税额为 32 000 元,已通过转账支票支付。

e. 在建工程领用上述材料物资的价值为 23 200 元。

f. 支付在建工程人员的工资、奖金共计 50 000 元。

g. 计算工程应负担的长期借款利息 80 000 元,该项借款利息已经用银行存款支付。

h. 在建工程完工并交付使用,固定资产价值 600 000 元。

i. 企业购入某公司股票 6 000 000 股并准备长期持有,占该公司发行在外的普通股数的 60%,实际支付的买价为 7 206 000 元,其中包括已宣告尚未发放的现金股利 6000 元,另支付税金及手续费 30 000

元，上述款项以银行存款支付。该公司2016年资产负债表中"货币资金"项目的金额为1 800 000元。

"购建固定资产、无形资产和其他长期资产支付的现金"项目"本期金额"栏金额=（100 000+16 000+1 000）+（200 000+32 000）+50 000=400 000（元）。

"投资支付的现金"项目"本期金额"栏金额=（100 000+3000）+（200 000+24 000）=327 000（元）。

"取得子公司及其他营业单位支付的现金净额"项目"本期金额"栏金额=（720 600-6000+30 000-1 800 000）=5 430 000（元）。

"支付的其他与投资活动有关的现金"项目"本期金额"栏金额=16 000+6000=22 000（元）。

"投资活动现金流出小计"项目"本期金额"栏金额=400 000+327 000+5 430 000+22 000=6 179 000（元）。

（3）填列筹资活动产生的现金流量有关项目

① "吸收投资收到的现金"项目。"吸收投资收到的现金"项目，反映企业收到的投资者投入的现金净额。该项目应反映企业发行股票和发行债券的发行收入扣除支付给发行商的佣金、手续费等发行费用后的净额。企业因发行股票、债券等方式筹集资金而支付的审计、咨询等费用，不应在该项目中反映，而应在"支付的其他与筹资活动有关的现金"项目中反映。该项目"本期金额"栏应根据"库存现金""银行存款""实收资本（或股本）""资本公积""应付债券"等明细账账户的记录分析填列。

② "取得借款收到的现金"项目。"取得借款收到的现金"项目，反映企业向银行等金融机构借入的各种短期借款或长期借款而收到的现金。该项目"本期金额"栏应根据"银行存款""短期借款""长期借款"等明细账账户的记录分析填列。

③ "收到的其他与筹资活动有关的现金"项目。"收到的其他与筹资活动有关的现金"项目，反映企业收到的与"吸收投资收到的现金"和"借款收到的现金"无关，但是与企业的筹资活动有关的现金流入，如企业收到的现金形式的捐赠等。该项目"本期金额"栏应根据"库存现金""银行存款""营业外收入"等明细账账户的记录分析填列。

④ "筹资活动现金流入小计"项目。"筹资活动现金流入小计"项目，反映企业因筹资活动而形成的现金流入量的合计金额。该项目"本期金额"栏应根据"吸收投资收到的现金"项目、"取得借款收到的现金"项目和"收到的其他与筹资活动有关的现金"项目的"本期金额"栏金额合计填列。

例题4-6 某企业为增值税一般纳税人，2017年1月发生如下经济业务，计算这些经济业务对企业编制的现金流量表中筹资活动形成的现金流入各个项目的影响数。

a. 企业增发股票10 000 000股，每股面值为1元，发行价格为每股3.5元，发行手续费按发行收入的1%支付，企业已将取得的发行净收入存入银行。

b. 企业从银行取得期限为3个月的借款，金额为150 000元，已划入企业的基本存款账户。

c. 企业经批准发行3年期债券，债券面值为100元，共发行20 000张。债券的实际发行价格为2 200 000元，证券公司按发行收入的2%计提手续费，手续费直接从发行收入中扣除。由证券公司代为支付宣传费及印刷费共计10 000元，从发行收入中扣除。企业另以转账支票支付因发行债券而发生的审计费5000元。企业已收到发行债券的款项净额并存入银行。

d. 企业从银行取得5年期的借款，金额为1 000 000元，已划入企业的基本存款账户。

e. 企业接受现金捐赠8000元并存入银行。

"吸收投资收到的现金"项目"本期金额"栏金额=（10 000 000×3.5-10 000 000×3.5×1%）+（2 200 000-2 200 000×2%-10 000）=36 796 000（元）。

"借款收到的现金"项目"本期金额"栏金额=150 000+1 000 000=1 150 000（元）。"收到的其他与筹资活动有关的现金"项目"本期金额"栏金额=8000（元）。

"筹资活动现金流入小计"项目"本期金额"栏金额 = 36 796 000 + 1 150 000 + 8000 = 37 954 000（元）。

⑤ "偿还债务支付的现金"项目。"偿还债务支付的现金"项目，反映企业以现金的形式偿还债务的本金，包括企业归还银行等金融机构的借款本金和偿付企业到期的债券本金等。但是企业偿还的借款或债券的利息不应在该项目中反映，而应在"分配股利、利润或偿付利息所支付的现金"项目中反映。该项目"本期金额"栏应根据"银行存款""短期借款""长期借款""交易性金融负债""应付债券"等明细账账户的记录分析填列。

⑥ "分配股利、利润或偿付利息所支付的现金"项目。"分配股利、利润或偿付利息所支付的现金"项目，反映企业实际支付的现金股利、支付给其他投资单位的现金形式的利润以及用现金支付的借款利息、债券利息。该项目"本期金额"栏应根据"库存现金""银行存款""应付股利""应付利息""利润分配""财务费用""制造费用""在建工程""研发支出"等明细账账户的记录分析填列。

⑦ "支付其他与筹资活动有关的现金"项目。"支付其他与筹资活动有关的现金"项目，反映发生的与"偿还债务支付的现金"和"分配股利、利润或偿付利息所支付的现金"无关，但是与企业的筹资活动有关的现金流出，如企业因发行股票、债券等方式筹集资金而支付的审计、咨询等费用，融资性租赁固定资产而支付的租金、以分期付款方式购建固定资产以后各期支付的现金等有关。该项目"本期金额"栏应根据"库存现金""银行存款""长期应付款"等明细账账户的记录分析填列。

⑧ "筹资活动现金流出小计"项目。"筹资活动现金流出小计"项目，反映企业因筹资活动而形成的现金流出量的合计金额。该项目"本期金额"栏应根据"偿还债务支付的现金"项目、"分配股利、利润或偿付利息所支付的现金"项目和"支付的其他与筹资活动有关的现金"项目的"本期金额"栏金额合计填列。

"筹资活动现金流出小计"项目"本期金额"栏金额 = "偿还债务支付的现金"项目"本期金额"栏金额 + "分配股利利润或偿付利息所支付的现金"项目"本期金额"栏金额 + "支付的其他与筹资活动有关的现金"项目"本期金额"栏金额。

⑨ "筹资活动产生的现金流量净额"项目。"筹资活动产生的现金流量净额"项目，反映企业因筹资活动而形成的现金净流量的金额。该项目"本期金额"栏应根据"筹资活动现金流入小计"项目减去"筹资活动现金流出小计"项目的净额计算填列。若"筹资活动现金流入小计"的金额大于"筹资活动现金流出小计"的金额，形成筹资活动现金净流入，应以"+"号填列；若"筹资活动现金流入小计"的金额小于"筹资活动现金流出小计"的金额，形成筹资活动现金净流出，则应以"-"号填列。

例题 4-7 某企业为增值税一般纳税人，2017年1月发生如下经济业务，计算这些经济业务对企业编制的现金流量表中筹资活动形成的现金流出各个项目的影响数。

企业核算长期借款的利息，其中可予以资本化的利息为 100 000 元，可予以费用化的利息为 40 000 元。

a. 企业以银行存款支付上述长期借款的利息 140 000 元。

b. 企业发放股票股利 50 000 股，每股面值为 1 元，市场价格为每股 2 元。

c. 企业宣告分配并支付现金股利 100 000 元。

d. 企业归还短期借款本金 500 000 元，利息 7000 元。

e. 企业支付本期融资租入固定资产的租金 120 000 元。

f. 企业发行的债券到期，支付本金 1 000 000 元，利息 50 000 元。

"偿还债务支付的现金"项目"本期金额"栏金额 = 500 000 + 1 000 000 = 1 500 000（元）。

"分配股利、利润或偿付利息所支付的现金"项目"本期金额"栏金额 = 140 000 + 100 000 + 7000 + 50 000 = 297 000（元）。

"支付的其他与筹资活动有关的现金"项目"本期金额"栏金额=120 000（元）。

"筹资活动现金流出小计"项目"本期金额"栏金额=1 500 000+297 000+120 000=1 917 000（元）。

（4）填列"汇率变动对现金及现金等价物的影响"项目

"汇率变动对现金及现金等价物的影响"项目，反映企业外币业务所产生的现金流量或境外子公司的现金流量在折算为人民币时，由于汇率的变动而对企业现金流量的影响金额。

例题4-8 某企业2017年1月10日出口商品一批，售价为30 000美元，收汇当日汇率为1:6.7；2017年1月17日进口货物一批，价值为200 000美元，结汇当日汇率为1:6.6；2017年1月22日出口货物一批，售价为50 000美元，收汇当日汇率为1:6.65；2017年1月31日的人民币对美元即期汇率为1:6.5。计算该企业2017年1月现金流量表中"汇率变动对现金及现金等价物的影响额"项目"本期金额"栏金额。

"汇率变动对现金及现金等价物的影响额"项目"本期金额"栏金额=30 000×（6.5-6.7）+50 000×（6.5-6.65）-200 000×（6.5-6.6）=6500（元）。

（5）填列"现金及现金等价物净增加额"项目

"现金及现金等价物净增加额"项目，反映企业经营活动、投资活动和筹资活动形成的现金流量净额的合计数。该项目"本期金额"栏应根据"经营活动产生的现金流量净额"项目、"投资活动产生的现金流量净额"项目和"筹资活动产生的现金流量净额"项目的"本期金额"栏的金额合计填列。

（6）填列"期末现金及现金等价物余额"项目

"期末现金及现金等价物余额"项目，反映企业编制现金流量表的期末所拥有的现金和现金等价物的余额。该项目"本期金额"栏应根据"期初现金及现金等价物余额"项目"本期金额"栏金额加上"现金及现金等价物净增加额"项目的"本期金额"栏金额所得的合计金额填列。

3. 编制现金流量表补充资料

现金流量表补充资料的内容由将净利润调整为经营活动的现金流量、不涉及现金收支的重大投资和筹资活动与现金及现金等价物净变动情况三部分组成。

（1）将净利润调整为经营活动的现金流量

将净利润调整为经营活动的现金流量，是以利润表中的"净利润"为起点，调整不涉及现金流量的收入、利得、费用和损失，以及投资活动和筹资活动对现金流量的影响，最终计算出经营活动形成的现金流量。

①"资产减值准备"项目。"资产减值准备"项目，反映企业实际计提的各项资产的减值准备金，具体包括"坏账准备""存货跌价准备""长期股权投资减值准备""投资性房地产减值准备""固定资产减值准备""在建工程减值准备""固定资产减值准备""在建工程减值准备""工程物资减值准备""生产性生物资产减值准备""油气资产减值准备""无形资产减值准备""商誉减值准备"等。该项目在计算净利润时会对应予以扣除，但是不会形成现金的流出，因此，在将净利润调整为经营活动的现金流量时，应当加回。该项目应根据"资产减值损失"明细账户的记录分析填列。

②"固定资产折旧""油气资产折耗""生产性生物资产折旧"项目。"固定资产折旧"项目，反映企业对其拥有或控制的固定资产所计提折旧的金额。管理用固定资产的折旧，应计入"管理费用"账户；生产用固定资产的折旧，应计入"制造费用"账户。计入"管理费用"的折旧额，在计算净利润时予以扣除，但不会形成现金的流出，因此，在将净利润调整为经营活动的现金流量时，应当加回。计入"制造费用"且变现的折旧额，在计算净利润时通过"营业成本"予以扣除，但是不会形成现金的流出，因此在将净利润调整为经营活动的现金流量时，应当加回；计入"制造费用"尚未变现的折旧额既不涉及现金的流出，也不影响企业的净利润，但是由于调节"存货"时，已经予以扣除，因此在将净利润调

整为经营活动的现金流量时，也应当加回。本项目应根据"累计折旧"明细账账户的贷方发生额分析填列。"油气资产折耗"和"生产性生物资产折旧"项目的填列与"固定资产折旧"项目类似。

③ "无形资产摊销"项目。"无形资产摊销"项目，反映企业对其拥有并控制的使用寿命有限的无形资产所计提的摊销金额。管理用无形资产的摊销，计入"管理费用"账户；生产用无形资产的摊销，计入"制造费用"账户。计入"管理费用"的摊销额，在计算净利润时予以扣除，但是不会形成现金的流出，因此，在将净利润调整为经营活动的现金流量时，应当加回。计入"制造费用"尚未变现的摊销额，既不涉及现金的流出，也不影响企业的净利润，但是由于在调节"存货"时，已经予以扣除，因此，在将净利润调整为经营活动的现金流量时，应当加回。本项目应根据"累计摊销"明细账账户的贷方发生额分析填列。

④ "长期待摊费用摊销"项目。"长期待摊费用摊销"项目，反映企业对其所拥有的"长期待摊费用"的当期摊销额。"长期待摊费用"的摊销，根据实际情况可以计入"销售费用"账户或"制造费用"账户。计入"销售费用"的摊销额，在计算净利润时予以扣除，但是不会形成现金的流出，因此在将净利润调整为经营活动的现金流量时，应当加回。计入"制造费用"且变现的摊销额，在计算净利润时通过"营业成本"予以扣除，但是不会形成现金的流出，因此在将净利润调整为经营活动的现金流量时，应当加回；计入"制造费用"尚未变现的摊销额，既不涉及现金的流出，也不影响企业的净利润，但是由于在调节"存货"时，已经予以扣除，因此，在将净利润调整为经营活动的现金流量时，应当加回。本项目应根据"长期待摊费用"明细账账户的贷方发生额分析填列。

⑤ "处置固定资产、无形资产和其他长期资产的损失"项目。"处置固定资产、无形资产和其他长期资产的损失"项目，反映企业在处置固定资产、无形资产和其他长期资产时发生的净损益。企业在处置固定资产、无形资产和其他长期资产发生的损益，应归属于投资活动产生的损益，而不应归属于经营活动产生的损益，因此，在将净利润调整为经营活动的现金流量时，应当予以剔除。若为净损失，应当加回；若为净收益，应当扣除。本项目应根据"营业外收入""营业外支出"等明细账账户的记录分析填列。

⑥ "固定资产报废损失"项目。"固定资产报废损失"项目，反映企业在报废固定资产时产生的净损益。企业在报废固定资产时产生的净损益，应归属于投资活动产生的损益，而不应归属于经营活动产生的损益，因此，在将净利润调整为经营活动的现金流量时，应当予以剔除。若为净损失，应当加回；若为净收益，应当扣除。本项目应根据"营业外收入""营业外支出"等明细账账户的记录分析填列。

⑦ "公允价值变动损失"项目。"公允价值变动损失"项目，反映企业因持有"交易性金融资产""交易性金融负债""投资性房地产"的公允价值发生变动而形成的公允价值变动损失。企业所发生的公允价值变动损益，应归属于投资活动产生的损益，而不应归属于经营活动产生的损益，因此，在将净利润调整为经营活动的现金流量时，应当予以剔除。若为净损失，应当加回；若为净收益，应当扣除。本项目应根据"公允价值变动损益"明细账账户的记录分析填列。

⑧ "财务费用"项目。"财务费用"项目，反映企业为筹集生产经营所需资金等而发生的筹资费用。企业所发生的财务费用，应归属于筹资活动产生的损益，而不应归属于经营活动产生的损益，因此，在将净利润调整为经营活动的现金流量时，应当予以剔除。若为净费用，应当加回；若为净收益，应当扣除。本项目应根据"财务费用"明细账账户的记录分析填列。

⑨ "投资损失"项目。"投资损失"项目，反映企业进行对外金融资产投资所发生的投资收益或损失。企业所发生的投资损益，应归属于投资活动产生的损益，而不应归属于经营活动产生的损益，因此，在将净利润调整为经营活动的现金流量时，应当予以剔除。若为净损失，应当加回；若为净收益，应当扣除。本项目应根据"投资收益"明细账账户的记录分析填列。

⑩"递延所得税资产的减少"项目。"递延所得税资产的减少"项目，反映企业因递延所得税资产的减少而使得计入所得税费用的金额大于当期应交纳所得税的金额，其差额在计算净利润时予以扣除，但是不会形成现金的流出，因此，在将净利润调整为经营活动的现金流量时，应当加回。若递延所得税资产的增加使得计入所得税费用的金额小于当期应交纳所得税的金额，其差额在计算净利润时已经包含，但是不会形成现金的流入，因此，在将净利润调整为经营活动的现金流量时，应当扣除。本项目应根据资产负债表中"递延所得税资产"项目的年初余额和期末余额分析填列。

⑪"递延所得税负债的增加"项目。"递延所得税负债的增加"项目，反映企业因递延所得税负债的增加而使得计入所得税费用的金额大于当期应交纳所得税的金额，其差额在计算净利润时予以扣除，但是不会形成现金的流出，因此在将净利润调整为经营活动的现金流量时，应当加回。若递延所得税负债的减少使得计入所得税费用的金额小于当期应交纳所得税的金额，其差额在计算净利润时已经包含，但是不会形成现金的流入，因此，在将净利润调整为经营活动的现金流量时，应当扣除。本项目应根据资产负债表中"递延所得税负债"项目的年初余额和期末余额分析填列。

⑫"存货的减少"项目。"存货的减少"项目，反映企业期末存货相较于期初存货的减少额。企业的期末存货小于期初存货，说明在本期生产经营中所耗用的存货有一部分是期初结存的存货，耗用的这部分存货在计算净利润时予以扣除，但是不会形成现金的流出，因此，在将净利润调整为经营活动的现金流量时，应当加回。本项目应根据资产负债表中"存货"项目的年初余额和期末余额分析填列。

⑬"经营性应收项目的减少"项目。"经营性应收项目的减少"项目，反映企业与经营活动有关的应收款项的减少额。若企业经营性应收项目的期末余额小于期初余额，表明本期收回的现金大于利润表中所确认的营业收入，因此，在将净利润调整为经营活动的现金流量时，应当加回。若经营性应收项目期末余额大于期初余额，表明本期确认的营业收入中有一部分没有形成现金的流入，因此，在将净利润调整为经营活动的现金流量时，应当扣除。该项目根据"应收账款""应收票据""预付账款"账户的期初余额和期末余额分析填列，若为增加应以"+"号填列。

⑭"经营性应付项目的增加"项目。"经营性应付项目的增加"项目，反映企业与经营活动有关应付款项的增加额。若经营性应付项目的期末余额大于期初余额，表明本期购入的存货中有一部分没有支付现金，但是在计算净利润时通过营业成本已经予以扣除，因此，在将净利润调整为经营活动的现金流量时，应当加回。若经营性应付项目期末余额小于期初余额，表明本期实际支付的现金大于利润表中确认的营业成本，因此，在将净利调整为经营活动的现金流量时，应当扣除。本项目应根据"应付账款""应付票据""预收账款"账户的期初余额和期末余额分析填列，若为减少应以"-"号填列。

(2) 不涉及现金收支的重大投资和筹资活动

不涉及现金收支的重大投资和筹资活动，反映企业一定时期内影响资产或负债，但是不会影响现金流量的投资和筹资活动的信息。这些投资和筹资活动虽然不会影响现在的现金流量，但是对企业以后的现金流量会产生重大影响。

①"债务转为资本"项目。"债务转为资本"项目，反映企业通过债务重组转为资本的债务金额。若企业通过债务重组，将未来需要偿还的债务转为资本，企业就无须支付债务的本金和利息，减少了未来的现金流出。

②"一年内到期的可转换公司债券"项目。"一年内到期的可转换公司债券"项目，反映企业发行的将于一年内到期的可转换公司债券。若投资者将可转换公司债券转换为股票，企业就无须支付债券的本金和利息，减少了未来的现金流出。

③"融资租入固定资产"项目。"融资租入固定资产"项目，反映企业本期融资性租赁租入的固定资产。企业融资租入固定资产，不需要一次性支付固定资产的价款，只需要支付租金，减少了本期的现金流出，但是形成了未来的一项固定的现金流出。

(3) 现金及现金等价物净变动情况

现金及现金等价物净变动情况，应根据资产负债表中"货币资金"项目和"交易性金融资产"明细账账户的期初余额、期末余额分析填列。

二、编制现金流量表的案例分析

承接项目二任务（二），表2-8编制资产负债表的案例分析资料。

（一）项目计算

（1）经营活动形成的现金流量

①现金流入项目。

a. "销售商品、提供劳务收到的现金"项目。

"销售商品，提供劳务收到的现金"项目"本期金额"栏金额＝812 000+200 000+51 000+272 500＝1 335 500（元）。

b. "经营活动现金流入小计"项目。

"经营活动现金流入小计"项目"本期金额"栏金额＝1 342 500（元）。

②现金流出项目。

a. "购买商品、接受劳务支付的现金"项目。

"购买商品、接受劳务支付的现金"项目"本期金额"栏金额＝100 000+174 000+115 768+90 000＝479 768（元）。

b. "支付给职工以及为职工支付的现金"项目。

"支付给职工以及为职工支付的现金"项目"本期金额"栏金额＝300 000（元）。

c. "支付的各项税费"项目。

"支付的各项税费"项目"本期金额"栏金额＝102 000+94 865＝196 865（元）。

d. "支付其他与经营活动有关的现金"项目。

"支付其他与经营活动有关的现金"项目"本期金额"栏金额＝10 000+10 000＝20 000（元）。

e. "经营活动现金流出小计"项目。

"经营活动现金流出小计"项目"本期金额"栏金额＝482 266+300 000+196 865+20 000＝999 131（元）。

③现金净流量

"经营活动产生的现金流量净额"项目。"经营活动产生的现金流量净额"项目"本期金额"栏金额＝"经营活动现金流入小计"项目"本期金额"栏金额－"经营活动现金流出小计"项目"本期金额"栏金额＝1 342 500－999 131＝343 369（元）。

（2）投资活动形成的现金流量

①现金流入项目。

a. "收回投资收到的现金"项目。

"收回投资收到的现金"项目"本期金额"栏金额＝16 500元。

b. "处置固定资产、无形资产和其他长期资产收回的现金净额"项目。

"处置固定资产、无形资产和其他长期资产收回的现金净额"项目"本期金额"栏金额＝300+300 000＝300 300（元）。

c. "投资活动现金流入小计"项目。

"投资活动现金流入小计"项目"本期金额"栏金额＝16 500+300 300＝316 800（元）。

②现金流出项目。

a. "购建固定资产、无形资产和其他长期资产支付的现金"项目。

"购建固定资产、无形资产和其他长期资产支付的现金"项目"本期金额"栏金额＝100 145.20+150 000+200 000＝450 145.20（元）。

b. "投资支付的现金"项目。

"投资支付的现金"项目"本期金额"栏金额＝105 000（元）。

c. "投资活动现金流出小计"项目。

"投资活动现金流出小计"项目"本期金额"栏金额＝451 000+105 000＝556 000（元）。

③现金净流量。

"投资活动产生的现金流量净额"项目。"投资活动产生的现金流量净额"项目"本期金额"栏金额＝"投资活动现金流入小计"项目"本期金额"栏金额－"投资活动现金流出小计"项目"本期金额"栏金额＝316 800－556 000＝－239 200（元）。

（3）筹资活动形成的现金流量

①现金流入项目。

a. "取得借款收到的现金"项目。

"取得借款收到的现金"项目"本期金额"栏金额＝1 000 000（元）。

b. "筹资活动现金流入小计"项目。

"筹资活动现金流入小计"项目"本期金额"栏金额＝1 000 000（元）。

②现金流出项目。

a. "偿还债务支付的现金"项目。

"偿还债务支付的现金"项目"本期金额"栏金额＝250 000+1 000 000＝1 250 000（元）

b. "分配股利、利润或偿付利息支付的现金"项目。

"分配股利、利润或偿付利息支付的现金"项目"本期金额"栏金额＝210 000（元）。

c. "筹资活动现金流出小计"项目。

"筹资活动现金流出小计"项目"本期金额"栏金额＝1 250 000+210 000＝1 460 000（元）。

③现金净流量。

"筹资活动产生的现金流量净额"项目"本期金额"栏金额＝"筹资活动现金流入小计"项目"本期金额"栏金额－"筹资活动现金流出小计"项目"本期金额"栏金额＝1 000 000－1 460 000＝－460 000（元）。

（4）"现金及现金等价物净增加额"项目

"现金及现金等价物净增加额"项目"本期金额"栏金额＝"经营活动产生的现金流量净额"项目"本期金额"栏金额+"投资活动产生的现金流量净额"项目"本期金额"栏金额+"筹资活动产生的现金流量净额"项目"本期金额"栏金额＝343 369－239 200－460 000＝－355 831（元）。

（5）"期末现金及现金等价物余额"项目

"期末现金及现金等价物余额"项目"本期金额"栏金额＝"期初现金及现金等价物余额"项目"本期金额"栏金额+"现金及现金等价物净增加额"项目"本期金额"栏金额＝1 406 300－355 831＝1 050 469（元）。

（二）编制现金流量表（表4-3）

表4-3 现金流量表

编制单位：某汽车股份有限公司　　　　　　2015年12月　　　　　　金额单位：元

项目	本期金额	上期金额
一、经营活动产生的现金流量		
销售商品、提供劳务收到的现金	1 335 500.00	950 000.00
收到的税费返还	—	—
收到的其他与经营活动有关的现金	—	—
经营活动现金流入小计	1 342 500.00	950 000.00
购买商品、接受劳务支付的现金	479 768.00	432 000.00
支付给职工以及为职工支付的现金	300 000.00	300 000.00
支付的各项税费	196 865.00	152 688.00
支付其他与经营活动有关的现金	20 000.00	—
经营活动现金流出小计	999 131.00	884 688.00
经营活动产生的现金流量净额	343 369.00	65 312.00
二、投资活动产生的现金流量		
收回投资收到的现金	16 500.00	—
取得投资收益收到的现金	—	—
处置固定资产、无形资产和其他长期资产收回的现金净额	300 300.00	100 000.00
处置子公司及其他营业单位收到的现金净额	—	—
收到其他与投资活动有关的现金	—	—
投资活动现金流入小计	316 800.00	100 000.00
购建固定资产、无形资产和其他长期资产支付的现金	450 145.00	253 200.00
投资支付的现金	105 000.00	13 000.00
取得子公司及其他营业单位支付的现金净额	—	—
支付其他与投资活动有关的现金	—	—
投资活动现金流出小计	556 000.00	226 200.00
投资活动产生的现金流量净额	-239 200.00	-166 200.00
三、筹资活动产生的现金流量		
吸收投资收到的现金	—	—
取得借款收到的现金	1 000 000.00	250 000.00
收到其他与筹资活动有关的现金	—	—
筹资活动现金流入小计	1 000 000.00	250 000.00
偿还债务支付的现金	1 250 000.00	100 000.00
分配股利、利润或偿付利息支付的现金	210 000.00	210 000.00
支付其他与筹资活动有关的现金	—	—
筹资活动现金流出小计	1 460 000.00	310 000.00
筹资活动产生的现金流量净额	-460 000.00	-60 000.00
四、汇率变动对现金及现金等价物的影响	—	—
五、现金及现金等价物净增加额	-355 831.00	160 888.00
加：期初现金及现金等价物余额	1 406 300.00	1 567 188.00
六、期末现金及现金等价物余额	1 050 469.00	1 406 300.00

任务三　现金流量表项目分析

一、现金流量表分析的目的

编制现金流量表的目的是为会计信息使用者提供企业在一定会计期间内现金和现金等价物流入和流出的信息，以便于会计信息使用者了解和评价企业获得现金和现金等价物的能力，并据以预测企业未来期间的现金流量。在日益崇尚"现金为王"的企业理财中，阅读与分析现金流量表是非常重要的。通过现金流量表的分析，会计信息使用者可以达到以下目的。

1. 评价企业利润的质量

评价企业利润质量的一个关键就是观察利润受到现金流量支撑的程度。因为利润的确认、计量基础是权责发生制，其实现的时间与实际收取的现金往往存在一定差距。对于企业更重要的是取得现金的流入，而不是仅仅得到账面的利润。通过对现金流量表的补充资料中采用间接法将净利润调节为经营活动现金流量计算过程的分析，可以充分了解利润与现金流量之间差异的大小和原因，真实评价企业利润的质量。

2. 分析企业的财务风险，评价企业风险水平和抗风险能力

企业资金的主要来源之一是负债。负债水平过低，会导致企业不能获得财务杠杆利益；但负债水平过高，又会引起较大的财务风险。这种财务风险的承担能力与企业现金流量状况直接相关，如果企业债务到期而没有足够的现金归还，这种风险就会转换为真实的危机，甚至导致企业破产；反之，如果企业现金充裕，现金流量状况稳定，则可以承担较高的负债水平，同时利用高负债获得高杠杆利益。因此，对现金流量表的分析可以满足会计信息使用者对企业未来偿债现金预测和判断的需要。

3. 预测企业未来现金流量

投资者在做出是否投资的决策时需要考虑原始投资的保障、股利的获得等有利或不利因素的影响；债权人在做出是否贷款的决策时，关心的是能否按时获得利息和到期足额收回本金。所有这些都取决于企业本身的现金流量的金额、实际及不确定性。企业未来现金流量来自企业的经营活动、投资活动和筹资活动。这些方面的历史现金流量信息都已反映在企业的现金流量表中，这些构成了企业未来现金流量预测的基础。对现金流量表的分析就是将历史现金流量与未来现金流量联系起来，满足会计信息使用者的要求。

4. 了解企业的偿债能力、支付能力与运营能力

投资者和债权人评估企业偿还债务、支付股利的能力，最直接有效的方法是分析企业的现金流量，即企业产生现金的能力。企业产生现金的能力，从根本上讲取决于经营活动的净现金流入。因此，通过现金流量表配合资产负债表和利润表，计算出一系列与经营活动产生的现金流量相关的现金流量比率，可以了解企业的现金能否偿还到期债务、支付股利和进行必要的固定资产投资，了解企业现金的流转效率效果，从而便于投资者做出投资决策及债权人做出信贷决策。

总之，现金流量表分析能够使报表使用者有效地了解和评价企业获得现金的能力，并据以预测企业未来现金流量的变动，以此衡量企业未来时期的偿债能力，防范和化解由负债产生的财务风险。

二、现金流量表分析的内容

①现金流量表项目的质量分析。
②现金流量表的结构分析。
③现金流量表的趋势分析。

三、现金流量表项目质量分析

现金流量的质量，是指企业的现金流量能够按照企业的预期目标进行运转的质量。具有较高质量的现金流量应当具有以下特征：一方面，企业现金流量的状态体现了企业发展的战略要求；另一方面，在稳定发展阶段，企业经营活动的现金流量应当与企业经营活动产生的利润有一定的对应关系，并能为企业的扩张提供现金流量的支持。现金流量质量分析就是通过评价现金流量对企业经营状况的客观反映程度，为改善企业财务与经营状况、增强持续经营能力提高相应的信息。对于企业现金流量的质量分析，应从以下两个方面进行：一是对三类现金流量各种整体质量分析；二是对各个现金流量项目的质量分析。尽管企业经营活动、投资活动和筹资活动由于活动的性质不同，其相应的现金流量性质也会不相同，但各自的现金净流量都有三种结果，即大于零、等于零和小于零；而且每种结果都与企业发展阶段、发展战略、所处的行业、宏观经济政策、市场环境，以及企业自身的营运管理等因素有关，所以在分析时不能仅仅依据现金流量的大小做出优劣判别，还必须结合影响这些现金流量的各种具体因素进行系统性评价。在对三类现金流量各自的整体质量分析的基础上，再进行各个现金流量项目的分析。总之，整体质量分析是基础和导向，项目质量分析是深刻和佐证；二者的分析结论要能相互支撑，从而对企业的现金流量形成一致的评价。

（一）经营活动产生的现金流量项目分析

经营活动是企业在日常营业活动中从事的正常经营业务，主要包括销售商品、提供劳务、经营性租赁、购买货物、接受劳务、支付职工薪酬和缴纳税款等。一般说来，在正常情况下企业经营活动现金流量是构成企业现金流量的主要部分，其产生的现金流入应是企业现金的主要来源，而且在未来的可持续性也最强。经营活动产生的现金流量净额表明企业经营活动获取现金的能力。与净利润相比，经营活动产生的现金流量净额的多少，能够更确切地反映企业的经营质量。所以，对该部分内容的分析是现金流量表质量分析的重点。

1. 销售商品、提供劳务收到的现金

该项目反映企业本期销售商品、提供劳务收到的现金，以及前期销售商品、提供劳务在本期收到的现金（包括销售收入和增值税销项税额）和本期预收的款项，减去本期销售本期退回的商品和前期销售在本期退回的商品支付的现金。

此项目是企业现金流入的主要来源，通常具有数额大、占比高的特点。正常情况下，企业的资金所得主要依赖其日常经营业务，而销售商品、提供劳务收到的现金就反映了企业日常经营活动中所能够提供的、有一定可持续性的资金流入。

以应收票据为基础的出售和融资事项的会计处理应遵循"实质重于形式"的原则，即关注应收票据相关的风险和报酬是否已实质转移。对于风险和报酬已实质转移，而在资产负债表上未作为短期质押借款处理的应收票据贴现业务，于发生时，在现金流量表上直接将收到的贴现款项作为"销售商品、提供劳务所收到的现金"处理。由于票据的付款期限和贴现期限一般较短，因此从重要性出发，对带息票据所计提的应收利息，以及贴现时银行所扣的贴现息和手续费等均可不单独反映。

2. 收到的税费返还

该项目反映企业收到返还的增值税、所得税、消费税、关税和教育费附加等各种税费。返还增值税记入"补贴收入"，返还消费税、教育费附加等冲减"税金及附加"，返还所得税，冲减"所得税"。要结合相关项目信息对该项目进行分析。

3. 收到其他与经营活动有关的现金

该项目反映企业除了销售商品、提供劳务收到的现金，如收到的捐赠收入、罚款收入、经营租赁收到的租金、流动资产损失中由个人赔偿的现金收入等其他与经营活动有关的现金流入金额，金额较大的应当单独列示。此项目具有不稳定性，数额不应过大。

4. 购买商品、接受劳务支付的现金

该项目反映企业本期购买商品、接受劳务实际支付的现金（包括增值税进项税额），以及本期支付前期购买商品、接受劳务的未付款项和本期预付款项，本期发生的购货退回收到的现金应从本项目内扣除。

此项目应是企业现金流出的主要方向，通常具有金额大、所占比重大的特点。将其与利润表营业成本相比较，可以判断企业购买商品付现率的情况，借此可以了解企业资金的紧张程度或企业的商业信用情况，从而可以更加清楚地认识到企业目前所面临的财务状况。

5. 支付给职工以及为职工支付的现金

该项目反映企业本期实际支付给职工的工资、奖金、各种津贴和补贴等职工薪酬，以及为职工支付的五险一金。此项目也是企业现金流出的主要方向，但金额波动不大。

6. 支付的各项税费

该项目反映企业本期发生并支付的、本期支付以前各期发生的、预交的教育费附加、矿产资源补偿费、印花税、房产税、土地增值税、车船税等税费，计入固定资产价值、实际支付的耕地占用税、本期退回的增值税和所得税等税费除外。此项目会随着企业销售规模的变化而变动。

7. 支付其他与经营活动有关的现金

该项目反映企业支付的罚款支出，支付的差旅费、业务招待费、保险费，经营租赁支付的现金等其他与经营活动有关的现金流出，金额较大的应当单独列示。该项目主要与利润表的销售费用、管理费用项目相对应。

8. 经营活动产生的现金流量分析说明

经营活动产生的现金流量的最大特点在于它与企业日常营运活动有直接的密切关系。无论是现金流入量还是现金流出量，都体现了企业在维持目前生产能力和生产规模状态下对现金及其等价物的获得与支付水平。

在现金流的三种活动中，经营活动产生的现金流的稳定性和再生性都比较好。一般来说，经营活动产生的净现金流在整个现金流中所占的比重应该是最大的。经营活动净现金流一般有以下三种情况：

①当企业的经营活动净现金流为负数时，说明企业经营活动产生的现金流入小于经营活动产生的现金流出，产生了入不敷出的现象。

②当企业的经营活动净现金流为零时，说明企业经营活动产生的现金流入正好等于经营活动产生的现金流出，企业经营活动的现金流处于收支平衡状态。

③当企业经营活动产生的净现金流为正数时，说明企业经营活动产生的现金流入大于经营活动产生的现金流出，企业经营活动的净现金流有盈余，企业运营处于相对稳定的状态。

（二）投资活动产生的现金流量项目分析

投资活动是企业对外的股权、债权投资，以及对内的非货币资金（固定资产、无形资产等）投资。投资活动着眼于企业的长期战略，对当期经营成果的影响程度一般较小，但会直接影响企业未来期间的损益和现金流量。投资活动产生的现金流量反映企业固定资产投资及对外股权性、债权性投资业务的现金流量情况。当然，该部分内容也反映以前期间的投资在本期处置所导致的现金流入状况，该部分事项会影响企业当期损益，同时投资的回收也说明企业经营规模的下降及战略调整。

1. 收回投资所收到的现金

该项目反映企业出售、转让或到期收回除现金等价物以外的交易性金融资产、长期股权投资而收到

的现金，以及收回长期债权投资本金而收到的现金，但长期债权投资收获的利息除外。投资扩张是使企业未来利润增长的关键点，缩小投资可能意味着企业在规避投资风险、投资战略改变或企业存在资金紧张的情况。

2. 取得投资收益所收到的现金

该项目反映企业因股权性投资而分得的现金股利，从子公司、联营公司或合营企业分回利润而收到的现金，以及因债权性投资而取得的现金利息收入，但股票利息除外。此项目存在发生额说明企业进入投资回收期。将该项目金额同利润表当中的投资收益项目进行对比分析，可以考察投资收益的收现情况，同资产负债表中的投资资产金额进行对比分析，可以考察投资资产的现金回报情况。

3. 处置固定资产、无形资产和其他长期资产所收回的现金净额

该项目反映企业在当期由于处置固定资产、无形资产和其他长期资产时收到的现金扣除由于处置行为而产生的现金支付之后的净现金流入量，以及由于自然灾害造成企业该类长期资产损失而获得的保险赔偿所收到的现金。该项目的现金流入量与企业日常运营没有直接的必要联系，通常也不具有持续性。因此，在分析考虑企业未来获取现金的能力时，不应该过多考虑该项指标。然而，如果该项现金流入量的金额过大，则可能意味着企业大量处置现有的固定资产、无形资产等来压缩生产经营规模，或者为转变经营方向进行相应的调整。

4. 处置子公司及其他营业单位所收到的现金净额

该项目反映企业处置子公司及其他营业单位所取得的现金减去相关处置费用后的净额。

5. 购建固定资产、无形资产和其他长期资产所支付的现金

该项目反映企业购买、建造固定资产，取得无形资产和其他长期资产所支付的现金及增值税税款，支付的应由在建工程和无形资产负担的职工薪酬现金支出，但为购建固定资产而发生的借款利息资本化部分、融资租入固定资产所支付的租赁费除外。此项目反映企业扩大再生产能力的强弱，通过此项目可以了解企业未来的经营方向和活力，揭示企业未来经营方式和经营战略的发展变化。

6. 投资支付的现金

该项目反映企业当期在各项对外投资（股权投资、债权投资、联营投资等）行为中所支付的全部现金，不但包含企业购买股票、债券等直接发生的交易或投资的现金支出，也包括因此而支付的佣金手续费等附加费用。此项目反映企业参与资本市场运作、实施股权和债权投资能力的强弱，通过此项目分析投资方向与企业的战略目标是否一致。

7. 收到其他与投资活动有关的现金、支付其他与投资活动有关的现金

该项目反映企业除上述六项外，收到或支付的其他与投资活动有关的现金流入或流出，金额较大的应当单独列示。此项目可以结合报表附注来分析。

投资活动产生的现金流量一般有两种情况：

①当企业的投资活动净现金流为负数时，说明企业投资活动产生的现金流入小于投资活动产生的现金流出。

②当企业的投资活动净现金流为正数时，说明企业投资活动产生的现金流入大于投资活动产生的现金流出。

（三）筹资活动产生的现金流量项目分析

筹资活动主要包括吸收投资、发行股票、分配利润和借入款项等。筹资活动产生的现金流量揭示了企业出于各种需求而进行资金筹措活动产生的现金流入和流出金额，反映了企业的融资能力和融资政策。

1. 吸收投资收到的现金

该项目反映企业以发行股票、债券等方式筹集资金实际收到的款项减去直接支付给金融企业的佣金、手续费、宣传费、咨询费、印刷费等发行费用后的净额。此项目可以表明企业通过资本市场筹集资金的能力。

2. 取得借款收到的现金

该项目反映企业举借各种短期、长期借款而收到的现金。此项目表明企业通过举债筹集资金的能力,在一定程度上代表了企业的商业信用。

3. 偿还债务支付的现金

该项目反映企业以现金偿还债务的本金,此项目有助于分析企业资金周转是否已经达到良性循环状态。

4. 分配股利、利润或偿还利息支付的现金

该项目反映企业实际支付的现金股利、支付给其他投资单位的利润或用现金支付的借款利息、债券利息。利润分配情况可以反映企业现金的充裕程度。

5. 收到的其他与筹资活动有关的现金、支付的其他与筹资活动有关的现金

该项目反映企业除上述四项外,收到或支付的其他与筹资活动有关的现金流入和流出,包括以发行股票、债券等方式筹集资金而由企业直接支付的审计和咨询等费用,为购建固定资产而发生的借款利息资本化部分、融资租入固定资产所支付的租赁费、以分期付款方式购建固定资产以后各期支付的现金等。

筹资活动产生的现金流量一般有两种情况:

一是当企业的筹资活动净现金流为负时,说明企业筹资活动产生的现金流入小于筹资活动产生的现金流出。

二是当企业的筹资活动净现金流为正时,说明企业筹资活动产生的现金流入大于筹资活动产生的现金流出。

(四)汇率变动对现金的影响额项目分析

外币现金流量及境外子公司的现金流量折算成人民币时,采用的是现金流量发生日的汇率,而现金及现金等价物净增加额中外币现金净增加额是按照资产负债表日的即期汇率折算的,所以,汇率变动对现金的影响额反映的是上述两者之间的差额,在进行现金流量表分析时,有外汇业务的单位也要考虑这一项目变动的影响。

(五)现金及现金等价物净增加额项目分析

现金及现金等价物净增加额中外币现金净增加额是按照资产负债表日的即期汇率折算的。

(六)经营活动产生的现金流量质量分析

1. 经营活动现金流量整体质量分析

经营活动现金流量的稳定性和再生性较好,一般情况下应占较大比例,如果企业经营活动所得的现金占较大比重,说明企业从生产经营中获取现金的能力较大;反之,如果企业经活动的现金流量比重较小。则说明企业资金的来源主要依赖增加资本或对外负债。

(1)经营活动产生的现金流量净额大于零

一般而言,企业经营活动现金流量净额大于零意味着企业生产经营比较正常,具有"自我造血"功能,而且经营活动现金净流量占总现金净流量的比率越大,说明企业的现金状况越稳定,支付能力越有保障。但是，企业在日常经营活动中不仅有导致现金流出的付现成本，还会发生一些非付现成本和费用，如固定资产折旧和无形资产摊销等。这些成本费用在生产经营过程中虽然短期内不涉及现金支付，但从长期来看，只要企业维持简单再生产，这些项目的现金流出迟早会发生。因此，企业经营活动产生的现金流量净额仅大于零是不够的，只有生产经营活动产生的现金流量净额大于零且在补偿当期的非付现成本费用后仍有剩余，才意味着剩余的现金在未来期间基本上不再为经营活动所需，企业可以将该部分现金用于扩大生产规模或者选择其他有盈利能力的项目进行投资，从而增加企业的竞争能力；反之，如果企业现金流量大于零的程度很小，只能部分或几乎不能补偿当期发生的非付现成本费用，企业就难以拥有长期资金进行投资，难以达到战略上的发展。因此，分析人员不能仅仅停留在分析经营活动现金流量净额是不是大于零，还应进一步关注其大于零的程度，即能否补偿非付现成本费用，否则就可能得出较为片面的结论。

(2) 经营活动产生的现金流量净额等于零

若经营活动产生的现金流量净额等于零，则意味着企业通过正常的供、产、销所带来的现金流入量，恰恰能够支付因经营活动而引起的现金流出、企业的经营活动现金流量处于"收支平衡"的状态。在这种状态下，正常的企业经营活动虽然不需要额外补充流动资金，但企业的经营活动也不能为企业的投资活动及融资活动贡献现金。

必须指出的是，按照企业会计准则：企业经营成本中有相当一部分属于按照权责发生制的要求而确认的摊销成本（固定资产折旧、无形资产和长期持摊费用的摊销等）与应计成本（预提设备大修理费用等），即非付现成本，在经营活动产生的现金流量净额等于零时，企业经营活动产生的现金流量不可能为这部分非付现成本的资源消耗提供货币补偿。因此，该种情况在企业现实经营中比较少见。因为如果这种状态长期持续下去，不仅使得企业能够增加未来收益的长期投资无法实施，而且对简单再生产的维持也只能停留在短期。当企业不再具备简单再生产的条件（如陈旧设备需要进行更新改造才能使用）时，简单再生产也无法维持。此时如果企业想继续存在下去，只能通过外部融资来解决资金困难。因此，如果企业在正常生产经营期间持续出现这种状态，企业经营活动的现金流量的质量就不高。

(3) 经营活动产生的现金流量净额小于零

若企业经营活动产生的现金流量净额小于零，则意味着企业通过正常的供、产、销所带来的现金流入量不足以支付因经营活动而引起的现金流出。

如果这种情况出现在企业经营初期，就可以认为这是企业在发展过程中不可避免的正常现象。因为在企业生产经营活动的初期、各个环节都处于"磨合"状态，设备、人力及资源的利用率相对较低、材料的消耗量相对较高、经营成本较高，从而导致企业现金流出较多；同时，为了开拓市场，企业有可能投入较大资金，采用各种手段将自己的产品推向市场，从而有可能使企业在这一时期的经营活动现金流量表现为"入不敷出"状态。但是如果企业在正常生产经营期间仍然出现这种状态，则说明企业经营过程的现金流转存在问题。通过经营活动创造现金流量净额的能力下降。在这种情况下，企业不仅不能长期发展，甚至在短期内进行简单再生产都出现问题。如果这种局面长期内不能改变，企业的现金缺口将越来越大，必须通过再融资或挤占本应投资的长期资金来维持流动资金的需求。如果企业自身的资金积累消耗殆尽，又难以从外部取得资金，企业将陷入财务危机状态。

(4) 经营活动产生的现金流量净额与净利润对比分析

利润表上反映的净利润是企业根据权责发生制确定的，并不能反映企业生产经营活动产生了多少现金净流入；而现金流量表中的经营活动产生的现金流量净额是以收付实现制为基础确定的，故经营活动产生的现金流量净额与净利润往往是不一致的。但是，为了防止人为操纵利润和加强企业经营管理，有必要将经营活动的现金流量净额与净利润进行对比，以了解净利润与经营活动产生的现金流量净额差异的原因，从而对净利润的质量进行评价。

若经营活动产生的现金流量净额大于或等于净利润，通常说明企业的收现能力较强，经营活动现金流量的质量与净利润质量较好；若经营活动产生的现金流量净额小于净利润，则说明企业净利润的含金量不高，存在大量的赊销行为及未来的应收账款坏账风险，同时某种程度上存在着利润操纵之嫌。

2. 经营活动现金流量项目的质量分析

在现金流量表中，经营活动的现金流量应当按照其经营活动的现金流入和流出的性质分项列示。

（1）经营活动的现金流入量

在现金流量表中、按照经营活动现金流入的来源设置不同的项目，来具体反映经营活动现金流入量。

①销售商品、提供劳务收到的现金。本项目反映企业从事正常经营活动所获得的销售商品或提供劳务等业务收入相关的现金收入（包含在业务发生时向客户收取的增值税等）。具体包括企业本期销售商品、提供劳务收到的现金，以及前期销售商品、提供劳务本期收到的现金和本期预收的款项，减去本期销售本期退回的商品和前期销售本期退回的商品支付的现金、企业销售材料和代购代销业务收到的现金，也在本项目中反映。

本项目应当是企业现金流入的主要来源。应占经营活动现金流入的绝大部分，其数额不仅取决于当期销售商品、提供劳务取得的收入数额，还取决于企业的信用政策。这两个因素在未来期间都具有很强的持续性，分析时应重点关注。通过与利润表中的营业收入相对比，可以判断企业销售收现率的情况，较高的企业销售收现率表明企业产品定位正确。适销对路，并已形成卖方市场的良好经营环境。

②收到的税费返还。本项目反映企业实际收到的以现金形式返还的增值税、所得税、消费税、关税和教育费附加返还款等各种税费。

本项目体现了企业因在税收方面享受的政策优惠所获得的已交税金的回流金额。该项目通常数额不大，很多企业该项目数额为零。只有外贸出口型企业、国家财政扶持领域的企业地方政府支持的上市公司才有可能涉及。因此，分析时一方面应当与企业的营业收入相结合同时注意有些企业虚构收入。但现金流量表中却没有收到相应的税费返还情况；另一方面还应当关注企业享受的税收优惠在未来可持续的时间，以及哪些税收项目享受优惠。

③收到其他与经营活动有关的现金。本项目反映企业除了上述各项目之外收到的罚款收入、押金、赔偿金收入，以及经营租赁收到的租金等其他与经营活动有关的现金流入，金额较大的应当单独列示。

该项目因内容往往具有一定的偶然性，在分析时不应过多关注；如果该项目金额较大，还应观察剔除该项目后企业经营活动现金净流量的情况。

④经营活动现金流入小计。本项目反映企业本期经营活动所收取的全部现金总额，在数量上等于上述三项金额的合计。

（2）经营活动的现金流出量

在现金流量表中，按照企业经营活动现金流出的去向设置支出项目，来具体反映企业在经营活动的不同方向所实际支付的现金。

①购买商品、接受劳务支付的现金。本项目反映企业从事正常经营活动所支付的、与购买商品、接受劳务等业务支出相关的现金流出，包含在业务发生时向供应商支付的增值税进项税额等。具体包括企业本期购买商品、接受劳务实际支付的现金，以及本期支付前期购买商品、接受劳务的未付款项和本期预付款项，减去本期发生的购货退回收到的现金。

本项目是企业正常生产经营活动中支付现金的主要部分，通常具有数额大、所占比重大等特点，在未来的持续性较强，分析时应重点关注该项目的内容和构成。将其与利润表中的营业成本相对比，可以判断企业购买商品付现率的情况，借此可以了解企业资金的紧张程度或企业的商业信用情况，从而可以更加清楚地认识到企业目前所面临的财务状况。

②支付给职工以及为职工支付的现金。本项目反映企业本期实际支付给职工的工资、奖金、各种津贴和补贴等职工薪酬，但应由在建工程、无形资产负担的职工薪酬，以及支付的离退休人员的职工薪酬除外，二者分别在"购建固定资产、无形资产和其他长期资产支付的现金"和"支付其他与经营活动有关的现金"项目反映。

支付给职工以及为职工支付的现金是保证劳动者自身生存及其再生产的必要开支。因此，该项目也是企业持续性的现金支出项目，金额波动不大。分析时应重点关注该项目的内容是否将应纳入其中的部分包含在内；同时该项目也可以在一定程度上反映企业生产经营规模的变化。

③支付的各项税费。本项目反映企业本期发生并支付的、本期支付以前各期发生的以及预缴的教育费附加、矿产资源补偿费、印花税、房产税、土地增值税、车船税、预缴的增值税等税费。计入固定资产价值而实际支付的耕地占用税、本期退回的增值税和所得税等除外。该项目会随着企业销售规模的变动而变动。通过该项目分析，可以得到企业真实的税负状况。

④支付的其他与经营活动有关的现金。本项目反映企业支付的各项不能列入前述各项目的现金流出项目。如罚款支出、赔偿金支出、支付的差旅费、业务招待费、保险费、办公费用、营销费用，以及经营租赁支付的现金等其他与经营活动有关的现金流出，金额较大的应当单独列示。

该项目具有不稳定性，数额不应过多，分析时注意关注其内容构成变化。

⑤经营活动现金流出小计。该项目反映企业当期在经营活动中实际支付的现金总额，在数量上等于上述四项金额的合计，是经营活动现金流入的抵减项目。

从表4-5可以看出，某股份有限公司2020年经营活动产生的现金流量净额为68 288 084.18元，其中经营活动现金流入为61 059 553 342元，现金流出为542 307 449.2元，说明该公司经营活动的现金流量自我造血能力较强，通过经营活动收到的现金，不仅能够满足经营本身的需要，还可以为企业的其他各项活动（如用于再投资或偿债）提供有力的支持。

（七）投资活动产生的现金流量质量分析

投资活动是指企业对外的股权、债权投资，以及对内的非货币资产（固定资产、无形资产等）投资。投资活动着眼于企业的长期策略，对当期经营成果的影响一般较小，但会直接影响企业未来期间的损益和现金流量。投资活动产生的现金流量反映企业固定资产投资及对外股权性、债权性投资业务的现金流量情况。当然，该部分内容也反映以前期间的投资在本期处置所导致的现金流入状况，该部分事项会影响企业当期损益，同时投资的回收也说明企业经营规模的下降及战略调整。

1. 投资活动现金流量整体质量分析

（1）投资活动产生的现金流量净额大于或等于零

若投资活动产生的现金流量净额大于或等于零，则意味着企业在投资活动方面的现金流入量大于或等于流出量。这种情况的发生，如果是由于企业在本会计期间投资回收的规模大于投资支出的规模，就表明企业资本运作收效显著、投资回报及变现能力较强。如果是由于企业处理现有的非流动资产以求变现就表明企业产业、产品结构可能有所调整；或者企业为补偿日常经营活动的现金需求而又难以从外部筹资，企业未来的生产能力将受到严重影响，已经陷入深度的债务危机之中。如果是后者，分析人员应该进一步分析企业的财务状况和是否存在财务危机的隐患。

（2）投资活动产生的现金流量净额小于零

若投资活动产生的现金流量净额小于零，意味着企业在购建固定资产、无形资产和其他流动资产权益性投资及债权性投资等方面所流出的现金之和大于企业因收回投资、分配股利或利润、取得债权利息收入、处置固定资产和无形资产及其他非流动资产而流入的现金净额之和。

在企业投资活动符合企业的长期投资规划和短期计划的条件下，若投资活动产生的现金流量净额小于零可能表明企业扩大再生产的能力较强,也可能表明企业进行产业或产品结构调整的能力或参与资本市场运作实施股权及债权投资的能力较强,是投资活动现金流量的正常状态。这种企业投资活动的现金流量处于"入不敷出"的状态对企业的长远发展是有利的。

在企业投资活动现金流量净额小于零,处于"入不敷出"的情况下,投资活动所需的资金缺口可通过以下方式予以解决:消耗企业现存的货币积累;挤占本来用于经营活动的现金,削减经营活动的现金消耗;利用经营活动积累的现金进行补充;在不能挤占本来用于经营活动的现金的条件下进行额外贷款融资以支持投资活动的现金需要;在没有贷款融资的情况下,通过拖延债务支付或加大投资活动引起的负债规模。

2. 投资活动现金流量项目的质量分析

在现金流量表中投资活动的现金流量应当按照其投资活动的现金流入和流出的性质分项列示。

(1) 投资活动现金流入量

在现金流量表中,按照投资活动现金流入的来源设置不同的项目,来具体反映投资活动的现金流入量。

①收回投资收到的现金。本项目反映企业出售、转让或到期收回除现金等价物以外的交易性金融资产、长期股权投资而收到的现金,以及收回债权投资本金而收到的现金,但债权投资收回的利息除外。

该项目不能绝对地追求数额较大。分析时应当注意企业是否将原本划分为债权投资的资产在其未到期之前出售,如果存在这种情况,应注意企业是否存在现金流量吃紧的问题。此外,如果企业处置了长期股权投资,应确定处置的意图是什么,是因为被投资企业的收益下滑还是因为企业调整了未来期间的战略。

②取得投资收益收到的现金。本项目反映企业因股权投资而分得的现金股利,从子公司、联营企业或合营企业分回利润而收到的现金,以及因债权投资而取得的现金利息收入。

将其与利润表中的投资收益相对比,可以借此分析企业所实现的投资收益的收回情况。需注意的是,企业因股权投资而分得的股利或利润,往往并非能够在当年就收到,一般到下一年才能收到。因此,分得股利或利润所收到的现金,通常包括前期分得的现金股利或利润。

③处置固定资产、无形资产和其他长期资产收回的现金净额。本项目反映企业出售、报废固定资产、无形资产和其他长期资产所取得的现金,包括因资产毁损而收到的保险赔偿收入,减去为处置这些资产而支付的有关费用后的净额。

本项目的现金流入量与企业的日常运营没有直接的必然联系,一般是偶发事件,在未来不具有可持续性。分析时应关注企业处置这些长期资产的目的,以及这些资产在企业总体经营活动中的地位和作用。如果企业处置的是正在使用的固定资产或无形资产,应确定企业是因为调整未来经营方向,缩减当前经营规模,准备转产;还是因为企业当前遇到了现金流危机,需要变现部分长期资产来应急。如果是后者,应引起高度警惕。

④处置子公司及其他营业单位收到的现金净额。本项目反映企业处置子公司及其他营业单位所取得的现金减去子公司及其他营业单位持有的现金及现金等价物后的净额。与上一个项目分析相同,应关注企业处置子公司的目的,并确定这种行为对企业的长远影响。

⑤收到其他与投资活动有关的现金。本项目反映企业除上述四项内容之外所收到的其他与投资活动有关的现金流入。如企业在进行购买股票、债券等证券投资时,所支付的价款中包含了已宣告发放但尚未发放的股息,或者已到付息期但尚未领取的利息,则在投资之后收到这些股息或利息时,不是记入"取得投资收益所收到的现金"之中,而是在本项目中进行反映的。本项目金额通常不大或很少出现,对企业现金流量的总体影响也相对较小。

⑥投资活动现金流入小计。该项目反映企业当期投资活动所收到的全部现金,在数量上等于上述五

项金额的合计。

（2）投资活动的现金流出量

在现金流量表中，按照企业投资活动现金流出的去向设置支出项目，来具体反映企业在投资活动的不同方面所实际支付的现金。

①购建固定资产、无形资产和其他长期资产支付的现金。本项目反映企业购买、建造固定资产、取得无形资产和其他长期资产所支付的现金（购进设备所支付的现金、进行建筑安装工程所支付的现金、购买工程物资所支付的现金、为建造固定资产而缴纳的耕地占用税等）及支付应由在建工程或无形资产负担的职工薪酬现金支出，但为购建固定资产而发生的借款利息资本化部分、融资租入固定资产所支付的租赁费除外。

该项目本身与企业本期的日常生产经营规模没有太多直接的必然联系，但该项目金额的增大表示企业对经营规模或者经营方向进行了调整，这对企业未来期间的利润和经营活动现金流量都会造成影响。另外，不同经营周期的企业在该项目上发生的金额也不同，一般处于初创期和成长期的企业投资较多，本项目发生金额较大；而在衰退期的企业通常投资较少，甚至会处置长期资产，缩小经营规模。

②投资支付的现金。本项目反映企业取得的除现金等价物以外的权益投资和债权投资所支付的现金及支付的佣金、手续费等附加费用。

该项目表明企业参与资本市场运作、实施股权及债权投资能力的强弱，应分析投资方向与企业的战略目标是否一致。分析时应关注企业在本项目的支出金额是否来自企业闲置资金，是否存在挪用主营业务资金进行投资的行为。

③取得子公司及其他营业单位支付的现金净额。本项目反映企业购买子公司及其他营业单位购买出价中以现金支付的部分，减去子公司或其他营业单位持有的现金和现金等价物后的净额。

④支付其他与投资活动有关的现金。本项目反映企业除上述三项内容之外所支付的其他与投资活动有关的现金流出，如企业在进行购买股票、债券等证券投资时，所暂时垫付的被投资方已宣告发放但尚未发放的股息，或者已到付息期但尚未领取的利息等，不是记入"投资支付的现金"之中，而是在本项目中进行反映的。

本项目金额通常不大或很少出现，更谈不上有经常性，所以对企业的现金影响也非常微弱；如果数额异常，应做进一步分析。

⑤投资动现活动现金流出小计。该项目反映企业当期投资活动所支付的全部金额，在数量上等于上述四项金额合计。

从表4-5可以看出华天股份有限公司2020年投资活动产生的现金流量净额为-106 442 981.32元。其中投资活动现金流入为79 879 739.14元，现金流出为186 322 727元。该公司购建固定资产、无形资产和其他长期资产支付的现金流出为7 811 815 721元远大于处置固定资产、无形资产和其他长期资产的现金流入24 121 740.00元，这是扩展中企业表现出来的常态。而全部投资活动现金流量之所以为负数，主要是投资支付的现金购建固定资产、无形资产和其他长期资产支付的现金数额较大所致。值得肯定的是，该公司投资取得的收益不错，取得投资收益收到的现金高达55 757 999.14元。

（八）筹资活动产生的现金流量质量分析

筹资活动主要包括吸收投资、发行股票、分配利润和借入款项等，筹资活动产生的现金量揭示了企业出于各种需求而进行资金筹措活动所产生的现金流入与流出金额，反映了企业的融资能力和融资政策。

1. 筹资活动现金流量整体质量分析

（1）筹资活动产生的现金流量净额大于零

若筹资活动产生的现金流量净额大于零，则意味着企业在吸收权益性投资、发行债券，以及借款等方面所收到的现金之和大于企业在偿还债务、支付筹资费用、分配股利或利润、偿付利息，以及减少注册资本等方面所支付的现金之和。

正常情况下，企业的资金需求主要是通过自身经营活动现金流入解决的。当企业处于初创、成长阶段或者遇到经营危机时，仅仅依靠经营活动现金流入是不够的，此时企业应通过外部筹资来满足资金需求。如企业处于发展的起步阶段，投资需要大量的资金，而此时企业经营活动的现金流量净额又常常小于零，所以企业对现金的需求主要通过筹资活动现金流入来解决。因此，分析企业筹资活动产生的现金流量净额大于零是否正常，关键要看企业筹资活动是否已经纳入企业的发展规划，是企业以扩大投资和经营活动为目标的主要筹资行为，还是企业因投资活动和经营活动的现金流出失控不得已而为之的被动筹资行为。

（2）筹资活动产生的现金流量净额小于零

若筹资活动产生的现金流量净额小于零，则意味着企业筹资活动收到的现金之和小于企业筹资活动支付的现金之和。这种情况的出现，如果是由于企业在本会计期间集中发生债务偿还、支付筹资费用、分配股利或利润、偿付利息等业务，则表明企业经营活动与投资活动在现金流量方面运转较好，自身资金周转已经进入良性循环阶段，经济效益得到增强，从而使企业支付债务本息和股利的能力加强。如果是由于企业在投资或企业扩张方面没有更多作为造成或者是丧失融资信誉造成的，则表明筹资活动产生的现金流量的质量较差。

2. 筹资活动现金流量项目的质量分析

在现金流量表中，筹资活动的现金流量应当按照其筹资活动的现金流入和现金流出的性质分项列示。对筹资活动现金流量的阅读，关键在于理解企业所筹资金的来源渠道及其规模大小，推测企业所筹资金的用途或动机，以及可能对未来产生的资金压力等。

（1）筹资活动的现金流入量

在现金流量表中，按照筹资活动现金流入的来源设置不同的项目来具体反映筹资活动的项目，来具体反映筹资活动的现金流入量

①吸收投资收到的现金。本项目反映企业以发行股票、债券等方式筹集资金实际收到的款项，减去直接支付给金融等企业的佣金、手续费、宣传费、咨询费、印刷费等发行费用后的净额，企业以发行股票方式筹集资金，带来了可供长期使用而无须偿还的自有资金；同时，由于在一定程度上降低了资产负债率，股票的发行提高了企业对债权人利益的保障程度，也为企业日后的债务筹资提供了可能，而企业若以发行债券方式筹集资金则在带来目前可供使用的债务资金的同时，也造成了日后按期还本付息的资金压力。因此，如果该项现金来源金额过大，就应充分考虑和分析该企业未来获取现金偿付本息的能力以及偿还时大量的资金流出给企业正常经营所可能产生的负面影响。

②取得借款收到的现金。本项目反映企业向银行或非银行金融机构借入各种短期或长期借款所收到的现金。企业在向银行或非银行金融机构借款获得目前可供使用资金的同时会造成日后按期还本付息的资金压力。分析时关注借款用途及内容。如结合资产负债表，对短期借款与长期借款进行比较分析，以判断企业资金结构是否合理、稳定；将本项目与"购建而固定资产、无形资产和其他长期资产支付的现金"等项目进行核对，以此对企业借款合同的执行情况做出分析和判断。

③收到其他与筹资活动有关的现金。本项目反映企业除上述两项外，收到的其他与筹资活动有关的现金流入，如企业接受的现金捐赠等。这类现金流入通常在企业筹资活动现金流入量中所占比重很小。有时甚至不会出现，如果数额有异常，应进一步分析。

④筹资活动现金流入小计。本项目反映企业当期通过各种筹资活动实际收到的现金总额，在数量上等于上述三项金额的合计。

(2) 筹资活动现金流出量

在现金流量表中，按照企业筹资活动现金流出的去向设置支出项目，来具体反映企业在筹资活动的不同方面所实际支付的现金。

①偿还债务支付的现金。本项目反映企业在当期偿还已经到期的各项债务本金所产生的现金支出金额。该项目与"取得借款收到的现金"结合起来，可以观察企业使用债务的方式，如是否存在借新债还旧债，并由此使用短期资金用于长期投资的行为，同时结合企业经营活动现金流量，可以观察企业日常经营活动所需流动资金是自己创造还是一直靠借款维持。如果是后者，则这样借入的现金质量不高。对本项目进行分析时，要结合行业和企业生产经营规模、企业经营生命周期，以及企业的历史情况来分析。

②分配股利、利润或偿付利息支付的现金。本项目反映企业实际支付的现金股利、支付给其他投资单位的利润或用现金支付的借款利息、债券利息。本项目应关注内容组成变化，要关注企业现时的支付能力，要结合企业的资产规模、所有者权益规模和负债规模及当期利润水平进行分析。

③支付其他与筹资活动有关的现金。本项目反映企业除上述两项外，支付的其他与筹资活动有关的现金流出，包括以发行股票、债券等方式筹集资金由企业直接支付的审计和咨询等费用、为购建固定资产而发生的借款利息资本化部分、融资租入固定资产所支付的租赁费、以分期付款方式购建固定资产以后各期支付的现金等。一般来说，该项目的数额较小。如果该项目数额较大，应注意分析其合理性。

④筹资活动现金流出小计。本项目反映了企业当期筹资活动所支付的全部现金，在数量上等于上述三项金额的合计。

从表4-5可以看出某股份有限公司2020年筹资活动产生的现金流量净额190 919 771.57元，其中筹资活动现金流入为471 099 150.00元，现金流出为3 801 793 784元。该公司的筹资以债务筹资为主，金额高达448 190 000.00元，占全部筹资活动现金流入的95.14%。由于存在大量的债务筹资，使得企业还本付息的压力相当大。从表中可以看到，企业以现金偿还债务的本金高达337 310 000.00元。因此，企业应注重调整筹资的结构和比例，以防范债务融资风险。

(九) 现金流量项目组合的质量分析

将不同性质的上述三类现金流量，根据其净额为正还是为负进行排列组合，可以发现，在不同的组合下，其产生的背景和结果是不同的，所要采取的措施也是不同的。具体分析情况见表4-4所示。

表4-4　现金流量项目组合质量分析表

经营活动	投资活动	筹资活动	分析影响结果
+	+	+	企业筹资能力强，经营与投资收益良好，是一种较为理想的状态，此时应警惕资金浪费，把握良好的投资机会
+	+	−	企业进入成熟期。这时企业产品销售市场稳定、已进入投资回收期、经营及投资进入良性循环，财务状况安全，但很多外部资金需要偿还，以保持企业良好的融资信誉
+	−	+	企业进入高速发展扩张时期。这时产品市场占有率高，销售呈现快速上升趋势，经营活动中大量货币资金回笼。但为了扩大市场份额，企业仍需要大量追加投资，仅靠经营活动现金流量净额远不能满足所追加投资，必须筹集必要的外部资金作为补充
+	−	−	企业经营状况良好，可以在偿还所欠债务的同时继续投资，但应密切关注经营状况的变化，防止由于经营状况恶化而导致的财务状况恶化
−	+	+	企业靠举债维持经营活动所需资金，财务状况可能恶化；投资活动现金流入增加是一个亮点，但要分析是源于投资收益还是投资收回。如果是后者，企业面临的形势将更加严峻

续表

经营活动	投资活动	筹资活动	分析影响结果
-	+	-	企业衰退期的症状：市场萎缩，产品市场占有率下降，经营活动现金流入小于流出，同时企业为了应付债务不得不大规模收回投资以弥补现金不足。如果投资活动现金流量源于投资收益则企业状况还好；如果是源于投资收回，则企业将会出现更深层次的危机
-	-	+	有两种情况：一是企业处于初创阶段，需要投入大量资金，形成生产能力并开拓市场，其资金来源只有对外融资。二是企业于衰退阶段，靠对外融资维持日常生产经营活动，如不能渡过此关，则前途不容乐观
-	-	-	这种情况往往发生在盲目扩张后的企业，由于市场预测失误等原因，造成企业经营活动现金流出大于流入，投资效益低下造成亏损，使投入扩张的大量资金难以收回，财务状况异常危险，到期债务不能偿还

（十）现金及现金等价物净增加额的质量分析

1. 现金及现金等价物净增加额为正数

企业的现金及现金等价物净增加额为正数，若这主要是由经营活动产生的现金流量净额引起的，则表明企业经营状况好，收现能力强，坏账风险小。若这主要是由投资活动产生的，甚至是由处置固定资产、无形资产和其他非流动资产引起的，则表明企业生产经营活动能力衰退，或者是企业为了走出不利境地而调整资产结构。这必须结合资产负债表和利润表作深入分析。若这主要是由筹资活动引起的，则意味着企业未来将支付更多的本息或股利，需要创造更多的现金流量净增加额，才能满足偿付需要。

2. 现金及现金等价物净增加额为负数

企业的现金及现金等价物净增加额为负数，通常是一个不利信息。但如果企业经营活动产生的现金流量净额是正数且金额较大，而企业整体上现金流量净额减少主要是由固定资产无形资产或其他非流动资产投资引起的（企业进行设备更新、扩大生产能力或投资开拓新的市场等），此时现金流量净额减少并不意味着企业经营能力不佳，而是意味着企业未来可能有更大的现金流入；同样，如果企业现金流量净额减少主要是由于偿还债务及利息引起的，就意味着企业未来用于偿债的现金将减少，企业财务风险变小。只要企业生产经营保持正常运转，企业就不会衰退。

从表 4-5 可以看出，某股份有限公司 2020 年末现金及现金等价物比年初增加 52 764 874.43 元。其中，经营活动产生的现金流量净额为 68 288 084.18 元，投资活动产生的现金流量净额为 -106 442 981.32 元，筹资活动产生的现金流量净额为 90 919 771.57 元。总的来说，该股份有限公司正处于高速发展扩张时期。这时产品市场占有率高，销售呈现快速上升趋势，经营活动中大量货币资金回笼；当然为了扩大市场份额，企业仍需要大量追加投资，仅靠经营活动现金流量净额远不能满足追加投资，必须筹集必要的外部资金作为补充。

从以上分析可以看出，对于一个健康的正处于成长阶段的企业来说，经营活动现金净流量一般应大于零，投资活动的现金净流量应小于零，筹资活动的现金净流量应正负相间。

（十一）现金流量表补充资料涉及的项目

补充资料是现金流量表非常重要的部分，反映的内容较多。报表分析者要全面把握现金流量表的有关信息，就必须仔细阅读分析补充资料所披露的信息。补充资料是由三部分内容构成的。

1. 将净利润调节为经营活动的现金流量净额

这部分是以本期净利润为起算点，用间接法调整不涉及现金的收入、费用、营业外收支，以及有关项目的增减变动，据此计算出经营活动的现金流量净额，它应与正表中采用直接法计算的经营活动的现金流量净额相等。经营活动的现金流量净额是按收付实现制确认和计量的，而利润表反映的当期净利润是按权责发生制确认和计量的，而且当期净利润既包括经营净收益，又包括不属于经营活动的损益。因此，采用间接法将净利润调节为经营活动的现金流量净额时，涉及调整的项目主要有：

①当期没有实际收到或付出现金的经营活动事项如赊购物资、赊销商品、摊销费用、计提资产减值准备等。这些项目虽然构成了企业的当期收入或费用，影响着企业当期利润，但却没有形成企业的现金流入或流出自然也不会影响现金净流量。

②不属于经营活动的收益项目，如当期发生的利息费用、固定资产处置净损益。这些项目的产生、与企业的投资和筹资活动息息相关，却不属于企业日常生产经营活动项目，也不构成企业经营活动的现金净流量。

③经营性应收、应付项目，如应收、应付账款，应收、应付票据，预收、预付账款，应付职工薪酬、应交税费、其他应收、应付款等。这些项目的增减变动，可能并不影响企业的当期利润。但却对企业当期经营活动的现金净流量有直接的影响。

2. 不涉及现金收支的投资和筹资活动

这部分反映企业一定会计期间影响资产、负债和所有者权益但不影响现金收支的所有投资和筹资活动的信息。这些投资和筹资活动是企业的重大理财活动，虽在当期不涉及现金收支，但对企业未来各期的现金流量可能会产生明显的影响。因此，应单列项目在补充资料中反映。目前，我国企业现金流量表补充资料中列示的不涉及现金收支的投资和筹资活动项目主要有以下三项：

①债务转为资本，反映企业本期转换为资本的债务金额。

②一年内到期的可转换公司债券，反映企业一年内到期的可转换公司债券的本息。

③融资租入固定资产，反映企业本期融资租入固定资产记入"长期应付款"科目的金额。

3. 现金流量净增加额

这部分是通过对库存现金、银行存款、其他货币资金账户，以及现金等价物的期末余额与期初余额相减得出的差额，而且补充资料中的现金流量净增加额应与现金流量表的最后一项"现金及现金等价物净增加额"金额相等，并以此作为核对标准。

任务四　现金流量表结构分析

现金流量结构是指各种现金流入量、现金流出量、现金净流量与企业总的现金流入量、总的现金流出量、总的现金流出量的比例关系，可以划分现金流入结构、现金流出结构和现金净流量结构。现金流量结构分析就是通过对现金流量表中不同项目之间的比较，分析企业现金流入的来源和现金流出的方向，评价各种现金流出的形成原因。通过对现金流量结构分析，可以具体了解现金主要来自哪里、主要用于何处及现金净流量是如何构成的，进一步分析企业现金增减变动的因素，并据以分析企业现金充裕或紧张的原因，从而有利于对现金流量做出更正确的评价，在此基础上预测企业在未来期间的现金流量的变动趋势。现金流量结构分析一般采用结构百分比法。现金流量结构分析包括：现金流入结构分析、现金流出结构分析及现金流入流出结构分析。

一、现金流入结构分析

现金流入结构分析主要分析企业各项业务活动的现金流入，如经营活动的现金流入、投资活动的现金流入、筹资活动的现金流入等在全部现金流入中的比重以及各项业务活动现金流入中具体项目的构成

情况。现金流入结构比计算公式:

$$现金流入结构比=某项活动现金流入量/各项活动现金流入量之和$$

一般来说,经营活动现金流入在企业全部现金流入中应该占大部分,特别是主营业务收入活动应该高于其他各项活动现金流入。当然有些激进型的企业也许会有多种投资,会把一些闲置资金投资出去。投资有力又筹资得当的企业也会出现大量现金流入,这时投资和筹资活动所取得的现金流入在全部现金流入中所占的比例就会大于经营活动所取得的现金流入。

一个单一经营、主营业务突出的企业,其主营业务的现金流入可能占到经营活动现金流入的95%以上;而主营业务不突出的企业这一比例肯定会低很多。另外,一个稳健型企业一般专心于其特定经营范围内的业务,即使有闲置资金,也不愿意投资,不想举债,那么其经营活动的现金流入所占的比例也肯定会高,投资和筹资活动的现金流入可能较低甚至没有。而激进型的企业,往往千方百计地筹资,又千方百计地扩张投资。筹资有力又投资得当的企业在某一特定时期,可能在筹资活动中流入了现金,又在前期的投资活动中得到了大量的现金收益回报,这类企业投资和筹资活动的现金流入所占比例会高些,有时可能超过经营活动的现金流入比例。而筹资虽有力但投资不当的企业,其现金流入结构可能是筹资的现金流入量很大,而投资活动经常只有现金流出,少有甚至没有现金流入。在现金流入结构具体分析中,可以通过将不同时期的构成比重进行对比,评价企业自身经营创造现金能力的强弱。

以某股份有限公司为例,见资料表4-5所列。

表4-5 现金流量表

会企03表

编制单位:某股份有限公司　　　　　2020年度　　　　　　　　　　单位:元

项目	2020	2019
一、经营活动产生的现金流量		
销售商品、提供劳务收到的现金	469 234 955.89	44 130 068.03
收到的税费返还	885 303.19	5 577 938.18
收到的其他与经营活动有关的现金	140 475 274.34	27 515 492.44
经营活动现金流入小计	610 595 533.42	474 323 498.65
购买商品、接受劳务支付的现金	334 374 490.59	325 039 019.91
支付给职工以及为职工支付的现金	44 577 809.35	37 539 638.32
支付的各项税费	21 594 053.78	21 704 168.21
支付其他与经营活动有关的现金	141 781 095.52	65 332 312.98
经营活动现金流出小计	542 307 449.24	449 615 139.42
经营活动产生的现金流量净额	68 288 084.18	24 708 359.23
二、投资活动产生的现金流量		
收回投资收到的现金		950 000.00
取得投资收益收到的现金	55 757 999.14	55 746 113.03
处置固定资产、无形资产和其他长期资产收回的现金净额	24 121 740.00	76 475.24
处置子公司及其他营业单位收到的现金净额	—	—
收到其他与投资活动有关的现金	—	—
投资活动现金流入小计	79 879 739.14	56 772 588.27
购建固定资产、无形资产和其他长期资产支付的现金	78 118 157.21	63 370 998.14
投资支付的现金	108 204 563.25	13 112 500.00
取得子公司及其他营业单位支付的现金净额	—	—
支付其他与投资活动有关的现金	—	—

续表

项目	2020	2019
投资活动现金流出小计	186 322 720.46	76 483 498.14
投资活动产生的现金流量净额	-106 442 981.32	-19 710 909.87
三、筹资活动产生的现金流量		
吸收投资收到的现金	22 909 150.00	—
取得借款收到的现金	448 190 000.00	224 460 000.00
收到其他与筹资活动有关的现金	—	—
筹资活动现金流入小计	471 099 150.00	224 460 000.00
偿还债务支付的现金	337 310 000.00	234 460 000.00
分配股利、利润或偿付利息支付的现金	41 993 670.83	45 026 353.42
支付其他与筹资活动有关的现金	875 707.60	845 000.00
筹资活动现金流出小计	380 179 378.43	280 331 353.42
筹资活动产生的现金流量净额	90 919 771.57	-55 871 353.42
四、汇率变动对现金及现金等价物的影响	—	—
五、现金及现金等价物净增加额	52 764 874.43	-50 873 904.06
加：期初现金及现金等价物余额	74 765 564.65	125 639 468.71
六、期末现金及现金等价物余额	127 530 439.08	74 765 564.65

根据资料表4-5编制表4-6：

表4-6 现金流入结构分析表   会企03表

编制单位：某股份有限公司　　　2020年度　　　　　　　　单位：元

项目	2020	结构百分比（%）
销售商品、提供劳务收到的现金	469 234 955.89	40.40
收到的税费返还	885 303.19	0.08
收到的其他与经营活动有关的现金	140 475 274.34	12.09
经营活动现金流入小计	610 595 533.42	52.57
取得投资收益收到的现金	55 757 999.14	4.8
处置固定资产、无形资产和其他长期资产收回的现金净额	24 121 740.00	2.08
投资活动现金流入小计	79 879 739.14	6.88
吸收投资收到的现金	22 909 150.00	1.97
取得借款收到的现金	448 190 000.00	38.58
筹资活动现金流入小计	471 099 150.00	40.55
现金流入合计	1 161 574 422.56	100.00

通过对表4-6的分析，可以得到下列信息：

（1）该股份有限公司2020年现金流入总量为1 161 574 422.56元。其中，经营活动现金流入、投资活动现金流入和筹资活动现金流入所占比重分别为52.57%、6.88%和40.55%。可见该企业的现金流入主要为经营活动现金流入，其次是筹资活动现金流入，而投资活动现金流入相对较少。

（2）经营活动现金流入中的销售商品、提供劳务收到的现金所占比重最大，说明企业的主营业务较为稳定，这对于企业的可持续发展是有利的。投资活动现金流入不仅所占比重极小，而且只有取得投资收益收到的现金与处置固定资产、无形资产和其他长期资产收到的现金。取得投资收益收到的现金多，说明企业对外投资的决策正确;而处置多余或闲置的资产,这种变现对企业的经营和理财有利,否则可能说明企业经营或偿债出现了困难。筹资活动中取得借款收到的现金比重很大,而吸收投资收到比重较小,其结果不太合理。

二、现金流出结构分析

现金流出结构分析主要分析企业总的现金流出中,经营活动、投资活动、筹资活动现金流出分别所占的比例。现金流出结构比计算公式:

现金流出结构比=某项活动现金流出量/各项活动现金流出量之和

现金总流出结构分析是对企业经营活动现金流出、投资活动流出和筹资活动流出在全部现金流出中所占比重进行分析;内部流出结构分析是对各项业务活动现金流出中具体项目的流出构成情况进行分析。通过现金流出结构分析,可以了解企业的现金流向何方,明确各现金流出项目在结构中的比重,分析存在的问题,进而分析企业未来发展状况和各项现金流出波动的原因,为控制现金流出提供决策依据。

一般来说,经营活动现金流出中购买商品接受劳务支付的现金所占的比重会大些,经营活动的现金流出具有稳定性的特点。投资活动和筹资活动现金流出的稳定性比较差,具有随意性和偶然性的特点。投资和筹资活动的现金流出则因企业的财务政策不同而存在较大的差异,有些企业较少,在总现金流出中所占比例甚微;而有些企业则可能很大,甚至超过经济活动的现金流出。在企业正常的经济活动中,其经营活动的现金流出应当具有一定的稳定性,各期变化幅度一般不会太大。但投资和筹资活动的现金流出的稳定性相对较差,甚至具有偶发性、随意性。随着支付投资、偿还到期债务、支付股利等活动的发生,该类活动当期的现金流出便会出现剧增。在具体分析现金流出结构中,可以通过将不同时期的构成进行对比,评价企业现金流出的合理性。

以某股份有限公司为例,根据资料4-5,编制现金流出结构分析表(表4-7)。

表4-7 现金流出结构分析表

编制单位:某股份有限公司　　　　　　　2020年度　　　　　　　　　　　　单位:元

项目	2020	结构百分比(%)
购买商品、接受劳务支付的现金	334 374 490.59	330.15
支付给职工以及为职工支付的现金	44 577 809.35	4.02
支付的各项税费	21 594 053.78	1.95
支付其他与经营活动有关的现金	141 781 095.52	12.79
经营活动现金流出小计	542 307 449.24	48.91
购建固定资产、无形资产和其他长期资产支付的现金	78 118 157.21	7.04
投资支付的现金	108 204 563.25	9.76
投资活动现金流出小计	186 322 720.46	16.80
偿还债务支付的现金	337 310 000.00	30.42
分配股利、利润或偿付利息支付的现金	41 993 670.83	3.79
支付其他与筹资活动有关的现金	875 707.60	0.08
筹资活动现金流出小计	380 179 378.43	34.29
现金流出合计	1 108 809 548.13	100.00

通过分析表4-7可以得到以下信息:

①企业现金流出中,"购买商品、接受劳务支付的现金"占较大比例,为30.15%,结合资产负债表

和利润表，主要原因是企业2020年销售上升，增加了当年采购和生产方面的支出。

②企业"偿还债务支付的现金"比重也较大，达到30.42%，与"取得借款收到的现金"相比较，可以看出明显是企业借款为偿还债务所致，企业借新债还旧债，以解决流动资金的需求。

③投资活动现金支出占16.8%，表明企业的投资活动处于良性循环状态。"投资支付的现金"数额较大，也表明该企业对外扩张的意图明显，企业极具发展潜力。

三、现金流入流出比分析

现金流入流出比分析主要分析各项活动现金流入占现金流出的比例。通过对经营活动、投资活动和筹资活动的现金流入与其现金流出进行比较，找出影响现金流量净额的因素，为改进企业现金流量状况提供依据。

现金流入流出比计算公式：现金流入流出比=现金流入/现金流出

在分别分析了现金流入和现金流出的结构之后，还应当对当年的经营活动、投资活动和筹资活动现金流入和现金流出之间的比例进行分析，以观察各部分现金流的匹配情况。一般来说，经营活动现金流入流出比的比值越大（比例应大于1），说明1元的现金流出可换回越多的现金流入，说明企业经营活动获利能力越强。投资活动现金流入流出比的比值越大，越说明企业处于衰退期，或企业正在减少投资。筹资活动现金流入流出比小于1，说明还款大于借款，大于1说明借款大于还款。

以某股份有限公司为例，根据资料4-5，编制现金流入流出结构分析表（表4-8）。

表4-8　现金流入流出结构分析表

编制单位：某股份有限公司　　　　　　　　2020年度　　　　　　　　　　　　　　　单位：元

项目	2020	结构百分比（%）
经营活动现金流入/现金流出	3 610 595 533.42/542 307 449.24	112.59
投资活动现金流入/现金流出	79 879 739.14/186 322 720.46	42.87
筹资活动现金流入/现金流出	2 471 099 150.00/38 0179 378.43	123.91
现金总流入/现金总流出	1 161 574 422.56/1 108 809 548.13	104.76

通过对表4-8的分析，可以得到以下信息：

①经营活动现金流入与现金流出的比率为112.59%，这说明企业经营活动现金流量基本自给自足，略有结余，可以维持简单再生产，但没有足够的能力为企业进一步扩张或未来的战略提供资金支持。

②投资活动现金流入和现金流出的比率为42.87%，现金流入大大低于现金流出，主要原因是企业在不断扩张，加大了对外投资和购建固定资产、无形资产的支出。

③筹资活动现金流入和现金流出的比率为123.91%，表明企业的借款大于还款。

④企业现金总流入与现金总流出之间匹配较好，比率为104.76%，说明企业的现金流控制能力较强。

四、现金净流量结构分析

现金净流量结构分析就是分析经营活动、投资活动、筹资活动现金净流量占总现金净流量增加额的比值。

一般来说，经营活动现金净流量在总现金净流量增加额中的比重越大，越说明企业的主营业务比较理想；投资活动现金净流量在总现金净流量增加额中的比重越大，越说明企业投资得当，投资获利能力比较强；筹资活动进行现金净流量在总现金净流量增加额中的比重越大，越说明企业借款大于还款，企业有偿债压力和财务风险。

以某股份有限公司为例，根据资料4-5，编制现金流入流出结构分析表（表4-9）。

表4-9 现金净流量结构分析表

编制单位：某股份有限公司　　　　　　　　　2020年度　　　　　　　　　　　　　　　单位：元

项目	2020	结构百分比（%）
经营活动现金净流量	68 288 084.18/52 764 874.43	129.42
投资活动现金净流量	-106 442 981.32/52 764 874.43	-39.70
筹资活动现金净流量	90 919 771.57/52 764 874.43	10.28

通过对表4-9的分析，可以得到以下信息：

①经营活动现金净流量的比率为119.42%，这说明企业现金流量主要来自经营活动现金。

②投资活动现金净流量的比率为-39.70%，投资活动的流量流出数大于流入数，可能是因为投资没有到收回的日期。

③筹资活动现金净流量比率为10.28%，表明企业的借款大于还款。

五、现金流量表结构分析应注意的问题

企业处于不同的发展阶段，其现金流量结构会有所不同。现金流量结构分析要结合企业所处的发展阶段确定分析的重点。现金流量结构分析具体应注意以下四点：

①对处于初创阶段的企业，经营活动产生的现金流量可能为负数，应重点分析企业的筹资活动，分析其资本金是否足额到位，流动性如何，企业是否过度负债，有无继续筹措足够经营资金的可能；同时判断其投资活动是否适合经营需要，有无出现资金挪用或费用化现象。对于初创阶段对外筹措的资金，应通过现金流量预测分析将还款期限定于经营活动可产生净流入的时期。

②对处于成长阶段的企业，经营活动产生的现金流量应该是正数，要重点分析其经营活动现金流入、流出结构，分析其货款回笼速度、赊销是否得当，了解成本费用控制情况，预测企业发展空间。同时，要关注这一阶段企业无过分扩张导致债务增加。

③对处于成熟阶段的企业，投资活动和筹资活动趋于正常化或适当萎缩，要重点分析其经营活动现金流入是否有保障，经营活动现金流入增长与营业收入增长是否匹配；同时关注企业是否过分支付股利、盲目对外投资，以及有无资金外流情况。

④对处于衰退阶段的企业，经营活动现金流量开始萎缩，要重点分析其投资活动在收回投资过程中是否获利，有无冒险性的扩张性；同时要分析企业是否及时缩减负债，减少利息负担。

任务五　现金流量表趋势分析

现金流量表趋势分析就是将现金流量表的本期实际数与上期或基数进行比较，以揭示企业现金流入、流出的变动差异，分析评价现金流量表各项目增减变动情况，揭示产生差异的原因。现金流量表趋势分析可以用金额、百分比的形式，对每个项目的本期或多期的金额与其基期的金额进行比较分析，编制出现金流量表各项目的增减变动百分比，以观察企业现金流量的变动趋势。现金流量的趋势分析可以帮助报表使用者了解企业现金流量变动的原因，了解企业现金流量趋势分析趋势，并在此基础上预测企业未来的现金流量，从而为决策提供依据。在进行现金流量趋势分析时，还应当结合资产负债表和利润表等信息，以明确企业整体现金流量和分项目现金流量变动的结果是有利还是不利。

在实际工作中，应用趋势分析进行现金流量表的分析，可以通过编制现金流量水平分析表的方法实

现，即通过计算现金流量表中各项目本期与前期相比的增减比例，来揭示本期现金流量与前期现金流量的差异。

一、编制现金流量表水平分析表

通过编制现金流量水平分析表，可以观察和比较相同增减变动的金额及幅度，揭示企业经营活动、投资活动和筹资活动现金流量的变动差异。根据表4-5资料，编制某股份有限公司现金流量水平分析表（表4-10）。

表4-10　某股份有限公司现金流量水平分析表

编制单位：某股份有限公司　　　　　　　　　　　　　　　　　　　　　　　　　　　　　　　单位：元

项目	2020	2019	增减额	增减（%）
一、经营活动产生的现金流量				
销售商品、提供劳务收到的现金	469 234 955.89	44 130 068.03	28 004 887.86	6.35
收到的税费返还	885 303.19	5 577 938.18	-4 692 634.99	-84.13
收到的其他与经营活动有关的现金	140 475 274.34	27 515 492.44	112 959 781.90	410.53
经营活动现金流入小计	610 595 533.42	474 323 498.65	136 272 034.77	28.73
购买商品、接受劳务支付的现金	334 374 490.59	325 039 019.91	9 335 470.68	2.87
支付给职工以及为职工支付的现金	44 577 809.35	37 539 638.32	7 018 171.03	18.70
支付的各项税费	21 594 053.78	21 704 168.21	-110 114.43	-0.51
支付其他与经营活动有关的现金	141 781 095.52	65 332 312.98	76 448 782.54	117.02
经营活动现金流出小计	542 307 449.24	449 615 139.42	92 692 309.82	20.62
经营活动产生的现金流量净额	68 288 084.18	24 708 359.23	43 579 724.95	176.38
二、投资活动产生的现金流量				
收回投资收到的现金		950 000.00	-950 000.00	-100
取得投资收益收到的现金	55 757 999.14	55 746 113.03	11 886.11	0.02
处置固定资产、无形资产和其他长期资产收回的现金净额	24 121 740.00	76 475.24	24 045 264.76	31 441.90
处置子公司及其他营业单位收到的现金净额	—	—		
收到其他与投资活动有关的现金	—	—		
投资活动现金流入小计	79 879 739.14	56 772 588.27	23 107 150.87	40.70
购建固定资产、无形资产和其他长期资产支付的现金	78 118 157.21	63 370 998.14	14 747 159.07	23.27
投资支付的现金	108 204 563.25	13 112 500.00	95 092 063.25	725.20
取得子公司及其他营业单位支付的现金净额	—	—		
支付其他与投资活动有关的现金	—	—		
投资活动现金流出小计	186 322 720.46	76 483 498.14	109 839 222.32	143.61
投资活动产生的现金流量净额	-106 442 981.32	-19 710 909.87	-86 732 071.45	440.02
三、筹资活动产生的现金流量				
吸收投资收到的现金	22 909 150.00	—	22 909 150.00	
取得借款收到的现金	448 190 000.00	224 460 000.00	223 730 000.00	99.67
收到其他与筹资活动有关的现金	—	—		
筹资活动现金流入小计	471 099 150.00	224 460 000.00	246 639 150.00	109.88
偿还债务支付的现金	337 310 000.00	234 460 000.00	102 850 000.00	43.87

续表

项目	2020	2019	增减额	增减（%）
分配股利、利润或偿付利息支付的现金	41 993 670.83	45 026 353.42	−3 032 682.59	−6.74
支付其他与筹资活动有关的现金	875 707.60	845 000.00	30 707.60	3.63
筹资活动现金流出小计	380 179 378.43	280 331 353.42	99 848 025.01	35.62
筹资活动产生的现金流量净额	90 919 771.57	−55 871 353.42	146 791 124.99	−262.73
四、汇率变动对现金及现金等价物的影响	—			
五、现金及现金等价物净增加额	52 764 874.43	−50 873 904.06	103 638 778.49	−203.72
六、期末现金及现金等价物余额	127 530 439.08	74 765 564.65	52 746 874.43	70.57

通过对表4-10的分析，可以得到以下几方面的信息：

①某股份有限公司2020年净现金流量（现金及现金等价物净增加额）比2019年增加103 638 778.49元，经营活动、投资活动和筹资活动产生的现金流量净额较2019年净额的变动额分别为43 579 724.95、−86 732 071.45和146 791 124.99元。

②经营活动产生的现金流量净额2020年比2019年增长了73 579 724.95，增长率为176.38%。经营活动现金流入量和现金流出量2020年分别比2019年增长28.73%和20.62%，增长额分别为136 272 034.77元和92 692 309.82元。经营活动现金流入量的增加主要是因为收到其他与经营活动有关的现金增加了112 959 781.90元，增长率为410.53%；还有销售商品、提供劳务收到的现金增加了28 004 887.86元，增长率为6.25%。经营活动现金流出量的增加主要是受支付其他与经营活动有关的现金增加76 448 782.54元、增长率117.02%的影响；另外，购买商品、接受劳务支付现金和支付职工以及为职工支付的现金亦有不同程度的增加。

③投资活动产生的现金流量净额2020年比2019年减少86 732 071.45元，主要原因是投资支付的现金和购建固定资产、无形资产和其他长期资产支付的现金分别比上年增加95 092 063.25元和14 747 159.07元；而处置固定资产、无形资产和其他长期资产收回的现金净额只增加了24 045 264.76元，取得投资收益收到的现金只增加了11 886.11元，金额较小可以忽略不计。

④筹资活动产生的现金流量净额2020年比2019年增长146 791 124.99元，主要原因是本年取得借款收到的现金较上年增加了223 730 000.00元。

二、现金流量趋势分析应注意的问题

由于现金流量在企业价值评估中的地位相当重要，现金流量趋势分析也就成为整个趋势分析的核心和重点。但对企业经营活动、投资活动和筹资活动产生的现金流量趋势分析不能单纯就某个项目的变动进行孤立分析，而必须结合表中项目与项目之间、表与表之间有关项目的相互联系进行分析。只有这样才能全面准确地对企业现金流量的变化趋势进行分析评价。分析时，应注意以下三点：

①经营活动现金流量趋势分析要将现金流入、流出的变动同利润表中营业收支变动结合起来；经营活动现金流量净额的变动同经营活动现金流入、流出的变动结合起来。

②投资活动现金流量趋势分析要与资产负债表中固定资产、在建工程等非流动资产变动结合起来；投资活动现金流出趋势分析与筹资活动现金流入趋势分析结合起来。

③筹资活动现金流出趋势分析与经营活动现金流量趋势分析相结合。

本项目小结

本项目在介绍现金流量表的基本内容和现金流量表分析目的的基础上,详细阐述了现金流量表具体项目的分析,以及对现金流量表的趋势分析和结构分析。趋势分析就是通过趋势分析法,将现金流量表的实际数与前期数进行比较,在此基础上对企业经营活动、投资活动和筹资活动产生的现金流量的发展趋势进行分析。结构分析就是将现金流量表各项目的现金流入量、流出量和净流量与总的现金流入量、流出量和净流量进行比较,计算出各项目占总体比重。通过结构分析,可以明确企业的现金究竟来自何方,增加现金流入应在哪些方面采取措施。

现金流量表常见的修饰方法

以现金收付制为基础编制的现金流量表被认为是比较刚性而不易被操纵的,但鉴于现金流量表越来越多地受到会计信息使用者的信赖和关注,许多企业还是想方设法地采取各种手段修饰其现金流量表,常用的修饰方法有如下十种:

①故意调整现金流量表的分类。某上市公司某会计年度现金流量表中的"购建固定资产、无形资产和其他长期资产支付的现金"为2亿元。而资产负债表及其附注中的固定资产原值、在建工程以及无形资产等长期资产项目在年度内并没有明显变化。这说明该上市公司将属于经营活动的现金流出故意地归入了"购建固定资产、无形资产和其他长期资产支付的现金"试图让信息使用者认为企业在为增加固定资产、无形资产而努力,以掩盖相关现金的真正流向。

②两头吃:供应商与经销商。另一家上市公司CEO曾称:"我们没有风险,没贷款,有利润,现金流大于利润,还可以分现金股利。"事实上,该上市公司当时的本事在于两头通吃:一方面拖欠上游货款,流动负债高得离谱;另一方面向下游则收取大量的预收账款,导致负债率也很高,才得以维持财务运转,这种财务状况是存在隐忧的。

③期末收回应收账款,下期期初再予以返还。上市公司为了避免年度会计报表中的经营现金净流量恶化。可让母公司或大股东在期末大量偿还应收账款,在下期再将资金以多种形式返回给母公司或大股东。对其他应收账款户亦可采取类似的手段。这种方式很容易调高经营活动现金净流量,但并不能从本质上改变其现金流状况。

④向不需纳入会计报表合并范围的关联方收取预收账款,次年再返还。上市公司为了避免年度会计报表中的经营现金净流量恶化。可让母公司或其他不需纳入合并范围的关联方先行支付预付货款,在下期再将资金以多种形式返回给母公司或关联方。这种方式很容易调高当期经营活动现金净流量,但并不能从本质上改变其现金流状况。

⑤为客户提供贷款担保或其他的融资服务,使客户偿还货款。上市公司为其客户提供贷款担保或其他的融资服务,使客户筹集足够的资金将所欠货款予以偿还,同样可以大幅度降低期末应收账款余额,增加企业经营活动现金净流量。但这种担保就实质而言,只不过将销售方由应收账款可能产生的坏账风险转化为承担相应担保责任的风险;客户的财务风险或经管风险将最终对销售方产生连锁反应;销售方进一步的筹资能力也将相应地受到限制。

⑥削减应收债权,鼓励客户清偿所欠债务。企业为了刺激回款,会采取削减部分应收债权以鼓励客户清偿所欠债务,这样做可以大幅度降低期末应收账款余额,增加企业经营活动现金净流量,但会损害

企业的利益，并非理想的回款政策。

⑦贴现应收票据，但要付出贴现利息。在会计期末向银行贴现商业票据，既可解决企业现金不足的困境，又可减少期末应收票据余额，增加销售商品、提供劳务收到的现金数额。但如果贴现的商业汇票到期时，票据承兑人不能付款，贴现银行会将贴现款划回或转为逾期款。因此，应收票据贴现实质上是企业筹措资金的一种形式，并不能改善企业的获现能力和收益质量。

⑧通过银行做应收账款的保理业务，提前收回货款。应收账款保理业务使得企业可以因赊销而形成的应收账款有条件地转让给银行，银行再为企业提供现金，并负责管理，催收收账款和坏账担保等。企业可借此将应收账款转变为现金，收回账款，加快资金周转，使企业减少坏账损失、增加现金流量。

⑨处置资产。企业处置资产，如固定资产、无形资产、股权投资等，可形成投资活动的现金流入。如果是关联交易，还可能以超过公允价值的价格成交，在实现现金流入的同时，还改善净利润。

⑩构造"收到的其他与经营活动有关的现金"。凡不属于投资和筹资流入，又不属于销售商品和收到的税费返还流入，均归到这个项目中。因此，我们经常看到有些公司的现金流表中，竟然出现"其他收到的与经营活动有关的现金"的数额接近甚至远远超过"销售商品、供劳务收到的现金"的数额的不正常情况，并且没有提供明细，如接受捐赠、接受政府补贴等。

知识巩固

一、单项选择题

1. 下列各项中，不在销售商品、提供劳务收到的现金项目中反映的是（　　）。
   A. 预收货款　　　　　　　　　　　B. 本期的购货退回
   C. 收回应收账款　　　　　　　　　D. 向购买方收取的增值税销项税额
2. 企业支付的各项税费应列入现金流量表的（　　）现金流出量。
   A. 筹资活动　　B. 投资活动　　C. 经营活动　　D. 汇率变动影响
3. 现金流量表的编制基础是（　　）。
   A. 权责发生制　　B. 收付实现制　　C. 实地盘存制　　D. 永续盘存制
4. 下列各项属于现金等价物的是（　　）。
   A. 原材料　　　　　　　　　　　　B. 包装物
   C. 股票投资　　　　　　　　　　　D. 3个月到期的债券投资
5. 《企业会计准则——现金流量》规定，支付现金股利属于（　　）。
   A. 经营活动　　　　　　　　　　　B. 筹资活动
   C. 投资活动　　　　　　　　　　　D. 销售活动
6. 下列属于投资活动现金流出的是（　　）。
   A. 购建无形资产支付的现金　　　　B. 支付职工的工资
   C. 支付其他与经营活动有关的现金　D. 分配股利、利润支付的现金
7. 下列属于企业现金流入主要来源的是（　　）。
   A. 收到的税费返还　　　　　　　　B. 销售商品收到的现金
   C. 收回投资收到的现金　　　　　　D. 取得投资收益收到的现金
8. 经营活动产生的现金流量主要包括（　　）。
   A. 销售商品、提供劳务收到的现金　B. 收回投资收到的现金
   C. 处置固定资产收到的现金　　　　D. 吸收投资收到的现金

9. （　　）不属于企业的投资活动。
   A. 处置设备　　　B. 长期股权出售　　　C. 现金等价物投资　　　D. 处置无形资产
10. 企业管理者将持有的现金投资于"现金等价物"项目，其目的在于（　　）。
    A. 控制被投资单位
    B. 利用暂时闲置的资金赚取超过持有现金的收益
    C. 获得高于利息流入的风险报酬
    D. 企业长期规划需要
    E. 企业长远发展需要
11. 下列财务活动中不属于企业筹资活动的是（　　）。
    A. 发行债券　　　　　　　　　　　　B. 分配股利
    C. 吸收权益性投资　　　　　　　　　D. 购建固定资产
12. 下列活动中，属于企业投资活动产生的现金流量的是（　　）。
    A. 向银行借款收到的现金　　　　　　B. 以现金支付债券利息
    C. 发行公司债券收到的现金　　　　　D. 以现金支付的在建工程人员工资
13. 在企业处于高速成长阶段，投资活动现金流量往往是（　　）。
    A. 流入量大于流出量　　　　　　　　B. 流入量小于流出量
    C. 流入量等于流出量　　　　　　　　D. 不一定
14. 下列项目中不属于现金流量表中"现金"的是（　　）。
    A. 银行存款　　　B. 长期股权投资　　　C. 银行汇票存款　　　D. 银行本票存款
15. 企业经营活动产生的现金流量处于良好运转状态的是（　　）。
    A. 经营活动要借助于收回投资
    B. 经营活动现金流量净额大于零并在补偿非付现成本费用后仍有剩余
    C. 经营活动要举借新债取得现金
    D. 经营活动现金流入量小于流出量
16. 企业当期收到税费的返还应列入现金流量表的（　　）现金流入表。
    A. 经营活动　　　B. 筹资活动　　　C. 投资活动　　　D. 汇率变动
17. 能使经营活动减少的项目是（　　）。
    A. 无形资产摊销　　　　　　　　　　B. 出售长期资产减少
    C. 存货增加　　　　　　　　　　　　D. 应收账款减少
18. 某公司2020年净利润为83 519万元，本年计提的固定资产折旧12 764万元，无形资产摊销5万元，待摊费用增加90万元（不考虑其他因素），则本年经营活动产生的现金净流量是（　　）万元。
    A. 83 519　　　B. 96 198　　　C. 96 288　　　D. 96 378

二、多项选择题

1. 经营活动产生的现金流量包括（　　）。
   A. 收到的税费返还　　　　　　　　　B. 销售商品、提供劳务收到的现金
   C. 取得投资收到的现金　　　　　　　D. 取得借款收到的现金
2. 属于筹资活动产生的现金流量的项目有（　　）。
   A. 短期借款增加　　　　　　　　　　B. 支付各项税费
   C. 企业各项长期投资　　　　　　　　D. 偿还长期债权本金

3. 下列属于现金流入量的是（　　）。
   A. 销售商品、提供劳务收到的现金　　　　B. 收回投资收到的现金
   C. 建设投资　　　　　　　　　　　　　　D. 回收垫资的流动资金
4. 现金流量表中现金包括的内容有（　　）。
   A. 库存现金　　B. 银行存款　　C. 短期证券　　D. 其他货币资金
5. 下列属于投资活动产生的现金流量的有（　　）。
   A. 销售商品收到的现金　　　　　　　　　B. 出售设备收到的现金
   C. 提供劳务收到的现金　　　　　　　　　D. 收到投资者投入的现金
6. 关于现金流量表分析的作用表述正确的是（　　）。
   A. 了解企业盈利能力　　　　　　　　　　B. 了解企业偿债能力、支付能力和对外筹资能力
   C. 预测企业未来现金流量　　　　　　　　D. 分析收益质量及影响现金净流量的因素
7. 从净利润调整为经营活动现金流量时，应调增的项目有（　　）。
   A. 财务费用　　　　　　　　　　　　　　B. 不减少现金的经营费用
   C. 投资损失　　　　　　　　　　　　　　D. 存货增加
8. 企业经营活动现金流量不足，可以通过（　　）途径来解决。
   A. 消耗货币积累　　B. 处置非现金资产　　C. 进行额外融资　　D. 推迟投资活动
9. 投资活动产生的现金流出包括（　　）。
   A. 购建固定资产所支付的现金　　　　　　B. 权益性投资所支付的现金
   C. 债权性投资所支付的现金　　　　　　　D. 购买原材料所支付的现金
10. 企业筹资活动产生的现金净流量小于零，可能意味着（　　）。
    A. 企业当期大规模偿还债务　　　　　　　B. 企业当期进行了增资扩股
    C. 企业当期在投资扩张方面没有更多的作为　D. 企业无法取得新的借款
11. 现金及现金等价物净增加额等于（　　）。
    A. 三项活动产生的现金流量净额与汇率变动影响之和
    B. 全部现金流入量
    C. 现金及现金等价物期末、期初余额之和
    D. 筹资活动现金流入量
12. 筹资活动现金流量联系经营活动的现金净流量时，如果经营活动的现金净流出较大，有可能是（　　）。
    A. 经营活动现金流量支持投资活动　　　　B. 吸收资本用于经营活动
    C. 借款补充经营活动　　　　　　　　　　D. 经营活动现金流量出问题
13. 在现金流量项目组合分析中，"—，—，+"的现金净流量方向通常表示企业处于（　　）。
    A. 初创期　　B. 成长期　　C. 成熟期　　D. 衰退期

三、判断题

1. 现金流量表应反映一段时期的现金和现金等价物的流入流出状况，这里的一段时期可以是1个月或2个月。（　　）
2. 经营租赁和融资租赁支付租金形成的现金流出属于不同的现金流范围。（　　）
3. 收到的税费返还应在"支付的税费"项目中扣除。（　　）
4. 支付工程人员的工资应归属于经营活动形成的现金流量。（　　）
5. 企业的银行存款与库存现金及现金等价物之间的资金转换，不视为现金的流入或流出。（　　）
6. 企业的生命周期与现金流量状况密切相关，通过分析现金流量，可以知晓企业的经营发展阶段及

其对现金的需求。（　　）

7. 固定资产折旧的变动不影响当前现金流量的变动。（　　）

8. 即使经营活动的现金净流量大于零，企业也可能仍然处于亏损状态。（　　）

9. 经营活动现金净流量如果小于零，说明企业经营活动的现金流量自我适应能力较差，企业经营状况不好，属于不正常现象。（　　）

10. 财务费用项目引起的现金流量属于筹资活动现金流量。（　　）

11. 投资活动现金净流量大于零，只可能是企业投资收益状况较差，没有取得经济效益。（　　）

12. 企业购买股票和债券时，实际支付的价款中包含的已宣告但尚未领取的现金股利或已到付息期尚未领取的债券利息应反映在"支付其他与投资活动有关的现金"项目。（　　）

13. 筹资活动中偿还债务支付的现金项目反映企业以现金偿还债务本金和利息。（　　）

14. 对于一个健康的正在成长的公司来说，经营活动现金净流量应是正数，投资活动现金净流量应是正数，筹资活动现金净流量应是正负相同。（　　）

四、案例分析题

1. 某公司为增值税一般纳税人，2010年营业收入为2500万元，增值税销项税额为425万元；应收账款期初余额为200万元，期末余额为350万元；预收账款期初余额为100万元，期末余额为80万元。不考虑其他项目的变动影响，计算该公司2010年度现金流量表中"销售商品、提供劳务收到的现金"项目"本期金额"栏金额。

2. 双赢公司是一家生产制造企业，2012年度管理费用为800万元。其中以现金支付的费用如下：

（1）支付管理人员工资230万元；

（2）支付管理人员奖金120万元；

（3）支付计提管理部门的固定资产折旧210万元；

（4）支付无形资产摊销85万元；

（5）支付职工统筹退休金150万元。

不考虑其他项目的变动影响，计算该公司2012年度现金流量表中"支付其他与经营活动有关的现金"项目"本期金额"栏金额。

3. 某公司2019年和2020年度现金流量表见表4-11所示。

表4-11　现金流量表

编制单位：华安公司　　　　　　　　　　　　　　　　　　　　　　　　　单位：千元

项目	2020	2019
一、经营活动产生的现金流量		
销售商品、提供劳务收到的现金	86 797	63 609
收到的税费返还		
收到的其他与经营活动有关的现金	1892	682
经营活动现金流入小计	87 689	64 291
购买商品、接受劳务支付的现金	22 534	16 024
支付给职工以及为职工支付的现金	7599	6722
支付的各项税费	36 235	26 469
支付其他与经营活动有关的现金	8194	11 109
经营活动现金流出小计	74 562	60 324
经营活动产生的现金流量净额	13 127	3967

续表

项目	2020	2019
二、投资活动产生的现金流量		
收回投资收到的现金		
取得投资收益收到的现金	13	1213
处置固定资产、无形资产和其他长期资产收回的现金净额		
处置子公司及其他营业单位收到的现金净额	—	—
收到其他与投资活动有关的现金	—	—
投资活动现金流入小计	49	1216
购建固定资产、无形资产和其他长期资产支付的现金	5006	1978
投资支付的现金		
取得子公司及其他营业单位支付的现金净额	—	—
支付其他与投资活动有关的现金	—	—
投资活动现金流出小计	5006	1978
投资活动产生的现金流量净额	−4957	−762
三、筹资活动产生的现金流量		
吸收投资收到的现金		—
取得借款收到的现金	100	100
收到其他与筹资活动有关的现金	—	—
筹资活动现金流入小计	100	100
偿还债务支付的现金	100	100
分配股利、利润或偿付利息支付的现金	6278	1844
支付其他与筹资活动有关的现金		
筹资活动现金流出小计	6378	1944
筹资活动产生的现金流量净额	−6278	−1844
四、汇率变动对现金及现金等价物的影响	—	
五、现金及现金等价物净增加额	1892	1361
加：期初现金及现金等价物余额		
六、期末现金及现金等价物余额		

要求：（1）对该公司现金流量表进行水平分析；

（2）对该公司2020年现金流量表总体结构进行分析；

（3）对该公司2020年现金流量状况进行一般分析。

项目五　所有者权益变动表的分析

知识目标

1. 掌握所有者权益的结构；
2. 掌握所有者权益变动表的编制原理；
3. 能分析所有者权益变动表。

能力目标

具有编制所有者权益变动表并进行分析的能力。

素质目标

具有良好的政治素质，热爱祖国，拥护共产党领导，拥护社会主义制度，具有正确的世界观、人生观、价值观，德、智、体、美全面发展；具有良好的职业素养、具备财务报表分析课程所应掌握的财务报表分析计算技能和财务报表分析的技能。

项目引例

某企业今年增设了三个股东，使原有股东的股份产生了相应地变化，我们怎样反映股东股份地变化呢？

案例分析

某企业原投资规模300万，由于业务开展的需要，需要扩大投资，经过股东大会决议，准备接收另外三个股东的投资，下面我们来看看怎么反映股东股份的变化情况。

任务一　认识所有者权益变动表

一、所有者权益变动表的概念

所有者权益变动表是指反映构成企业所有者权益的各个组成部分当期增减变动情况的会计报表。所有者权益变动表中，至少应单独列出以下项目：净利润、其他综合收益、会计政策变更和前期差错更正的累积影响金额、所有者投入资本和向所有者分配利润、提取盈余公积、实收资本、资本公积、盈余公积、未分配利润的期初和期末余额及其调节情况。所有者权益变动表是企业的主要财务报表之一，每一个会计主体都必须按照规定按年度编制所有者权益变动表。

二、所有者权益变动表的内容和结构

所有者权益变动表一般分为表头和表身两部分。所有者权益变动表的表头是报表的标志，包括报表

的名称、编制单位、编制时间和金额单位四个部分。其中，编制时间应为所有者权益变动表报告期间的一段时间。

如表5-1所示，所有者权益变动表的表身是报表的主体，应当以矩阵的形式列出各个项目。一方面，列出导致所有者权益变动的交易或事项，改变了以往仅按照所有者权益的各个组成部分反映所有者权益的变动情况，而是按所有者权益变动的原因对一定期间所有者权益变动情况进行全面反映；另一方面，按照所有者权益的各个组成部分（实收资本、资本公积、盈余公积、未分配利润）及其总额列出交易或事项对所有者权益的影响。

表5-1 所有者权益变动表

项目	本年金额						上年金额
	实收资本	资本公积	减：库存股	盈余公积	未分配利润	所有者权益合计	略
一、上年末余额							
加：会计政策变更							
前期差错更正							
二、本年初余额							
三、本期增减变动金额							
（一）本年净利润							
（一）直接计入所有者（股东）权益的利得和损失							
1. 可供出售金融资产公允价值变动净额							
2. 权益法下被投资单位其他所有者权益变动的影响							
3. 与计入所有者权益项目相关的所得税影响							
4. 其他							
上述（一）（二）小计							
（三）所有者投入和减少资本							
1. 所有者投入资本							
2. 股份支付计入所有者权益金额							
3. 其他							
（四）利润分配							
1. 提取盈余公积							
2. 对所有者（或股东）的分配							
3. 其他							
（五）所有者权益内部结转							
1. 资本公积转增资本							
2. 盈余公积转增资本							
3. 盈余公积弥补亏损							
4. 其他							
四、本年末余额							

三、所有者权益变动表的作用

①所有者权益变动表可以提供更加全面的会计信息。

②所有者权益变动表可以提供更加详细的会计信息。

③所有者权益变动表可以提供更加全方位反映企业经营业绩的会计信息。

四、编制所有者权益变动表

1. 填列所有者权益变动表"上年金额"栏

所有者权益变动表各个项目"上年金额"栏内的金额，应根据上年度所有者权益变动表各个项目"本年金额"栏的金额对应填列。如果本年度所有者权益变动表规定的各个项目的名称或内容与上年度不一致，应当将上年度所有者权益变动表各项目的名称和数字按照本年度的新规定进行调整，并按调整后的金额填入本年度所有者权益变动表对应项目的"上年金额"栏内。

2. 填列所有者权益变动表"本年金额"栏

所有者权益变动表各个项目"本年金额"栏内的金额，应根据本会计年度所有者权益项目的增减变动情况填列。

（1）上年年末余额

①"上年年末余额"项目。"上年年末余额"项目，反映企业上一个会计年度"实收资本""资本公积""盈余公积""未分配利润""所有者权益"项目的期末余额。

②"会计政策变更"项目。"会计政策变更"项目，反映企业本会计年度采用追溯调整法处理会计政策变更的累积影响金额。该项目"本年金额"栏应根据"盈余公积""利润分配——未分配利润"等明细账账户的发生额，对应列在"盈余公积"和"未分配利润"栏分析填列。若为增加额，应以"+"号填列；若为减少额，应以"-"号填列。

③"前期差错更正"项目。"前期差错更正"项目，反映企业采用追溯调整法处理前期差错更正的累积影响金额。该项目"本年金额"栏应根据"盈余公积""利润分配——未分配利润""以前年度损益调整"等明细账账户的发生额，并对应列在"盈余公积"和"未分配利润"栏分析填列。若为增加额，应以"+"号填列；若为减少额，应以"-"号填列。

（2）本年年初余额

"本年年初余额"项目，反映企业本会计年度"实收资本""资本公积""盈余公积""未分配利润""所有者权益"项目的期初余额。该项目"本年金额"栏应根据"上年初余额"项目、"会计政策变更"项目和"前期差错更正"项目"本年金额"栏分析计算填列。

（3）本期增减变动金额

①"本年净利润"项目。"本年净利润"项目，反映企业本会计年度实现的净利润或净亏损。该项目"本年金额"栏应根据利润表中"净利润"项目的金额，对应列在"未分配利润"栏填列。若为净利润，应以"+"号填列；若为净亏损，应以"-"号填列。

②"直接计入所有者（股东）权益的利得和损失"项目。"直接计入所有者（股东）权益的利得和损失"项目，反映企业本会计年度发生的应直接计入所有者（股东）权益的利得和损失。该项目"本年金额"栏应根据"权益法下被投资单位其他所有者权益变动的影响"项目"本年金额"栏金额和"与计入所有者权益项目相关的所得税影响"项目"本年金额"栏金额计算填列。

a."权益法下被投资单位其他所有者权益变动的影响"项目。"权益法下被投资单位其他所有者权益变动的影响"项目，反映企业持有的按照权益法核算的长期股权投资，在被投资单位除本会计期间的净损益以外的其他所有者权益变动中应享有的份额。该项目"本年金额"栏应根据"长期股权投资——其他权益变动"和"资本公积——其他资本公积"明细账账户的发生额，对应列在"资本公积"栏分析填列。若为所有者权益增加，应以"+"号填列；若为所有者权益减少，应以"-"号填列。

b."与计入所有者权益项目相关的所得税影响"项目。"与计入所有者权益项目相关的所得税影响"

项目，反映企业因上述计入其他所有者权益的金额对本会计年度所得税的影响。该项目"本年金额"栏应根据"递延所得税资产""递延所得税负债""资本公积——其他资本公积"明细账账户的发生额，对应列在"资本公积"栏分析填列。若为递延所得税资产增加，应以"+"号填列；若为递延所得税负债增加，应以"-"号填列。

③"所有者投入和减少资本"项目。"所有者投入和减少资本"项目，反映企业本会计年度所有者投入和减少的资本。该项目"本年金额"栏应根据"所有者投入资本"项目和"股份支付计入所有者权益的金额"项目"本年金额"栏金额计算填列。

a. "所有者投入资本"项目。"所有者投入资本"项目，反映企业本会计年度因接受投资者投资形成的实收资本和资本溢价。该项目"本年金额"栏应根据"实收资本""资本公积——资本溢价"明细账账户的发生额，对应列在"实收资本"和"资本公积"栏分析填列。

b. "股份支付计入所有者权益金额"项目。"股份支付计入所有者权益金额"项目，反映企业处于等待期中权益结算的股份支付本会计年度计入资本公积的金额。该项目"本年金额"栏应根据"资本公积"明细账账户的发生额，对应列在"资本公积"栏分析填列。

④"利润分配"项目。"利润分配"项目，反映企业本会计年度对所有者分配的利润和提取盈余公积的金额。该项目"本年金额"栏应根据"提取盈余公积"项目和"对所有者的分配"项目"本年金额"栏金额计算填列。

a. "提取盈余公积"项目。"提取盈余公积"项目，反映企业本会计年度按照规定提取的法定盈余公积和任意盈余公积。该项目"本年金额"栏应根据"盈余公积"和"利润分配"明细账账户的发生额，对应列在"盈余公积"栏和"未分配利润"栏分析填列。

b. "对所有者的分配"项目。"对所有者的分配"项目，反映企业本会计年度对所有者分配利润或现金股利的金额。该项目"本年金额"栏应根据"应付股利"和"利润分配"明细账账户的发生额，对应列在"未分配利润"栏分析填列。

⑤"所有者权益内部结转"项目。"所有者权益内部结转"项目，反映企业本会计年度所有者权益各组成部分之间的增减变动情况。该项目"本年金额"栏应根据"资本公积转增资本"项目、"盈余公积转增资本"项目和"盈余公积弥补亏损"项目的金额分析填列。

a. "资本公积转增资本"项目。"资本公积转增资本"项目，反映企业本会计年度以其资本公积转增资本的金额。该项目"本年金额"栏应根据"资本公积"和"实收资本"明细账账户的发生额，对应列在"实收资本"栏和"资本公积"栏分析填列。对应列在"实收资本"栏的金额，应以"+"号填列；对应列在"资本公积"栏的金额，应以"-"号填列。

b. "盈余公积转增资本"项目。"盈余公积转增资本"项目，反映企业本会计年度以其盈余公积转增资本的金额。该项目"本年金额"栏应根据"盈余公积"和"实收资本"明细账账户的发生额，对应列在"实收资本"栏和"盈余公积"栏分析填列。对应列在"实收资本"栏的金额，应以"+"号填列；对应列在"盈余公积"栏的金额，应以"-"号填列。

c. "盈余公积弥补亏损"项目。"盈余公积弥补亏损"项目，反映企业本会计年度以其盈余公积弥补亏损的金额。该项目"本年金额"栏应根据"盈余公积"和"利润分配"明细账账户的发生额，对应列在"未分配利润"栏和"盈余公积"栏分析填列。对应列在"未分配利润"栏的金额，应以"+"号填列；对应列在"盈余公积"栏的金额，应以"-"号填列。

(4) 本年年末余额

"本年年末余额"项目，反映企业本会计年度"实收资本"项目、"资本公积"项目、"盈余公积"项目、"未分配利润"项目和"所有者权益"项目的期末余额。该项目"本年金额"栏应根据"本年年初余额"项目和"本年增减变动金额"项目"本年金额"栏金额计算填列。

五、编制所有者权益变动表的案例分析

承接项目二任务（三）编制资产负债表的案例分析，编制所有者权益变动表（表5-2）。

表5-2　所有者权益变动表

编制单位：某汽车股份有限公司　　　　　　　　2020年　　　　　　　　　　　　　金额单位：元

项目	本年金额						上年金额
	股本	资本公积	减：库存股	盈余公积	未分配利润	股东权益合计	略
一、上年末余额	5 000 000	0		100 000	50 000	5 150 000	
加：会计政策变更							
前期差错更正							
二、本年初余额	5 000 000	0		100 000	50 000	5 150 000	
三、本期增减变动金额	0	0		26 209.5	235 885.5	262 095	
（一）本年净利润					262 095	262 095	
（二）直接计入股东权益的得利和损失							
1. 其他债权投资公允价值变动净额							
2. 权益法下被投资单位其他所有者权益变动的影响							
3. 与计入所有者权益项目相关的所得税影响							
4. 其他							
上述（一）（二）小计					262 095	262 095	
（三）所有者投入和减少的资本							
1. 所有者投入资本							
2. 股份支付计入所有者权益的金额							
3. 其他							
（四）利润分配				26 209.5	-26 209.5	0	
1. 提取盈余公积				26 209.5	-26 209.5	0	
2. 对所有者的分配							
3. 其他							
（五）所有者权益内部结转							
1. 资本公积转增资本							
2. 盈余公积转增资本							
3. 盈余公积弥补亏损							
4. 其他							
四、本年末余额	5 000 000	0		126 209.5	285 885.5	5 412 095	

任务二 所有者权益变动表分析

项目引例

所有者权益分析中的难点和热点之一：可转换债券。

与普通债券相比，可转换债券可以视作一种附有"转换条件"的公司债券，也就是债券持有者可以在将来某个规定的期限内按约定条件将其转换为公司普通股票的特殊债券。这种特殊的"转换"期权特性使得可转换债券得以兼具债务、股票和期权三个方面的部分特征：首先，作为一种公司债券，可转换债券同样具有确定的期限和利率；其次，通过持有人的成功转换，转换债券又可以股票的形式存在，而债券持有人通过转换由债权人变为了公司股东；最后，可转换债券还具有期权性质，即投资者拥有是否将债券转换成股票的选择权。

由于可转换债券具有多重性质，因此理论上应当将其债务和权益部分分开计量和披露，但目前通用的会计准则一般都将可转换债券记录为负债，而不确认其转换权的价值。采用这种处理方法的主要理由有两个：其一，转换特征与可转换债券的负债性质不可分离；其二，负债和转换期权价值难以分开。

案例分析

可转换债券中所包含的选择权无疑是有价值的，而现行的会计准则却将可转换债券视同不包含转换权的一般债券进行会计处理，这一简化的处理方法抹杀了可转换债券的显著特点，因此，财务报表分析人员必须关注，发行可转换债券的公司的财务报表中记录的利息费用可能低估了其真实的债务融资成本；对于即将到期的可转换债券，将转换价格与普通股现行市价相比较就能大致判断出其转换的可能性的高低；在分析公司的资本结构时，应当注意公司是否有发行在外的可转换债券，因为未来可转换债券的实际转换情况可能对公司的资本结构产生重大影响。

一、所有者权益变动表分析的目的

①通过分析所有者权益变动表，可以清晰地了解会计期间构成所有者权益各个项目的变动规模与结构，了解其变动趋势，反映公司净资产的实力，提供资产保值增值的重要信息。

②通过分析所有者权益变动表，可以进一步从全面收益角度分析更全面、更有用的财务业绩信息，以满足报表使用者投资、信贷决策及其他经济决策的需要。

③通过分析所有者权益变动表，可以反映会计政策变更的合理性以及会计差错更正的幅度，具体报告会计政策变更和会计差错更正对所有者权益的影响数额。

④通过分析所有者权益变动表，可以反映股权分置、股东分配政策、再筹资方案等财务政策对所有者权益的影响。

二、所有者权益变动表分析的内容

所有者权益变动表分析包括如下内容：
①所有者权益变动表结构分析。
②所有者权益变动表主要财务指标分析。

三、所有者权益变动表结构分析影响因素

所有者权益变动表不仅反映了所有者权益总量的增减变动，而且揭示了所有者权益增减变动的结构

性信息，有利于报表使用者了解所有者权益增减变动的根源。所有者权益变动表主要提供了六个方面的信息：企业净利润、直接计入所有者权益的利得和损失、所有者投入和减少的资本、利润分配、所有者权益内部结转、所有者权益各组成项目年初余额、所有者权益各组成项目年末余额。

1. 利润分配政策

企业投入资本和留用利润的结构，直接受制于企业的利润分配政策，若企业采取高利润分配政策，而盈余公积、公益金又按照法定比例提取，则未分配利润的减少必然引起留用利润的比重降低；反之，采取低利润分配或暂缓分配政策，留用利润的比重必然会因此而提高。

2. 所有者权益规模

所有者权益结构往往会由于其规模或总量的变动而相应地变动。比如，在其他条件相对稳定时，投资者追加投资或法定收回投资或者盈余公积转增资本、配送股等，都会引起所有者权益总量或其中某项目总量的变动，进而引起所有者权益结构的变动。

3. 企业控制权

企业的控制权掌握在持有一定股份的大股东手中，如果企业决定接受其他投资者的投资，就会稀释股权，分散企业的控制权。若企业所有者愿意接受这种筹资政策，其结果必然引起所有者权益结构的变化；若企业所有者不愿分散对企业的控制权，就会采取负债筹资的方式，以不影响所有者权益结构。

4. 权益资本成本

企业的权益资本成本往往高于负债资本成本，因为所有者承担的风险要大于债权人承担的风险，所以其要求的回报也较高。在所有者权益的内部，投入资本的资本成本往往要高于留用利润的资本成本。因此，企业要降低筹资成本，应尽量利用留用利润，加大其比重，这样，综合资本成本率则会相对降低。

5. 外部因素

企业在选择筹资渠道时，往往不因企业的意志而定，要受到经济环境、金融政策、资本市场状况等因素的制约，这些因素影响企业的筹资方式，也必然影响所有者权益结构。为了清楚地表明构成所有者权益的各组成部分当期的增减变动情况，所有者权益变动表应当以矩阵的形式列示。一方面，列示导致所有者权益变动的交易或事项，改变了以往仅仅按照所有者权益的各组成部分反映所有者权益变动情况，而是从所有者权益变动的来源对一定时期所有者权益变动情况进行全面反映；另一方面，按照所有者权益各组成部分（实收资本、资本公积、盈余公积、未分配利润和库存股）及其总额列示交易或有事项对所有者权益的影响。

任务三　所有者权益变动表结构分析

一、所有者权益变动表主要财务指标分析

1. 投入资本报酬率

投入资本报酬率是指收益与投入资本之间的关系，是被最广泛认同的衡量公司业绩的指标。投入资本报酬率指标能确定一个公司经营成功、吸引资金、偿还债务和回报所有者的能力。该指标倾向于长期一年或一年以上的时间的计量指数。其计算公式为：

$$投入资本报酬率 = 收益/投入资本$$

投入资本包括实收资本（股本）和资本公积。投入资本报酬率是投资者十分关注的投资回报效率指标，它反映了基本的并且是可以接受的收益和融资水平的概念，对于投入资本报酬率的计算没有统一的

计量指标，它可以根据财务报表使用者的不同观点进行计量，并提出不同解释的相关性。

2. 所有者权益报酬率

所有者权益报酬率又称股东权益报酬率或者净值报酬率，指一定时期企业的净利润与所有者权益的比率。对股份制企业来说，就是股权报酬率。所有者权益报酬率是一个衡量股票投资者回报的指标，通过它也可以反映企业管理层的表现、盈利能力、资产管理及财务控制。

所有者权益报酬率为利润额与平均股东权益的比值，该指标越高，说明投资带来的收益越高；指标越低，说明企业所有者权益的获利能力越弱。该指标体现了自有资本获得净收益的能力。其计算公式为：

$$所有者权益报酬率=净利润/所有者权益×100\%$$

公式中，所有者权益可以用期初、期末平均数，也可用期末数。

所有者权益报酬率是企业常用的可以具体计量的投入资本报酬率，它反映企业总的投资回报水平，对于经营管理评价、盈利能力分析、盈利预测和预算控制都具有现实意义。

3. 资本保值增值率

资本保值增值率是指企业扣除客观因素后的本年末所有者权益总额与年初所有者权益总额的比率，反映企业当年资本在企业自身努力下的实际增减变动情况，是考核评价企业经营绩效的重要依据。其计算公式为：

$$资本保值增值率=扣除客观因素后的年末所有者权益总额/年初所有者权益总额×100\%$$

资本保值增值率的计算应以扣除客观因素后的年末所有者权益为依据。该指标能对企业的盈利能力和发展能力进行具体评价。在一般情况下，该指标比率越高，表明经营者的业绩越好；经营者业绩越好，给所有者带来的财富就越多。该指标通常应大于100%。

4. 所有者财富增长率

所有者财富增长率是指实收资本一定的情况下，实收资本的增长水平。其计算公式为

$$所有者财富增长率=（期末每元实收资本净资产-期初每元实收资本净资产）/期初每元实收资本净资产×100\%$$

$$股东财富增长率=（期末每股净资产-期初每股净资产）/期初每股净资产×100\%$$

所有者财富增长率是投资者或潜在投资者最为关心的指标，与每股收益一样，该指标集中体现了所有者的投资效益，也可作为对经营者的考核指标。

5. 负债权益比率

负债权益比率是反映企业资本结构的重要比率之一，通过它在经营活动中发挥财务杠杆的作用评价企业资本结构的合理性和效率性。负债权益比率不仅反映了债务人提供的资本与所有者提供的资本的相对关系，而且反映了企业自有资金偿还全部债务的能力。其计算公式为

$$负债权益比率=负债/所有者权益$$

负债权益比率揭示负债资金与所有者权益资金的比例关系，因而能够说明正常情况下债权人权益受到投资人权益的保证程度，或在企业清算时对债权人利益的保障程度，也能说明企业基本的财务结构或资本结构及其稳定程度。一般而言，负债权益比率指标高，说明企业的基本财务结构与资本结构具有高风险高收益的特性；反之，则说明企业拥有低风险低收益的基本财务结构和资本结构。应当指出，负债权益比率指标往往随企业的经营性质和现金流量的变化而变化。

二、所有者权益变动表的分析

所有者权益变动表的分析是指所有者权益的各项目金额占所有者权益总额的比重，反映企业所有者权益各项目的分布情况，揭示企业的经济实力和风险承担能力。此外，由于所有者权益中的盈余公积和

未分配利润属留存收益，是企业税后利润分配的结果，源于企业内部的资本。实收资本和资本公积源于企业外部的资本投入。外部所有者权益的增长，只能说明投资额的加大，代表了企业外延式扩大再生产能力；而内部所有者权益的持续增长，才意味着企业经营者的资本保值和增值能力。因此所有者结构分析也能反映出企业的内部积累能力，间接反映企业的经营状况。

影响所有者权益结构的因素主要有以下几点：

①利润分配政策与高股利分配政策的协调，盈余公积、公益金又按照法定比例提取，高股利分配则导致分配利润增多而未分配利润减少，这必然引起留用利润的比重降低；反之，采取低股利分配或暂缓分配政策，留用利润比重必然会因此提高。

②所有者权益规模。所有者权益的变化，往往由于其规模或总量的变动而相应地变动。例如，在其他条件相对稳定时，投资者追加投资或法定收回投资或者盈余公积转增资本、送配股等，都会引起所有者权益总量或其中某项目总量的变动，进而引起所有者权益结构的变动。

③企业控制权。企业的控制权在持有一定股份的大股东手中，如果企业决定接受其他投资者的投资，就会稀释股权，分散企业的控制权。若企业所有者愿意接受这种筹资政策，其结果必然引起所有者权益结构的变化；否则，所有者不愿分散对企业的控制权，就会采取负债筹资的方式，这样则不会影响企业的所有者权益结构。

④权益资本成本。企业的权益资本成本往往要高于负债资本成本，因为所有者承担的风险要大于债权人承担的风险，所以其要求的回报也高。因此，企业要降低筹资成本，应尽量利用留用利润，加大其比重，这样综合资本成本率则会相对降低。

（一）以某公司为例进行分析

2020年，某公司实收资本期末数 13 000 000.00 元，占所有者权益总额 55.97%，实收资本无增减变动，投资者未加大投入增强生产能力，企业属于稳健期。盈余公积期末数 800 000.00 元，占所有者权益总额 3.44%。盈余公积 800 000.00 元是 2019 年 3 月正式运营以前试产和委托加工产品销售利润转为的盈余公积，2019 年 12 月份以前误列为"资本公积"项目，2019 年 12 月份已做会计更正记录。未分配利润期末数 9 428 102.37 元，占所有者权益总额 40.59%，表明企业有较好的积累，为后续发展提供动力。

1. 从资金来源看所有者权益

所有者权益总量占企业全部资金来源的比重，直接关系到企业对长期偿债能力影响程度，也是影响企业融资举债能力的前提条件。一般来说这个比例越高，企业的融资能力就越强，所有者权益总量越多，对债权人的安全系数就越高（表5-3）。

表 5-3 某公司权益占资金来源的比重

资金来源类别	期末数	期初数	结构比例		
			期末	期初	变动
流动负债	11 809 706.31	4 181 728.30	23.14	13.92	9.22
长期负债	16 000 000.00	9 000 000.00	31.35	29.95	1.40
所有者权益	23 228 102.37	16 868 587.00	45.51	56.13	-10.62
合计	51 037 808.68	30 050 315.30			

从表 5-3 可以看出，该公司的所有者权益总量较上年增加 6 359 515.37 元（期末数-年初数），但总体结构比例由上年的 56.13% 下降为 45.51%，这是因为负债增长幅度大于所有者权益增长幅度，从比例上看，企业偿债能力略有下降，但 45.51% 的总量结构还是可以承担偿债压力的。

2. 所有者权益的水平分析

所有者权益变动表的水平分析是将所有者权益各个项目的本年数与基准数，与上年数进行对比分析，揭示公司当期所有者权益各个项目绝对数变动情况，从而反映所有者权益各个项目增减变动的具体原因和存在问题的一种分析方法。一般用变动额和变动率两个指标来反映所有者权益各个项目的报告期与上年数的变动情况（表5-4）。

表5-4 某公司权益结构分析

资金来源类别	期末数	期初数	水平变动	
			变动额	变动率
实收资本	13 000 000.00	13 000 000.00	0.00	0.00
资本公积				
盈余公积	800 000.00		800 000.00	100.00%
未分配利润	9 428 102.37	3 868 587.00	5 559 515.37	143.71%
合计	23 228 102.37	16 868 587.00	6 359 515.37	37.70%

该公司2020年所有者权益比2009年增加6 359 515.37元，增长幅度即变动率为37.70%。

从影响的主要项目看，主要表现在以下项目的变动上：

第一，所有者权益变动的最主要原因是2020年净利润的大幅度增长，净利润增长5 559 515.37元，增长幅度是143.71%。净利润大幅度增长的主要原因是2020年度产品销售增加，系由开发甘肃、青海、宁夏、内蒙古等市场、扩大销量引起的。第二，盈余公积增加800 000.00元，增加100%，是利润转为盈余公积，说明企业增加积累，为后续扩大经营规模做准备。

3. 所有者权益变动表的垂直分析

所有者权益变动表的垂直分析，是将所有者权益变动表各个项目的本期发生数与所有者权益变动表本期年末余额进行比较，即各个项目金额占本年末余额的比重，从而揭示公司当年所有者权益内部结构的情况，从静态判断所有者权益变动表各个项目构成的合理性。同时，将报告期各个项目所占的比重与基期各个项目所占的比重进行对比分析，从动态角度反映所有者权益表的各个项目变动情况，找出影响所有者权益变动的主要项目，为报表使用者进行经济决策提供新的思路（表5-5）。

表5-5 某公司所有者权益垂直分析　　　　　　　　　　单位：元

资金来源类别	期末数	期初数	垂直比例（%）		
			期末	期初	变动
实收资本	13 000 000.00	13 000 000.00	55.97	77.07	-21.10
资本公积					
盈余公积	800 000.00		3.44		+3.44
未分配利润	9 428 102.37	3 868 587.00	40.59	22.93	+17.66
合计	23 228 102.37	16 868 587.00	100.00	100.00	

实收资本与注册资本的必须相符，对实收资本项目的分析，应通过其结构比例与相关资产项目进行比较，来分析企业实收资本是否名实不符。从表5-5可以看出，该公司的实收资本没有发生增减变动，但结构比例从年初的77.07%降为55.97%是因为所有者权益中的留存收益增加引起所有者权益总量增加而使实收资本的相对比例减少，说明企业的获利能力较强；又从报表附注中可以看出，该公司试产阶段的盈利和2009年、2010年两年的盈利均未向投资者分红，全部留作企业留存收益用于扩大自有资本，可见企业决策者着眼的是公司长远利益。

盈余公积是企业税后净利润弥补以前年度亏损后按公司法规定的比例计提的，其计提真实与正确与否，取决于企业当年利润的真实程度。盈余公积的结构比例期末数为3.44%，明显偏低，原因是本年未进行利润分配。

资本公积项目结构比例的分析，项目比例越大，对所有者权益总体结构的正面影响也越大，说明企业的自有资金富足，经济实力雄厚，但该项目的真实程度和形成的合理性往往会混淆报表使用者的视觉和思维，产生不准确的分析结果和评价意见。企业的资本公积主要来自两个方面：一是投资者的出资额超出其在注册资本中所占份额的部分；二是直接计入资本公积的利得或损失。从这两个方面虚增资本公积都有操作的空间。2010年该公司本项目无金额。

未分配利润项目期末数为9 428 102.37元，结构比例为40.59%，比上年增加了17.66%，原因是对企业实现的净利润按公司规定未进行分配。

任务四　财务报表附注的编制

一、认识财务报表附注

1. 企业基本情况

企业的基本情况主要包括：企业的注册地、组织形式和总部地址，企业的业务性质和主要经营活动，企业的母公司以及集团最终母公司的名称，企业的财务报告的批准报出者和财务报告批准报出日。

2. 财务报表的编制基础

财务报表的编制基础包括财务报表编制的会计年度、财务报表编制采用的记账本位币、企业会计计量运用的计量基础、企业现金和现金等价物的构成状况。

3. 遵循企业会计准则的声明

企业应当声明所编制的财务报表符合企业会计准则的要求，真实、公允地反映了企业的财务状况、经营成果和现金流量等会计信息，以此明确企业编制财务报表所依据的制度基础。如果企业编制的财务报表只是部分遵循会计准则，附注中不得做出遵循企业会计准则的声明。

4. 重要会计政策和会计估计

会计政策是指企业在会计确认、计量和报告中所采用的原则、基础及会计处理方法。会计估计是指企业对其结果不确定的交易或事项以最近可利用的信息为基础所做出的判断。企业应在报表附注中披露其重要的会计政策和会计估计。

5. 会计政策和会计估计变更以及差错更正的说明

企业应当按照《企业会计准则第28号——会计政策、会计估计变更和差错更正》及其应用指南的规定，披露会计政策和会计估计变更以及差错更正的有关情况。

6. 报表重要项目的说明

企业应当以数字和文字描述相结合的方式，尽可能地以列表形式披露报表重要项目的构成或当期增减变动情况及报表重要项目的明细金额合计，而且应当与报表项目金额相衔接。在披露顺序上，一般应当按照资产负债表、利润表、现金流量表和所有者权益变动表的顺序及其项目的列出顺序。

7. 其他需要说明的重要事项

报表附注中其他需要说明的重要事项主要包括或有事项、资产负债表日后事项、关联方关系及其交易等，具体的披露要求须遵循相关准则的规定。或有事项是指由过去的交易或事项形成的，其结果须由某些未来事项的发生或不发生来决定的不确定事项。常见的或有事项包括未决诉讼、未决仲裁、债务担保、产品质量保证、亏损合同、重组义务、承诺和环境污染治理等。资产负债表日后事项是指资产负债表日至财务报告批准报出日之间发生的对企业有利或不利的事项。资产负债表日后事项包括资产负债表日后调整事项和资产负债表日后非调整事项。资产负债表日后调整事项是指对资产负债表日已经存在的情况提供了新的进一步证据的事项。资产负债表日后非调整事项是指表明资产负债表日后发生的情况的事项。关联方关系是指有关联的各方之间存在的内在联系。关联方关系的存在是以控制、共同控制或重大影响为前提条件的。关联方交易是指关联方之间转移资源、劳务或义务的行为。

二、编制财务报表附注

以重庆××建设工程有限公司为例，编制财务报表附注。

2017 年 12 月 31 日

一、企业概况

重庆××建设工程有限公司，成立于 2013 年 01 月 10 日，统一社会信用代码/注册号为915001010598×××××，公司类型为有限责任公司。公司注册资本为人民币 2600 万元，实收资本为 2600 万元。公司法定代表人为谭某，财务负责人为刘某。公司住所位于重庆市万州区陈家坝街道茂和村×组×××号。

本公司主要经营范围：园林绿化工程、从事建筑相关业务（以上经营范围凭有效资质证书执业），种植、销售花卉、苗木。

本会计报表真实全面地反映了本公司的财务状况、经营成果和现金流量。

二、企业执行的主要会计政策

（一）会计制度：执行《企业会计制度》及其有关补充规定。

（二）会计年度：公历 2017 年 1 月 1 日至 2017 年 12 月 31 日。

（三）记账本位币：人民币。

（四）记账基础和计价原则：以权责发生制为记账基础，以历史成本为计价原则。

（五）坏账核算方法：采用直接转销法。

（六）存货核算方法：

1. 商品计价标准和方法

按实际成本法核算，发出采用加权平均法。

2. 低值易耗品标准：使用期限在一年以上，单位价值在 500 元以上 2000 元以下的有形资产确定为低值易耗品。

3. 低值易耗品摊销方法：一次摊销。

（七）固定资产计价和折旧方法：

1. 入账标准：使用期限超过一年的房屋、建筑物、机器、机械、运输工具，以及其他与生产经营有关的设备、器具、工具等和单位价值在 2000 元以上且使用年限超过两年的不属于生产经营主要设备的物品。

2. 计价：按实际成本计价入账。

3. 固定资产分类及折旧：采用直线法计提折旧（表 5-6）。

表 5-6 固定资产类别、折旧年限、净残值率、年折旧率

固定资产类别	折旧年限	净残值率（%）	年折旧率（%）
机器设备	15	5	6.33
运输设备	8	5	11.875
办公设备	5	5	19

（八）收入确认原则：

1. 商品销售

在以下条件均能满足时，确认商品销售收入：商品在所有权上的主要风险和报酬已转移给购货方；本公司不再保留通常与所有权相联系的继续管理权，也没有对已售出商品实施控制；与交易相关的经济利益能够流入本公司；相关的收入和成本能够可靠地计量。

2. 劳务收入

同一会计年度内开始并完成的劳务，在完成劳务时确认收入。

对劳务的开始和完成分属不同会计年度，在提供劳务交换的结果能够可靠估计的情况下，按完工百分比法在资产负债表日确认劳务收入。当以下条件均能满足时，视为劳务的结果能够可靠地估计；劳务总收入和总成本能够可靠地计量，与交易相关的经济利益能够流入本公司，劳务的完成程度能够可靠地确定。

本公司确定劳务完成程度的方法：已经发生成本占估计总成本的比例。

在提供劳务交易的结果不能可靠估计的情况下，本公司在资产负债表中按已经发生并预计能够得到补偿的劳务成本金额确认收入，并按合同金额结转成本；当预计已经发生的劳务成本不能得到补偿时，则不确认收入，但将已经发生的成本确认为当期费用。

3. 让渡资产使用权

让渡资产使用权时，按以下原则确认收入，与资产使用权让渡相关的经济利益能够流入及收入的金额能够可靠地计量时确认收入。

（九）所得税的会计处理方法：采用应付税款法。

（十）税项及附加费

1. 所得税：适用所得税率25%，征收方式为核定征收。税务机关核定应税所得率为收入的12%，企业所得税为收入的3%。

2. 流转税及附加。

（十一）会计政策变更、会计估算变更、重大前期差错更正及其他事项调整的说明：无。

三、会计报表主要项目注释（金额单位：元）

1. 货币资金

项目	期初数	期末数
库存现金	3 251.85	36 975.76
银行存款	9 463.35	189 354.76
合计	12 715.20	226 330.52

2. 应收账款

期末余额1 546 821.13元，主要债务人：

债务人名称	金额	备注
×庆市×州区长×镇人民政府	700 000.00	
丰×县双×镇人民政府	800 000.00	

3. 预付账款

期末余额9 381 554.04元，主要债务人：

债务人名称	金额	备注
×都蓝×商贸有限公司	2 490 218.93	
×海凡×建材有限公司	7 225 414.09	

4. 其他应收款

期末余额 496 252.04 元，主要债务人：

债务人名称	金额	备注
××山旅游度假区	360 000.00	

5. 存货

项目	期初数	期末数
工程施工	8 124 783.65	9 715 633.02
合计	8 124 783.65	9 715 633.02

6. 固定资产原值及累计折旧

资产名称	期初数	本期增加	本期减少	期末数
（1）原值合计	8 078 232.00			8 078 232.00
其中：机器设备	8 032 212.00			8 032 212.00
办公设备	46 020.00			46 020.00
（2）累计折旧合计	568 732.93	517 182.82	—	1 603 098.57
其中：机器设备	555 719.60	516 415.82	—	1 588 551.24
办公设备	13 013.33	767.00	—	14 547.33
（3）净值合计	7 509 499.07	—	517 182.82	6 475 133.43
其中：机器设备	7 476 492.40	—	516 415.82	6 443 660.76
办公设备	33 006.67	—	767.00	31 472.67

7. 应交税费

项目	年初未交数	本期应交数	本期已交数	年末未交数
增值税		121 023.02	104 288.65	16 734.38
城建税		13 236.89	12 065.48	1171.41
教育费附加		5672.95	5170.92	502.03
地方教育费附加		3781.97	3447.28	334.69
企业所得税		189 098.48	189 098.48	
合计		400 888.76	382 146.26	18 742.50

8. 其他应付款

期末余额 1 269 128.00 元，主要债权人：

债权人名称	金额	备注
王××	1 089 128.00	股东

9. 实收资本（万元）

股东名称	期末注册资本	期初注册资本	本期股本增减	期末实收资本		
				金额	结构比	占注册资本的比例
王××	2574.00	2574.00		2574	99.00%	99.00%
赵××	26.00	26.00		26	1.00%	1.00%
合计	2600.00	2600.00		2600	100.00%	100.00%

上述股东的出资已由广东××会计师事务所有限公司于 2014 年 01 月 22 日出具××验字（2014）第 2××号验资报告验证，2015 年 5 月 6 日股权转让后变为股东赵××和王××持股。

10. 资本公积、盈余公积及未分配利润的变动

项目	期初数	本期增加	本期减少	期末数
资本公积				
盈余公积				
未分配利润	443 526.39	110 327.29		553 853.68

11. 主营业务收入、主营业务成本、税金及附加

项目	本年数	备注
主营业务收入	6 303 282.52	
主营业务成本	5 017 412.88	
税金及附加	90 767.26	

12. 管理费用

项目	本年数	备注
工资	205 043.02	
办公费	16 081.00	
养老保险	299 919.26	
医疗保险	111 098.59	
工伤保险	10 804.96	
生育保险	7073.67	
失业保险	9034.36	
交通费	130.00	
职工培训费	3280.00	
差旅费	19 521.00	
维修费	32 716.00	
招待费	19 597.07	
折旧费	11 294.56	
通信费	416.00	
职工福利	118 027.60	
技术维护费	1950.00	
其他	26 383.17	
合计	893 002.16	

13. 所得税：

本年度所得税 189 098.48 元。

14. 现金及现金等价物净增加额：

本年现金及现金等价物净增加额 213 615.32 元。

其中：经营活动产生的现金流量净额-162 656.91 元；

投资活动产生的现金流量净额 0.00 元；

筹资活动产生的现金流量净额 376 272.23 元。

四、关联方关系及其交易

无

五、未决事项

截至 2017 年 12 月 31 日，公司无其他对外担保，或涉及重大经济诉讼的未决事项。

六、承诺事项说明

截至 2017 年 12 月 31 日，公司无对正常生产经营活动有重大影响需特别披露的合同和承诺事项。

七、或有事项说明：本公司本期无应当披露的或有事项。

八、资产负债表日后事项说明

本公司无应当披露的资产负债表日后事项中的非调整事项。

本项目小结

通过本项目的学习，使学生了解所有者权益变动表的结构、编制的原理。

一、单项选择题

1. 与资产负债表相比，所有者权益变动表提供了（　　）方面的信息。

　　A. 所有者权益总额　　　　　　　　B. 所有者权益结构

　　C. 所有者权益总额变动　　　　　　D. 所有者权益变动结构

2. 评价资本保值增值率的关键是分析企业（　　）。

　　A. 资本总额的增长　　　　　　　　B. 实收资本的增长

　　C. 附加资本的增长　　　　　　　　D. 资产总额的增长

3. 以下表述中，正确的是（　　）。

　　A. 资本保值增值率一定大于股东财富增长率

　　B. 资本保值增值率一定小于股东财富增长率

　　C. 股东财富增长率与资本保值增值率成正比

　　D. 股东财富增长率与资本保值增值率不是正相关的关系

4. 下列说法中，正确的是（　　）。

　　A. 决定企业利润分配水平的是净收益

　　B. 决定企业利润分配水平的是现金

　　C. 利润分配水平越高，表明企业的实力越强

　　D. 利润分配水平与企业的经营状况、财务状况和未来发展有关

5. 留存收益与利润分配水平之间的关系是（　　）。
   A. 此高彼低
   B. 留存收益率与利润分配水平正相关
   C. 没有直接关系
   D. 有关系，但不一定是正相关，也不一定是负相关
6. 利润表的编制依据是（　　）。
   A. 资产总额=流动资产+固定资
   B. 利润=收入−费用
   C. 资产=负债+所有者权益
   D. 余额试算平衡公式
7. 关于利润表表头编制时间的说法中，正确的是（　　）。
   A. 一定时期，如 2011 年 1 月—2011 年 4 月
   B. 一个会计期间，如 2010 年 1 月—2010 年 12 月
   C. 任意一个时点，如 2011 年 5 月 15 日
   D. 某一个会计期间的期末，如 2010 年 12 月 31 日
8. 利润表中，"营业外收入"项目"本期金额"栏内金额不影响（　　）项目"本期金额"栏内金额。
   A. "净利润"　　B. "利润总额"　　C. "营业利润"　　D. "所得税费用"
9. 现金流量表中的现金等价物应通过（　　）账户分析确定。
   A. "长期股权投资"
   B. "债权投资"
   C. "其他债权投资产"
   D. "交易性金融资产"
10. 关于现金流量表表头编制时间的说法中，正确的是（　　）。
    A. 某一个会计期间的期末，如 2010 年 12 月 31 日
    B. 一段时间，如 2010 年 3 月—2010 年 7 月
    C. 任意一个时点，如 2011 年 5 月 15 日
    D. 一定时期，如 2011 年 1 月—2011 年 3 月
11. （　　）会引起现金流量的变动。
    A. 借：应付账款
       贷：库存现金
    B. 借：应付账款
       贷：应付票据
    C. 借：银行存款
       贷：应收账款
    D. 借：交易性金融资产——成本（某债券）
       贷：其他货币资金——存出投资款
12. （　　）属于经营活动产生的现金流入。
    A. "收到现金股利"
    B. "收到销售货款"
    C. "收到债券利息"
    D. "向银行借款"
13. （　　）项目属于经营活动产生的现金流出。
    A. "交付税款"
    B. "权益性投资支付现金"
    C. "偿还债务支付现金"
    D. "分配股利支付现金"
14. 支付离退休人员的各项费用属于（　　）。
    A. 支付给职工以及为职工支付现金
    B. 其他经营活动形成的现金流出
    C. 投资活动形成的现金流出
    D. 筹资活动形成的现金流出
15. （　　）属于投资活动产生的现金流出。
    A. "支付的所得税款"
    B. "购建固定资产支付现金"
    C. "经营租入固定资产支付租金"
    D. "融资租入固定资产支付租金"

16. （　　）属于筹资活动产生的现金流入。

　　A. "收到租金"　　　　　　　　　　　B. "收到投资收到现金"

　　C. "发行债券收到现金"　　　　　　　D. "处置固定资产收到现金"

17. （　　）属于筹资活动产生的现金流出。

　　A. "支付债券利息"　　　　　　　　　B. "支付税费"

　　C. "支付经营费用"　　　　　　　　　D. "债权性投资支付现金"

18. 关于所有者权益变动表表头编制时间的说法中，正确的是（　　）。

　　A. 某一个会计期间的期末，如 2010 年 12 月 31 日

　　B. 一段时间，如 2011 年 1 月—2011 年 6 月

　　C. 任意一个时点，如 2011 年 5 月 15 日

　　D. 一个会计期间，如 2011 年 1 月—2011 年 12 月

二、多项选择题

1. 引起所有者权益变动的事项有（　　）。

　　A. 调整以前年度收益　　　　　　　　B. 进行利润分配

　　C. 用资本公积转增资本　　　　　　　D. 用盈余公积转增资本

2. 通过分析所有者权益变动表，可以获取（　　）方面的信息。

　　A. 评价经营者业绩　　　　　　　　　B. 股东权益变动结构是否合理

　　C. 企业未来发展趋势　　　　　　　　D. 股东财富增长

3. 以下关于利润分配水平的表述中，正确的有（　　）。

　　A. 利润分配水平的高低与留存收益有关

　　B. 利润分配水平的高低与企业的经营状况、财务状况有关

　　C. 利润分配水平的高低与企业当期的净收益直接相关

　　D. 利润分配水平的高低直接反映企业的实力

4. 下列关于留存收益的表述中，正确的有（　　）。

　　A. 留存收益率越大越好

　　B. 留存收益率与股东财富增长呈正相关

　　C. 留存收益率的高低与企业未来发展对资金的需求有关

　　D. 留存收益率的高低完全是由企业自己决定的，不受其他因素影响

5. 企业所有者权益变动结构良好的标志体现在（　　）两个方面。

　　A. 附加资本所占比重越来越大

　　B. 实收资本所占比重越来越大

　　C. 所有者权益变动结构与企业的经营发展战略相适应

　　D. 所有者权益变动结构与企业当期的经营状态和财务状况相适应

6. 在编制利润表时，"营业收入"项目"期末余额"栏内金额应根据（　　）总账账户的本期贷方发生额计算填列。

　　A. "主营业务收入"　　　　　　　　　B. "其他业务收入"

　　C. "营业外收入"　　　　　　　　　　D. "投资收益"

7. 下列项目中，不影响利润表中"营业利润"项目"本期金额"栏内金额的有（　　）。

　　A. 销售费用　　　B. 投资收益　　　C. 营业外支出　　　D. 所得税费用

8. 下列项目中，影响利润表中"利润总额"项目"本期金额"栏内金额的有（　　）。

　　A. 营业收入　　　B. 营业外收入　　　C. 投资收益　　　D. 所得税费用

9. 在编制现金流量表时，列出经营活动产生的现金流量的方法有（　　）。
   A. 分析法　　　　　B. 比较法　　　　　C. 直接法　　　　　D. 间接法
10. 企业的利润表和现金流量表同属于（　　）。
    A. 对外报表　　　　B. 动态报表　　　　C. 月报　　　　　　D. 财务成果表
11. （　　）属于经营活动产生的现金流入。
    A. 提供劳务所收到现金　　　　　　　　B. 销售商品收到现金
    C. 收到经营租赁租金　　　　　　　　　D. 收到融资租赁租金
12. （　　）属于经营活动产生的现金流出。
    A. 支付增值税额　　　　　　　　　　　B. 支付采购款
    C. 偿还债务支付现金　　　　　　　　　D. 支付住房公积金
13. （　　）属于投资活动产生的现金流入。
    A. 出售股票收到现金　　　　　　　　　B. 出售债券收到现金
    C. 处置固定资产收到现金　　　　　　　D. 发行债券收到现金
14. （　　）属于投资活动产生的现金流出。
    A. 购买固定资产支付现金　　　　　　　B. 支付工程人员工资
    C. 购买工程材料支付现金　　　　　　　D. 资本化的借款利息
15. （　　）属于筹资活动产生的现金流入。
    A. 发行股票收到现金　　　　　　　　　B. 收到的租金
    C. 发行债券收到现金　　　　　　　　　D. 借款收到现金
16. （　　）属于筹资活动产生的现金流出。
    A. 偿还借款本金支付现金　　　　　　　B. 支付现金股利
    C. 支付债券利息支出现金　　　　　　　D. 支付股票股利
17. 下列选项中，能引起所有者权益总额变动的事项有（　　）。
    A. 会计政策变更　　　　　　　　　　　B. 进行利润分配
    C. 前期差错更正　　　　　　　　　　　D. 用盈余公积转增资本
18. 提取盈余公积，会引起所有者权益变动表（　　）项目的变动。
    A. 实收资本　　　　B. 资本公积　　　　C. 盈余公积　　　　D. 未分配利润

三、判断题

1. 所有者权益是企业自有资本的来源，它的数量多少、内部结构变动对企业的经营状况及发展趋势影响不大。（　　）
2. 企业的股利分配政策及现金支付能力都能通过所有者权益变动表体现出来。（　　）
3. 所有者权益变动表在一定程度上体现了企业综合收益的特点。（　　）
4. 所有者权益变动表的核心部分是"会计政策变更"和"会计差错更正"的调整数。（　　）
5. 资本公积转增资本和盈余公积转增资本都会稀释股票的价格。（　　）
6. 所有者权益变动表是反映构成企业所有者权益的各个组成部分当期增减变动情况的会计报表。（　　）

四、案例分析题

本年初，某公司扩大投资规模，吸收外来投资，同时将企业类型，即一人有限责任公司变更为有限责任公司：

1. 月变更前，将上年未分配利润 9 428 102.37 元进行分配，其中 6 200 000.00 元转为盈余公积，使盈余公积总量达到 7 000 000.00 元，3 228 102.37 元转作应借江某的股利，使江某的权益总额达到

20 000 000.00 元（实收资本 13 000 000.00+盈余公积 000 000.00）。

2. 将注册资本 13 000 000.00 元追加到 26 000 000.00 元，按投资协议江某占 50%，新投资人江黄河占 30%，江珠海占 20%。因此，江黄河应实际投入 12 000 000.00 元、中 7 800 000.00 增加实收责本，4 200 000.00 元增加资本公积；江珠海应实际投入 8 000 000.00 元，其中 5 200 000.00 元增加实收责本，2 800 000.00 元增加资本公积。

3. 本年实现净利润 10 000 000.00 元，分配如下：

计提法定盈余公积：10 000 000 元×10%＝1 000 000.00 元；

计提任意盈余公积：10 000 000.00 元×5%＝500 000.00 元；

应分配股东红利：10 000 000.00 元×80%＝8 000 000.00 元；

其中：江长江应得红利 8 000 000.00×50%＝4 000 000.00 元；

江黄河应得红利 8 000 000.00×30%＝2 400 000.00 元；

江珠海应得红利 8 000 000.00×20%＝1 600 000.00 元；

期末未分配利润：10 000 000.00 ×5%＝500 000.00 元。

解析：

要求：做出该公司所有者权益变动表。

项目六　财务效率分析

知识目标

1. 了解企业偿债能力分析的含义及内容，理解影响企业偿债能力的各种因素，掌握衡量偿债能力的各项指标；
2. 了解企业盈利能力分析的含义及内容，理解盈利能力分析指标中利润的不同层次及其运用，掌握与投资有关的盈利能力、与销售有关的盈利能力和与股本有关的盈利能力的分析指标；
3. 了解企业营运能力分析的含义及内容，掌握衡量企业营运能力的各项指标；
4. 了解企业发展能力分析的内涵和内容，掌握衡量企业发展能力的各项指标；
5. 了解现金流量比率分析的内涵和内容，掌握现金流量比率分析的各项指标。

能力目标

能够准确理解企业营运能力与偿债能力、盈利能力的关系；
能够准确无误地算出四大财务指标的比率并进行分析。

素质目标

具有良好的政治素质，热爱祖国，拥护共产党领导，拥护社会主义制度，具有正确的世界观、人生观、价值观，德、智、体、美全面发展；具有良好的职业素养、具备财务报表分析课程所应掌握的财务报表分析计算技能和财务报表分析的技能。

项目引例

2016 年年初，华阳公司的采购员小王在与供货商洽谈一笔物资采购业务时，对方要求了解华阳公司的财务状况，小王将公司刚编报完成的几张基本会计报表提供给对方。第二天，供货商代表通知小王，考虑到华阳公司偿债能力存在问题，他们要求华阳公司必须以现金付款才能提供原材料，否则将终止谈判。本来对公司财务状况充满信心的小王非常纳闷：公司的资产负债率只有 40%，为什么对方认为公司偿债能力存在问题？后来，财务科的老刘告诉她，尽管公司的资产负债率指标比较理想，但是，从流动资产和流动负债的比例关系看，情况比较糟。到 2015 年 12 月 31 日，公司的流动负债有 2 038 700 元，而流动资产仅有 2 540 200 元，其中还有 1 503 000 元的存货。这样，就意味着在近期即将到期的债务可能有一部分不能得到资产的偿付保障，公司的短期偿债能力面临严重的危机。原来问题的关键在于短期偿债能力。小王之所以没有考虑到谈判会遇到这样的问题，主要是没有区分长、短期偿债能力。

案例分析

这一案例表明：企业短期偿债能力与长期偿债能力的作用、影响因素是不相同的，企业缺乏短期偿债能力，可能会难以支付短期债务、无法发放工资，使生产周转困难，因此，企业的不同客户会对企业的短期偿债能力进行分析研究，而长期偿债能力通常与企业的资本结构、盈利能力和变现能力有关。

任务一 偿债能力分析

企业在生产经营过程中,为了弥补自有资金不足就要对外举债,而举债经营的前提必须是能够按时偿还本金和利息,即具有一定的偿债能力,否则就会使企业陷入困境甚至危及企业的生存。

一、认识偿债能力

(一) 偿债能力的概念

偿债能力是指企业在一定会计期间内偿还各种到期债务的能力。企业偿还各种到期债务能力的大小,是决定企业财务状况优劣的基本要素之一,反映了企业财务状况的稳定性与生产经营的发展趋势。偿债能力是现代企业综合财务能力的重要组成部分,是企业经济效益持续增长的稳健性保证,因此,重视并有效提高偿债能力,不仅是出于维护债权人的正当权益的考虑,也是企业保持良好市场形象和资信地位、避免风险损失、实现企业价值最大化的客观需求。保持良好的偿债能力,不仅是企业走向市场并在瞬息万变的市场竞争中求得生存与发展的先决条件,而且也是增强企业风险意思、树立现代市场观念的重要表现。企业的资本源于股东权益和负债。负债要求企业到期还本和支付利息,因此,负债对于企业来说是一个沉重的负担,关系到企业的生存和发展。债务地偿付可分为正常状态下地偿付与非正常状态下地偿付。正常状态下的债务一般以现金方式直接偿付,除了动用留存的货币资金直接偿付负债或是通过借新债来偿付旧债这两种形式外,更多的是动用其他资产转换来的现金偿付债务。事实上,企业借入债务的目的绝不是将钱存入银行以备债务到期时用以偿还,而是用于购入各种形式的资产开展经营活动,通过各种经营活动带来的现金流入,保障债务到期时的偿还。因此,企业的偿债能力还取决于企业资产的变现能力,即企业各项资产转换为现金的能力。

非正常状态下的债务偿付也称债务重组,是企业债务的偿付已经出现了某种问题,无法正常支付,因而需要动用企业的非现金资产,或者采用债转股、修改债务条件等方式来偿付债务或实现债务的延期偿付。这种方式不仅会使得企业的财务信誉大大降低,也会有可能因需要动用企业并不计划清算的非现金资产而影响企业的正常生产经营活动。更加严重的是,如果债权人不同意进行债务重组,则要通过法律手段要求企业进行清算偿还债务,这将使企业面临破产的风险。

(二) 偿债能力分析的作用

企业偿债能力分析主要有以下几点作用:

①有利于投资者进行正确的投资决策。投资者在进行投资时,首先要考虑企业能否盈利,而企业盈利的高低主要取决于偿债能力的强弱。投资者是企业剩余收益的享有者和剩余风险的承担者,所以投资者不仅关注其投入的资产是否增值,更关注其投入的资产是否保全,因此,投资者对企业的偿债能力进行深入分析,有助于其做出正确的投资决策。

②有利于经营者进行正确的经营决策。经营过程中存在的问题,并及时采取相应措施,保证企业正常的生产经营活动。经营者要保证企业经营目标的实现,必须保证企业生产经营各环节的通畅和顺利进行,而企业各环节畅通的关键在于企业的资金循环与周转速度。企业偿债能力既是对企业资金循环状况的直接反映,又对企业生产经营各环节的资金循环和周转有着重要的影响。因此,企业偿债能力的分析,对于企业生产经营各环节的资金循环和周转有着重要的影响。因此,企业偿债能力的分析,对于企业经营者及时发现企业在经营过程中存在的问题,并采取相应措施加以解决,保证企业生产经营的顺利

进行有着十分重要的意义。

③有利于债权人进行正确的借贷决策。

偿债能力对债权人的利益有着直接的影响,因为偿债能力的强弱直接决定着债权人的信贷资金及其利息是否能安全收回。及时收回本金并取得利息是债权人要考虑的最基本的因素,任何一个债权人都不愿意将资金借给偿债能力很差的企业。因此,债权人在进行借贷决策时,首先要对借款企业的财务状况,特别是偿债能力状况进行深入细致的分析,否则可能会做出错误的决策。

(三)偿债能力分析的内容

企业偿债能力分析受企业负债的内容和偿债所需资产内容的影响。一般来说,负债按其企业的偿债能力分为短期偿债能力和长期偿债能力。

1. 短期偿债能力

短期偿债能力是指一个企业以其流动资产偿还流动负债的能力。短期偿债能力分析也称企业支付能力分析。进行短期偿债能力分析首先要明确影响短期偿债能力的因素:企业营运资金的多少、流动资产变现速度的快慢。在此基础上,通过对一系列反映短期偿债能力的指标进行计算与分析来评价企业短期偿债能力状况。

2. 长期偿债能力

长期偿债能力是指一个企业偿还长期债务本金和利息的能力。企业在进行长期偿债能力分析时要结合长期负债的特点,明确影响因素。首先要分析企业的获利能力,企业的获利能力与长期偿债能力之间有密切的联系。关键要分析企业未来的现金流入量,企业未来的现金流入量取决于企业盈利能力,企业盈利能力强,就可以获取大量的现金。其次要分析企业的资本结构。企业的资金源于所有者权益和负债两个方面。如果负债多,企业就会把大部分风险转移到了债权人的头上,企业偿还不起债务的可能性就越大,企业的财务风险就越大。

3. 短期偿债能力与长期偿债能力的关系

短期偿债能力和长期偿债能力既有区别又有联系。

(1)短期偿债能力和长期偿债能力的区别

从偿还债务的期限上看,一是短期偿债能力反映的是企业偿还期在一年或超过一年的一个营业周期内到期的债务的能力;长期偿债能力反映的是企业偿还期在一年以上的债务的能力。二是短期偿债能力所涉及的债务偿付一般是企业的流动性支出,具有较大的波动性,从而使企业短期偿债能力也会呈现较大的波动性;而长期偿债能力所涉及的债务偿付一般为企业的固定性支出,只要企业的资金结构与盈利能力不发生显著的变化,企业的长期偿债能力就会呈现相对的稳定的特点。三是短期偿债能力所涉及的债务偿付一般动用企业目前所拥有的流动资产,故短期偿债能力的分析主要关注流动资产对流动负债的保障程度,即侧重进行静态分析;而长期偿债能力所涉及的债务偿付保证一般为企业未来产生的现金流入,故企业资产和负债结构以及盈利能力是长期偿债能力的决定因素。

(2)短期偿债能力和长期偿债能力的联系

无论是短期偿债能力还是长期偿债能力,都是反映企业保障债务及时、有效偿付的能力。但提高偿债能力,降低企业偿债风险,并不是企业财务运作的唯一目的,短期偿债能力与长期偿债能力并非越高越好。企业应在价值最大化目标的框架下,企业应该合理安排资本结构和债务水平,实现风险与收益的平衡。二是短期偿债能力和长期偿债能力之间可以相互转化。故非流动负债得以偿还的前提是企业具有较强的短期偿债能力,短期偿债能力是长期偿债能力的基础。从长期来看,企业的长期偿债能力最终取决于企业的获利能力。

二、短期偿债能力的分析

短期偿债能力是指企业用流动资产偿还流动负债的现金保障程度，它反映了企业偿付即将到期债务的能力。短期偿债能力是企业的任何利益关系人都要重视的问题。如果企业不能保持其短期偿债能力，也就不可能保持长期偿债能力，自然不能使投资者满意；即使是获利水平较高的企业，若不能按期偿还到期债务，也会面临破产清算的风险。对企业经营者来说，短期偿债能力的强弱意味着企业承受财务风险的能力的大小；对企业投资者来说，企业短期偿债能力下降通常是获利水平降低和投资机会减少的先兆，意味着资本投资的流失；对企业债权人来说，企业短期偿债能力的强弱意味着本金和利息能否按期收回；对企业的供应商和客户来说，企业短期偿债能力的强弱意味着企业履行合同能力的强弱。

（一）影响短期偿债能力的因素

进行短期偿债能力的分析，首先必须明确影响短期偿债能力的因素，这是企业短期偿债能力分析的基础。

1. 企业内部因素

①流动资产的规模和质量。企业流动资产的规模越大，短期偿债能力越强。流动资产的质量是指它的流动性和变现能力。由于正常情况下流动负债要通过流动资产变现来偿还，因此，除了关注流动资产与流动负债之间的关系外，还应特别关注流动资产的质量。流动资产的质量是指其流动性和变现能力。流动性的大小主要取决于流动资产转换为现金所需要的时间，资产转换为现金的时间越短，则资产流动性越强。变现能力是指资产能否很容易地、不受损失地转换为现金。如流动资产的预计出售价格与实际出售价格的差额很小，则认为其变现能力较强。

流动资产不同构成项目的变现能力及其对整个流动资产变现速度的影响也不尽相同。在整个流动资产中，变现能力最强的是货币资金，其次是交易性金融资产。各种应收款项已经完成销售，进入款项待收阶段，故其变现能力大于尚未进入销售过程的存货。在应收款项中，应收票据不仅可以转让、贴现和抵押，且因其法律契约的性质，使其变现能力必然强于应收账款和其他应收款。从理论上讲，存货因完成了购进过程，较之预付账款的流动性或变现能力要强一些，但企业决定以预付风险，故由预付账款购入存货通常是比较容易变现的。此外，即使所需的商品采购没有实现，企业一般也能立即将之收回，并形成货币资金。所以，预付账款的流动性或变现能力通常强于存货。

②流动负债的规模和质量。流动负债的规模越大，企业在短期内需要偿还的债务越多，企业的负担越重。一般来说，企业的所有债务都是要还的，但并非所有债务都需要在到期时立即偿还。根据债务偿还的强制程度和紧迫性，可以把企业的流动负债划分为三类。第一类是存在固定支付日期，需要到期立即用现金保证其偿债能力；第二类是需要企业用商品或劳务来偿还的，如预收账款等，这里负债不需要用现金，保持充足的存货即可；第三类就是介于前两者之间的流动负债，如应付账款、其他应付款等，这类流动负债要用现金来偿还，但因与供应商有长期的合作关系而具有一定的时间弹性。因此，偿债时间的刚性强会增加企业实际的偿债压力，而偿债时间的弹性强会减轻企业的实际偿债压力。

③企业生产经营中现金流入量。当企业生产经营状况良好时，会有稳定的现金收入，企业随时可以偿还到期债务，偿债压力小；否则，企业的现金短缺，偿债能力下降。企业的短期债务通常是用现金来偿还的。因此，现金流量是决定企业短期偿债能力的重要因素。现金流量包括经营活动现金流量、投资活动现金流量与筹资活动现金流量。在三类现金流量中，经营活动带来的现金净流量在各期之间相对比较稳定。当企业的现金净流量比较稳定时，就会有持续和稳定的现金流入，从而保证到期债务的支付；当企业经营业绩较差时，其现金流入不足以抵补现金流出，造成运营资本缺乏、现金短缺，企业很可能因无法及时偿还到期债务而导致信用危机，甚至被迫破产。

④企业的融资能力。在用各项指标评价企业的偿债能力时，还应注意到企业的融资能力。有些企业各种偿债能力指标都很好，但却不能按期偿还到期的债务。而另外一个企业，因为有较强的融资能力，如与银行等金融机构保持良好的信用关系，随时能够筹集到大量的现金，即使各种偿债能力指标不是太好，却总能按期偿还到期债务。

2. 企业外部因素

①国家的宏观经济政策。当一个国家的经济呈现稳定、持续的上升趋势时，产品就容易在市场上销售，存货就会很容易转化为现金，企业的短期偿债能力就越强。

②银行的信贷政策和证券市场的完善程度。大多数企业在从事生产经营活动时都会向银行举债，如果银行采取宽松的信贷政策支持企业生产，企业就会很容易获得信贷资金，企业各项资产的周转速度就快，偿债能力就越高。

③证券市场的发育及完善程度。在企业的流动资产中，通常会有一定比例的有价证券。由于有价证券具有易于变现的特点，在分析企业偿债能力时，是把有价证券视为现金的。如果证券市场发达，企业随时可将持有的有价证券转换为现金；如果证券市场不发达，企业将持有的有价证券转换为现金就会变得困难，甚至不得不以较低的价格转让，使实际收到的现金低于有价证券的账面价值。这些情况对企业的偿债能力有着很大的影响，特别是企业持有的有价证券数额比较大，把对其的投资作为资金的调度手段时，这种影响就更大。

（二）短期偿债能力分析指标

企业短期偿债能力的强弱主要取决于企业流动资产和流动负债的规模与结构。因此，将流动资产与流动负债的数量进行对比，即可初步判断企业的短期偿债能力。在对比分析中采用的指标主要有运营资本、流动比率、（保守）流动比率和现金比率。

1. 运营资本

（1）运营资本的含义与计算公式

运营资本是指流动资产减去流动负债的差额，是反映企业短期偿债能力的绝对数指标。其计算公式为：

$$运营资本 = 流动资产 - 流动负债$$

运营资本指标能够直接反映企业流动资产在偿还全部流动负债后还有多少剩余。运营资本越多，表明企业可用于偿还的流动负债的资金越充裕，企业短期偿债能力越强，债权人收回债权的安全性也越高。当运营资本的分析小于零时，表明企业资金周转不灵，企业的偿债风险较大。

（2）运营资本的分析

对运营资本的分析，可以从以下两个方面进行：

一是运营资本为多少并没有统一的标准。对于短期债权人来说，当然希望运营资本越多越好，这样可以提高其债权的保障程度；对于企业来说，运营资本过多虽然可以提高短期偿债能力，降低财务风险，却有可能降低企业的盈利能力，因为过多的运营资本意味着流动资产多而流动负债少，而流动资产与非流动资产相比，虽然流动性强，但获利水平低。因此，对企业来说，需要直接平衡风险与收益，根据实际情况合理安排企业的运营资本的数额。

二是运营资本是一个绝对数指标，不便于进行不同规模企业之间的比较，有时即使两个企业的运营资本完全相同，其偿债能力也不一定相同（如 A 公司流动资产 200 万元，流动负债 100 万元；B 公司流动资产 1100 万元，流动负债 1000 万元）。另外，当流动负债大于流动资产时，运营资本小于零，表明运营资本出现短缺，已完全没有偿债能力，但如果企业融资能力较强，也可以偿还流动负债。

例题 6-1 根据表 2-13 提供的资料，可以计算某股份有限公司的运营资本。

2020年初运营资本＝258 818 617.15－270 762 157.06＝－11 943 539.91（元）
2020年末运营资本＝409 224 636.60－348 924 252.83＝60 300 383.77（元）

计算结果表明，该公司2020年初运营资本小于零，年末运营资本大于零，说明该公司短期偿债能力有所提高。

2. 流动比率

（1）流动比率的含义与计算公式

流动比率是流动资产与流动负债的比率，它反映企业每100元的流动负债有多少流动资产作为偿还的保证，说明企业在短期内转变的流动资产偿还到期流动负债的能力。

$$流动比率＝流动资产/流动负债$$

流动比率越高，说明企业短期偿债能力越强，流动负债得到偿还的保障越大。经验表明，流动比率是相对数，表示一个企业每100元的流动负债能够有多少流动资产来抵偿，一般应该大于1，保持在2左右才能说明企业财务状况具有稳定性。

（2）流动比率的分析

对流动比率的分析应注意以下四个问题：

一是虽然流动比率越高，企业的短期偿债能力越强，但较高的流动比率仅仅说明企业有足够的可变现资产用于偿债，并不等于已有足够的现金用来偿债。如果此时流动资产质量较差（大量的应收账款且收款期长、较多的积压存货），就会高估流动比率，而真正可用来偿债的现金却严重短缺。所以，在分析企业流动比率时，要结合企业流动资产质量及现金流量加以考虑。

二是从短期债权人的角度看，流动比率越高，债权越有保障，借出的资金越安全；从企业经营者的角度看，若企业短期资产的流动性正常，过高的流动比率意味着企业可能滞留在流动资产上的资金过多，从而不能充分、有效地利用资金，必然造成企业的机会成本增加和盈利能力降低。因此，企业应从收益和风险权衡的角度对流动资产与流动负债的规模进行合理的安排，不能盲目地追求流动比率的提高。

三是流动比率是否合理，不同的企业及同一企业不同时期的评价标准是不同的，因为流动比率的高低受企业所处行业的性质与特点影响较大（房地产企业、商品流动企业的流动比率较低）。各企业应根据自身情况和行业特点，通过与同行业平均流动比率、本企业历史流动比率进行比较，来判断该比率的优劣。

四是流动比率易受人为因素控制。当企业的流动比率大于1时，在临近年末的时候，企业可以通过年末突击偿还流动负债、下年初如数举借新债等手段来提高流动比率，或者通过借入一笔临时借款来增加流动比率分子中的货币资金和分母中短期借款，从而降低流动比率。当企业流动比率小于1时，操作手段正好相反。

例题6-2 根据表2-13提供的资料，可以计算某股份有限公司的流动比率。

2020年初流动比率＝258 818 617.15/270 762 157.06×100％＝96％
2020年末流动比率＝409 224 636.60/348 924 252.83×100％＝117％

计算结果表明，该公司2020年初流动比率为0.96，，短期偿债压力很大，这种状况在年末稍稍得到一些缓解；但该公司无论是2020年末还是2019年初，流动比率远低于2，表明该公司的短期偿债能力很弱。

3. 速动比率

（1）速动比率的含义与计算公式

流动比率是评价流动资产总体变现能力的指标，如果要进一步考察企业能否有足够的现金偿还短期债务，还需要研究速动比率。速动比率是速动资产与流动负债的比值，它衡量企业流动资产立即变现来偿付流动负债的能力。

$$速动比率 = 速动资产 / 流动负债$$

速动资产是指现金和容易变现、几乎可以随时用来偿还债务的流动资产。

$$速动资产 = 流动资产 - 存货$$

速动比率是反映企业偿债能力的重要指标之一，最接近企业的实际偿债能力。速动比率保持在 1 左右时，企业具有良好的财务状况和短期偿债能力。

速度比率是流动比率的一个重要辅助指标。有时企业流动比率虽然很高，但若流动资产中易于变现、具有即时支付能力的资产很少，短期偿债能力仍然很差。而速度比率由于剔除了存货等变现能力较弱且不稳定的资产，较之流动比率能够更加准确、可靠地评价企业资产的流动性及其偿还流动负债的能力。速动资产越高，表明企业资产的流动性越强，偿还流动负债的能力强，债权人的权益越有保障，短期债权人到期收回本息的可能性就越大。通常认为，速度比率等于或稍大于 1 是比较合理的，它表明企业每 1 元流动负债都有 1 元易于变现的流动资产作为保障。

（2）速动比率的分析

速度比率考虑了流动资产的结构，因而弥补了流动比率的某些不足。但对速动比率分析要注意以下三点：

一是对于速度比率的标准不能绝对化，对不同行业、不同企业需要具体分析，如采用现金销售的商业企业，几乎没有应收账款，其速动比率低于 1 很正常；反之，大量实行产品赊销的工业企业，应收账款较多，其速动比率应高于 1。因此，计算出速动比率是高是低，是优是劣，还要结合企业历史资料和行业水平来判断。

二是速动资产中包含了流动性较差的应收账款，使速动比率所反映的偿债能力受到质疑。账面上的应收账款不一定都能变为现金，若应收账款数额较大或账龄较长，实际的坏账可能高于计提的坏账准备；季节性经营的企业由于季节变化，可能使报表上的应收账款数额不能反映平均水平。因此，在计算速动比率时，对应收账款应按账龄逐一分级进行折算以分析其变现能力，如对超过半年的应收账款给予 20%~40% 的折扣；对 1 年以上的应收账款给予 50~80% 的折扣；对 2 年以上的这种仅仅是个象征符号的应收账款，原则上不再列入速动资产。在评价速动比率指标时，还应结合应收账款周转率分析应收账款的质量。

三是速动比率同流动比率一样，反映的是会计期末的情况，并不代表企业长期的财务状况。它有可能是企业为筹措资金而人为粉饰财务状况的结果，如企业在结账日前降价大力促销、以应收账款与应付账款相互抵销等。因此，在进行速动比率分析时，应进一步对企业整个会计期间和不同会计期间的速动资产、流动资产和流动负债情况进行分析。

例题 6-3 根据表 2-13 提供的资料，可以计算某股份有限公司的速动比率。

2020 年初速动比率 = (258 818 617.15 - 62 900 816.06) / 270 762 157.06 × 100% = 72%

2020 年末速动比率 = (409 224 636.60 - 78 506 816.87) / 348 924 252.83 × 100% = 95%

计算结果表明，该公司 2020 年末速动资产高于 2020 年初，且年末速动比率接近于 1，说明该公司的短期偿债能力有所提高。

（3）保守速动比率的分析

由于行业之间的差别，在计算速动比率时扣除存货等非速动资产外，还可以从流动资产中去掉其他一些可能与当期现金流量无关的项目（如预付款项），用以评价企业变现能力的强弱和偿债能力的大小，由此而形成保守速动比率。保守速动比率是指保守速动资产与流动负债的比率。其计算公式为：

$$保守速动比率 = 保守速度资产 / 流动负债 × 100\%$$

公式中，保守速动资产一般是指货币资金、交易性金融资产、应收票据、应收账款和其他应收款的总和。

保守速度比率通过考察速动资产中变现能力最好的部分资产和流动负债的比率,更好地揭示了企业对流动负债的偿债能力。保守流动比率要参照同行业的标准再做进一步地分析。

例题 6-4 根据表 2-13 提供的资料,可以计算某股份有限公司的保守速动比率。

2020 年初保守速动比率=(74 765 564.65+18 841 133.66+79 743 418.39+3 148 327.52)/270 762 157.06×100%=65%

2020 年末保守速动比率=(127 530 439.08+5 568 336.08+91 857 731.82+71 335 202.91/348 924 252.83×100%=85%

计算结果表明,该公司 2020 年末保守速动资产高于 2020 年初,表明该公司的短期偿债能力有所增强。

4. 现金比率

流动比率和速动比率都有可能高估企业的短期偿债能力,解决这个问题的方法就是采取更极端保守的态度计算企业的短期偿债能力,也就是采用现金比率指标。

(1) 现金比率的含义和计算公式

现金资产主要指货币资金、交易性金融资产等。和速动资产不同的是,现金资产本身就可以直接用来偿还债务。现金比率等于现金资产除以流动负债。

$$现金比率 = (货币资金+交易性金融资产)/流动负债$$

现金比率反映企业随时支付流动负债的能力,现金比率不是越高越好,这一比率过高虽然会使企业偿债能力增强,但会影响企业的盈利能力。现金比率的作用主要是对企业在财务状况极坏时的短期偿债能力进行分析和评价。确定现金比率的合理水平,要根据企业的流动资金需求及即将到期的债务情况而定。

(2) 现金比率的分析

对现金比率分析要注意以下四点:

一是在进行企业短期偿债能力分析时,一般来说该比率的重要性不大。因为不可能要求企业立即用现金类资产来偿付全部流动负债,企业没有必要总是保持足够还债的现金类资产。但是,在企业把应收账款和存货都抵押出去或已有迹象表明应收账款和存货的变现能力存在问题时,计算该比率更为有效。因为这种情况下,流动比率和速动比率都带有虚假性或不可靠性,容易导致企业盲目乐观;而现金比率能够表明企业最坏情况下的短期偿债能力。

二是现金比率越高,表明企业可立即用于支付债务的现金类资产越多,对到期流动负债的偿还越有切实的保障,企业面临的偿债压力越小;反之,则压力越大。但是,企业也可能因为维持太高的现金比率而没有充分利用现金资源,没有将现金投入经营环节而丧失许多有利可图的流转机会和投资机会,从而损失相应的周转利益和投资利益,也即带来较高的机会成本。因此,在对这个比率下结论之前,应充分了解企业情况,结合企业编制的现金预算来评估。有时候企业可能有特别的计划需要使用现金,如进行扩大生产能力的建设,就必须使手头上的现金增加。这种情况下,即使该比率很高,也不能误认为偿债能力很强。但不管怎样讲,过低的现金比率反映企业的支付能力一定存在问题,时间长了会影响企业的信用。

三是使用现金比率时,还必须注意现金及有价证券的内涵变化。比如某些限定用途、不得随便动用的现金和银行借款限制性条款中规定的最低存款余额,减少了企业实际可用的现金数量;而某些账面价值不能准确反映其市价变动的有价证券,应对其安装实际价格进行相应调整,才能揭示其真正的变现价值等。

四是企业现金管理是财务管理的重要内容之一,企业持有现金一般有交易性、预防性和投机性三种动机，并不完全都是为了还债。企业应当根据企业所处行业的性质与特点、企业经营活动的规模与特点、管理层对未来现金流量的估计和对风险的态度等多方面确定现金持有量，而不能仅仅为了提高企业短期偿债能力而多持有现金类资产。

例题 6-5 根据表 2-13 提供的资料，可以计算某股份有限公司的现金比率。

2020 年初现金率 = 74 765 564.65/270 762 157.06×100% = 28%

2020 年末现金比率 = 127 530 439.08/348 924 252.83×100% = 37%

计算结果表明，该公司 2020 年末现金比率比 2020 年初有所增长，这种变化意味着该公司的直接支付能力有一定的提高；且该公司 2020 年初、年末现金比率都已超过 20%，故该公司的直接支付能力较强。

综上所述，运营成本、流动比率、（保守）速度比率和现金比率是从流动资产及其组成部分与流动负债对比关系上评价企业短期偿债能力的财务指标。企业在实际运用上述指标进行分析时，如果仅凭某一个指标即对企业短期偿债能力做出评价，可能会出现一定偏差。因此，不能孤立地看某一个指标，应该综合其他指标进行分析，才能全面和客观地判断企业短期偿债能力的大小。

（三）影响短期偿债能力的其他因素

上述反映企业短期偿债能力的财务指标，都是从财务报表资料中取得的。但还有一些财务报表资料中没有反映出来的因素，也会影响企业短期偿债能力，甚至影响力更大。因此，分析企业短期偿债能力时，还应注意未在财务报表上充分披露的其他因素。

1. 准备变现的长期资产

企业依据本身的经营战略往往在特定时期准备将一些长期资产变现，如由于机器设备使用年限较长，企业准备将其清理出售，这无疑会增强企业以后会计期间资产的流动性。分析时应谨慎对待此类情况，因为长期资产一般是企业的生产资料，是企业经营活动中所必需的，即使是过剩的长期资产在短期内也不易变现。如果企业迫于偿债压力而采取非常的手段，出售企业有价值的长期资产，那虽然短期内企业资产的流动性增加了，但从长远来看却可能导致企业的衰败。

2. 良好的商业信用

企业良好的商业信用主要表现在：一是企业拥有著名品牌，与债权人关系良好，在出现短期偿债困难能达成延期付款或者较易取得贷款，以新债还旧债。当然，这种增强偿债能力的潜在因素具有高度的不确定性，容易受整体资金环境的影响。二是具备发行企业股票或企业债券的能力，增强企业资产的流动性。良好的长期融资能力往往是缓解短期债务危机的重要保证。

3. 尚未使用的银行授信额度

在与企业长期业务往来中，银行基于对客户多年来信用状况的考察和"与客户共同成长"的理念，通常会给予优质客户一定授信额度。对于银行已同意、企业尚未办理贷款手续的授信额度，企业可以随时向银行提出申请取得贷款，从而提高企业的现金支付能力。这一数据不反映在财务报表中，但必要时应在财务状况说明书中予以说明。

4. 担保责任、已贴现的商业汇票引起的债务

债务担保人负有连带偿债责任。一旦被担保人无法偿还债务，将由担保人偿付。可见，对担保人而言，提供担保时就形成了对金融机构的或有负债，此项或有负债最终是否转变为一笔实际的负债，取决于到期时被担保人能不能偿还债务。另外，企业已向银行贴现的商业汇票，银行仍对企业拥有追索权。因此，担保责任、已贴现的商业汇票引起的债务必然会削弱企业的短期偿债能力。

5. 未作记录的或有负债

未作记录的或有负债范围很广，如有纠纷的税款、尚未了结的诉讼案件、有争议的财产纠纷、销售创新（企业承诺顾客如果全年累计消费10 000元，企业返还顾客100元现金），以及大件商品的售后服务等均会对企业的短期偿债能力产生负面影响。

三、长期偿债能力的分析

（一）长期偿债能力的概念与影响因素

1. 长期偿债能力的概念

长期偿债能力是指企业偿还长期债务本金与利息的能力，是企业保证到期长期负债及时偿付的可靠程度。企业的长期负债主要有长期借款、应付债券和长期应付款等，具有数额较大、偿债期限较长等特点。长期偿债能力分析与短期偿债能力分析有一定的差距。一般情况下，短期偿债能力分析主要着眼于企业所拥有的流动资产对流动负债的保障程度。因此要关注流动资产和流动负债的规模和结构，同时关注流动资产的周转情况。对于长期负债来说，企业借入长期负债的目的不是希望借入长期负债多形成的资产直接来保证长期负债的偿还，而是通过对该资产的运用实现盈利与增值，来保证长期负债的偿还。因此，分析长期负债能力除了关注企业资产和负债的规模与结构外，还需要关注企业的盈利能力。

2. 影响长期偿债能力的因素

（1）企业的资本结构

企业的资本可以分为负债和股东权益两部分。负债比重越高，财务风险就越大，不能偿还长期债务的可能性就越大。股东权益比重越高，企业资产的稳定性就越强，财务风险就越低，对债务的保障程度就越高。负债比重越高，企业资金成本就越低，收益就越高，因为债务资金能起到抵减所得税的作用。股东权益的比重越高，企业资金成本就越高，收益就越低，因为股东权益不能起到抵税的作用，它是在税后支付的。一个过于保守的资本结构，在企业资产报酬大于债务利息率的情况下，会丧失债务资金的抵税作用和财务杠杆的作用，从而削弱企业的盈利能力，最终削弱企业的长期偿债能力。因此，企业的资本结构是影响长期偿债能力的主要因素。

（2）企业的盈利状况

企业的盈利状况就是企业赚取利润的能力。利润是偿还长期债务的基础。企业长期的盈利能力和未来的现金流入量才是偿还长期债务的最稳定、最可靠的保障。企业能否有充足的现金流入供偿还使用，在很大程度上取决于企业的盈利能力。短期债务可以通过流动资产变现来偿付，因为大多数流动资产的取得往往以短期负债为其资金来源。而企业的长期负债大多用于非流动资产投资，在企业正常生产经营条件下，非流动资产投资形成企业的生产经营能力。一般来讲，企业不可能靠出售资产作为偿债的资金来源，而只能依靠企业的生产经营所得；另外，企业支付给长期债权人的利息支出，也要从所融通资金创造的收益中予以偿付。从企业负债经营的实质内容来看，企业借入资金是为了用于企业的投资活动与经营活动，即购入相应的资产，并通过相应的运营赚取超过利息支出的利润。因此，企业长期的盈利水平和经营活动产生的现金流量才是偿付债务本金和利息的最稳定、最可靠的来源。

（3）非流动资产的规模、结构和质量

根据资产与资本对应关系的理论，企业的长期负债一般形成非流动资产，故保证长期负债偿还的主要是非流动资产。但非流动资产一般具有一定的专业性，故对于债权人来说，在债务到期时所需要的是企业用现金来偿还负债，而不是直接获得企业的非流动资产。如果企业大部分非流动资产在面临债务偿付时变现能力过低，可能会导致企业即使拥有很多非流动资产也无法足额偿还债务。因此，企业非流动资产的规模、结构和质量直接影响着长期偿债能力，特别是企业破产清算时，非流动资产的清理变卖价值将决定对债权人债权的偿还数额。

(二) 长期偿债能力分析指标

分析长期偿债能力，主要是通过资产负债表反映的情况考察企业的财务状况和通过利润表反映的经营成果考察企业盈利能力情况，即长期偿债能力分析主要根据资产负债表和利润表中的相关数据计算出一系列财务比率，分析权益与资产之间的关系，分析不同权益的内在联系，从而对长期偿债能力强弱、资本结构是否合理等做出客观评价。反映企业长期偿债能力的财务指标主要有：资产负债率、产权比率、有形净值债务率和利息保障倍数等。

1. 资产负债率

（1）资产负债率的含义与计算公式

资产负债率也称负债比率或举债比率，是指负债总额占资产总额的百分比。反映了企业的资产总额中有多少是通过举债而得到的。其计算公式：

$$资产负债率 = 负债总额 / 资产总额$$

资产负债率反映企业的资产总额中有多少比例的资产是通过负债而得到的，反映的是一个企业偿还债务的综合能力。这个指标越高，企业面临的财务风险越大。

（2）资产负债率的分析

对资产负债率的分析，可以从以下三个方面进行：

一是由于以上计算公式中负债总额与资产总额均只反映企业某一时点上的数据，不能说明企业某一期间的财务状况。因而在实务中，可用"负债平均余额"来计算资产负债率（如后面"杜邦财务分析体系"中即采用平均余额计算财务比率）。另外，计算出的资产负债率可用于与同行业平均水平及企业历史水平相比较，通过与同行业平均水平或竞争对手的比较，可以了解企业的财务风险和长期偿债能力比较在整个行业中是偏高还是偏低，与竞争对手相比是强还是弱。如果发现企业的资产负债率过高或者过低，则应进一步找出原因，并采取措施及时调整。通过与企业以往各期的资产负债率比较，可以看出企业财务风险和长期偿债能力的变化趋势，是越来越好还是越来越差，或是基本保持稳定。如果在某一期间资产负债率突然增高，应进一步查找原因，看是否由资产规模下降导致的，并及时采取改善的对策，以防止长期偿债能力进一步恶化，出现财务危机。

二是对于资产负债率，企业的债权人、股东和企业经营者往往从不同的利益角度来评价。从债权人角度来看，其最关心的是其贷给企业资金的安全性。如果这个比率过高，说明在企业的全部资产中，股东提供的资本占比太低。这样，企业的财务风险就主要由债权人负担，其贷款的安全性也缺乏可靠的保障。所以，债权人总是希望企业的资产负债率低一些。从企业股东角度看，其关心的主要是投资收益的高低。企业借入的资金与股东投入的资金在生产经营中可以发挥同样的作用。如果企业负债所支付的利息率低于资产报酬率，股东就可以利用举债经营取得更多的投资收益。因此，企业股东可以通过举债经营的方式，以有限的资本，付出有限的代价而取得对企业的控制权，并且可以得到举债经营的杠杆利益。从企业经营者角度看，其既要考虑企业的盈利，也要顾及企业所承担的财务风险。资产负债率作为财务杠杆不仅反映了企业的长期财务状况，也反映了企业管理当局的进取精神。如果企业不利用举债经营的方式或负债比例很小，则说明企业比较保守，利用债权人资本进行经营活动的能力较差。因此，在确定企业的负债比率时，一定要审时度势，充分考虑企业内部各种因素和企业外部的市场环境，在收益和风险之间权衡利弊得失，然后才能做出正确的财务决策。

三是资产负债率的适宜水平对不同企业不能一概而论。一般认为，资产负债率的适宜水平是40%~60%。当然，这也不是绝对的。适度的资产负债率水平要综合考虑若干因素来确定。首先是企业所处的生命周期。当企业处于成长期或成熟期时，企业前景比较乐观，此时可适当提高资产负债率，充分发挥财务杠杆作用；当企业处于创业期或衰退期时，预期现金流量减少，此时应采取相对保守的财务政策，降低资产负债率,以降低财务风险。其次是行业性质资产流动性强的行业,如零售业,其周转能力和变现能力较强,可容许的资产负债率较大;经营风险比较低的企业,如供水、供电企业,为增加股东收益,其资产负债率较高;经营风险比较高的行业,如高科技企业,为降低财务风险,其资产负债率较低;资金密集型行业,如飞机制造业,其资产负债率较高。再次是资本市场。直接融资市场比较发达时,企业的资产负债率可能较低,如我国上市公司的资产负债率水平远低于非上市公司。最后是传统文化、观念、体制及历史等原因。在一个崇尚稳健和保守的文化环境中,一般不会过多举债来增加财务风险;赖账之风盛行则会无节制负债。我国过去企业资产负债率高的主要原因就是政府干预的预算软约束体制所致,即企业经营者对规模扩张的强烈意愿而形成对资金的大量需求。

例题 6-6 根据表 2-13 提供的资料,可以计算某股份有限公司的资产负债率。

2020 年初资产负债率 = 270 762 157.06/1 139 945 667.14×100% = 23.75%
2020 年末资产负债率 = 488 924 252.83/1 497 344 634.68×100% = 32.65%

通过比较可知,该公司 2020 年末资产负债率比年初提高了 8.90%,表明该企业债务负担略有增加。但总体来讲,该公司资产负债率仍然相对较低,表明资产对负债的保障程度较高,公司的长期偿债能力较强,但另一方面也说明该公司可能没有利用负债经营充分发挥财务杠杆效益,来获取更多的利润。

2. 产权比率

(1) 产权比率的含义与计算公式

产权比率也称资本负债率,是指企业负债总额与所有者权益总额的比率,是企业财务结构稳健与否的重要标志。

产权比率是指负债总额与所有者权益总额的比率,这一比率反映每 1 元股东权益借入的债务数额。计算公式:

$$产权比率 = 负债总额/所有者权益总额$$

产权比率反映了债权人所提供资金与所有者所提供资金的比例关系,它可以揭示企业的财务风险及所有者权益对债务的保障程度。这个指标越低,说明企业长期财务状况越好,长期偿债能力越强。一般情况下,产权比率低于 100% 时,企业是有偿债能力的。

产权比率是对资产负债率的必要补充,如果认为企业资产负债率应当在 40%~60% 之间,则意味着产权比率应当维持在 0.67~1.5 之间。

(2) 产权比率的分析

对产权比率的分析,可以从以下两个方面进行:

一是产权比率一方面反映了债权人提供的资本与股东提供的资本的相对关系,能反映企业财务结构的稳定性;另一方面反映了债权人债务资本受所有者权益保护的程度,表明当企业处于清算状态时,对债权人权益的保障程度。这一比率越低,表明企业的长期偿债能力越强。股东对企业控制权越稳固,债权人权益的保障程度越高,企业承担的偿债付息的压力与风险越小,但企业不能充分地发挥负债的财务杠杆效应。这一比率过高,表明企业过度运用财务杠杆,企业的财务风险过大。所以,企业在评价产权比率适度与否时,应从提高盈利能力与增强长期偿债能力两个方面综合进行,即在保障债务偿还安全的前提下,应尽可能提高产权比率。

二是产权比率与资产负债率都是用于衡量长期偿债能力的,具有相同的经济意义。资产负债率分析中应注意的问题,在产权比率分析中也应引起注意。但二者还是有一定区别的,其区别是反映长期偿债能力的侧重点不同。产权比率侧重于揭示债务资本与权益资本的相互关系,说明企业财务结构的风险性以及所有者权益对偿债风险的承受能力;资产负债率则侧重于揭示企业总资本中有多少是依赖负债取得的,说明债权人权益的物资保障程度。

例题 6-7 根据表 2-13 提供的资料,可以计算某股份有限公司的产权比率。

2020 年初产权比率 = 270 762 157.06/869 183 510.08×100% = 31.15%

2020 年末产权比率 = 488 924 252.83/1 008 420 381.85×100% = 48.48%

计算结果表明该公司 2020 年初、2020 年末的产权比率都较低，同资产负债率可相互验证，表明该公司的长期偿债能力较强，债权人权益的保障程度较高，承担的风险很小。

3. 有形净值债务率

产权比率所反映的偿债能力是以净资产为保障的，但资产中的某些项目价值具有极大的不确定性且不易形成支付能力，因此，在使用产权比率时还应结合有形净值债务率指标作进一步的分析。

(1) 有形净值债务率的含义与计算公式

有形净值债务率是指企业负债总额与有形净值的比率。其计算公式为：

$$有形净值债务率 = 负债总额/有形净值×100\%$$

公式中，有形净值是所有者权益减去无形资产和商誉后的净值，即所有者具有所有权的有形资产净值。有形净值债务率主要是用于衡量企业的风险程度和对债务的偿还能力，表明债权人在企业破产时的被保护程度。这个指标越高，表明风险越大，企业长期偿债能力越弱；反之，该指标越低，表明风险越小企业长期偿债能力越强。

(2) 有形净值债务率的分析

对有形净值债务率的分析。可以从以下三个方面进行：

一是有形净值债务率揭示了负债总额与有形资产净值之间的关系，能够反映债权人在企业处于破产清算时能获得多少有形资产保障。该指标实质上是产权比率指标的延伸，是更为谨慎、保守的用来反映债权人权益受保护程度的指标。

二是有形净值债务率指标最大的特点是在可用于偿还债务的净资产中扣除了无形资产商誉等因素，这主要是由于这些资产的计量缺乏可靠的基础，且企业破产时无法作为偿还债务的实质性来源。

三是有形净值债务率的分析与产权比率分析相同。该指标应维持在 100%，即负债总额与有形资产净值应维持在 1∶1 的比例。

例题 6-8 根据表 2-13 提供的资料，可以计算某股份有限公司的有形净值债务率。

2020 年初有形净值债务率 = 270 762 157.06/(869 183 510.08−15 282 738.09)×100% = 31.71%

2020 年末有形净值债务率 = 488 924 252.83/(1 008 420 381.85−25 004 994.77)×100% = 49.72%

该公司的有形净值债务率无论是 2020 年初还是年末，均远远小于 100%，说明其长期偿债能力较强。

4. 利息保障倍数

上述三项指标利用的数据均来自资产负债表，在进行分析时存在着明显的不足：一是上述三项指标只是反映了企业某一时点的偿债能力；二是未能揭示企业经营业绩与偿还债务支出的关系。企业取得资产的目的并不是为了偿债，而是利用资产进行产品生产销售以获取收益，从而来清偿债务。因此，分析时还应通过研究收益与长期偿债能力的关系来分析企业的长期偿债能力。分析指标主要是利息保障倍数，分析数据主要源于利润表。

(1) 利息保障倍数的含义与计算公式

利息保障倍数也称已获利息倍数，是指企业一定时期的息税前利润与利息费用的比率，反映了企业获利能力对债务利息的保障程度。其计算公式为：

$$利息保障倍数 = 息税前利润/利息费用$$

公式中，息税前利润是指利润表中未扣除利息费用和所得税之前的利润，可以用"利润总额加利息费用"来计算，也可以用"净利润加所得税、利息费用"来计算。利息费用是指本期发生的全部应付利息，不仅包括计入财务费用的利息费用，还应包括资本化利息。虽然资本化利息不在利润表中作为费用扣除，但也是企业的一项负债，也要偿还。需要注意的是，当企业外部的分析主体对企业进行分析时，很难准确地获取企业当期计入财务费用的利息费用及资本化的利息费用，在这种情况下通常用利润表中的"财务费用"代替利息费用来计算利息保障倍数。

利息保障倍数表明企业息税前利润相当于利息费用的倍数，反映企业所实现的经营成果支付利息费用的能力，其数额越大表明企业支付利息能力越强，企业对到债务偿还的保障程度也越高；反之则表明企业没有足够资金来偿还债务利息，偿债能力较低。

（2）利息保障倍数的分析

对于利息保障倍数的分析，应从以下四个方面进行：

一是之所以使用"息税前利润"主要基于两点考虑：一方面，由于在支付利息费用和缴纳所得税费用之前的所有利润都可以用于支付利息费用，如果计算公式中使用"利润总额"，就会低估偿付利息的能力；另一方面，如果计算公式中使用"净利润"，也会低估偿息能力，因为所得税费用是在支付利息之后的费用，不影响利息支付的安全性。

二是因企业所处的行业不同，利息保障倍数有不同的标准。一般来说，利息保障倍数应当至少大于1，理想的利息保障倍数一般应在3~6之间。利息保障倍数若小于1，说明企业实现的经营成果不足以支付当期的利息费用，这意味着企业支付能力低、财务风险非常高，需要引起高度重视。不过有时企业的利息保障倍数低于1并不能说明企业就无法偿债，企业可以利用非付现的折旧摊销费用来支付利息，也可以采取借新债还旧债的方式来支付利息。而利息保障倍数大于1也不能说明企业支付利息的能力肯定就强，因为息税前利润是按权责发生制核算出来的，只代表应计利润而非收现利润，但企业利息却需要以现金支付。

三是当利润表中显示财务费用为负数时，说明企业当期利息收入大于利息支出，不存在利息费用支付问题，或因汇率变动形成汇兑收益，此时计算出的利息保障倍数为负数，对偿债能力而言，是一个良性信号。若原因为前者（利息收入大于利息支出），表明企业负债少而股东权益较多，企业未能充分利用举债经营的优势；同时，也说明企业有可能闲置了大量资金，未能充分将资金投入经营环节获取利润。

四是在实务中，可将利息保障倍数与同行业平均水平或历史资料相比较，通过与同行业平均水平的比较，可以了解企业的付息能力在整个行业中的情况。若指标过高或过低，应找出原因并采取措施及时调整。通过与本企业以前各期的利息保障倍数进行比较，可以观察企业付息能力的稳定性和变化趋势。如果在某一期间利息保障倍数突然恶化，则应进一步查找原因，确定是由于盈利水平下降导致的还是由于债务增加所致，并及时采取改善的对策，防止企业付息能力进一步恶化而出现财务危机。

例题6-9 根据表2-13提供的资料，计算某股份有限公司的利息保障倍数、假设利息费用按照财务费用计算。

2019年利息保障倍数（88 428 590.07+11 935 030.80）/11 935 030.80=8.41

2020年利息保障倍数（97 635 148.12+10 069 947.35）/10 069 947.35=10.70

通过比较可知，该公司2020年利息保障倍数比2019年上升了2.29，保障陪数为10.70且远高于3。

（三）影响长期偿债能力的其他因素

除了上述通过资产负债表和利润表等财务报表有关项目直接的内在联系计算出的各种比率指标，从资本结构和收益与长期偿债能力的关系来研究、分析和评价企业到期偿债能力外，还有一些因素影响企业的长期偿债能力，在分析时必须引起足够的重视。

1. 非流动资产与非流动负债

非流动资产是企业偿还长期债务的资产保障，但由于非流动资产周转期、未来价值的不确定性，使得其账面价值与实际价值可能会存在一定的差异。此时，根据报表数据资料计算的比率指标就可能无法准确地反映企业实际的长期偿债能力。另外，由于非流动资产折旧或摊销方法及减值准备的计提方法等方面存在一定的选择空间，企业采用不同的会计方法会得出不同的偿债能力结论。如两个企业分别采用加速折旧法和直线折旧法计提折旧，则计算出来的资产负债率就不同。采用加速折旧法的企业资产负债率要高于采用直线折旧法的企业资产负债率，但实际上两家企业的长期偿债能力并没有差异。

在分析长期偿债能力时，还要关注非流动负债会计处理存在的一些特殊问题，如可转换债券在转化为股票之前属于债券性质，在资产负债表中应列示为应付债券，但当达到一定条件时将转化为股票，不再是企业所承担的债务，不需要在未来期间偿还。

2. 长期租赁

当企业急需某项设备而又缺乏足够资金时，可以通过租赁方式解决，企业通常将融资租赁视为固有资产，并把与该固定资产相关的债务（租赁费）作为企业的长期负债反映在资产负债表中，而企业的经营租赁则不在资产负债表中反映，只出现在报表附注和利润表的相关费用项目中。但经营租赁的设备若被长期占用，就形成了长期固定的租赁费用，实际上是一种长期筹资行为。其租赁费用虽然不作为长期负债处理，但到期必须支付租金，这会对企业的偿债能力产生影响。因此，如果企业经常发生经营租赁业务，应考虑租赁费用对长期偿债能力的影响。

3. 或有事项

或有事项是指过去的交易或者事项形成的，其结果须由某些未来事项的发生或不发生才能决定的不确定事项，包括或有资产和或有负债，如专利权被他人侵犯时向他人提出索赔形成的或有资产，未决诉讼、仲裁可能得到补偿形成的或有资产，价值重估形成的或有资产等；再如已贴现商业承兑汇票形成的或有负债，为其他单位提供担保形成的或有负债等。

或有事项的特征就在于它是一种最终结果不确定的现存状况，一旦发生可能会给企业带来经济利益，也可能带来经济损失。产生或有资产会提高企业的偿债能力，产生或有负债会降低企业的偿债能力。这些并没有包括在相关财务比率的计算之中，其一旦发生便会影响企业的财务状况。因此，在分析企业财务报表时，必须充分注意有关或有事项的报表附注披露，以便了解未在资产负债表中反映的或有事项，并在评价企业长期偿债能力时，考虑或有事项的潜在影响。

4. 承诺

承诺是企业对外发出的将要承担的某种经济义务。企业为了经营的需要，常常要做出某些承诺（如对参与合资的另一方承诺为其提供银行担保、向客户承诺提供产品保证或保修等）。这种承诺有时会大量增加企业的潜在负债或承诺义务，而没有通过资产负债表反映出来。因此，在分析企业长期偿债能力时，应根据有关资料判断承诺带来的潜在问题。

任务二 盈利能力分析

恒发公司是一家经营纺织业的小企业，一直以来产品比较畅销，经营业绩也不错。2015年，该企业销售利润总额为360万元，比上年增长了34.2%，生产成本为210万元，毛利润达100多万元。如果仅从销售利润情况来看，企业的盈利能力是比较强的。但是该企业无法通过商业银行筹集贷款资本，所以大量生产资本都来自民间高息借款，承担着非常高的利息负担。在2015年，该企业全年的利息总支出达到60万元，几乎占到销售毛利润的60%，扣除其他管理费用，企业的盈利能力并没有明显地提升，甚至不如其他销售毛利润较低的同类企业。

案例分析

这一案例表明：对企业盈利能力进行分析，最主要的是对利润进行分析。由于产品销售业务一般是企业利润的源泉，企业盈利或获利水平的高低，对于其利润的多少有着举足轻重的影响。许多财务报表分析人员往往比较关注销售额对企业盈利能力的影响，然而影响企业整体盈利能力的因素还有对外投资情况、资本的来源构成、资产获利能力等。所以，在对企业盈利能力进行分析时，不仅要从影响销售利润的各因素对企业销售活动的盈利能力进行分析，还要从投资获利、企业管理体制、税收环境等内外部因素对企业盈利状况进行多角度分析，从而准确评价企业的盈利能力。

一、盈利能力分析的概述

（一）盈利能力的概念

盈利能力又称获利能力，是指企业在一定时期内获取利润的能力。盈利能力是一个相对的概念，它与企业一定时期内的资源投入、资本结构、产品市场状态等均有关系。

企业的盈利能力越强，给投资者带来的回报越高，企业价值就越大。同时，企业盈利能力越强，带来的现金流量越多，企业的偿债能力就会越强。企业盈利能力分析包含两个层次的内容：一是企业在一个会计期间内从事生产经营活动的盈利能力分析；二是企业在一个较长期间内稳定地获得较高利润能力的分析。也就是说，盈利能力涉及盈利水平的高低及盈利的稳定性和持久性。

盈利能力分析是分析企业利润目标的完成情况和不同年度盈利水平的变动情况，预测企业盈利前导的行为。

（二）盈利能力分析的目的

企业经营的主要目的在于使投资人获得较高的利润并使利润维持适度的增长。企业只有盈利，才能扩大经营规模。因此，盈利能力是企业的投资人、债权人、经营者及政府管理部门共同关心的问题：
①对投资人来说，企业盈利能力的强弱直接影响他们的权益；
②对债权人来说，企业盈利能力的强弱也会影响他们的权益；
③对经营管理者来说，盈利能力是企业财务结构和经营绩效的综合体现；
④对政府机构来说，企业盈利水平影响税收收入，盈利的多寡直接影响财政收入的实现。

（三）盈利能力分析的内容

因为盈利能力分析在整个财务报表分析中有十分重要的位置，所以需要从多个角度，运用不同的方法对其加以把握。总的来说，盈利能力分析主要包括以下内容：

1. 从企业分析的对象来分

从企业分析的对象来分，盈利能力分析分为一般企业盈利能力分析和上市公司盈利能力分析。

①一般企业盈利能力分析。在一般情况下，企业的产出超过投入的金额越大、持续性越强，企业的盈利能力就越强。企业的产出是指企业可以从产品销售市场或者服务提供市场获取的资源，也就是通常意义上的收入。企业为了获取一定的收入，必然耗费一定的资源，包括人工成本、折旧和原材料成本。在盈利能力分析中，资源消耗是与当期的收入相对应的，是指当期已经通过销售实现的收入所对应的资源消耗。对一般企业而言，可以通过比较资产投入与获得的收益来评价其盈利能力。

②上市公司盈利能力分析。在上市公司的业绩中，投资者特别关注其收益状况及未来的发展能力。

如何评价公司的盈利能力和盈利质量，一直是会计界、投资业的热门话题。随着我国社会主义市场经济体制的逐渐发展和完善，我国的企业管理体制正在由传统的管理体制向现代企业制度转变。在这种转轨经济特点下，公司股份制改造是建立现代企业制度的重要形式。随着股份制企业的增多和资本市场的完善，上市公司也越来越多。上市公司的自身特点决定了分析其盈利能力除了可以通过一般企业盈利能力的指标进行分析外，还应进行一些特殊指标的分析，特别是一些与企业股票价格或者市场价值相关的指标。

2. 从具体的分析项目来分

从具体的分析项目来分，盈利能力分析分为盈利能力的结构分析、盈利能力的趋势分析、盈利能力的比率分析。

①盈利能力的结构分析。盈利能力的结构分析就是将相关收入、费用、利润项目金额与相应的合计金额或特定项目金额进行对比，以查看这些项目的结构，从而洞悉企业盈利能力的一种分析方法。

②盈利能力的趋势分析。盈利能力的趋势分析就是将企业连续几个期间的相关财务数据进行的对比，得出企业盈利能力的变化趋势。这是企业历史数据之间进行的纵向比较，从中可以更好地看出随着时间的推移，企业盈利能力发生的变化，进而总结经验、发现问题。

③盈利能力的比率分析

这是主要的分析方法，它的结果直观，便于比较，能够很方便运用它来评价企业的盈利能力。利润是相对于一定的收入、一定的资源投入而言的，与盈利能力有关的比率可以分成三个方面：一是与企业收入相关的盈利能力比率；二是与企业资产相关的盈利能力指标；三是与企业资本相关的盈利能力比率。

一般来说，企业盈利能力只涉及正常运营状况，非正常的营业状况也会给企业带来收益和损失，但只是企业特别状况下的个别结果，不是经常和持久的，不能将其作为企业的盈利能力加以评价。因此，为了使得出的分析结果更具有普遍意义和预测能力，在进行盈利能力分析时应尽量摒除那些非经营性项目及非正常的经营活动，具体包括：已经或将要停止的营业项目；重大事故或法律更改等特别项目；会计准则和财务制度等变更带来的累计影响因素。

（四）影响盈利能力的因素

企业盈利能力的强弱受到多方面的影响。总体来说，主要有以下六个因素。

1. 运销能力

企业运销能力是扩大经营规模、增强市场占有率、增加营业收入的保障。科学、有效的营销策略以及强大的营销团队将有助于企业形成良好的营业状况，能增加营业收入，为企业盈利提供最基本的条件。

2. 成本水平

在企业营销能力一定的情况下，其成本费用水平的高低直接影响企业获利水平的高低。因此，企业在扩大营业收入的同时，也要加强成本费用的控制，只有这样才能有较强的盈利能力。

3. 投资获利能力

在当前的经济环境下，越来越多的企业在进行主营业务生产经营的同时，也在寻求外部一些盈利性很强的项目进行投资，包括股票投资、债券投资、房地产投资等。这些投资可能投入的金额很大，但投资收益通常不太稳定。如果企业建立良好的经营管理模式，管理能力强，那么市场拓展能力就强，企业产品的市场占有率将会提高，进而提升企业产品的销售量，从量的角度保证企业产品的盈利能力。当然，企业产品的盈利能力还与产品的市场价格有关。

4. 风险控制能力

企业在获利能力的同时伴随着风险。因此，企业必须关注对风险的管理和控制。企业面临着财务风险、经营风险、市场风险等多种风险。通常高收益与高风险并存，风险过高，虽然可能伴随着收益的提高，但不安全，甚至可能导致危机；而风险低的投资一般意味着较低的收益水平。

5. 企业所处的行业

各行业的盈利能力是不一样的，如制造业、服务行业、物流行业、零售行业等的盈利能力就各不相同。行业不同，对企业的毛利率、利润率等都有一定的影响。

6. 企业的经营管理模式

不同的企业经营模式会有不同的管理能力和管理效率。经营模式也会受企业规模、管理者风格等的影响。企业管理效率除了与经营管理模式有关以外，还与企业管理的现代化程度、规范性程度等有直接的关系。管理模式和管理效率的不同会直接导致企业的成本控制模式、费用管理能力、市场拓展能力等产生明显的差异，进而影响企业的盈利能力。

企业建立良好的管理模式，进一步优化和控制营业成本、销售费用、管理费用和财务费用，能够直接影响企业的利润，增强企业的盈利能力。

7. 其他因素

影响企业盈利能力的因素还有很多，如需要交纳的税费、国家的经济政策、全球的经济形势等。当国家调整税率或者对于不同的企业可能享受不同的税率待遇时，对企业的税费影响也是比较大的，从而影响企业的盈利能力。比如产品价格直接影响企业产品的销售收入，是企业盈利能力的直接影响因素。企业产品的市场价格受市场竞争程度、产品的科技含量、产品本身的市场容量等的限制，同时还会受到企业的市场策略、销售政策和销售渠道等的影响。由于价格和销售量直接决定销售收入，进而影响企业的盈利能力，所以，企业经营管理决策层应该重点把握产品的定价、市场策略、销售渠道和销售方式等。

二、盈利能力指标的分析

（一）与收入相关的盈利能力分析

与收入相关的盈利能力分析是指通过企业计算企业生产及销售过程中的产出、耗费和利润之间比例关系，来研究和评价企业的获利能力，它反映企业在生产销售过程中产生利润的能力。与收入相关的盈利能力的指标，主要以营业收入为基础计算的，它是通过利润表中各利润项目与营业收入的比较，求得企业营业收入的盈利水平，以此来说明营业收入盈利能力的高低。

1. 销售毛利率

（1）销售毛利率的概念及计算公式

销售毛利是指企业营业收入扣除营业成本之后的差额，它在一定程度上反映了企业生产经营环节效率的高低。销售毛利率是指企业毛利占营业收入的比重。销售毛利越大，说明在营业收入中营业成本所占的比重越小，企业通过营业获得利润的能力越强。销售毛利是企业利润的基础，没有足够大的毛利率企业便不可能盈利。

销售毛利率的计算公式：

$$销售毛利率 = 销售毛利 / 营业收入 \times 100\%$$

$$销售毛利 = 营业收入 - 营业成本$$

销售毛利是企业利润的基础。销售毛利越高，抵补各项期间费用的能力越强，企业的盈利能力也就越高，它的最大的特点在于没有扣除间接费用。

（2）销售毛利率的分析

对于销售毛利率的分析，应从以下三个方面进行：

①销售毛利率反映的是每1元的销售收入中，有多少可以在弥补期间费用后，形成企业的利润，即每1元销售收入能为企业带来多少毛利。销售毛利率越高，说明企业获利的空间就越大；销售毛利率越低，则说明企业获利的空间越小，甚至无利可获。因此，该指标越高、企业盈利能力越强，其产品在市场上的竞争力就越强。与销售毛利率相联系的销售成本率的计算公式为：

$$销售成本率=营业成本/营业收入\times100\%$$

可见，企业只有努力降低销售的成本率，才能提高销售毛利率。企业营业成本控制得越好，销售毛利率越高，盈利能力越强。

②不同行业之间的销售毛利率差别很大。一般来说，营业周期短、固定费用低的行业如商品零售业的销售毛利率水平比较低；而营业周期长、固定费用高的行业（如重工业企业），则要求有较高的销售毛利率，以弥补其巨大的固定成本。

③影响销售毛利率变化的因素很多，如产品售价、生产成本、产品结构等某个因素发生变化，都会引起销售毛利率的变动。国家对价格控制的原则是关系到国计民生的必需品销售毛利率应低一些，而奢侈品或新产品销售毛利率可高一些。有时候企业为了增加产品市场份额，也会采取薄利多销政策，从而使企业销售毛利率偏低。在各期销售毛利率发生变化的情况下，除了市场、价格政策等原因外，重要的是应从销售成本入手，去检查分析每一个成本项目对销售成本率乃至销售毛利是否产生了影响。

例题6-10 根据表6-1提供的某股份有限公司的资料，计算该公司的销售毛利率。

表6-1 利润表

编制单位：某股份有限公司　　　　　　　　　　年　月　日　　　　　　　　　　金额单位：元

项目	2020年	2019年
一、营业收入	500 825 388.30	478 503 678.72
减：营业成本	414 347 374.98	403 708 188.42
税金及附加	2 038 958.87	2 588 271.22
销售费用	16 251 137.97	9 925 950.66
管理费用	45 898 208.68	28 980 108.11
财务费用	10 069 947.35	11 935 030.80
资产减值损失	4 338 996.16	2 639 276.41
加：公允价值变动收益（损失以"-"填列）		
投资收益（损失以"-"填列）	67 667 955.90	67 115 706.01
其中：对联营企业和合营企业的投资收益	15 483 559.89	12 240 741.18
资产处置收益（损失以"-"号填列）		
二、营业利润（亏损以"-"填列）	75 548 720.19	85 842 559.11
加：营业外收入	22 626 384.41	3 764 591.60
其中：非流动资产处置利得	22 626 384.41	
减：营业外支出	539 956.48	1 178 560.64
其中：非流动资产处置损失	87 851.60	397 123.82
三、利润总额（亏损总额以"-"填列）	97 635 148.12	88 428 590.07
减：所得税费用	2 502 735.30	2 210 822.59
四、净利润（净亏损以"-"填列）	95 132 412.82	86 217 767.48

续表

项目	2020 年	2019 年
五、每股收益	0.336	0.3043
（一）基本每股收益	0.336	0.3043
（二）稀释每股收益	0.336	0.3043

2019 年销售毛利率=（478 503 678.72－403 708 188.42）/478 503 678.72×100%＝15.63%

2020 年销售毛利率=（500 825 388.30－414 347 374.98）/500 825 388.30×100%＝17.27%

计算结果表明，该公司的销售毛利率 2020 年比 2019 年有所增长，说明该公司的盈利能力有所增强。

2. 营业利润率

（1）营业利润率指标概念及计算公式

营业利润率是指企业在一定期间内营业利润占营业收入的比重。它反映了企业每单位营业收入能带来的营业利润，表明了企业经营业务的盈利能力，是评价企业销售业务盈利能力的主要指标。

营业利润率的计算公式：

$$营业利润率=营业利润/营业收入×100\%$$

营业利润率反映企业每 1 元营业收入能为企业带来多少营业利润，体现了扣除变动成本和主要固定成本并加上投资收益之后的利润占营业收入的比例。一般来说，营业利润率越高，表明企业经营活动为社会创造的价值越多，贡献也就越大，同时反映盈利能力越强，经营状况越好，未来发展前景越光明。

（2）营业利润率指标含义

①营业利润率反映的是每 1 元的销售收入中扣除成本费用后的企业利润。

②营业利润率反映扣除相对占比较大的成本费用后的利润水平，反映了相对稳定的利润水平，它更能反映企业经营管理水平和盈利能力。

③导致企业营业利润率高的原因：企业处于垄断行业中，垄断带来了较高的营业利润；企业处于新技术行业中，新兴行业的利润率往往比较高。

营业利润率指标体现了企业经营活动的盈利能力，如果一个企业没有足够的营业利润率，将很难形成企业的最终利润。

营业利润率与销售毛利率相比，有两个方面的扩张。

一方面它不仅考核日常业务活动的盈利能力，而且考核其他业务活动盈利能力。这个企业多元化经营的今天，具有更重要的意义，因为企业盈利能力不仅取决于日常业务经营，而且越来越多地受其他经营业务的获利水平的制约，甚至出现了其他业务获利状况决定了企业全部盈利水平、盈利稳定性和持久性的状况。

另一方面它不仅考核了日常业务活动直接相关的成本费用，而且也将与它们间接相关的且必须发生的成本费用纳入考核。这就使得对企业经营业务的盈利能力的考核更趋全面，尤其是将期间费用纳入支出项目进行获利扣减，更能体现营业利润率的稳定性和持久性，因为期间费用本身是一种较少变动的固定性支出，它的抵补是不可避免和经常的，企业只有将盈利扣除这些固定性支出后，所剩部分才具有稳定性和可靠性。因此，营业利润率综合反映了企业具有稳定、持久的收入和支出因素，它所揭示的企业盈利能力具有稳定和持久的特点。

例题 6-11 根据表 6-1 提供的某股份有限公司提供的资料，计算该公司的销售毛利率。

2019 年营业利润率＝85 842 559.11/478 503 678.72×100%＝17.94%

2020 年营业利润率＝75 548 720.19/500 825 388.30×100%＝15.08%

计算结果表明，该公司的营业利润率呈下降趋势。2020 年在企业的营业收入比 2019 年上升的情况下，营业利润率却下降，这说明该公司当年的费用管理出现了较为突出的问题。

3. 销售净利率

（1）销售净利率指标概念及计算公式

销售净利率是指企业净利润占营业收入的比重，这里的净利润是企业的税后利润，用来衡量企业的销售收入的盈利能力。

销售净利率的计算公式：

$$销售净利率=净利润/营业收入\times100\%$$

净利润低表明企业经营者未能创造足够多的营业收入或未能控制好成本费用，或者两方面兼而有之。该指标数值越高越好，数值高表明企业盈利能力强。

销售净利率反映的是每1元的销售收入中，产生的企业净利润，反映企业收入的水平。该比率越高，说明企业最终盈利能力越高。销售净利润率的分子是企业的净利润，即企业的收入在扣除了各项成本和费用及税收之后的净额，是企业最终为自身创造的收益，反映了企业能够自行分配的利润数额。提取盈余公积金、发放股利等行为，都建立在净利润的基础上。因此，销售净利润率能够从企业生产经营最终目的的角度来反映营业收入的贡献。

（2）销售净利润率的分析

分析一个企业的销售净利润率，不仅需要对营业成本和期间费用这些营业因素等进行分析，也要对投资收益和营业外收支这些非营业因素进行分析。

①由于净利润中包含波动较大且无规律的投资收益和营业外收支净额，该指标年度之间的变化相对较大。企业短期投资者和债权人的利益主要在企业当期，他们更关心企业最终盈利能力的大小，所以他们通常直接使用这一指标，而对于企业经营者及所有者来说，则应将该指标数额与净利润的内在结构结合起来分析，以正确判断企业的盈利能力。

②营业净利率并非都由销售收入产生，其大小还受投资收益、营业外收支影响。它反映的是企业整个商务活动的盈利能力。

③企业要想保持销售净利率不变，必须要在增加投入、扩大销售收入的同时，提高经营管理水平，控制期间费用支出等，从而提升投入产出比。

④对单个企业来说，销售净利润率越大越好；但各个行业及企业之间的竞争能力、经济状况、利用负债融资的程度及行业经营的特征，使得不同行业各企业的销售净利润大不相同。因此，在使用该比率分析时，要注意与同行业其他企业进行对比分析。

⑤从销售净利润率的公式可以看出，销售净利润率与企业净利润成正比关系，而与营业收入成反比关系。因此，企业必须在保持营业收入不变的情况下提高净利润，或者使得净利润的增长幅度大于营业收入的增长幅度，才能使销售净利率有所提高。

该指标可以反映出在增加收入、加大投入时，企业的经营管理水平和盈利能力是否已经同步提升，是否与营业收入同步增长。

例题 6-12 根据表 6-1 提供的某股份有限公司的资料，计算该公司的销售净利润率。

2019 年销售净利润率 = 86 217 767.48/478 503 678.72×100% = 18.02%

2020 年销售净利润率 = 95 132 412.82/500 825 388.30×100% = 19.00%

计算结果表明，该公司的销售净利润率呈上升趋势，企业盈利能力有所增强；但企业净利润的实现更多的是因为营业外收入的大幅度增加所致，利润质量不是很好，持续盈利能力的提高不容乐观。

4. 成本费用利润率

（1）成本费用利润率指标概念及计算公式

成本费用利润率是指在一定时期内，企业的利润总额与企业该对应时期成本费用总额的比值。

成本费用总额是指营业成本、税金及附加、销售费用、管理费用和财务费用的总和。

成本费用利润率的计算公式：

$$成本费用利润率 = 利润总额/费用总和 \times 100\%$$

$$成本费用总额 = 营业成本 + 税金及附加 + 销售费用 + 管理费用 + 财务费用$$

成本费用利润率是反映企业生产经营过程中花费与所得关系的指标。其数值越大，说明企业为取得利润所付出的代价越小，成本费用控制得越好，企业的盈利能力强。该指标能直接反映企业增收节支、增长节约等情况。因此，企业任何生产销售的增加和成本费用的节约都能提高企业的盈利能力。该指标有利于分析者从企业支出方面衡量以利润为基础的盈利能力，也有利于企业发现和挖掘降低成本费用的潜力。

（2）成本费用利润率指标含义

①成本费用利润率反映了每1元成本费用支出带来的利润总额。该指标越大，说明企业耗费的成本费用产生的利润越高。

②成本费用属于耗费项目，而利润属于产出项目，所以，该指标是衡量支出和产出平衡的最好指标。费用利润率的高低，既可以衡量企业盈利状态和盈利能力，也反映了企业经营管理水平的高低。如果企业在增加收入的同时，努力控制费用，那么企业的费用利润率就会很高。

在企业获利水平一定的情况下，成本费用总额越小，成本费用利润率就越高，说明企业盈利能力越强。类似地，当企业成本费用总额一定时，利润总额越高，成本费用利润率就越高，企业的盈利能力越强。

例题6-13 根据表6-1提供的某股份有限公司提供的资料，计算该公司的成本费用利润率。

2019年成本费用总额 = 403 708 188.42+2 588 271.22+9 925 950.66+28 980 108.11+11 935 030.80 = 457 137 549.21（元）

2019年成本费用利润率 = 88 428 590.07/457 137 549.21×100% = 19.34%

2020年成本费用总额 = 414 347 374.98+2 038 958.87+16 251 137.97+45 898 208.68+10 069 947.35 = 488 605 627.85（元）

2020年成本费用利润率 = 97 635 148.12/488 605 627.85×100% = 19.98%

计算结果表明，该公司的成本费用利润率呈明显的上升趋势，且其比值越高，说明该公司盈利能力越强，经营效率越为理想。

（二）与资产相关的盈利能力分析

企业营业收入和净利润的取得，是以一定规模的资产为基础的，所获利润多少与其资产使用效率紧密相关。因此，与资产相关的盈利能力分析是从资产使用效率的角度，分析全部资产的盈利水平及由此带来利润的稳定性和持久性。反映与资产相关的盈利能力指标主要是总资产报酬率。

1. 总资产报酬率的概念及计算公式

总资产报酬率是反映企业平均总资产获得净利润和支付利息费用的能力，是企业一定期间内的息税前利润与资产平均总额的比率。

总资产报酬率的计算公式：

$$总资产报酬率 = (净利润 + 利息费用)/平均总资产 \times 100\%$$

$$平均总资产 = (期初总资产 + 期末总资产)/2$$

"利息费用"是指企业在生产经营过程中实际支出的借款利息、债务利息等。在分析者不能获取实际数据时，可利用利润表中的"财务费用"替代计算。

总资产报酬率反映每1元的资产能够创造的息税前利润额，是反映企业资产综合利用效果的指标，是衡量企业盈利能力和运营效率的最有效指标之一，也是衡量企业利用债权人权益和所有者权益总额所取得盈利情况的重要指标。该比率越高，表明企业的资产利用效益越好；整个企业盈利能力越强，说明企业在增收节支等方面取得的效果越好。

2. 总资产报酬率指标含义

对于总资产报酬率的分析，应从以下几个方面进行

①一般来说，总资产报酬率在0%～10%之间视为较低，10%～20%属于中等水平，而一旦超过20%，则为较高。为了正确评价企业经济效益的高低，挖掘提高利润水平的潜力，可以用该指标与本企业前期目标、本行业平均水平和本行业先进企业进行对比，分析形成差异的原因。分析者还可以将该指标与借贷资金市场利息率进行比较，如果前者大于后者，说明企业可以利用财务杠杆，适当举债经营以获得更多的收益。

例题6-14 根据表2-13和表6-1提供的某股份有限公司提供的资料，计算该公司的总资产报酬率。（假设2018年末资产总额为987 556 324.34元）

2019年总资产报酬率＝88 428 590.07＋11 935 030.80/(1 139 945 667.14＋987 556 324.32)÷2×100%
＝9.43%

2020年总资产报酬率＝97 635 148.12＋10 069 947.35/(1 497 344 634.68＋1 139 945 667.14)÷2×100%＝8.17%

计算结果表明，该公司的盈利能力有所下降。进一步分析可以发现，因企业资产平均总额的增长幅度超过了息税前利润的增长幅度，致使企业资产盈利能力下降。企业对此应认真关注，采取切实措施加以改进。

②总资产报酬率的高低除了与净利润等有关之外，还与企业的资产结构有间接关系，所以，在利用该指标时，一般同时使用资产结构分析来说明企业的经营管理状态和盈利能力。

③如果企业的总资产报酬率过低，那企业应该分析是因为经营管理、资产投入量，还是因为资产投入产出比导致的，从而有针对性地提出解决方案。

④影响总资产报酬率大小的因素包括两个方面：息税前利润总资产平均占用额。息税前利润的多少与企业营业收入有密切关系，企业的资产源于所有者投入资本和负债资金两个方面。评价该比率要与企业资产结构、经济周期、企业特点、企业战略结合起来进行。根据总资产报酬率的经济内容，可将其作如下分解：

总资产报酬率＝(营业收入/平均资产总额)×(息税前利润/营业收入)
＝总资产周转率×销售息税前利润率

上述公式表明，企业要提高总资产报酬率，一方面，要重视资产结构的影响，合理安排资产构成，优化资产结构，尽可能降低资产占有额，提高资产运营效率，加速资金周转；另一方面，要重视所得和投入的比例关系，合理使用资金，降低消耗，避免资产损失与浪费、费用开支过大等不合理现象。

例题6-15 根据表2-13和表6-1提供的某股份有限公司的资料，假设2018年末资产总额为987 556 324.34元，整理后得出该公司的有关分析信息（表6-2）。

表 6-2 总资产报酬率影响因素分析表

项目	2020 年	2019 年	差异
营业收入	500 825 388.30	478 503 678.72	
利润总额	97 635 148.12	88 428 590.07	
利息费用	10 069 947.35	11 935 030.80	
息税前利润	107 705 095.47	100 363 620.87	
资产平均总额	1 318 645 150.91	1 063 750 995.74	
总资产周转率（次）	0.38	0.45	-0.07
销售息税前利润率（%）	21.51	20.97	+0.54
总资产报酬率（%）	8.17	9.43	-1.26

根据表 6-2 资料，可以确定总资产周转率和销售息税前利润率变动对总资产报酬率的影响。

分析对象：总资产报酬率=8.17%-9.43%=-1.47%

因素分析：

①总资产周转率=（0.38-0.45）×0.38=0.21%

②销售息税前利润率变动的影响=（21.51%-20.97%）=0.21%

分析结构表明，该公司 2020 年总资产报酬率比 2019 年下降了 1.26%，主要是由于总资产周转率降低的影响，使总资产报酬率下降了 1.47%；销售息税前利润率的提高使总资产报酬率提高了 0.21%。

（三）与资本相关的盈利能力分析

与资本相关的盈利能力分析是通过计算所有者权益投入的资本及留存收益与利润之间的比例关系，从立足于投资者（股东）的角度，考虑净资产的运用效率来研究和评价企业的获利能力。

1. 净资产报酬率

（1）净资产报酬率指标概念及计算公式

净资产报酬率又称自有资金收益率，是企业在一定时期内的净利润与所有者权益评价余额的比率。

净资产报酬率的计算公式：

$$净资产报酬率=净利润/平均所有者权益×100\%$$

$$平均所有者权益=（年末所有者权益+年初所有者权益）/2$$

企业从事财务管理活动的最终目的是实现所有者财富最大化。从静态角度来讲，首先是最大限度地提高净资产收益率。因此，该指标是评价企业盈利能力的核心指标，而且也是整个财务指标体系的核心。

（2）净资产报酬率指标含义

①净资产报酬率反映企业所有者权益获得报酬的水平，反映企业所有者权益的实现程度，是全体股东最关心的指标。一般认为，净资产收益率越高。企业自有资金获取收益的能力越强，运营效益越好，对企业投资者和债权人权益的保障程度越高。该指标通用性强，适用范围广，不受行业局限，无论在国内还是在国外的企业综合评价中使用率都非常高。

②净资产报酬率经常与总资产报酬率同时使用以分析企业的盈利能力。

③净资产报酬率高，企业资本运营的效果就好，股东权益的保障程度就大。

④净资产报酬率是综合性的、最具有代表性的反映企业盈利能力的核心指标。

⑤投资者投资于企业的最终目的是获取利润，而净资产收益率的高低直接关系到投资者投资目的的实现程度。通过对净资产收益率的分析，一方面，可以判定企业的经营效益，这将影响到投资者的投资

决策及潜在投资者的投资倾向,从而影响企业的筹资方式、筹资规模,进而影响企业的发展规模和发展趋势;另一方面,净资产收益率体现了企业管理水平的高低、经济效益的优劣、财务成果的好坏,是投资者考核期投入资本保值增值程度的基本指标。

例题 6-16 根据表 2-13 和表 6-1 提供的某股份有限公司的资料,计算该公司的净资产收益率。(假设 2018 年末所有者权益总额为 788 785 608.95 元)

2019 年净资产收益率=86 217 767.48/(788 785 608.95+869 183 510.08)×100%=10.40%

2020 年净资产收益率=95 132 412.82/(869 183 510.08+1 008 420 381.85)×100%=10.13%

计算结果表明,该公司的净资产收益率 2020 年比 2019 年有所下降,说明该公司的盈利能力有所减弱。

2. 资本金收益率

(1)净资产报酬率指标概念及计算公式

资本金收益率是净利润与实收资本的比率。资本金收益率与净资产报酬率是同一类指标,都是反映所有者权益类收益的指标。它们之间的区别是,资本金收益率衡量实收资本的收益状况,而净资产报酬率衡量所有者权益的收益状况。

资本金收益率的计算公式:

$$资本收益率=净利润/实收资本平均余额×100\%$$

$$实收资本余额=[(年初实收资本+资本公积)+(年末实收资本+资本公积)]/2$$

资本收益率表明投资者每 1 元投资者将获取多少回报。资本收益率不同于净资产收益率。一是企业所有者或股东最关心的是其投资人资本的盈利能力,资本收益率直接反映了这一需要,而净资产收益率分母包含了非资本金性质的其他项目;二是在所有者权益中参与分配的只是资本金,而其他项目或者是分配的结果或者是分配的对象。

(2)净资产报酬率指标含义

①资本金收益率反映企业实收资本获得报酬的水平,用来反映企业实收资本获取利润的能力。该指标越高,说明投资人投入资本的收益率越高。通过该指标的分析,可以判断企业的投资收益,影响所有者的投资决策和潜在投资者的倾向。

②资本金收益率是投资人最关心的核心指标之一,同时,该指标的高低在一定程度上会影响投资人的投资倾向,从而影响企业的外部融资方式。它是站在所有者立场来衡量企业盈利能力的,是最被所有者关注、对企业具有重大影响的指标。该指标体现了企业管理水平的高低、经济效益的优劣、财务成果的好坏,尤其是直接反映了所有者投资效益的好坏,是所有者考核期投入企业的资本保值增值程度的基本指标。

③资本金收益率会因为财务杠杆而获得更高的收益,但是其只反映收益状况,不代表利润分配状况。该指标只反映了投资者投入资本的获利水平,它并非企业每期实际支付给投资者的利润率,因为净利润需要按规定提取盈余公积等,不可能全部用来作为股利分配。

例题 6-17 根据表 2-13 和表 6-1 提供的某股份有限公司的资料,计算该公司的资本金收益率。(假设 2018 年末所有者权益总额为 788 785 608.95 元)平均资本=[(283 316 200.00+328 843 060.67)+(285 127 200+405 134 463.62)]/2=651 210 462.15(元)

2020 年资本收益率=95 132 412.82/651 210 462.15×100%=14.61%

计算结果表明,该公司的资本收益率越高,说明企业的盈利能力较强。

3. 每股收益

(1) 每股收益的含义及计算公式

每股收益是指企业净利润与发行在外普通股股数之间的比率,表明普通股股东持有一股普通股所能享有的企业净利润或需承担的企业净亏损。它是评价上市公司盈利能力的核心指标,用于反映企业经营成果、衡量企业普通股的获利水平及投资风险;也是投资者等信息使用者据以平均企业盈利能力、预测其成长潜力、进而做出相关经济决策的重要指标。根据《企业会计准则——每股收益》的规定,每股收益因对分母部分的发行在外流通股股数的计算口径不同,可以分为基本每股收益和稀释每股收益。

(2) 基本每股收益

基本每股收益是指企业按照归属于普通股股东的当期净利润,除以发行在外的普通股加权平均数计算的每股收益。其计算公式如下:

$$基本每股收益=(净利润-优先股股利)/普通股股数$$

由于我国上市公司基本上没有优先股,所有在计算每股收益时可不考虑优先股股利。普通股平均股数是通过发行在外的普通股的加权平均数计算的,是对本期内发行或回购的股份按发行在外的时间加权平均计算。其计算公式为:

$$发行在外的普通股的加权平均数=期初发行在外的普通股的加权平均数+当期发行在外的普通股的加权平均数\times(已发行时间/报告期时间)-当期回购的普通股股数\times(已回购时间/报告期时间)$$

报告期时间、已发行时间和已回购时间一般按照天数计算;在不影响计算结果准确性的前提下,可以采用简化的计算方法,即按月计算。

例题 6-18 某股份有限公司 2019 年初发行在外的普通股股数为 2000 万股,经相关部门批准,2019 年 4 月 1 日增发 500 万股,2019 年 10 月 1 日增发 400 万股,则该公司 2019 年末发行在外的普通股的加权平均数为 $2000+500\times9/12+400\times3/12=2475$(万股)。

(3) 稀释每股收益

企业在存在具有稀释性的潜在普通股的情况下,可能增加流通在外的普通股股数,从而使本期收益在更多的股份中进行分摊,对每股收益具有潜在的稀释影响。因此,应当根据具有稀释性潜在普通股的影响,分别调整归属于普通股股东的当期净利润及当期发行在外的普通股的加权平均数,并据以计算稀释每股收益。基本每股收益仅考虑当期实际发行在外的普通股股数,而稀释每股收益的计算和分析主要是为了避免每股收益虚增可能带来的信息误导。

稀释每股收益是指假设当期转换为普通股会减少每股收益的潜在普通股,具体包括:一是可转换公司债券。对于可转换公司债券,计算稀释每股收益时,分子的调整项目为转换公司债券当期已确认为费用的利息税后影响额;分母调整项目为假定可转换公司债券当期期初或发行日转换为普通股的股数加权平均。二是认股权证。认股权证是授予持有人一项权利,在到期日前以行权价购买公司发行的新股(或者是库存股的股票)。三是股份期权一般是指经理股票期权,即企业与经理人签订合同时,授予经理人未来签订合同时约定的价格购买一定数量公司普通股的选择权。

计算稀释潜在普通股转换为已发行普通股而增加的普通股股数的加权平均数时,以前期间发行的稀释性潜在普通股,应当假设在当期期初转换;当前发行的稀释性潜在普通股,应当假设在发行日转换。当期发行的在外普通股的加权平均数应当为计算基本每股收益时普通股的加权平均数与假定稀释性潜在普通股转换为已发行普通股而增加的普通股数的加权平均数之和。需要注意的是,认股权证和股份期权等的行权价格低于当期普通股平均市场价格时,应当考虑其稀释性。计算稀释每股收益时,增加的普通股股数按下列公式计算:

$$增加的普通股股数=拟行权时转换的普通股股数-发行价格\times拟行权时转换的普通股股数/当期普通股平均市场价格$$

例题 6-19 某股份公司 2020 年的净利润为 9000 万元,年初发行在外的普通股为 15 000 万股;2019

年12月发行了3500万股,这些股可转换优先股,转换比率为1:1,优先股股东股利为每股0.1元;2019年7月1日又增发普通股1000万股。要求计算该公司的基本每股收益和稀释每股收益。

基本每股收益 =（9000-3500×0.1）/（15 000+1000×6/12）= 0.558（元）

稀释每股收益 =（9000-0）/（15 000+1000×6/12 +3500×1）= 0.474（元/股）

(4) 每股收益的分析

对每股收益分析时应注意的主要有:

①每股收益需要企业会计人员计算并列示在利润表上,分析者不必另行计算。一般投资者在使用每股收益指标时有以下几种方式:通过将不同企业的每股收益指标进行排序,用于判断所谓的"绩优股""垃圾股";将每股收益指标与同行其他企业行业比较分析,对所投资企业的盈利能力做出更客观地判断;将每股收益指标与企业历史数据比较,用于判断是否继续持有该股票。

②股票是一个"份额"概念,不同股票的每一股所含有的净资产和市价不同,即换取每股收益的投入量不同,限制了每股收益在不同公司间的比较;每股收益多,不一定意味着多分红,还要看企业的股利分配政策。

③尽管每股收益指标是衡量上市公司盈利能力的最重要的财务指标,但它并不反映股票所含有的风险。例如,假设某公司原来经营日用品的生产和销售,最近转向房地产投资,公司的经营风险增大了许多,但每股收益可能不变或提高,并没有反映风险增加的不利变化。

④每股收益越高,表示每一股股份获取的利润越多,说明股东投资效益越好,企业盈利能力越强;反之,则说明企业盈利能力越差。分析者可通过对同一企业不同时期每股收益的比较,了解其盈利能力的大小及变动情况。

⑤普通股数是每股收益指标的负影响因素。影响普通股股数变动的因素很多,如企业增发新股、派发股票股利、分割股票、资本公积和盈余公积转增股本等,会导致企业发行在外的普通股增减。当归属于普通股的净利润一定时,普通股股数越多,每股收益越少。

4. 每股股利

(1) 每股股利的含义与计算公式

每股股利是普通股每股股利的简称,是指企业支付给普通股股东的现金股利总额与企业发行在外的普通股股数的比率,反映每股普通股获得现金股利的情况。其计算公式如下:

每股股利=普通股现金股利总额/发行在外的普通股股数

股利通常只派发给年末的股东,故计算每股股利时分母采用年末发行在外的普通股股数,而不是全年发行在外的平均股数。

每股股利是上市公司普通股股东从公司实际分得的每股利润,反映上市公司当前利润的积累和分配情况。每股股利越高,说明普通股获取的现金报酬越高。

(2) 每股股利的分析

对每股股利的分析应注意主要有:

①每股股利并不完全反映企业的盈利情况和现金流量状况,因为股利分配政策状况不仅取决于企业的盈利水平和现金流量状况,还应与企业的股利分配政策有关。

②每股收益与每股股利是有区别的。每股收益是从账面上反映股本盈利能力的高低,每股股利则从股利发放人角度直接反映股东分得股利的多少。因此,每股股利更直观地说明股本盈利能力的高低。从某种程度上说,每股股利比每股收益更受股票投资者特别是短期投资者关注。

5. 市盈率

(1) 市盈率的含义与计算公式

市盈率又称价格盈余比率,是上市公司普通股每股市价与每股收益的比值,可以理解成投资者为获

得上市公司每1元的收益所愿意支付的价值,可以用来估计股票的投资报酬和风险。其计算公式为:

市盈率=普通股每股市价/普通股每股收益

公式中,分子"普通股每股市价"通常采用年度平均价格,即全年每日收益价的算术平均数;但实务中为了计算的简便和增强其评价的实时性,多采用报告期前一日的收益价来计算。公式中的分母"普通股每股收益"通常是指基本每股收益。

市盈率是投资者衡量股票潜力、借以投资人入市的重要指标。一般情况下,该指标越大,说明投资者对该公司的发展前景越看好,预期越能获得更好的回报,愿意出更高的价格购买该公司股票。

(2)市盈利率的分析

对市盈率分析时应注意的问题主要有:

①影响市盈率变动的重要因素之一是股票价格的升降,而影响股价升降的原因除企业经营成果和发展前景外,还受整个经济环境、政府宏观政策、行业发展前景,以及意外因素(如战争、灾害等因素)的制约。因此,必须对整个股票市场的整个形势做全面了解和分析,才能对市盈率的升降做出正确评价。

②市盈率的高低与行业发展有密切联系。由于各行业发展阶段不同,其市盈率高低也会不同;充满扩张机会的成长性较好的高科技公司股票的市盈率普遍要高一些,而成熟的传统产业的公司股票的市盈率会普遍较低。因此,该指标不能用于不同行业的企业之间比较。此外,市盈率高低受公司净利润的影响,净利润又受可选择的会计政策的影响,从而使得企业间的比较受到限制。

③在企业每股收益很少甚至亏损时,股票市价不会降为零,而以每股收益为分母计算出的市盈率会很高或呈负数,此时市盈率不能说明任何问题,变得无意义。因此,单纯依靠市盈率来评价企业的盈利能力,可能会错误地估计企业未来发展趋势;对市盈率指标的评价应结合其他指标进行综合分析。

④某一种股票的市盈率过高,则意味着这种股票具有较高的投资风险。如假设同行业甲、乙两个公司的每股收益都为0.5元。甲公司的市盈率为80,乙公司的市盈率为20。也就是说,甲公司的每股市价为40元,而乙公司的每股市价只有10元。那么,此时购买甲公司的股票所花费的代价是乙公司股票的4倍,但甲公司报酬达到或超过乙公司股票报酬4倍的可能性并不大。因此,这种情况下购买乙公司股票可能更加有利,而购买甲公司股票则风险较大。

任务三　营运能力分析

苹果公司的"轻资产"经营模式

提高资产周转率是提高企业资产营运效率的根本,其核心方式是尽量降低固定资产规模,降低资产的闲置率,并且充分发挥企业每一分钱的效益。很多企业降低固定资产占用规模,从而将资本投放到更能创造价值的资产上去,提高固定资产周转率。苹果公司和戴尔公司就是这一经营模式的典型代表。

苹果公司采用"轻资产"经营模式,其特点就是拥有较高的固定资产周转率,固定资产、厂房、生产线等可以在短期内通过大规模投资或外购等方式构建的"重资产"较少,而将资源投入到技术、品牌、知识、关系等为代表的轻资产构建上。苹果公司通常并不进行重大的固定资产投资,或只投入少量的专有性固定资产,通过外包或租赁形式利用其他企业的资源进行生产,自己则专注于研发、营销和终端渠道销售等这些附加值高的环节。

通过生产外包的方式,企业能够极大地降低固定资产规模,将更多的资金运用于周转速度更快的流动资产项目上，这是一种提高资产营运效率的有效手段。特别是在企业资金有限的情况下，这种运作模式更能让企业将资源用于刀刃上。那么应该如何分析企业的资产营运效率，如何确定其影响因素进而对企业营运能力做出评价呢？

案例分析

在分析企业营运能力时，除了要分析总资产周转率以外，还要分析流动资产周转率、固定资产周转率和资产结构对企业营运能力的影响。同时，应当重视资产内部不同的项目对营运能力的影响，以便正确评价企业的营运能力。

一、营运能力的概述

（一）营运能力概念

营运能力是指通过企业生产经营资金周转速度的有关指标所反映出来的企业资金利用的效率，反映一个企业经营者经营管理、运用资金的能力。企业资金周转速度越快，资金的利用效果就越好，经营能力就越强。常用的营运能力分析指标主要有应收账款周转率、存货周转率、流动资产周转率、固定资产周转率、总资产周转率等。

（二）营运能力分析的目的

企业运营能力分析是对企业经营状况及其潜力的分析，是对资产存量是否合理、利用效率高低的分析。随着市场经济的发展、竞争的加剧，企业运营能力的分析有利于了解企业的实力和企业对市场变化的适应程度，从而对企业财务状况和经营成果有更进一步的认识，使信息使用者对重大问题能作出正确的决策。因此，运营能力的分析对企业的财务状况的稳定和盈利能力的提高都有极其重要的意义。

①可使投资者评价企业资产运营的效率。通过营运能力分析可以评价企业资产营运的效率、提高资产营运能力的实质要求，而营运能力的实质，就是要以尽可能少的资产占用，尽可能短的时间周转生产尽可能多的产品，实现尽可能多的销售收入，创造尽可能多的纯收入。

通过对企业运营能力进行分析，有利于企业投资者判断企业财务的安全性，更好地评价企业价值创造能力。一般来说，资产运营能力越强，企业资产变现能力、获利能力就越强，遭遇现金短缺的可能性越小，企业财务安全性就越高。同时，也可以评价经营者的经营业绩。

②促使企业改善经营管理，提高企业资产运营的效率。

通过对营运能力的分析可以发现企业在资产营运中存在的问题，预测未来财务状况和可能存在的财务危机，准确地做出财务决策和预算；同时，有利于企业经营管理者了解企业经营活动中的资产需求情况，合理配置经济资源，更好地使用企业的各项资源，对经营过程中不合理资产进行重新整合，加快资金周转速度，从而提高资产运营效率。如对于固定资产应考虑它的使用价值与价值相脱离的特点；对于流动资产，主要应体现其流动性的特点。

③营运能力分析是盈利能力分析和偿债能力分析的基础与补充。它是企业在进行综合分析时必须考虑的一项重要指标。

④有助于债权人评价企业财务状况，合理做出经济决策。通过对企业运营能力的分析，可使企业债权人对企业债务本息的偿还能力有更直接的认识，有利于企业债权人考察企业资产结构和债务结构的合理性，判断企业的偿债能力和盈利能力，判断债权的保障程度，从而保障债权人的合法权益。

⑤有助于政府及有关部门进行宏观决策。通过对企业营运能力的分析，可使政府及有关部门判断企

业经营是否稳定、财务状况是否良好，有利于监督各项经济政策的执行情况，从而为调控经济而进行宏观经济决策提供可靠消息。

另外，对于其他与企业具有密切经济利益关系者而言，企业运营能力分析同样具有重要意义：有助于业务关联企业判断企业是否有足量合格的商品供应或有足够的支付能力；有助于判断企业的供销能力及其财务信用状况，以确定判定可否建立长期稳定的业务合作关系或者所能给予的信用政策的松紧度。

（三）影响企业营运能力的因素

对企业营运能力进行分析，首先应了解其影响因素。一般来说，影响因素主要有企业所处的行业即经营周期、企业资产构成及其质量、企业资产管理力度和采用的财务政策等。

1. 企业所处行业及其经营背景

行业性质是影响资产周转速度的外部因素。不同行业具备不同的经营背景，资产的占用规模会有较大的差异。不同的行业有不同的资产占用，如工业制造业占用大量的存货和固定资产，资产周转相对较慢；而服务业尤其是劳动密集型或知识密集型的服务业，企业除了人力资源外，几乎很少有其他资产，资产周转相对就较快。企业的经营背景不同，其资产周转也会呈现不同趋势；越是落后、传统经营的企业，其资产周转可能相对较慢；相反，在现代经营管理背景下，各种先进技术手段和理念的运用，可提高资产运用效率，加快资产周转。

2. 企业营业周期

企业营业周期是指企业从取得存货开始到销售产品并收回现金为止所经历的时间。营业周期的长短可通过应收账款和存货的周转天数相加近似地反映出来，所以营业周期和资产周转速度有着密切的关系。营业周期越短，在同样的时期内实现的销售次数越多，销售收入的累计额就越大，资产周转相对越快。

不同行业有不同的经营周期。例如，商品零售业的经营周期明显短于生产制造业的经营周期，因此商品零售企业资产周转能力要强于生产制造业企业，所以在分析企业营运能力时，必须考虑各种行业之间的差距。

3. 企业资产构成及其质量

企业资产是企业创造收入、获取利润的基础，可分流动资产和非流动资产。流动资产的流动性较强，易于变现；相对而言，非流动资产的流动性较弱，不易变现。所以，在企业资产总额一定的情况下，资产结构和质量就对资产的周转产生较大的影响；流动资产所占的比重越大，资产的周转速度也就越快，企业所实现的价值就越大；若是非流动资产所占的比重大，就会得出相反的结论。此外，当资产质量不高时，会造成资金积压，使得资产的周转速度下降。目前，对营运能力的衡量主要研究存货周转率、应收账款周转率、流动资产周转率和总资产周转率，这些比率涉及的营业收入、营业成本、应收账款平均值、存货平均值、流动资产平均值和总资产平均值就是报表表层因素，在做财务报表分析时应该通过报表表层因素来追究具体因素。随着现代化工业的发展，无形资产占企业总资产的比重越来越高，发挥着举足轻重的作用，对提高企业的经济效益发挥着重大的作用。

4. 企业资产管理力度和采用的财务政策

资产管理力度不同会导致不同的资产周转速度。资产管理力度越大，企业就会拥有更合理的资产结构和更优良的资产质量，资产周转速度越快。企业所采用的财务政策决定着企业资产的账面占用总量，如折旧政策决定固定资产的账面净值、信用政策决定应收账款的占用量等。当企业的其他资产不变时，采用加速折旧政策可减少固定资产账面净值，从而加快资产周转；另外，企业计提折旧方法的不同，也会影响资产周转速度。采用宽松的信用政策时，会导致应收账款的占用增多，资产周转就变慢。

通过以上因素分析，可以知道，在进行资产周转速度对比分析时，要注意各自的差异因素，不可盲目地进行对比、下结论。此外，要对企业资产周转情况进行合理评价，还要进行资产周转速度的趋势分析和同行业比较分析，对同一个企业的各个时期的资产速度的变化加以对比分析，以掌握其发展规律和发展趋势。

（四）营运能力分析的内容

企业运营能力分析是根据资产负债率、利润率等有关资料，通过计算企业各项资产的周转速度来进行分析的，因此，分析企业运营能力的财务比率是资产的周转率（次数）和周转天数。其计算公式是：

$$资产周转率（次数）= 周转额/平均资产$$
$$资产周转天数 = 计算期天数/资产周转率$$

公式中，计算期天数通常为一年，大多数采用360天。

资产周转率是正指标且越大，周转率越大，说明资产的周转速度越快，资产利用效率越高，企业运营能力越强。资产周转天数是反指标且越小，周转天数越短，说明企业资产的周转速度越快，资产利用效率越高，企业运营能力越强。

资产周转率可分为总资产周转率、分类资产周转率和单项资产周转率。其中分类资产周转率主要有流动资产周转率和固定资产周转率。单项资产周转率主要有应收账款周转率和存货周转率。

1. 总资产周转率

总资产营运能力可以衡量企业组织、管理和营运整个资产的综合能力和效率，它是影响企业经营效率的重要因素。分析总资产周转率是优化资产结构和提高各类资产利用效率、加强企业资产管理、提高资金利用效益的重要方法。总资产营运能力分析主要通过计算总资产周转率（次数）和总资产周转天数来分析。

（1）总资产周转率的含义与计算公式

总资产周转率是指企业一定时期内营业收入与平均资产总额的比率，它表明企业总资产在一定时期内（通常1年）周转的次数，是综合评价企业全部资产经营质量和利用效率的重要指标，反映企业单位资产创造的营业收入，体现企业在一定期间全部资产从投入到产出周而复始的流转速度。总资产周转率计算公式：

$$总资产周转率 = 营业收入/平均资产总额$$
$$平均资产总额 = （期初资产总额+期末资产总额）/2$$

通常，总资产周转率越高，总资产周转天数就越短，表明企业总资产周转速度越快。

总资产周转天数，是反映企业所有资产周转情况的另一个重要指标，它等于计算期天数与总资产周转率之比。总资产周转天数计算公式：

$$总资产周转天数 = 计算期天数/总资产周转率$$

通常，总资产周转天数越少，对企业越有利。

总资产周转率反映了企业的总资产在一定时期内创造来了多少营业收入，是评价企业全部资产运营能力最具有代表性的指标。一般来说，总资产周转次数越多，周转天数越少，则表明企业总资产周转速度越快，企业总资产创造的销售收入和现金收入越多。企业的全部资产进行经营利用的效果越好，说明企业运营能力越强，进而使企业的偿债能力和盈利能力得到增强；反之，则表明企业利用全部资产进行经营活动的能力差、利用效率低，造成了资金浪费，最终将影响企业的偿债能力和盈利能力。

（2）总资产周转率的分析

对总资产周转率的分析是应注意的问题主要有：

其一，总资产周转率计算公式中分子是营业收入额，而分母是各项资产总和，包括流动资产和非流动资产。其中，总资产中的对外投资（交易性金融资产、债权投资等）给企业带来的是投资收益，未形成营业收入，可见公式中的分子、分母口径不一致，导致这一指标前后各期及不同企业之间会因资产结构不同而失去可比性。

其二，在进行总资产周转率分析时，应该与企业以前年度的实际水平、同行业平均水平等进行对比分析，从中找出差距，挖掘企业潜力，提高资产运营效率。

其三，如果企业总资产周转率长期处于较低的状态，企业应采取措施处置多余、闲置不用的资产，提高各项资产利用效率，或提高营业收入，从而提高总资产周转率。

例题6-20 根据表2-13和表6-1提供的某股份有限公司的资料，计算该公司总资产周转率和流动资产周转天数（假设2018年末资产总额余额为987 556 324.34元）

2019年总资产平均余额＝（987 556 324.34＋1 139 945 667.14）/2＝1 063 750 995.74（元）

2019年总资产周转率＝478 503 678.72/1 063 750 995.74＝0.45（次）

2019年总资产周转天数＝360/0.45＝800（天）

2020年总资产平均余额＝（1 139 945 667.14＋1 497 344 634.68）/2＝1 318 645 150.91（元）

2020年总资产周转率＝500 825 388.30/1 318 645 150.91＝0.38（次）

2020年总资产周转天数＝360/0.38＝947.37（天）

计算结果表明，该公司总资产周转率2020年比2019年有所下降且比值较低，说明该公司总资产的利用效率较低。

2. 分类资产周转率

为了更加深入地分析总资产的周转情况及周转速度的影响因素，企业应进一步对总资产各个构成要素周转情况进行分析，以便查明总资产周转率升降的原因及各要素周转对总资产周转率造成的不同影响。在资产负债表中，总资产分为流动资产、非流动资产（固定资产、长期股权投资、无形资产等）可分别计算其周转率和周转天数。

（1）流动资产周转率

①流动资产周转率的含义与计算公式。流动资产周转率是反映企业的流动资产周转速度与综合利用效率的指标，是指在特定时期内营业收入与流动资产平均占用额之间的比率关系，表明企业在一定时期（通常是一年）内流动资产的周转次数。由于流动资产流动性大，变现能力强，所以分析流动资产的周转速度和运用效率具有十分重要的意义。流动资产周转速度分析包括流动资产周转率分析和流动资产周转天数分析。

流动资产周转率＝营业收入净额/流动资产平均余额

流动资产周转天数＝计算期天数/流动资产周转率

公式中，流动资产平均余额是流动资产年初数加年末数除以2。

企业流动资产周转率越大，周转天数越短，表明企业以相同的流动资产占用实现的营业收入越多，说明企业流动资产的运用效率越好，进而使企业的偿债能力和盈利能力均得以增强；反之，则表明企业利用流动资产进行经营活动的能力差、效率较低。

其中，计算期天数通常为1年，按360天计算。

②流动资产周转率的分析。流动资产周转率的分析，主要在于揭示以下三个问题：

其一，流动资产实现销售的能力，即周转额的大小。在一定时期内，流动资产周转速度越快，表明其实现的周转额越多，对财务目标的贡献程度越大。

其二，流动资产投资的节约与浪费情况。流动资产占用额与流动资产周转速度有着密切的制约关系。在销售额既定的条件下，流动资产周转速度越快，流动资产的占用额就越少，就会相对节约流动资产，从而增强了企业的盈利能力；反之，若流动资产周转速度慢，为维持正常经营，企业必须不断补充流动资产，投入更多的资源造成资产使用低效率，也降低了企业的盈利能力。

其三，加速流动资产周转的基本途径。从流动资产周转率的计算公式来看，企业加速流动资产周转，必须从增加产品销售收入和降低流动资产占用额两个方面努力。在增加销售收入方面，企业要加强市场调查的预测，根据市场需要开发适销对路的产品，并根据市场变化情况，及时调整产品结构；强化销售工作，采取有效的销售策略开拓市场，提高市场占有率，加快销售进程。在降低流动资产占用额方面，一要加强定额管理，制订和贯彻先进合理地消耗定额和储存制造成本；二要采取先进技术措施和管理措施，提高生产效率和工作效率，缩短周转期，包括生产周期及存货的供应、在途、验收、整理准备和库存等环节的时间；三要加快货款结算，及时收回货款；四要定期清查仓库，及时处理积压产品和物资；五要用货币资金避免过量存款，调动暂时闲置的货币资金用于短期投资等。另外，在分析流动资产周转率时，要结合应收账款、存货等主要流动资产项目的周转率状况做进一步判断。

例题 6-21 根据表 2-13 和表 6-1 提供的某股份有限公司的资料，计算该公司流动资产周转率和流动资产周转天数。（假设 2018 年末流动资产余额为 202 567 324.57 元）

2019 年流动资产平均余额 =（202 567 324.57+258 818 617.15）/2=230 692 970.86（元）
2019 年流动资产周转率 = 478 503 678.72/230 692 970.86 = 2.07（次）
2019 年流动资产周转天数 = 360/2.07 = 173.91（天）
2020 年流动资产平均余额 =（258 818 617.15+409 224 636.60）/2=334 021 626.88（元）
2020 年流动资产周转率 = 500 825 388.30/334 021 626.88 = 1.50（次）
2020 年流动资产周转天数 = 360/1.50 = 240（天）

计算结果表明，该公司流动资产周转率 2020 年比 2019 年有所下降，流动资产周转天数有所上升，说明该公司流动资产的利用效率在不断下降。

（2）固定资产利用效果分析

固定资产是企业的重要资产，在总资产中所占的比重非常大。一般来说，通过计算固定资产周转率和固定资产的周转天数两项指标分析和评价固定资产利用效果。

①固定资产周转率的含义与计算公式。固定资产周转率也称固定资产利用率，是指企业营业收入与固定资产平均净值的比率。它是反映企业固定资产周转情况、衡量固定资产利用效率的一项重要指标。该比率越高，表明固定资产利用效率越高，利用固定资产的效果越好。固定资产周转率高，表明企业固定资产投资得当，固定资产结构合理，能够充分发挥固定资产效率。反之，则表明固定资产使用效率不高，固定资产提供的生产成果不多，企业运营能力不强。固定资产周转情况计算公式：

$$固定资产周转率 = 营业收入 / 固定资产平均净值$$
$$固定资产平均净值 =（固定资产期初净值 + 固定资产期末净值）/2$$

固定资产周转天数是反映固定资产周转情况的又一重要指标。其计算公式：

$$固定资产的周转天数 = 计算期天数 / 固定资产周转率$$

其中，计算期天数通常为 1 年，按 360 天计算。

固定资产周转天数越少，表明企业固定资产的利用越充分，固定资产投资越得当，企业越能够充分发挥固定资产的使用效率。

②固定资产周转率的分析。计算运用固定资产周转率时要注意以下两个问题：

其一，固定资产率没有绝对的判断标准，一般通过与企业历史水平相比较加以考察，进行趋势分析。由于企业之间机器设备与厂房等主要固定资产在种类、数量、形成时间等方面均存在较大差异，因而较难找到外部可借鉴的标准企业和标准比率，此指标的同行业比较分析意义不大。另外，固定资产周转率的分母使用固定资产平均余额，因为即使同样的固定资产，由于企业所采用三维折旧方法和使用的折旧年限长短不同，也会造成不同的固定资产账面净值，从而影响固定资产周转率指标，造成该指标的人为差异。

其二，严格地讲，企业的销售收入并不是由固定资产的周转价值带来的，企业的销售收入只能直接来自流动资产的周转，而且固定资产要完成一次周转必须经过整个折旧期间。因此，如果用销售收入除以固定资产占用额来反映固定资产的周转速度具有很大的缺陷，即它并非固定资产的实际周转速度。但如果从固定资产对推动流动资产周转速度和周转额的作用来看，固定资产又与企业的销售收入有着必然的联系，即流动资产投资规模、周转额的大小及周转速度的快慢在很大程度上取决于固定资产的生产经营能力及利用效率。

基于上述分析，在对固定资产运营能力进行分析时，必须充分结合流动资产的投资规模、周转额、周转速度才更有价值。固定资产周转率反映出既定质量的固定资产通过对流动资产价值转换规模与转换速度的作用而对销售收入实现所做出的贡献。其计算公式为：

$$固定资产周转率（次数）=（流动资产平均余额/固定资产平均余额）\times 流动资产周转率$$

一般而言，固定资产的质量与使用效率越高，其推动流动资产运行的有效规模与周转率就越大、越快，实现的周转额也就越多。因此，在不断提高流动资产自身运营能力的同时，如何卓有成效地提高固定资产的质量与使用效率，并以相对节约的固定资产投资推动尽可能多的流动资产规模，加快流动资产价值的转换速度，从而实现更多的销售收入，成为固定资产运营能力分析评价工作的重要内容。

例题6-22 根据表2-13和表6-1提供的某股份有限公司的资料，计算该公司固定资产周转率和固定资产周转天数（假设2018年末固定资产余额为186 558 520.75元）

2019年固动资产平均余额=（186 558 520.75+208 725 513.92）/2=197 642 017.34（元）

2019年固动资产周转率=478 503 678.72/197 642 017.36=2.42（次）

2019年固动资产周转天数=360/2.42=148.76（天）

2020年固动资产平均余额=（208 725 513.92+231 131 686.21）/2=219 928 600.07（元）

2020年固动资产周转率=500 825 388.30/219 928 600.07=2.28（次）

2020年固动资产周转天数=360/2.28=157.89（天）

计算结果表明，该公司固定资产周转率2020年比2019年有所下降，固定资产周转天数有所上升，说明该公司固定资产的利用效率也在下降。

3. 单项资产周转率

单项资产周转率是根据资产负债表左方个别资产项目分别计算的资产周转率。其中，最主要的和最常用的是应收账款周转率和存货周转率。

（1）应收账款周转情况分析

①应收账款周转率。应收账款周转率是指企业在一定时期内（通常为1年）赊销收入净额与应收账款平均余额的比率，是反映应收账款周转速度的指标，也称应收账款周转次数。计算公式：

$$应收账款周转率（次数）=赊销收入净额/应收账款平均余额$$

$$赊销收入净额=营业收入-现金销售收入-销售折扣与折让-销货退回$$

$$应收账款平均余额=（期初应收账款+期末应收账款）/2$$

②应收账款周转期（天数）。应收账款的周转期（天数）是指企业自产品销售出去开始，至应收账款收回为止所需的时间，周转期越短，应收账款变现的速度越快，企业资金被占用的时间越短。计算、分析应收账款周转（天数）的目的，在于促进企业通过制订合理赊销政策、严格购销合同管理、及时结算货款等途径，加强应收账款的前中后期管理，加快应收账款回收速度。应收账款周转期（天数）计算公式：

$$应收账款的周转期（天数）=计算期天数/应收账款周转率$$

其中，计算期天数通常为1年，按360天计算。

③应收账款周转率的分析。对应收账款周转率的进一步分析，还需要注意以下四个问题：

其一，应收账款周转次数计算公式中的分子，从理论上说应为赊销收入净额，但赊销收入净额属于企业的商业机密，企业外部信息使用者无法获取数据，因而计算中通常用营业收入净额代替赊销收入净额，将现金视为回收期为零的应收账款。使用"营业收入净额"这一替代数据，如果企业销售中赊销比较小，得到的周转率就较大；只要企业现金销售和赊销的比例是稳定的，并不妨碍与上期数据的可比性，只是一直高估了周转次数。

其二，应收账款的减值准备问题。财务报表中列示的是应收账款净额，而销售收入并没有减少。其结果是：提取的坏账准备越多，应收账款的周转天数越少。这种天数越少并不是好的业绩；相反，说明企业应收账款管理欠佳。因此，当坏账准备提取数额较大时，应予以调整，使用未计提坏账准备的应收账款指标来计算；列表附注中披露的应收账款坏账准备相关信息，可作为调整的依据。

其三，应收账款是时点指标，易受季节性、偶然性和人为因素的影响。在应收账款周转率用于企业业绩评价时，为了使该指标尽可能接近实际值，计算平均数时应采用尽可能详细的资料（如月、季度）。

其四，应收账款周转率的评价标准。从理论上讲，应收账款周转率是越大越好；但实际工作中，企业应收账款周转率究竟以多大为好，目前尚无统一标准，因为应收账款周转率并非纯粹越大越好，过高的应收账款周转率可能是由于紧缩的信用政策、付款条件过于苛刻引起的，其结果可能会危及企业的销售数量，损害企业的市场占有率，从而影响其获利能力。因此，实际分析时，可结合企业历史水平或同行业一般水平进行对比，从而对本期应收账款周转率做出客观评价。

例题6-23 根据表2-13和表6-1提供的某股份有限公司的资料，计算该公司应收账款周转率和应收账款周转天数。（假设2018年末应收账款余额为68 677 988.85元，应收票据期末余额为9 357 420.55元）

2019年应收账款平均余额＝（68 677 988.85＋9 357 420.55＋797 343 418.39＋18 841 433.66）/2＝88 309 980.73（元）

2019年应收账款周转率＝478 503 678.72/88 309 980.73＝5.42（次）

2019年应收账款周转天数＝360/5.42＝66.42（天）

2020年应收账款平均余额＝（79 743 418.39＋18 841 133.66＋91 857 731.82＋5 568 336.08）/2＝98 005 309.98（元）

2020年应收账款周转率＝500 825 388.30/98 005 309.98＝5.11（次）

2020年应收账款周转天数＝360/5.11＝70.45（天）

计算结果表明，该公司应收账款周转率2020年比2019年有所下降，且应收账款周转天数均在2个月以上，说明该企业应收账款的管理效率不是很高。

（2）存货周转情况分析

①存货周转率的含义与计算公式。存货周转率是指企业一定时期营业成本与平均存货余额的比率，用于反映存货的周转速度，说明存货的流动性及存货资金占用量是否合理，促使企业在保证生产经营连续性的同时，提高资金的使用效率。存货周转速度的快慢，能够反映出企业采购、储存、生产、销售各环节管理工作的好坏。存货周转率计算公式：

存货周转率＝营业成本/平均存货余额

平均存货余额＝（存货期初余额＋存货期末余额）/2

通常，存货周转率越高，表示企业资产由于销售顺畅而具有较高的流动性，存货转换为现金或应收账款的速度快，存货占用水平低。

存货周转期：存货周转期是指企业从取得存货开始，至消耗、销售为止所经历的天数。计算公式：

存货周转期=计算期天数/存货周转率=（存货平均余额×360）/营业成本

其中，计算期天数通常为1年，按360天计算。

存货是企业流动资产乃至总资产中重要的组成部分之一，它不仅金额比重大，而且增值能力强。因此，存货周转率不仅是考核企业存货运用效率的指标，它还与企业的盈利能力直接相关，一定时期内存货周转率越高，存货周转期越短，说明存货变现的速度越快，企业的盈利能力越强；反之，则说明企业存货的运用效率越低，存货占用资金越多，企业盈利能力则越小。该指标需要和企业历史上的数据及同行业其他企业的数据对比后才能进行优劣的判断。

②存货周转率的分析。在分析评价存货周转率这一指标时，应注意以下四个问题：

其一，存货周转率有两种计算方式：一是以成本为基础的存货周转率，该存货周转率主要用于评价资产流动性或企业存货管理的业绩，这是因为与存货直接相关的营业成本，它们之比可以更切合实际地表现存货的周转情况；二是以收入为基础的存货周转率，该存货周转率主要用于评估资产的盈利能力或为分析各项资产的周转情况并识别主要影响因素，这是因为以收入为基础的存货周转率保证了资产运用效率各指标计算上的一致性，由此计算的存货周转天数与应收账款周转天数建立在同一基础上，从而可直接相加并近似得出营业周期。因此，在实际工作中，两种周转率的差额是由毛利引起的，应根据分析目的确定使用哪一种计算方式。

其二，企业采用不同的存货计价方法，将影响存货周转率的高低。如果采用先进先出法对存货进行计价，当存货周转速度慢于通货膨胀的速度时，存货成本不能准确地反映其现时成本，从而降低存货价值，导致低估企业的短期偿债能力。因此，在计算和分析时应保持口径一致。当存货计价方法变动时，应对此加以说明，并分析这一变动对存货周转率的影响。

其三，在分析存货周转率指标时，应尽可能结合存货的批量因素、季节性变化因素的影响加以理解；同时对存货的结构及影响存货周转率的重要指标进行分析，通过进一步计算原材料周转率、在产品周转率和产成品周转率，从不同角度、环节上找出存货管理中的问题，在满足企业生产经营需要的同时，尽可能减少经营占用资金，提高企业存货管理水平。

其四，存货周转率通常能够反映企业存货流动性的大小和存货管理效率的高低。但存货周转率过大可能是由于存货资金投入少，使存货储备不足而影响生产或销售业务的进一步发展；还有可能是由于企业提高了销售价格而存货成本并未改变，或商品降价销售及大量赊销等原因，故分析时需要考虑企业生产的实际需要，防止企业为了粉饰存货管理工作而故意减少存货中出现残次品及产品滞销，也有可能是企业预测存货将升值而囤积居奇，还有可能是企业销售政策变化而减少赊销，故应当进一步分析存货的质量结构，弄清存货中是否包含有实际价值远远低于账面价值的即将报废或已毁损的原材料、商品和产品等。因此，存货周转率偏大或偏小都要引起注意。

例题6-24 根据表2-13和表6-1提供的某股份有限公司的资料，计算该公司存货周转率和存货周转天数。（假设2018年末存货余额为53 765 925.26）

2019年存货平均余额=（53 765 925.26+62 900 816.06）/2=58 333 370.66（元）

2019年存货周转率=403 708 188.42/58 333 370.66=6.92（次）

2019年存货款周转天数=360/6.92=52.02（天）

2020年存货平均余额=（62 900 816.06+78506816.87）/2=70 703 816.47（元）

2020年存货周转率=414 347 374.980/70 703 816.47=5.86（次）

2020年存货周转天数=360/5.86=61.43（天）

计算结果表明，该公司存货周转率2020年比2019年有所下降，说明该企业存货的管理效率逐渐退步；但无论是2020年还是2019年，存货周转率的比值还是不低，整体来说，存货管理效率不错。

任务四　发展能力分析

　　新希望集团刘永好曾经披露过自己集团中的一件事。新希望饲料在全国建立了几十家加工厂，在江西由于新希望品牌一流，产品格外畅销，原料供不应求。江西企业总经理在买不到好原料的情况下，使用了高水分的玉米。江西企业确实赚到了钱，赚了500万元，但到了第二年，农民的猪吃了新希望饲料不长肉，农民开始拒绝购买新希望购料。直到现在，新希望集团在江西省的销售额都比其他省要少。江西企业总经理的不当行为与总部推行的管理考核相关，因为总部给下属企业定了500万元的利润指标。刘永好在案例总结时，把责任归结到企业道德，"可能我们赚了500万元，却损失了5000万元，所以千万不要赚昧良心的钱"，但问题的根源实际上却在企业内部的财务指标衡量体系上。

案例分析

　　什么是经营企业至关重要的东西——利润还是持续发展？的确，利润很重要，但对高明的企业家来说，持续发展更重要，利润只是实现持续发展的基础。不幸的是，现实中有太多因为争夺超额利润而损害企业持续发展能力的案例，甚至包括许多曾经十分成功并且现在仍在发展的企业。

一、发展能力分析的概述

（一）发展能力分析的概念

　　企业为了生存和竞争，需要不断发展。企业增加营运资本、更新改造工艺设备、扩大生产规模和应付市场竞争风险，都需要企业有能力投资，有投资才能有较大发展。这就要求企业有能力筹集投资所需资金，资金充足才能保证企业稳步发展。企业筹集资本的途径有两条：一是依靠企业经营，通过实现利润等内部渠道筹集所需资金，即企业的自我发展能力；二是通过向外借款，发行债券、股票筹集资金。企业通过外部筹集资金而发展的能力称为筹资发展能力。企业的发展能力是企业自我发展能力和筹资发展能力的组合。也就是企业的成长性，是指企业未来生产经营活动的发展趋势和发展潜能。从一般意义上看，发展能力是企业较长时间内由小变大，由弱变强、持续变革的过程。从形成看，企业发展能力是通过企业自身的生产经营活动、不断扩大积累形成的，主要依托于不断增加的资金投入、不断增长的销售收入和不断创造的利润等。从财务角度看，发展能力是提高盈利能力最重要的前提，也是实现企业价值最大化的基本保证。总之，企业发展不仅是企业规模的扩大，更重要的是企业收益能力的增强。

　　传统的财务分析不仅是从静态的角度出发来分析企业的财务状况，对企业发展能力分析未能给予充分重视，这在日益激烈的市场竞争周边就显得不够全面、不够充分。首先，企业价值在很大程度上取决于企业未来的获利能力，取决于企业收入、收益及股利的未来增长，而不是企业过去或者目前所取得的收益情况；其次，无论是增强企业盈利水平和风险控制能力，还是提高企业的资产运营能力，都是未来企业生成和发展的需要，都是为了提高企业的发展能力。也就是说，企业发展能力是企业盈利能力、运营能力和偿债能力的综合体现。因此，要全面衡量一个企业的价值，就不应该仅从静态的角度分析其经营能力，更应该着眼于从动态的角度出发分析和预测企业的经营成长水平，即发展能力。同时，企业发展能力受到企业的经营能力、制度环境、人力资源、分配制度等诸多因素的影响，所以在分析企业发展能力时，还需要预测这些因素对企业发展的影响程度。总之，对企业发展能力的分析评价是一个全方位、多角度地分析评价过程。

（二）发展能力分析的目的

对企业发展能力进行分析的目的在于保证企业长远发展，控制企业经营中的短期行为。在企业的财务评价体系中，加入发展能力的考核指标，对于完善现代企业制度、实现现代企业的理财目标，具有极其重要的意义。

①考核企业的发展能力，可以抑制企业的短期行为，有利于完善现代企业制度。通过企业发展能力的分析，有利于了解企业的发展状况。企业要生产和发展，就必须增加营业收入。营业收入的不断增长能使企业的盈利能力得到增强。对营业收入增减变化进行分析，将为企业开发新产品、扩大市场占有率，促进企业进一步发展奠定基础。

②考核企业的发展能力，有利于实现现代企业的理财目标。通过企业发展能力分析，有利于增加和提高企业的资产规模和发展水平。资产的增长是企业发展的物质保障，也是企业价值增长的基础。企业资产规模的增加反映了企业发展的水平。

③最后，通过企业发展能力的分析，有利于了解企业可持续发展能力。企业资产规模的不断扩大，表明企业经济实力的提升，能增强投资者投资信心，也为企业进一步发展提供了条件。

（三）发展能力分析的内容

企业的发展性是指企业发展的潜力和趋势。发展性指标主要反映企业经营活动的发展变化趋势，对其进行分析属于企业经营状态的动态分析。对成长能力指标进行分析是将企业的各项财务指标与往年相比的纵向分析。通过成长能力指标的分析，能够大致判断企业的变化趋势，从而对企业未来的发展情况做出准确预测。

企业发展能力分析主要采用两种分析框架。一种分析框架是成长性指标分析。另一种分析框架是企业可持续成长分析。

1. 企业竞争能力分析

一个企业的生存与发展归根到底取决于企业的竞争能力。因此，企业竞争能力分析是企业发展能力分析的一项重要内容。企业竞争能力分析主要分析企业产品的市场占有情况和产品的竞争能力，同时还应对企业所采取的竞争策略进行分析。

（1）产品市场占用情况分析

对产品市场占用情况分析，主要是分析企业市场占用率和覆盖率。市场占有率是指在一定时期、一定市场范围内，企业某种产品的销售占市场上同种产品销售量的比重。利用市场占有率来说明企业竞争能力的强弱，一般是企业的市场占有率与主要竞争对手进行对比分析。一方面，要通过对比分析看到企业的差距或优势；另一方面，还要进一步寻找原因。

市场覆盖率是指企业某种产品行销的地区数占同种产品行销地区总数的比率。利用市场覆盖率来说明企业竞争力的强弱，也必须通过与竞争对手对比分析。通过计算和对比分析市场覆盖率，可以考察企业产品现在行销的地区依据研究可能行销的地区，揭示产品行销不广的原因，有利于企业扩大竞争的地域范围，开拓产品的新市场，提高企业的竞争力。

（2）产品竞争能力分析

对产品竞争能力进行分析，主要是分析产品质量的竞争能力、产品品种的竞争能力、产品成本与价格的竞争能力，以及产品售后服务的竞争能力。

产品质量的优劣是产品有无竞争能力的首要条件。提高产品质量是提高企业竞争能力的主要手段。

分析企业产品质量的竞争能力大小就是将企业产品的有关质量指标由国家标准、竞争对手、用户的要求分别进行对比，从而观察企业产品质量的水平与差距，对企业产品质量的竞争能力做出客观评价。

产品品种的竞争能力分析主要是对产品品种占有率的分析。产品品种占有率是企业某种产品在市场范围内销售的品种或规格占该市场范围内销售的该种产品的全部品种、规格的比率。该指标数值越高，说明企业生产销售的品种、规格满足社会需要的程度越高，竞争力越强。同时，还要对新产品开发进行分析。分析企业新产品的开发情况，首先要计算新产品的比重，即企业在报告期生产的新产品产值在总产值中所占的比重；其次要计算企业出售的新产品价值在某一市场范围内出售该种新产品全部价值中所占的比重，来反映企业新产品在市场竞争中的地位。

产品成本和价格竞争能力分析就是通过与主要竞争对手或同行业成本最低的企业进行成本水平的对比分析，从而对企业的价格竞争能力做出正确的评价，并揭示出成本水平的差距及其原因，进而提出有效对策，以进一步降低成本，提高企业产品价格竞争能力。

产品售后服务的好坏直接影响企业的信誉，影响企业的产品销售。因此，强化服务质量，也是提高企业产品竞争能力的重要手段。

（3）企业竞争策略分析

企业的竞争能力能否得到正常的或最大限度地发挥，关键取决于企业竞争策略是否正确。企业的竞争策略是指企业根据市场供求关系的变化和竞争对手的情况制订的经营方针。企业竞争策略可以归纳为以下几个方面：以创新取胜，以优质取胜、以廉价取胜、以快速交换取胜和以优质取胜等。企业竞争策略分析就是要联系企业的经济效益，并与主要竞争对手比较，分析研究现在采取的竞争策略存在哪些问题或潜力；根据市场形势及竞争格局的变化，提出企业的竞争策略将要做出哪些改变。

2. 企业营业周期分析

企业的发展过程总是呈现出一定的周期特征，处于不同周期阶段的企业的同一发展能力分析指标的计算结果可反映不同的发展能力。就企业所面临的周期现象来说，主要存在经济周期、产业生命周期、企业生命周期和产品生命周期等几种类型。上述周期大体都可以分为初创期、成长期、成熟期和衰退期四个阶段。经济周期与产业生命周期是从宏观的角度描述企业宏观环境的特征与发展趋势，由专门的政府服务部门或研究机构完成。企业生产周期与产品生命周期则针对企业自身的微观环境与发展趋势进行描述，由企业进行分析。

（1）企业生命周期的分析与判断

健康企业的生命周期曲线一般呈正常的钟形分布，也就是说有时其行为就像它还处于生命周期的上一阶段，而它的有些行为又与企业生命周期的下一阶段的特征相符，但它的绝大部分行为却表现出企业在生命周期上目前所处的主要位置的特征，这些特征正是企业进行生命周期分析与判断的主要依据。

在企业生命周期的分析与判断过程中，可能会发现一个企业融合了几个阶段的特征。如一个处于初创期的企业有时会表现出成长阶段的特征，有时又会表现出衰退的特征。这是企业生命周期的正常现象。并不是说企业生命周期是一个非常难以捉摸的事物，其中仍然有规律可循。企业生命周期的分析有一个必须注意的问题：从整体上看一个企业在生命周期中处于什么阶段，必须对企业大多数的行为进行分析。

（2）产品生命周期的分析与判断

产品生命周期对企业的影响是局部的，这决定了产品生命周期的分析与判断和企业生命周期分析与判断方法的不同。常用的产品生命周期分析判断的方法有直接参考法、指标分析法和直观判断法。

直接参考法是直接参考国外或其他地区同类产品的生命周期来确定企业产品生命周期所处阶段的一种方法。这种方法建立在个别产品生命周期与产业生命周期具有一致性的假设基础之上，优点是比较简单，分析成本较低；缺陷在于外部数据很难获得，分析的准确性也较低。

指标分析法是通过计算与产品生命周期密切相关的几个经济指标来推断产品生命周期的一种方法。如可根据销售增长的情况来判断，市场销售增长率与产品生命周期的对应关系是：市场销售增长率大于10%处于成长期，在1%~10%之间处于成熟期，小于零则认为已处于衰退期；也可以通过估计产品的用户数来判断，估计用户数在0.1%~5%为开发期，6%~50%为成长期，51%~75%为成熟期，76%~90%为饱和期。

直观判断法是根据与产品生命周期密切相关的情况和指标判断产品所处周期阶段的一种方法。如根据销售状况判断，销售递增通常为成长期，产品畅销、销售波动不大通常为成熟期，销售递减为衰退期。

3. 企业发展能力财务比率分析

企业发展能力的财务比率分析分为企业营业发展能力分析和企业财务发展能力分析两个方面。

（1）企业发展能力分析

企业营业结果可通过销售收入和资产规模的增长体现出来，因此，企业营业发展能力分析可分为如下两个方面：

一是对销售增长的分析。销售时企业价值实现的途径。只有企业销售的稳定增长，才能不断增加收入，一方面，收入的增加额意味着企业的发展；另一方面，充足的收入也为企业进一步扩大市场、开发新产品、进行技术改造提供资金来源，从而促进企业的进一步发展。

二是对资产规模增长的分析。企业资产是取得收入的保障，资产增长是企业发展的一个重要方面。在总资产收益率固定或增长的情况下，资产规模与收入规模之间存在着同向变动的关系。

（2）企业财务发展能力分析

从财务角度看，企业发展的结果体现为净资产、利润和股利的增长。因此，企业财务发展能力分析可分为如下三个方面：

一是对净资产规模增长的分析。净资产规模的增长反映着企业不断有新的资本或收益留存，反映了所有者对企业有充足的信心。企业在过去的经营活动中有较强的盈利能力，这就意味着企业的发展能力较好。同时，净资产增加为企业负债融资提供了保障，提高了企业的融资能力，有利于企业获得进一步发展所需的资金。

二是对利润增长的分析。利润的增长直接反映了企业的积累状况和发展潜力。通过对利润增长情况的分析，可在一定程度上把握企业发展能力。

三是对股利增长的分析。企业所有者从企业获得的利益可分为两个方面：资本利得（股价的增长）和股利的获得。从长远来看，如果所有投资者都不退出企业，所有者从企业获得利益的唯一来源便是股利的发放。虽然企业的股利政策要考虑到企业面对的各种因素，但股利的持续增长通常被投资者理解为企业的持续增长。

这里只介绍"企业发展能力财务比率分析指标"。

二、发展能力分析的主要财务指标

（一）企业营业发展能力分析

1. 销售增长指标

从本质上看，企业销售的增长是企业发展的驱动力，是企业生存和发展的保障。因此，分析企业的发展能力首先要分析企业的销售增长能力。

(1) 营业收入增长率。

营业收入增长率即与基期相比，本期营业收入的相对增长水平，通常以百分数形式表示。计算公式：

营业收入增长率＝本期营业务收入增长额/基期主营业务收入×100%

＝（本期营业收入－基期营业收入）/基期营业收入×100%

公式中，本年营业收入增长额＝本年营业收入总额－上年营业收入总额

营业收入增长率是衡量企业经营状况和市场占有能力、预测企业经营业务拓展趋势的重要指标，也是企业扩张增量资本的重要前提。利用该指标进行企业发展能力分析要注意以下两点：

一是该指标若大于零，表明企业本年的营业收入有所增长。该指标越大，表明企业的产品适销对路、价格合理，产品质量和性能越能得到社会的认可，企业的未来前景越好；若该指标小于零，则表明企业或是产品不适销对路，质次价高，或是在售后服务方面存在问题，产品销售不出去，市场份额萎缩，企业的未来发展令人担忧。

二是要判断企业在销售方面是否具有良好的成长性，必须分析销售增长是否具有效益型。正常情况下，一个企业的营业收入增长率只有高于其资产增长率，才能说明企业在销售方面具有良好的成长性。若营业收入的增长主要依赖于资产的相应增长，即营业收入增长率低于资产增长率，则说明销售增长不具有效益性，同时也反映企业在销售方面的可持续发展能力不强。

例题 6-25 根据表 6-1 提供的某股份有限公司资料，计算该公司营业收入增长率（假设该公司 2019 年营业收入为 459 765 434.58 元）。

2019 年营业收入增长率＝（478 503 678.72－459 765 434.58）/2×100%＝4.08%

2020 年营业收入增长率＝（500 825 388.30－478 503 678.72）/2×100%＝4.66%

计算结果表明，该公司 2020 年营业收入增长率虽然略高于 2019 年，但增长的比率太低，且远低于其资产增长率，说明该公司的销售增长力较差；2020 年销售的增长主要是依靠资产的追加所致，其增长不具备效益性。

(2) 三年营业收入增长率

营业收入增长率可能会受到销售短期波动对指标产生的影响。如果上年因特殊原因而使营业收入特别小，本年又恢复到正常水平，就会造成营业收入增长率因异常因素而偏高；反之，如果上年因特殊原因而使营业收入特别高，本年又恢复到正常水平，就会造成营业收入增长率因异常因素而偏低。为消除这种影响并反映企业较长时期的销售增长情况，可以计算多年的营业收入平均增长率。实务中，一般计算三年营业收入增长率，其计算公式为：

$$三年营业收入增长率 = \left(\sqrt[3]{\frac{当年营业收入总额}{三年前营业收入总额}} - 1\right) \times 100\%$$

三年营业收入平均增长率表明企业营业收入连续三年的增长情况，能够反映企业的营业收入增长趋势和稳定程度及市场扩张能力，能较好地体现企业的发展状况和发展能力，避免因少数年份营业收入不正常增长而对企业发展能力的错误判断。一般认为，三年营业收入平均增长率越高，表明企业营业收入持续增长势头越好，市场扩张能力越强。

2. 资产增长指标

资产的增长是企业发展的一个重要方面，也是实现企业价值增长的重要手段。从企业经营实践来看，成长性高的企业一般能保证资产的稳定增长。因此，分析企业资产规模的增长能力是企业发展能力分析的另一个重要方面。

(1) 总资产增长率

总资产增长率即企业资产总额的期末数相对于期初数的增长百分比，以百分数形式表示。反映企业

本期资产规模的增减变动情况。

其计算公式为：

总资产增长率＝本期总资产增长额/期初资产总额×100%
＝（期末资产总额－期初资产总额）/期初资产总额×100%

总资产增长率从企业资产总量扩张方面来衡量企业的发展能力，反映企业资产规模增长水平对企业发展后劲的影响。总资产增长率进行分析时应注意以下五点：

一是总资产增长率越高，表明企业一定时期内资产经营规模扩张的速度越快。但企业总资产增长率高并不意味着企业的资产规模就一定适当，分析时需要关注资产规模扩张的质和量的关系，以及企业的后续发展能力，避免盲目扩张。只有在一个企业的销售增长、利润增长超过资产规模增长的情况下，这种资产规模增长才属于效益型增长，才是适当的、正常的。

二是需要正确分析企业资产增长的来源。这可以分别计算负债的增加和所有者权益的增加占资产增加额的比重，并进行比较。如果所有者权益所占的比重大，说明企业资产的增加主要源于所有者权益的增加，企业资产的增长状况良好，企业具备良好的发展潜力；反之，负债增加额所占比重大，说明企业资产增加主要源于负债的增加，反映出企业资产的增长状况不好，企业不具备良好的发展潜力。

三是为全面认识企业资产规模的增长趋势和增长水平，应将企业不同时期的资产增长率加以对比。一个健康的处于成长期的企业，其资产规模应该是不断增长的。如果时增时减，则反映出企业经营业务并不稳定，同时也说明企业不具备良好的发展潜力。

四是资产增长率计算中所使用的数据为资产的账面价值，这样就会产生两个问题：一方面受会计处理方法中历史成本原则的影响，资产总额反映的只是资产取得的成本，并不是总资产的现时价值；另一方面，没有反映企业全部资产的价值，受会计处理方法的限制，企业很多重要资产（无形资产、人力资源等）无法在报表中体现，这使得总资产增长率指标无法反映企业真正的资产增长情况。

五是对总资产增长率进行企业间比较要特别注意各企业之间的可比性：一方面，不同的企业资产使用效率不同，为实现净收益的同幅度增长，资产使用效率低的企业需要更大幅度的资产增长；另一方面，不同企业所采取的不同发展策略也会体现在资产增长率上，采取外向规模增长型发展策略的企业增长率会较高，而采取内部优化型发展策略的企业资产增长率会呈现较低水平。

例题 6-26 根据表 2-13 提供的某股份有限责任公司的资料，计算该公司总资产增长率。（假设 2018 年末资产总额为 987 556 324.34 元）

2019 年总资产增长率＝（1 139 945 667.14－987 556 324.34）/987 556 324.34×100%＝15.43%

2020 年总资产增长率＝（1 497 344 634.68－1 139 945 667.14）/1 139 945 667.14×100%＝31.35%

2020 年所有者权益占资产总额的比重＝（1 008 420 381.85－869 183 510.08）/（1 497 344 634.68－1 139 945 667.14）×100%＝38.96%

计算结果表示，该公司的总资产有较大幅度增长，说明公司资产增长能力较强，而且资产增长来源中所有者权益的增长额在总资产增长额中所占比重也达到了 38.96%，说明该公司资产增长来源有了较大程度的改善。

（2）固定资产成新率

固定资产成新率即固定资产平均净值占平均原值的比重，通常以百分数形式表示，反映了企业所拥有的固定资产的新旧程度，体现了企业固定资产更新速度的快慢和企业的持续发展能力。企业也可以根据自身的需要对生产用固定资产和非生产用固定资产进行区分，这样可以更好地反映固定资产更新速度较快的部分，使分析具有针对性。计算公式：

固定资产成新率＝平均固定资产净值/平均固定资产原值×100%
＝[（期初净值+期末净值）/2]/[（期初原值+期末原值）/2]×100%

这里的"平均"是年初数同年末数的平均值。

固定资产成新率揭示出企业固定资产的更新速度变化情况。固定资产成新率越高，企业固定资产的更新水平越高，如果企业处于加速成长阶段，较高的成新率可以为企业扩大生产提供较好的支持。该指标越低，说明企业固定资产越老化。对该指标分析时注意以下三个问题：

一是运用该指标分析固定资产新旧程度时，应剔除企业对房屋、机器设备等未提折旧资产对固定资产真实状况的影响。

二是在进行企业间的固定资产成新率指标比较时，要注意不同折旧方法对固定资产成新率的影响，加速折旧法下固定资产成新率低于直线法下的固定资产成新率。

三是固定资产成新率受周期影响较大，一个处于发展期的企业与一个处于衰退期的企业的固定资产成新率会明显不同。

（二）企业财务发展能力分析

1. 资本扩张指标

（1）资本积累率

资本积累率是指企业本年所有者权益增长额与年初所有者权益的比率，反映企业当年资本积累的能力，是评价企业发展潜力的重要指标。其计算公式为：

$$资本积累率=本年所有者权益增长额/年初所有者权益$$

公式中，本年所有者权益增长额=所有者权益年末数-所有者权益年初数

资本积累率是企业当年所有者权益总的增长率，反映了企业所有者权益在当年的变动水平，体现了企业资本的积累情况，也是企业扩大再生产的源泉，展示了企业的发展潜力。资本积累率还反映了投资者投入企业资本的保全性和增长性。该指标大于零，且指标值越高，表明企业的资本积累越多，应对风险、持续发展的能力越强；该指标若为负值，表明企业资本受到侵蚀，所有者权益受到损害，应予以充分重视。

在对资本扩张情况进行分析时，还要注意所有者权益各项目的增长情况，一般来说实收资本的快速扩张源于外部资金的加入，反映企业获得了新的资本，表明企业具备了进一步发展的基础，但并不表明企业过去有很强的发展能力；如果资本扩张主要源于留存收益的增长，反映企业通过自身经营活动不断积累发展后备资金，既反映了企业在过去经营过程中的发展能力，又反映了企业进一步发展的后劲。

例题6-27 根据表2-13提供的某股份有限责任公司的资料，计算该公司资本积累率。（假设2018年末所有者权益总额为788 785 608.95元）

2019年资本积累率=（869 183 510.08-788 785 608.95）/788 785 608.95×100%=10.19%

2020年资本积累率=（1 008 420 381.85-869 183 510.08）/869 183 510.08×100%=16.02%

计算结果表明，该公司2020年的资本积累率大于2019年，这说明该公司的净资产规模在不断增长。进一步还可以看出，公司净资产的增长主要源于留存收益的增加，而不是源于股本的增加，据此可以判断该公司在股东权益方面具有较强的发展能力。

（2）三年资本平均增长率

三年资本平均增长率表示企业资本连续三年的积累情况，在一定程度上反映了企业的持续发展水平和发展趋势，其计算公式为：

$$三年资本平均增长率=\left(\sqrt[3]{\frac{年末所有者权益总额}{年初所有者权益总额}}-1\right)\times100\%$$

资本积累率指标仅反映当期情况，而利用三年资本平均增长率指标，能够反映企业资本保值增值的

历史发展情况和企业稳步发展的趋势。该指标越高，表明企业所有者权益得到的保障程度越大，企业可以使用的资金越充裕，抗风险和保持持续发展的能力越强。

（3）资本保值增值率

资本保值增值率是指企业扣除客观因素后的本年末所有者权益总额与年初所有者权益总额的比率，反映企业当年资本在企业自身努力下实际增减变动的情况。其计算公式如下：

$$资本保值增值率=扣除客观因素后的年末所有者权益/年初所有者权益$$

这里的客观因素是指因资产评估、资产核资、产权界定、资本（股本）溢价、会计调整和减值准备转回等因素所引起的所有者权益的变动。

年末所有者权益总额等于年初所有者权益总额，资本保值增值率等于100%，表示资本保值；年末所有者权益总额大于年初所有者权益总额，资本保值增值率大于100%，表示资本增值。一般认为，资本保值增值率越高，表明企业的资本公积保全状况越好，所有者权益越快，债权人的债权越有保障。该指标通常大于100%。

资本保值增值率与资本积累率有密切联系，即资本保值增值率的数值等于资本积累率的数值加1。

例题6-28 根据表2-13提供的某股份有限责任公司的资料，计算该公司资本保值增值率。（假设2018年末所有者权益总额为788 785 608.95元）

2019年资本保值增值率=869 183 510.08/788 785 608.95×100%=110.19%

2020年资本保值增值率=1 008 420 381.85/869 183 510.08×100%=116.02%

计算结果表明，该公司无论是2019年还是2020年，其资本保值增值率均大于100%，且2020年比2019年有所增长，说明该公司资本保全状况较好。

2. 收益增长指标

由于一个企业的价值主要取决于其盈利及发展能力，所以企业的收益增长是反映企业发展能力的重要方面。又因为收益可表现为营业利润、利润总额、净利润等多种指标，因此相应的收益增长率也具有不同的表现形式。在实务中，通常使用营业利润率增长率和净利润增长率两个指标来收益增长率。

（1）营业利润增长率

营业利润是企业经营活动中主营业务收入与主营业务成本、期间费用的差额与资产减值损失、公允价值变动收益、投资收益的代数和。营业利润增长率是企业本年营业利润增长额同上年营业利润的比率。营业利润增长率表示与上年相比，企业营业利润的增减变动情况，是评价企业经营发展和盈利能力状况的综合指标，通常以百分数形式表示。计算公式：

$$营业利润增长率=本期营业利润增长额/基期营业利润×100\%$$

营业利润增长率越高，表明企业日常经营越稳定，营业利润增长越快，企业成长越顺利；反之，营业利润增长率越低，表明企业业务扩展能力越弱，企业成长越不顺利。

分析营业利润增长率的优劣，应结合企业的营业收入与营业成本、税金及附加、销售费用、管理费用和财务费用等进行具体分析，若营业利润增长率大于营业收入增长率，说明企业经营状况良好，成长性好；反之，营业利润增长率小于营业收入增长率，则说明企业成本费用的增长快于营业收入的增长，企业的成长性不容乐观。因此，利用营业利润增长率也可以较好地考察企业的成长性。

例题6-29 根据表6-1提供的某股份有限责任公司的资料，计算该公司营业利润增长率。（假设2018年营业利润为86 356 745.18元）

2019年营业利润增长率=（85 842 559.11−86 356 745.18）/86 356 745.18×100%=−0.60%

2020年营业利润增长率=（75 548 720.19−85 842 559.11）/85 842 559.11×100%=−11.99%

计算结果表明，该公司营业利润增长率均为负数，且2020年的下降幅度大于2019年，说明该公司成本费用的增长速度大于营业收入的增长速度，公司的持续增长能力在下降。

(2) 净利润增长率

企业发展的内涵是企业价值的增长，企业价值表现为给企业带来未来现金流的能力，因此可以用净利润的增长来近似代替价值的增长，以净利润增长分析企业发展能力。净利润增长率指标反映企业获利能力的提高情况，反映企业长期的盈利能力趋势，采用百分数形式表示。计算公式：

净利润增长率＝本期净利润增长额/基期净利润×100%

＝（本期净利润－基期净利润）/基期净利润×100%

该指标为正数，说明企业本年净利润增加；净利润增长率越大，说明企业收益增长的越多。净利润增长率为负数，则说明企业本期净利润减少，收益越低。

必须指出的是，如果企业的净利润主要源于营业利润，则表明企业盈利能力强，具有良好的发展能力；相反如果企业的净利润不是源于正常业务，而是来自营业外收入或其他项目，则说明企业的持续发展能力不强。

例题 6-30 根据表 6-1 提供的某股份有限责任公司的资料，计算该公司净利润增长率。（假设 2018 年净利润为 82 352 260.38 元）

2019 年净利润增长率＝（86 217 767.48－82 352 260.38）/82 352 260.38×100%＝4.69%

2020 年净利润增长率＝（95 132 412.82－86 217 767.48）/86 217 767.48×100%＝10.34%

计算结果表明，该公司 2020 年净利润增长率高于 2019 年，但其增长并不主要依靠营业利润的增长，说明该公司在净利润方面具有一定的增长能力，但其未来增长的稳定性有待进一步观察。

在财务分析中，要注意到不同企业的发展策略是不同的。有的企业采用的是外向规模增长的政策，通过进行大量的购并活动，企业资产规模迅速增长，但短期内并不一定带来销售及净收益的同样增长，这一类型企业发展能力分析的重点在企业资产或资本的增长指标上。有的企业采取的是内部优化型的增长政策，在现有资产规模的基础上，充分挖掘内部潜力，在降低成本的同时，提高产品竞争力和服务水平，这一类型企业发展能力反映在销售和净收益的增长上面，而资产规模及资本规模则保持稳定或缓慢增长，因而这一类型企业发展能力分析的重点应放在销售增长及资产使用效率方面。对于外部分析者而言，需要通过对以上诸多因素的细致全面地分析，才能了解企业的发展策略和相应的发展能力。

任务五　现金流量比率分析

现金流量表是按照经营活动、投资活动和筹资活动提供了企业现金流入、现金流出和净流量的数据信息，是衡量和评价企业经营活动、投资活动和筹资活动的主要依据。现金流量比率分析就是利用现金流量与其他有密切关系的项目数据相比进行比率分析，可以从不同角度对企业的财务状况、经营能力和经营质量做出评价。现金流量比率分析主要从现金流量的角度对企业的偿债能力、支付能力、获利能力、投资能力和收益质量等方面进行分析。

一、反映偿债能力的现金流量比率分析

通过前面有关企业偿债能力分析的内容可知，一个企业偿债能力的强弱，主要看其资产的流动性，即资产的变现速度和变现能力。而在资产中，只有货币资金可以直接用于偿还债务，现金等价物由于变现速度最为快捷，一般也可权当现金使用；其他资产则不具备直接偿债的条件。因此，用现金流量来衡量和评价企业偿债能力，应当是最稳健的，最能说明问题的。将现金流量的偿债能力做出更准确的判断与评价。反映偿债能力的现金流量比率有现金流动负债比、现金负债总额比和到期债务本息保障率等。

（一）现金流动负债比

现金流动负债比是指企业年度经营活动所产生的现金流量净额与期末流动负债的比值，表明企业经营活动现金流量净额对期末流动负债的满足程度。其计算公式为：

现金流动负债比＝经营活动产生的现金流量净额/期末流动负债×100%

由于企业的流动负债大多大于企业的经营活动，因此现金流动负债比能反映企业偿还流动负债的能力。该比值越高，表明企业经营活动产生的现金流量净额对短期债务清偿的保障越强，也表明企业资产的流动性越好。当该指标大于或等于100%时，表示企业有足够的能力以生产经营活动产生的现金来偿还其短期债务；若该指标小于100%，则表示企业生产经营活动产生的现金不足以偿还短期债务，必须采取对外筹资或出售资产等措施才能偿还债务。

例题 6-31　根据表 2-13 和表 4-5 提供的某股份有限责任公司的资料，计算该公司现金流动负债比。

2019 年初现金流量负债比＝24 708 359.23/270 762 157.06×100%＝9.1%

2020 年末现金流量负债比＝68 288 084.18/348 924 252.83×100%＝19.6%

计算结果表明，该公司 2014 年末的短期偿债能力要强于年初。

（二）现金负债总额比

现金负债总额比也称作总负债保障率，是指企业年度经营活动产生的现金流量净额与负债总额的比值，表明企业经营活动现金流量净额对其全部债务偿还的满足程度。其计算公式为：

现金负债总额比＝经营活动产生的现金流量净额/负债总额×100%

不管是流动负债还是非流动负债，基本都是企业需要用现金来支付的债务。现金负债总额比表明企业在某一会计年度每 1 元的负债有多少经营现金流入作为保障。该指标越高，说明企业偿还全部债务的能力越强。一般认为，企业的债务保障率只要超过借款付息率，债权人的权益就有保障。

例题 6-32　根据表 2-13 和表 4-5 提供的某股份有限责任公司的资料，计算该公司现金流动负债比。

2019 年初现金负债总额比＝24 708 359.23/270 762 157.06＝9.1%

2020 年末现金负债总额比＝68 288 084.18/488 924 252.83＝14%

计算结果表明，该公司 2020 年末的偿还全部债务的能力要强于年初。

（三）到期债务本息保障率

到期债务本息保障率是指企业年度经营活动产生的现金流量净额与到期债务本金及利息的比值，由于衡量企业到期债务本金及利息可由经营活动产生的现金来支付的程度。其计算公式为：

到期债务本息保障率＝经营活动产生的现金流量净额/本期到期债务本息×100%

本期到期债务本金是指一年内到期的非流动负债和本期应付票据，到期利息通常以本期财务费用替代。

到期债务本息保障率能够反映企业在某一会计年度每 1 元到期的债务有多少经营现金流量净额来保证支付。经营活动产生的现金流量是偿还企业债务的真正来源，因此，该指标越高，则表明企业偿还到期债务本息的能力越强。当到期债务本息保障率小于 100%时，则表明企业经营活动产生的现金流量不足以偿还到期债务本息。

二、反映获现能力的现金流量比率分析

获利能力即获取现金的能力，是指企业营业收入或投入资源创造现金的能力，其大小通过经营活动

现金流量净额与营业收入或投入资源之间的比值来衡量。这里的投入资源可以是总资产、净资产或普通股股本等。反映获取能力的现金流量比率主要有：营业收入收现率、总资产现金回收率和每股经营现金流量净额等。

（一）营业收入收现率

营业收入收现率是指企业年度销售商品、提供劳务收到的现金与营业收入的比值，该指标能直接说明在企业的营业收入中，有多少在本年度已实际收到现金。其计算公式为：

$$营业收入收现率=销售商品、提供劳务收到的现金/营业收入\times100\%$$

该指标接近1，表明企业销售形势很好或企业信用政策合理，收款工作得力，能及时收回货款。但不能简单地认为该指标下降，企业财务状况必定不佳，因为企业在一定时期采用宽松的信用政策以促进销售和扩大市场占有的经营方针时，可能会使本年度该指标有所下降，不过其潜在的坏账风险是有所增长的。

例题 6-33 根据表 4-5 和表 6-1 提供的某股份有限责任公司的资料，计算该公司营业收入收现率。

2019 年营业收入收现率 = 441 230 068.03/478 503 678.72×100% = 92.21%

2020 年营业收入收现率 = 469 234 955.89/500 825 388.30×100% = 93.69%

计算结果表明，该公司营业收入收现率有所提高，说明公司通过销售获取现金的能力增强；无论是2019年还是2020年的营业收入收现率都已经非常接近1，可初步判断该公司产品销售形势较好，信用政策合理，能及时收回货款。

（二）总资产现金回收率

总资产现金回收率是指企业年度经营活动产生的现金流量净额与平均资产总额的比率，是反映企业运用全部资产获取现金能力的指标。其计算公式为：

$$总资产现金回收率=经营活动产生的现金流量净额/平均资产总额\times100\%$$

总资产现金回收率表明每1元资产通过经营活动所能形成现金流量净额是多少，它反映了企业资产经营的收现水平。该指标越高，表明企业运用资产获取现金的能力越强。

例题 6-34 根据表 2-13 和表 4-5 提供的某股份有限责任公司的资料，假设2018年末该公司的资产总计为 987 556 324.34，计算该公司总资产现金回收率。

2019 年总资产现金回收率 = 24 708 359.23/（987 556 324.34+1 139 945 667.14）/2×100% = 2.32%

2020 年总资产现金回收率 = 68 288 084.18/（1 139 945 667.14+1 497 344 634.68）/2×100% = 5.18%

计算结果表明，该公司营业2020年总资产现金回收率高于2019年，说明资产运用获利能力在变强；但无论2020年还是2019年，总资产现金回收率均低，有待进一步提高。

（三）每股经营现金流量

每股经营现金流量是指企业年度经营活动现金流量净额与发行在外的普通股股数的比值，是反映企业每股资本金获取现金流量净额的获现能力指标。其计算公式为：

$$每股经营现金流量=经营活动产生的现金流量净额/企业发行在外普通股股数$$

每股经营现金流量越多，表明企业利用资本金获取现金的能力越强。该指标所表达的实际上是企业对现金股利最大限度的分派能力，因此该指标越高，说明企业用于分派股利的现金越充足。

三、反映现金支付能力的现金流量比率分析

现金支付能力是指获取现金以满足生产经营所需支付现金的能力。现金支付能力分析又称企业财务

弹性分析，就是将经营活动产生的现金流量净额同企业各项生产经营活动需要支付的现金进行比较。反映企业现金支付能力的现金流量比率主要有现金股利保障倍数和现金投资保障倍数。

（一）现金股利保障倍数

现金股利保障倍数是指企业每股经营现金流量与每股现金股利的比值，是反映企业经营活动产生的现金流量净额对现金股利保障程度的支付能力指标。其计算公式为：

$$现金股利保障倍数 = 每股经营现金流量/每股现金股利$$

现金股利是指本期已宣告分配的全部现金股利，可以从企业的所有者权益变动表中获取。现金股利保障倍数越大，说明企业支付现金股利的能力越强；反之，则说明支付现金股利的能力越弱。

（二）现金投资保障倍数

现金投资保障倍数是指企业年度经营活动产生的现金流量净额与投资活动支付现金和存货增加额的比值，是反映企业通过经营活动创造现金来适应经济环境变化和利用投资机会的支付能力的指标。其计算公式如下：

$$现金投资保障倍数 = 经营活动产生的现金流量净额/现金投资额$$

$$现金投资额 = 投资活动现金流出 + 存货增加额$$

现金保障倍数越大，表明企业现金投资的保障程度越高，适应经济环境变化和利用投资机会的能力越强。

四、反映投资能力的现金流量比率分析

投资能力是指企业通过经营活动和筹资活动创造的现金流量净额能够满足投资活动现金需要能力。反映企业投资能力的现金流量比率主要有投资活动融资比率和现金再投资比率。

（一）投资活动融资比率

投资活动融资比率是指企业年度投资活动产生的现金流量净额与经营活动和筹资活动现金流量净额的比值，是衡量企业全部投资活动资金来源水平的指标。其计算公式为：

投资活动融资比率 = 投资活动产生的现金流量净额/（经营活动现金流量净额 + 筹资活动现金流量净额）

投资活动融资比率绝对值原则上应控制在 50%～80%。如果投资活动融资比率大于 1 将严重影响企业的现金支付，给企业造成财务压力；但是比率太低，有可能是企业缺乏投资作为或开始萎缩。为增强企业发展后劲，企业应不断开辟资金来源渠道进行合理融资，不断加强对外扩张及资本化支出，增强经营活力，增加经营活动现金流量净额，实现良性循环。

（二）现金再投资比率

现金再投资比率是指企业年度经营活动产生的现金流量净额扣除现金股利和利息后与再投资额的比值，它反映企业进行再投资的能力。其计算公式为：

$$现金再投资比率 = （投资活动产生的现金流量净额 - 现金股利和利息）/再投资额 \times 100\%$$

公式中，再投资额就是企业期末非流动资产加运营资金减去流动负债。

一般认为，现金再投资比率达到 8～12% 为理想水平；低于 8% 时，经营活动产生的现金流量净额将满足不了投资活动对现金的需要，会给企业带来财务压力；高于 12% 时，意味着经营活动产生的现金流量净额过于充足或者投资不旺，还可能是投资机会太少，这些都不是企业所希望的。

五、反映收益质量的现金流量比率分析

收益质量中有多少已经取得现金或收益中收到现金的比率有多大，评价收益质量的现金流量比率主要有现金营运指数和盈余现金保障倍数。

（一）现金运营指数

现金运营指数是指企业年度经营活动产生的现金流量净额与经营活动应得现金的比率，是反映企业收益质量的指标。其计算公式为：

$$现金运营指数 = 经营活动产生的现金流量净额 / 经营活动应得现金$$
$$经营活动应得现金 = 经营活动净收益 + 非付现费用$$
$$经营活动产生的现金流量净额 = 净收益 - 非经营收益$$

企业现金运营指数若小于1，则意味着收益中存在未收现的部分，也就是收益按照会计核算原则实现了，但并没有全部实现现金流入，只要企业现金运营指数保持在1左右，或在连续几个会计年度综合为1，就表明收益质量是好的，有关收益质量的数据可从现金流量表的补充资料中获取。

（二）盈余现金保障倍数

盈余现金保障倍数是指企业年度经营活动产生的现金流量净额与当年净利润的比值，该指标反映了企业当年实现的净利润中有多少现金做保证。其计算公式为：

$$盈余现金保障倍数 = 经营活动产生的现金流量净额 / 净利润$$

在现金流量表中的三类现金流量，以经营活动产生的现金流量最为重要，它反映了企业利润背后是否有充足的现金流入支撑，财务报表的使用者可以据此对企业净利润的质量进行基本判断。

盈余现金保障倍数能反映会计利润与真实利润的匹配程度，对于防范人为操纵利润而导致会计信息使用者决策失误至关重要，因为虚计的账面利润不能带来相应的现金流入。所以，该指标越大，表明企业净利润的质量越好；如果该指标过小，则说明企业账面在获取利润的过程中经营活动的现金流入不足，甚至有操纵账面利润的嫌疑。

需要注意的是，该指标存在着分子分母不配比的问题，分子"经营活动产生的现金流量净额"是经营活动现金流入与现金流出之差，是按收付实现制确认的；而分母"净利润"是按照权责发生制确认的，不仅包括营业利润，还包括营业外收支。

例题6-35 根据表4-5和表6-1提供的某股份有限责任公司的资料，计算该公司盈余现金保障倍数。

2019年盈余现金保障倍数 = 24 708 359.23 / 86 217 767.48 = 0.29

2020年盈余现金保障倍数 = 68 288 084.18 / 95 132 412.82 = 0.72

计算结果表明，该公司营业2020年盈余现金保障倍数比2019年大幅度提高，说明该公司的盈余质量大为提高。

例题6-36 某公司2020年末资产总额为6000万元，股东权益总额为3500万元，流动负债为150万元，长期负债为1000万元，其中现金及现金等价物为800万元，本年度到期的长期借款和短期借款及利息为800万元，股东权益中普通股股本总额为2000万元，每股面值10元。该公司本年度实现净利润为1200万元，股利支付率为40%，全部以现金股利支付。公司当年经营活动的现金流量业务如下：销售商品、提高劳务取得现金4000万元，购买商品、接受劳务支出现金1800万元；职工薪酬支出300万元；支付所得税费用400万元；其他现金支出200万元。该公司经营活动现金流量净额占公司全部现金流量净额的80%，销售收现比率为90%。本年度资本性支出为1600万元。

要求：

(1) 计算现金比率；

(2) 计算现金流动负债比、现金负债总额比、到期债务本息保值率；

(3) 计算每股经营现金流量；

(4) 计算现金股利保障倍数；

(5) 计算现金投资保障倍数；

(6) 根据以上计算的比率，简要评价该公司的支付能力及收益质量。

解：普通股股数＝2000/10＝200（万股）

现金股利总额＝1200×40%＝480（万元）

每股现金股利＝480/200＝2.4（元/股）

经营活动现金流量净额＝4000-1800-300-400-200＝1300（万元）

公司全部现金流量净额＝1300/80%＝1625（万元）

销售收入＝4000/90%＝4444（万元）

(1) 现金比率＝（现金＋现金等价物）/流动负债＝800/1500＝0.53

(2) 现金流动负债比＝经营活动现金流量净额/流动负债＝1300/1500＝0.87

现金负债总额比＝经营活动现金流量净额/负债总额＝1300/2500＝0.52

到期债务本息保值率＝经营活动现金流量净额/本期到期债务本息＝1300/800＝1.63

(3) 每股经营现金流量＝经营活动现金流量净额/流通在外的普通股股数

＝1300/200＝6.5（元/股）

(4) 现金股利保障倍数＝每股经营现金流量/每股现金股利＝6.5/2.4＝2.71（倍）

(5) 现金投资保障倍数＝经营活动现金流量净额/现金投资额＝1 300/1 600＝0.81（倍）

(6) 分析评价：

该公司现金比率小于1，说明该公司2020年末现金不足以偿还流动负债；到期现金流动负债比为0.87，到期债务本息保障率为1.63，说明该公司总体偿还债务的能力较强；现金股利保障倍数2.71，说明该公司有足够的保障程度支付现金股利；现金投资保障倍数为0.81，说明该公司大部分投资需要的资金是经营活动创造的，少部分是对外筹措的。

总体来说，该公司有较强的现金支付能力，该公司销售收现比为90%，经营活动现金流量净额占全部现金流量净额的80%，说明企业收益质量不错，本期销售绝大部分本期已收到货款，经营活动创造现金流量的能力较强。

本项目小结

本项目利用资产负债表、利润表和现金流量表等财务报表，从不同角度对企业的偿债能力、盈利能力、运营能力和发展能力进行了分析，形成了综合反映企业财务效率的财务指标体系，有助于报表使用者全面地分析、评价企业整体的财务状况、经营成果，以及现金流量状况，为财务报表的综合分析奠定基础。

财务报表分析的逻辑步骤

哈佛大学的三位教授合作出版了一本关于财务报表分析方面的著作，在书中提出了图6-1所示的财务报表分析框架，包括四个关键步骤：行业与战略分析、会计分析、财务分析及前景分析。这个分析套路已经逐渐成为国内财务分析领域的主流做法，称为哈佛分析框架。

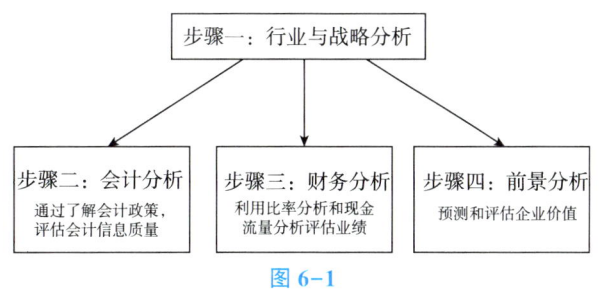

图 6-1

步骤一：行业与战略分析

行业与战略分析的目的在于识别企业主要的盈利领域和商业风险，进而定性地评估企业潜在的盈利能力。行业与战略分析包括分析企业所在行业的基本情况和该企业的经营战略。行业与战略分析就是把目标企业分析放到一个参照中进行比较。例如，某粮油上市公司的毛利率是 7%，那么这个获利水平是高还是低呢？粮油加工企业的毛利率一般都不会超过 10%，普遍较低，因此，7%就是一个正常的获利水平；相反，如果该上市公司的毛利率达到 15%，那我们就要怀疑，该公司为什么获得远远超过行业平均水平的毛利率？是这个公司的原材料采购成本低、工艺过程更有效率，还是这个公司的产品采用了差异化路线，从而售价中包含了超额利润呢？如果找不到合理的解释，那么很可能企业少计算了成本，或营业额中含有水分。因此，行业与战略分析是进行财务报表分析的逻辑出发点。有效的财务报表分析要求分析者不仅要学会运用会计数据，而且要善于运用非会计数据。会计数据只是企业实施其经营战略的"财务表现"。如果财务报表分析忽略了对企业所处环境和经营战略的分析，那只能是一种重形式、轻实质的"数字游戏"。

步骤二：会计分析

会计分析的目的在于评价分析企业的会计报表是否最为恰当、公允地反映了该企业经营活动的真实情况。其重点分析领域是会计政策选择自由度较大或可供企业选择的会计政策较多的领域。通过分析企业选择会计政策和会计估计的恰当性，应该能够对该企业财务会计数据对其经营活动的歪曲程度做出一个准确评估，进而由会计专业人员通过重新调整有关会计数据尽可能地消除不恰当的会计政策对其经营活动的歪曲反映。健全的会计分析有助于加强财务分析所得结论的可靠性。

步骤三：财务分析

财务分析的目的是运用财务报表数据评价一个企业现在、过去的财务状况及其发展的可持续性。这里有两个需要注意的地方：一个是分析必须全面、系统并富有效率。另一个是财务报表数据分析必须与企业活动相结合。财务分析中常用的方法主要包括比率分析和现金流量分析。比率分析注重评价企业产品市场的业绩和财务政策。现金流量分析则注重企业资产流动性和资产折现能力的分析。

步骤四：前景分析

前景分析是财务报表分析的最后一个步骤，它主要聚焦于企业的未来。前景分析中最为常用的两个技术是预计财务报表与价值分析。这两种分析技术是经营战略分析、会计分析和财务分析的综合，目的是预测企业未来的发展前景。企业未来的现金流反映企业的价值，同时也可以基于企业当期权益的账面价值、权益报酬率和增长速度分析企业价值。经营战略分析、会计分析和财务分析为评价企业内部价值提供了良好的基础。而战略分析，除了保证健全的会计和财务分析外，还有助于分析企业竞争优势的变化及其对企业未来权益报酬率和增长的影响。

知识巩固

一、单项选择题

1. 债权人是企业财务信息的使用者之一，其最关心的是（　　）。
   A. 投资收益率　　　　　　　　　　B. 资产保值率
   C. 债权的安全　　　　　　　　　　D. 总资产收益率

2. 某公司期末资产总额为180万，负债总额为120万，则该公司的产权比率等于（　　）。
   A. 1.5　　　　　B. 2　　　　　C. 0.67　　　　　D. 1.36

3. 下列指标中，能够反映企业长期偿债能力的指标是（　　）。
   A. 已获利息倍数　　　　　　　　　B. 营业利润率
   C. 净资产收益率　　　　　　　　　D. 资本保值增值率

4. 在计算速动资产时，之所以要扣除存货等项目，是由于（　　）。
   A. 这些项目的价值变动较大　　　　B. 这些项目的质量难以保证
   C. 这些项目的数量不易确定　　　　D. 这些项目的变现能力比较差

5. 下列说法中，正确的是（　　）。
   A. 速动比率比流动比率更能反映企业的短期偿债能力
   B. 营运资金越多，企业的偿债能力越强
   C. 流动比率越大越好
   D. 如果流动比率小于2，则说明企业的偿债能力一定较差

6. 利息保障倍数不仅反映了企业盈利能力，而且反映了企业（　　）。
   A. 总偿债能力　　　　　　　　　　B. 短期偿债能力
   C. 长期偿债能力　　　　　　　　　D. 生产经营能力

7. 某公司流动比率为2，下列经济业务中，会引起该比率降低的是（　　）。
   A. 用现金偿还应付账款　　　　　　B. 发行股票收到银行存款
   C. 用银行存款购买固定资产　　　　D. 收回应收款项

8. 如果企业的流动比率大于2，则下列说法中正确的是（　　）。
   A. 流动资产大于流动负债　　　　　B. 短期偿债能力绝对有保障
   C. 速动比率大于1　　　　　　　　D. 流动比率已达到合理水平

9. 运用资产负债表可计算的财务比率是（　　）。
   A. 应收账款周转率　　　　　　　　B. 总资产报酬率
   C. 已获利息倍数　　　　　　　　　D. 现金比率

10. 流动资产比率是指流动资产除以（　　）。
    A. 流动负债　　　B. 固定资产　　　C. 总资产　　　D. 总负债

11. 企业权益资金是指企业的（　　）。
    A. 资产总额　　　　　　　　　　　B. 负债总额
    C. 所有者权益总额　　　　　　　　D. 实收资本总额

12. 企业长期资金是指企业的（　　）。
    A. 资产总额+负债　　　　　　　　B. 负债总额+所有者权益总额
    C. 所有者权益总额+长期负债　　　D. 实收资本总额+长期负债

13. 企业的净利润与总资产平均额的比率是指（　　）。

    A. 净资产收益率   B. 总资产报酬率

    C. 资产利润率   D. 资产收益率

14. 计算总资产报酬率最常用的收益口径是（　　）。
    A. 税前利润   B. 净利润
    C. 净利润+利息   D. 净利润+利息+所得税

15. 若企业的销售利润率为30%，总资产周转率为1.25次，则企业的总资产报酬率为（　　）。
    A. 37.5%　　　B. 416.67%　　　C. 24%　　　D. 155%

16. 加权平均净资产收益率等于企业净利润除以（　　）。
    A. 期末净资产   B. 期初净资产
    C. 净资产平均额   D. 净资产收益率

17. 某企业股权比率为80%，总资产报酬率为25%，则企业的净资产收益率为（　　）。
    A. 31.25%　　　B. 20%　　　C. 320%　　　D. 500%

18. 如果流动资产大于流动负债，则年末用银行存款偿还一笔应付账款会使（　　）。
    A. 营运资金减少   B. 运营资金增加
    C. 流动比率提高   D. 流动比率降低

19. 企业增加速动资产，一般会（　　）。
    A. 降低企业的机会成本   B. 提高企业的机会成本
    C. 增加企业的财务风险   D. 提高企业流动资产的收益率

20. 某公司现在的流动资产和速动资产都超过了流动负债，现将长期债券投资提前变卖为现金，将会（　　）。
    A. 对流动比率的影响大于对速动资产的影响
    B. 影响流动比率但不影响速动比率
    C. 对速动比率的影响大于对流动比率的影响
    D. 影响速动比率但不影响流动比率

21. 下列长期偿债能力的指标计算时，需使用利润表中有关数据的是（　　）。
    A. 资产负债率   B. 产权比率
    C. 有形净值债务率   D. 利息保障倍数

22. 下列各项中，可能导致企业资产负债率变化的经济业务是（　　）。
    A. 收回应收账款   B. 以固定资产对外投资
    C. 接受所有者投资转入的固定资产   D. 用银行存款购买国债

23. 某公司2020年末流动资产为360 000元，非流动资产为4 800 000元，流动负债为205 000元，非流动负债为780 000元，则资产负债率为（　　）。
    A. 15.12%　　　B. 19.09%　　　C. 16.25%　　　D. 20.52%

24. 某公司2020年末资产总额为8 250 000元，负债总额为5 115 000元，其产权比率为（　　）。
    A. 0.64　　　B. 0.61　　　C. 0.38　　　D. 1.63

25. 与产权比率比较，资产负债率评价企业偿债能力的侧重点是（　　）。
    A. 揭示财务结构的稳健程度
    B. 揭示债务偿付安全性的物资保障程度
    C. 揭示负债与资本的对应关系
    D. 揭示主权资本对偿债风险的承受压力

26. 某公司2020年税后利润为750万元，所得税率为25%，利息费用为500万元，则该企业已获利息倍数为（   ）。

  A. 2.78   B. 3   C. 1.9   D. 0.78

27. （   ）指标越高，说明企业资产的运用效率越好，也意味着企业的资产盈利能力越强。

  A. 净资产收益率   B. 资产负债率

  C. 总资产报酬率   D. 存货周转率

28. 某公司 2020 年实现销售收入 3800 万元，息税前利润为 480 万元，总资产周转率为 3，则总资产报酬率为（   ）。

  A. 4.21%   B. 12.63%   C. 25.26%   D. 37.89%

29. 某公司 2020 年初实收资本和资本公积分别为 2000 万元和 900 万元，年末实收资本和资本公积分别为 2200 万元和 1000 万元，净利润为 750 万元。则该企业的资本收益率为（   ）。

  A. 35.71%   B. 24.59%   C. 14.58%   D. 32.45%

30. 下列有关每股收益的说法正确的有（   ）。

  A. 每股收益是衡量上市公司盈利能力的财务指标

  B. 每股收益多，反映股票所含有的风险大

  C. 每股收益多，则意味着每股股利高

  D. 每股收益多的公司市盈率就高

31. 某公司 2020 年末流动负债为 6000 万元，速动比率为 2.5，流动比率为 3.0，营业成本为 8100 万元。已知该公司 2020 年初和年末的存货相同，则该公司 2020 年的存货周转率为（   ）。

  A. 0.5   B. 5.5   C. 7.5   D. 2.7

32. 某公司 2020 年存货周转天数为 90 天，应收账款周转天数为 180 天，则简化计算该公司营业周期（   ）。

  A. 90   B. 180   C. 270   D. 360

33. 某公司 2019 年和 2020 年的流动资产评价占用额分别是 800 万元和 1000 万元，流动资产周转率分别为 6 次和 8 次，则 2020 年比 2019 年营业收入增加（   ）万元。

  A. 1800   B. 400   C. 3200   D. 2000

34. 下列指标中，不属于企业发展能力分析的指标是（   ）。

  A. 总资产报酬率   B. 销售（营业）增长率

  C. 资本积累率   D. 总资产增长率

35. 如果企业某产品处于成长期，其销售（营业）增长率的特点是（   ）。

  A. 比值比较大   B. 与上期相比变动不大

  C. 比值较小   D. 与上期相比变动非常小

36. 下列项目中，不属于企业资产规模增加的原因是（   ）。

  A. 企业对外举债   B. 企业实现盈利

  C. 企业发放股利   D. 企业发行股票

37. 资本积累率的大小直接取决于（   ）。

  A. 年初资本总额   B. 年初所有者权益

  C. 上年利润   D. 上年营业收入

38. 下列指标中，不可以用来表示收益增长能力的指标是（   ）。

  A. 净利润增长率   B. 营业利润增长率

  C. 销售增长率   D. 三年平均利润增长率

39. 下列关于收益增长率的表述中，正确的是（   ）。

A. 实际应用中，通常以资产增长率作为表现形式

B. 实际应用中，通常以净利润增长率和营业利润增长率作为表现形式

C. 如果企业的营业利润增长率高于销售（营业）增长率，说明企业处于衰退期

D. 在净利润增长率的计算中，若上期净利润为负值，可直接代入公式计算

40. 表明企业营业收入增减变动情况，评价企业发展能力的重要指标是（ ）。

   A. 总资产增长率	B. 销售（营业）增长率
   C. 可持续增长率	D. 现金比率

41. 下列现金流量比率中，最能够反映企业收益质量的指标是（ ）。

   A. 现金流动负债率	B. 每股经营现金流量
   C. 可持续增长率	D. 盈余现金保障倍数

42. 对总资产现金回收率指标的分析可以为（ ）的分析提供更好的补充。

   A. 总资产报酬率	B. 每股经营现金流量
   C. 营业收入收现率	D. 盈余现金保障倍数

43. 存货周转率指标的分子是（ ）。

   A. 营业收入	B. 营业成本
   C. 存货平均余额	D. 营运资本

44. 某企业2010年营业收入净额为36 000万元，流动资产平均余额为4000万元，固定资产平均余额为8000万元，假设没有其他资产，则该企业2010年总资产周转率为（ ）。

   A. 3次	B. 8次	C. 4.5次	D. 6次

45. 企业在计算总资产周转率指标时使用的收入指标是（ ）。

   A. 营业收入	B. 营业外收入
   C. 投资收益	D. 其他业务收入

46. 商品经营盈利能力分析是利用（ ）资料进行分析。

   A. 资产负债表	B. 现金流量表
   C. 利润表	D. 利润分配表

47. 反映资产周转速度的指标不包括（ ）。

   A. 速动比率	B. 应收账款周转率
   C. 流动资产周转率	D. 存货周转率

48. 某企业2016年营业收入为5852万元，年末总资产为2012万元，年初总资产为1650万元，则总资产周转率是（ ）。

   A. 5次	B. 3.8次	C. 2.8次	D. 3.2次

49. 反映资产占用与收入之间关系的指标是（ ）。

   A. 流动资产产值率	B. 流动资产周转率
   C. 固定资产产值率	D. 总资产产值率

50. 从资产的流动性方面反映总资产效率的指标是（ ）。

   A. 总资产报酬率	B. 总资产产值率	C. 总资产收入率	D. 总资产周转率

51. 提高固定资产产值率的关键在于（ ）。

   A. 提高销售率	B. 增加生产设备
   C. 增加生产用固定资产	D. 提高生产设备产值率

52. 当流动资产占用量不变时，流动资产周转速度加快会形成流动资金（ ）。

   A. 绝对浪费额	B. 相对浪费额

C. 绝对节约额　　　　　　　　　　　D. 相对节约额

53. 盈利能力的比率分析主要包括（　　）。
    A. 与投资有关的盈利能力比率分析　　B. 与筹资有关的盈利能力比率分析
    C. 与销售有关的盈利能力比率分析　　D. 与经营有关的盈利能力比率分析
    E. 与股本有关的盈利能力比率分析

54. 企业常见的投入资金范畴有（　　）。
    A. 债券资金　　B. 产权资金　　C. 全部资金　　D. 权益资金
    E. 长期资金

55. 计算总资产报酬率的收益口径主要包括（　　）。
    A. 净利润
    B. 净利润+所得税
    C. 净利润+利息
    D. 净利润+所得税+利息
    E. 净利润+所得税+货币资金

56. 影响总资产报酬率的主要因素有（　　）。
    A. 销售净利率
    B. 总资产周转率
    C. 应收账款周转率
    D. 流动资产周转率
    E. 固定资产周转率

57. 影响净资产收益率的因素主要有（　　）。
    A. 产权乘数
    B. 股权比率
    C. 总资产周转率
    D. 总资产报酬率
    E. 权益乘数

二、多项选择题

1. 速动资产指现金和易于变现、几乎可以随时用来偿还债务的流动资产，其构成要素有（　　）。
    A. 存货　　B. 货币资金　　C. 短期投资　　D. 应收票据
    E. 待摊费用

2. 下列关于流动资产比率的表述中，正确的是（　　）。
    A. 流动资产比率越高，资产的变现能力越强
    B. 流动资产比率越高，企业偿债能力越强
    C. 流动资产比率越高，资产的盈利能力越强
    D. 流动资产比率越高越好

3. 企业采用备抵法核算坏账损失，如果实际发生一笔坏账，冲销应收账款，则会引起（　　）。
    A. 流动比率提高　　B. 流动比率下降
    C. 流动比率不变　　D. 速动比率不变
    E. 速动比率提高

4. 某公司流动比率为2，会使该比率降低的经济业务有（　　）。
    A. 收回应收账款　　B. 赊购商品和材料
    C. 偿还应付账款　　D. 从银行取得短期借款已入账

5. 已获利息倍数指标所反映的企业财务信息包括（　　）。
    A. 盈利能力　　B. 长期偿债能力　　C. 短期偿债能力　　D. 企业发展能力
    E. 企业营运能力

6. 反映企业营运能力的指标有（　　）。
    A. 资产收入率　　B. 固定资产收入率

C. 流动资产周转率 D. 存货周转率
E. 应收账款周转率

7. 应收账款周转率越高越好，因为它表明（　　）。
   A. 收款迅速 B. 减少坏账
   C. 资产流动性高 D. 销售收入增加
   E. 利润增加

8. 反映流动资产周转速度的指标有（　　）。
   A. 流动资产周转率 B. 流动资产垫支周转率
   C. 存货周转率 D. 存货构成率
   E. 应付账款周转率

9. 存货周转率偏低的原因可能是（　　）。
   A. 应收账款增加 B. 降价销售
   C. 产品滞销 D. 销售政策发生变化

10. 影响应收账款周转率下降的原因主要有（　　）。
    A. 销售收入下降 B. 客户故意拖延
    C. 企业扩大赊销政策范围 D. 客户财务困难

11. 流动比率为1.2，赊购一批材料，将会导致（　　）。
    A. 运营资本不变 B. 流动比率提高
    C. 流动比率降低 D. 速度比率降低

12. 如果流动比率过高，则意味着企业可能存在（　　）。
    A. 闲置资金 B. 存货积压
    C. 存货周转缓慢 D. 短期偿债能力差

13. 若流动比率大于1，则下列结论不一定成立的是（　　）。
    A. 速动比率大于1 B. 营运资金大于零
    C. 资产负债率大于1 D. 短期偿债能力绝对有保障

14. 下列各项经济业务中，能够同时影响流动比率和速动比率的是（　　）。
    A. 以银行存款购买债权投资 B. 以银行存款偿还到期借款
    C. 用银行存款采购原材料 D. 用银行存款采购固定资产

15. 下列项目中，影响现金比率的因素有（　　）。
    A. 货币资金 B. 流动负债
    C. 非流动负债 D. 交易性金融资产

16. 如果某公司资产负债率为60%，则可以推算出（　　）。
    A. 全部负债占资产比重为60% B. 产权比率为1.5
    C. 所有者权益占资金来源的比例少于一半 D. 产权比率为66.67%

17. 下列关于产权比例的表述中，正确的有（　　）。
    A. 产权比率是负债总额与所有者权益总额的比值
    B. 企业在保障债务偿还安全的前提下，应尽可能提高产权比率
    C. 产权比率与资产负债率对评价偿债能力的作用基本相同
    D. 产权比率越高，资产负债率越低

18. 下列指标中，其数值大小与偿债能力大小反方向变动的是（　　）。
    A. 有形净值债务率 B. 产权比率

C. 已获利息倍数　　　　　　　　　D. 流动比率

19. 已获利息倍数指标反映的企业财务层面包括（　　）。
    A. 获利能力　　　　　　　　　　B. 短期偿债能力
    C. 长期偿债能力　　　　　　　　D. 发展能力

20. 属于企业盈利能力分析的指标有（　　）。
    A. 总资产报酬率　　　　　　　　B. 已获利息倍数
    C. 资本收益率　　　　　　　　　D. 总资产周转率

21. 影响总资产报酬率的因素有（　　）。
    A. 资本结构　　　　　　　　　　B. 净资产收益率
    C. 销售息税前利润率　　　　　　D. 总资产周转率

22. 下列各项中，属于计算稀释每股收益时应考虑的潜在普通股有（　　）。
    A. 认股权证　　　　　　　　　　B. 股票期权
    C. 公司债券　　　　　　　　　　D. 可转换公司债券

23. 下列关于市盈率的表述中，正确的有（　　）。
    A. 市盈率是每股市价与每股收益的比值
    B. 市盈率高，表明投资者对公司发展前景看好
    C. 市盈率高，意味着股票有较高的投资风险
    D. 成长性较好的高科技公司股票的市盈率要高于传统行业的公司股票的市盈率

24. 反映企业运营能力的指标有（　　）。
    A. 流动资产周转率　　　　　　　B. 营业利润率
    C. 存货周转率　　　　　　　　　D. 总资产周转率

25. 应收账款周转率提高意味着企业（　　）。
    A. 流动比率不变　　　　　　　　B. 短期偿债能力增强
    C. 坏账损失下降　　　　　　　　D. 扩大销售规模

26. 存货周转率越高，则（　　）。
    A. 存货收回越迅速　　　　　　　B. 存货占用的资金将会增加
    C. 资产流动性越强　　　　　　　D. 短期偿债能力提高

27. 可以反映企业发展能力的财务指标包括（　　）。
    A. 净利润增长率　　　　　　　　B. 资本增长率
    C. 销售增长率　　　　　　　　　D. 资产增长率

28. 反映企业资产增长的财务比率主要有（　　）。
    A. 总资产增长率　　　　　　　　B. 净资产增长率
    C. 固定资产成新率　　　　　　　D. 三年平均总资产增长率

29. 反映企业资本扩张情况的财务比率有（　　）。
    A. 净利润增长率　　　　　　　　B. 资本积累率
    C. 总资产增长率　　　　　　　　D. 三年资本平均增长率

30. 企业营业增长能力分析可分为（　　）。
    A. 对净资产规模增长的分析　　　B. 对资产规模增长的分析
    C. 对销售增长额的分析　　　　　D. 对利润增长的分析

31. 企业财务发展能力分析可分为（　　）。
    A. 对净资产规模增长的分析　　　B. 对资产规模增长的分析

C. 对股利增长额的分析　　　　　　　D. 对利润增长的分析
32. 下列表述中正确的是（　　）。
　　A. 在企业净资产收益率不变的情况下，企业净资产规模与净利润规模同方向变化
　　B. 正常情况下，一个企业的销售（营业）增长率应高于其资产增长率
　　C. 固定资产成新率是企业当期平均固定资产原值同平均固定资产净值的比值
　　D. 从企业自身角度出发，企业资产的增长应主要取决于企业盈利的增加
33. 运用现金流量表中的信息分析企业偿债能力，通常采用的指标有（　　）。
　　A. 到期债务本息保障率　　　　　　　B. 现金流动负债比
　　C. 现金负债总额比　　　　　　　　　D. 总资产现金回收率
34. （　　）指标需要利用现金流量表的信息才能得出。
　　A. 总资产现金回收率　　　　　　　　B. 盈利现金保障倍数
　　C. 营业收入收现率　　　　　　　　　D. 现金比率
35. 在分析获取现金能力的情况时，可以选用的指标主要有（　　）。
　　A. 营业收入收现率　　　　　　　　　B. 每股经营现金流量
　　C. 总资产现金回收率　　　　　　　　D. 现金运营指数

三、判断题

1. 企业拥有的各项资产都可以作为偿还债务的保证。　　　　　　　　　　　　　（　　）
2. 尽管流动比率可以反映企业的短期偿债能力，但却存在有的企业流动比率比较高，却没有能力支付到期应付账款的情况。　　　　　　　　　　　　　　　　　　　　　　　　　　（　　）
3. 对任何企业而言，速度比率应该大于1才是正常的。　　　　　　　　　　　　（　　）
4. 对于应收账款和存货变现存在问题的企业，分析现金比率尤为重要。　　　　　（　　）
5. 某企业销售一批产成品，无论当期是否收到货款，都可以使速度比率增大。　　（　　）
6. 如果利息保障倍数低于1，则企业一定无法支付到期利息。　　　　　　　　　　（　　）
7. 企业偿债能力的高低不仅要看其偿付利息的能力，更重要的是要看其偿还本金的能力。（　　）
8. 对企业盈利能力的分析主要是对利润额的分析。　　　　　　　　　　　　　　（　　）
9. 资本经营盈利能力分析主要是对总资产报酬率的分析。　　　　　　　　　　　（　　）
10. 当总资产报酬率高于负债利息率时，提高负债与所有者权益之比，将使净资产收益率提高。
　　　　　　　　　　　　　　　　　　　　　　　　　　　　　　　　　　　　（　　）
11. 长期债权人比短期债权人更加关心企业经营的长期稳定性和持续发展性。　　（　　）
12. 资产周转次数越多，周转天数越多，表明资产周转速度越快。　　　　　　　（　　）
13. 资产管理力度越大，拥有越合理的资产结构和越优良的资产质量，资产周转率也就越高。
　　　　　　　　　　　　　　　　　　　　　　　　　　　　　　　　　　　　（　　）
14. 在其他条件不变时，流动资产周转速度越快，需要补充流动资产参加周转的数额就越多。（　　）
15. 提高生产设备的产出率、生产设备的构成率和生产用固定资产构成比率，都能对加速固定资产的周转起到积极作用。　　　　　　　　　　　　　　　　　　　　　　　　　　（　　）
16. 在其他条件不变时，流动资产比值越高，总资产周转速度越快。　　　　　　（　　）
17. 市场覆盖率是指在一定时期、一定市场范围内，企业某种产品的销售量占市场上同种商品销售量的比重。　　　　　　　　　　　　　　　　　　　　　　　　　　　　　　　（　　）
18. 仅分析某一项发展能力指标，我们无法得出企业整体发展能力情况的结论。　（　　）
19. 企业能否持续增长对投资者、经营者至关重要；但对债权人而言相对不重要，因为它更关心企业的变现能力。　　　　　　　　　　　　　　　　　　　　　　　　　　　　　（　　）

20. 企业资产的增长率越高，则说明企业资产规模增长势头一定越好。（　）
21. 加速折旧法下的固定资产成新率要低于直线法下的固定资产成新率。（　）
22. 要正确分析和判断一个企业营业收入的增长趋势和增长水平，必须将一个企业不同时期的销售增长率加以比较和分析。（　）
23. 在产品生产周期的成熟期，产品营业收入增长率一般趋于稳定，与上期相比变化不大。（　）
24. 现金负债总额比大于1，说明企业的财务风险越高。（　）
25. 现金股利保障倍数越大，说明企业获得的现金对于其股利的支付越是缺乏保障。（　）
26. 营业周期越短，说明资产运营能力越高，其收益能力越强。（　）

四、案例分析题

1. 某公司流动资产为400万元，流动负债为200万元，其中存货为50万元，应收账款为100万元（坏账损失率0.5%）。

要求：计算流动比率和速动比率。

2. 某公司的有关资料如下：流动负债为8万元，速动比率为1.5，流动比率为3，产品销售成本为8万元。

要求：计算该公司年末存货周转次数。

3. 资料一：A企业2020年的资产负债表如下（表6-3）：

表6-3　A企业2020年的资产负债表　　　　　　　　　　　　　单位：万元

资产	年初	年末	负债及所有者权益	年初	年末
货币资金	130	130	流动负债合计	220	218
应收账款	135	150	长期负债合计	290	372
存货	160	170	负债合计	510	590
流动资产合计	425	450	所有者权益合计	715	720
长期投资	100	100			
固定资产原值	1100	1200			
减：累计折旧	400	440			
固定资产净值	700	760			
非流动资产合计	800	860			
总计	1225	1310	总计	1225	1310

资料二：2020年营业收入1500万元，营业净利率20%。假定该企业流动资产仅包括速动资产与存货，非经营收益为60万元，非付现费用为150万元，经营活动现金流量净额为350万元，该企业适用的所得税税率为25%。

要求：

（1）计算该企业2020年末的流动比率、速动比率、现金比率。

（2）计算该企业2020年末的资产负债率、产权比率、权益乘数。

（3）计算该企业2020年应收账款周转率、流动资产周转率、总资产周转率。

（4）计算该企业2020年净资产收益率、资本保值增长率、所有者权益增长率、总资产增长率。

（5）计算全部资产现金回收率、营业现金比率、净收益营运指数、现金运营指数。

4. 资料：某企业2015年初负债总额为200万元，所有者权益总额为400万元；年末资产负债率为30%，所有者权益总额为700万元；期初、期末长期负债占负债总额的60%；期初、期末流动资产占资产总额的40%，期初、期末固定资产占资产总额的50%；2015年度企业的税前利润为400万元，所得税率为 25%，利息费用为 60 万元；经营活动产生的现金流量为 600 万元。

要求：根据资料计算该企业 2015 年度的总资产报酬率、净资产报酬率、资本金收益率。

5. 某公司 2020 年末资产负债表简略形式见表 6-4 所示。

表 6-4 资产负债表

编制单位：某公司　　　　　　　　　　2020 年 12 月 31 日　　　　　　　　　　金额单位：万元

资产	期末数	负债及所有者权益	期末数
货币资金	25 000	应付账款	
应收账款净额		应交税费	25 000
存货		非流动负债	
固定资产净值	294 000	实收资本	146 000
		未分配利润	
总计	432 000	总计	432 000

已知：（1）期末流动比率为 1.5；

（2）期末资产负债率为 50%；

（3）存货周转率为 4.5 次；

（4）本年营业成本为 315 000 万元；

（5）期末和期初存货金额相同。

要求：根据上述资料，计算并填列资产负债表空项。

6. 某公司 2018、2019、2020 年的资产负债表、利润表中相关项目的数据见表 6-5。

表 6-5 某公司资产负债表　　　　　　　　　　　　　　　　　　　金额单位：千元

项目	2018 年	2019 年	2020 年
主营业务收入（千元）	205 422.51	275 569.86	290 132.03
主营业务成本（千元）	152 857.65	232 270.34	236 770.14
流动资产（千元）	235 857.40	215 647.94	208 509.06
其中：应收账款（千元）	49 686.83	69 901.21	45 119.21
存货（千元）	89 392.81	73 282.97	72 151.41
固定资产（千元）	99 530.64	98 775.62	66 224.45
资产总额（千元）	342 062.60	316 962.76	307 906.34
总资产周转率（%）			
总资产周转天数			
流动资产周转率（%）和周转天数			
其中：应收账款周转率（%）			
应收账款周转天数			
存货周转率（%）			
存货周转天数			
固定资产周转率（%）			
固定资产周转天数			

要求：（1）计算公司连续 3 年的应收账款周转率及周转天数；存货周转率及周转天数；固定资产周转率及周转天数；总资产周转率及周转天数。

（2）对该公司的资产运用能力进行评价。

(3) 对该公司资产运营能力进行评价。

7. 2019 年 A 公司拥有 B 公司 20%的有表决权资本，2020 年 A 公司有意对 B 公司继续投资，A 公司认为 B 公司的盈利能力比财务状况、营运能力更重要，希望通过对 B 公司投资获得更多的利润。因此，A 公司收集了 B 公司的有关资料，见表 6-6 和表 6-7 所示。

表 6-6 B 公司利润表　　　　　　　　　　　　　　　　　　　　　　　　　　　金额单位：千元

项目	2019 年度	2020 年度
一、营业收入	1 200 000	1 500 000
减：营业成本	1 050 000	1 100 000
税金及附加	8000	15 000
销售费用	2000	3000
管理费用	12 000	15 000
财务费用	4000	1000
资产减值损失	1000	2000
加：投资收益	2000	5000
二、营业利润（亏损以"-"）填列	125 000	369 000
加：营业外收入	8200	30 100
减：营业外支出	18 000	6000
三、利润总额	115 200	393 100
减：所得税费用	38 016	130 383
四、净利润	77 184	262 717
平均总资产	2 815 000	3 205 000
平均净资产	1 063 000	1 885 000

表 6-7 B 公司有关资产及所有者权益资料　　　　　　　　　　　　　　　　　　　　单位：千元

项目	2019 年度	2020 年度
平均总资产	2 815 000	3 205 000
平均净资产	1 063 000	1 885 000

要求：根据以上资料，A 公司应做好以下工作，以便于 2021 年度的投资决策。
(1) 计算反映资产经营盈利能力和资本经营盈利能力的指标；
(2) 采用因素分析法分析总资产报酬率变动的原因；
(3) 评价 B 公司盈利能力状况。

8. 某公司 2017 年、2018 年、2019 年、2020 年有关财务指标资料表 6-8。

表 6-8 某公司 2017—2020 年主要财务指标　　　　　　　　　　　　　　　　　　　　单位：元

项目	2017 年	2018 年	2019 年	2020 年
资产总额	1369	1649	2207	3103
所有者权益	797	988	1343	1915
营业收入	4567	6194	8671	12413
营业利润	674	913	1298	1866
净利润	398	550	873	1293

要求：(1) 根据上述资料，计算该公司的销售增长率、总资产增长率、资本积累率、资本保值增值率、净利润增长率和营业利润增长率。

(2) 分析该公司的发展能力。

9. 某公司年末资产负债表中部分项目余额如下（表6-9）：

表6-9 某公司资产负债表   金额单位：元

资产	年末数	负债有所有者权益	年末数
货币资金	20 000	应付账款	
应收账款净额		应交税费	23 000
存货		非流动负债	
固定资产净值	220 000	实收资本	400 000
		未分配利润	
资产总计	450 000	负债及所有者权益总计	450 000

已知条件：

年末流动比率=2.5，年末资产负债率=40%，本期存货周转次数=4次，本期营业成本=226 000元，期末存货=期初存货。

请根据以上资料和条件，填写资产负债表中空白项目余额（要求列出计算过程）。

10. 某商业企业2020年度营业收入为2000万元，营业成本为1600万元；年初、年末应收账款余额分别为200万元和400万元；年初、年末存货余额分别为200万元和600万元；年末速动比率为1.2，年末货币资金与流动负债的比为0.7。假定该企业流动资产由应收账款和现金类资产组成，一年按360天计算。

要求：(1) 计算2020年应收账款周转天数。

(2) 计算2020年存货周转天数。

(3) 计算2020年末流动负债余额和速动资产余额。

(4) 计算2020年末流动比率。

11. 某企业上年营业收入净额为6900万元，全部资产平均余额为2760万元，流动资产平均余额为1104万元；本年营业收入净额为7938万元，全部资产平均余额为2940万元，流动资产平均余额为1323万元。

要求：(1) 计算上年与本年的总资产周转率（次数）、流动资产周转率（次数）和资产结构（流动资产平均余额占全部资产平均余额的百分比）。

(2) 运用差额分析法计算流动资产周转率与资产结构变动对总资产周转率的影响。

12. 某公司2020年度简化的资产负债表如下（表6-10）：

表6-10 资产负债表

编制单位：某公司　　　　编制日期：2020年12月31日　　　　单位：万元

资产	年末余额	负债及所有者权益	年末余额
货币资金	500	应付账款	1000
应收账款		长期负债	
存货		实收资本	1000
固定资产		留存收益	1000
资产合计		负债及所有者权益	

其他有关财务指标如下:
(1) 长期负债与所有者权益之比为0.5。
(2) 营业毛利率为10%。
(3) 存货周转率(存货按年末数计算)为9次。
(4) 平均收现期(应收账款按年末数计算,一年按360天计算)为18天。
(5) 总资产周转率(总资产按年末数计算)为2.5次。

要求:利用上述资料,计算该公司资产负债表的空白部分数据,并列示所填数据的计算过程。

项目七 财务报表综合分析

知识目标

1. 理解财务报表综合分析的含义、意义及特点；
2. 掌握杜邦财务分析体系的内容及其运用；
3. 熟悉可持续发展财务分析体系的计算与分析；
4. 了解沃尔比重评分法的含义及步骤；
5. 熟悉国有资本金绩效评价的内容。

能力目标

能运用杜邦财务分析体系对企业的综合财务状况和经营绩效进行实际评价与判断。

素质目标

具有良好的政治素质，热爱祖国，拥护共产党领导，拥护社会主义制度，具有正确的世界观、人生观、价值观，德、智、体、美全面发展；具有良好的职业素养、具备财务报表分析课程所应掌握的财务报表分析计算技能和财务报表分析的技能。

项目引例

特变电工和天威保变之间盈利能力具有巨大差异的原因分析

特变电工和天威保变都是国内著名的以变压器中电设备制造和销售为主要业务的上市公司。特变电工 2010 年至 2015 年的净资产收益率分别为 16.21%、9.25%、6.45%、8.94%、9.80%、8.86%，天威保变 2010 年至 2015 年的净资产收益率分别为 12.59%、1.02%、-25.45%、-190.02%、10.78%、11.21%。从以上数据可以看出，特变电工和天威保变的净资产收益率在 2010 年差别不是很大，但从 2011 年开始天威保变的净资产收益率一路下跌，特变电工在 2011 年至 2013 年期间的盈利能力远远超过天威保变，是什么原因导致二者盈利能力出现了巨大的差异呢？从案例中可以发现，各个财务指标之间并不是彼此独立、互不干涉的，而是相互联系、环环相扣的，因此相关人员需要了解财务报表分析的综合分析和业绩评价。

案例分析

财务报表分析是一门"艺术"，背后隐藏着企业经营状况的玄机。财务报表是企业所有经济活动的综合反映，提供了企业管理层决策所需要的信息。认真解读与分析财务报表，能帮助分析者认清财务报表的"粉饰"，公允地评估企业的绩效。要读懂财务报表，除了要有基本的财务会计知识外，还应学会看清隐藏在财务报表背后的玄机。

任务一　财务报表综合分析概述

一、财务报表综合分析的概述

(一) 财务报表综合分析的含义

前面通过资产负债表分析、利润表分析及现金流量表分析，分别从偿债能力、盈利能力、运营能力和发展能力对企业的财务状况和经营成果进行了深入具体地分析，这些分析可以使企业利益相关者了解企业某一方面的财务活动及其取得的成绩或存在的问题。但是，企业的财务状况是一个完整的有机整体，其各项经营理财活动、各项财务指标是紧密相连、相互影响的。如果只是把对企业各张报表的局部分析或者把一些财务指标简单地罗列在一起进行汇总分析是远远不够的，有时甚至会得出错误的结论。并且，对于一个企业来说，财务报表分析的最终目的是要全方位地了解企业经营理财的状况，并对企业经济效益的优劣做出系统的、合理的评价。所以还必须对企业进行系统、全面的财务报表综合分析，以深入了解财务报表的各项因素及其相互之间的关系。

所谓财务报表综合分析就是指以企业财务报告及其他有关资料为主要依据，将反映企业的偿债能力、营运能力、盈利能力和发展能力等各方面分析指标纳入一个有机的整体之中，系统、全面、综合地对企业财务状况、经营成果、现金流量及其变动进行分析、解释与评价，以便全方位地了解企业经营理财的状况，客观地揭示企业取得的成绩或存在的问题，从而对企业整体财务状况和经济效益的优劣做出准确的评价，准确地预测企业未来的发展趋势。

(二) 财务报表综合分析的意义

财务报表综合分析既是对单项财务报表分析的汇总综合，也是企业财务报表分析不可缺少的必要环节。进行财务报表综合分析的意义具体表现为以下几点：

(1) 全面评价企业的财务状况和经营业绩、明确企业的经营水平、发展方向，通过财务报表综合分析，将企业的偿债能力、营运能力、盈利能力和发展能力等各项财务指标纳入一个有机的整体之中，进行相互关联的分析，从总体上对企业经济效益的优劣做出准确的评价与判断。

(2) 为企业利益相关者进行相关决策提供参考。为投资者进行投资决策及对经营者进行激励和约束提供科学依据；为债权人提供企业信誉和偿债能力的信息；为政府和监管机构的宏观决策与管理提供信息支持。

(3) 为完善企业经营管理和财务管理提供依据。通过财务报表综合分析，用相互关联的财务与非财务指标使企业在不同时期及不同企业之间进行分析比较时，消除了时间上和空间上的差异，更能揭示企业取得的成绩与存在的问题，有利于深入进行差异因素分析，以便采取适当的管理措施，进一步改善企业的经营管理和财务管理。

二、财务报表综合分析的特点

财务报表综合分析与前述的单项分析相比，具有以下特点：

1. 分析方法不同

财务指标单项分析通常是由一般到个别，把企业财务活动总体分解为各个具体部分，然后逐一加以考察分析；而财务报表综合分析则是通过归纳综合，把个别财务现象上升到综合活动的总体层面，然后进行考察分析。因此，单项分析具有实务性与实证性特点，而综合分析则具有高度的抽象性与概括性特点，并着重从整体上概括企业财务状况的本质特征。

2. 分析的重点和比较基准不同

财务指标单项分析的重点和比较基准是财务计划、行业实务和财务理论标准，而财务指标综合分析的重点和基准是企业整体发展趋势。因此，财务指标单项分析把每个分析的指标处于同等重要的地位，忽视了各种指标之间的相互关系，而财务报表综合分析则强调各种指标有主辅之分，并且特别注意主辅指标的本质联系和层次关系。

单项分析的重点和比较基准是财务计划、财务理论标准、对单项经济业务事项、单项会计和单项财务指标进行深入分析，具有实务性和实证性；而综合分析的重点和基准是企业整体发展趋势，从整体上概括企业财务状况的本质特征，具有高度的抽象性和概括性。

3. 分析指标的地位不同

单项分析把每个分析的指标视为同等重要的地位来处理，难以考虑各种指标之间的相互关系；而综合分析强调各种指标有主辅之分，一定要抓住主要指标。

通过以上对比可以看出，财务报表综合分析有利于财务报表分析者把握企业财务的全面。

三、财务报表综合分析指标体系三要素

财务报表综合分析的特点体现在其财务指标体系的要求上，一个健全有效的综合财务指体系必须具备三个基本要素：

1. 指标要素齐全适当

这要求综合分析要以各单项分析指标及其各指标要素为基础，要求各单项指标一定要真实，全面和适当，所设置的评价指标必须能涵盖企业偿债能力、营运能力、盈利能力和发展能力各方面总体分析考核的要求。

2. 主辅指标功能匹配

一方面，在确立偿债能力、营运能力、盈利能力和发展能力等各方面评价的主要指标与辅助指标的同时，进一步明晰总体结构中各指标的主辅地位；另一方面，不同范畴的主要考核指标所反映的企业经营状况、财务状况的不同侧面与不同层次的信息应当有机统一，能够全面而翔实地揭示出企业经营理财的业绩。

3. 满足多方信息需要

这要求评价指标体系必须能够提供多层次、多角度的信息资料，既能满足企业内部管理当局实施决策对充分而具体的财务信息的需要，同时又能满足外部投资者和政府有关部门决策和实施宏观调控的要求。

总之，在进行财务报表综合分析的时候，必须将企业的经营理财活动看成一个整体，全面、系统地进行全方位的分析评价。无论采用哪种综合分析方法，关键在于对指标的正确理解和运用，而不在于对指标的分解计算。

任务二 杜邦财务分析体系

一、杜邦财务报表分析法的基本原理

杜邦财务报表分析法（Dupont Analysis）又称杜邦财务报表分析体系，是利用几种主要的财务比率之间的内在联系来综合分析企业的财务状况及经营绩效的方法。具体地说，该方法的基本原理是以企业净资产收益率为起点，将其分解为总资产净利率与权益乘数的乘积，再将总资产净利率分解为销售净利

率和总资产周转率的乘积。分解各指标间的相互影响、作用关系，有助于深入揭示企业获利能力及权益乘数对净资产收益率的影响。杜邦分析法最初由美国杜邦公司使用，因此得名。

(一) 杜邦财务报表分校体系框架 (图 7-1)

企业在正确把握市场风险的前提下，应适当地利用负债，增加财务杠杆收益。

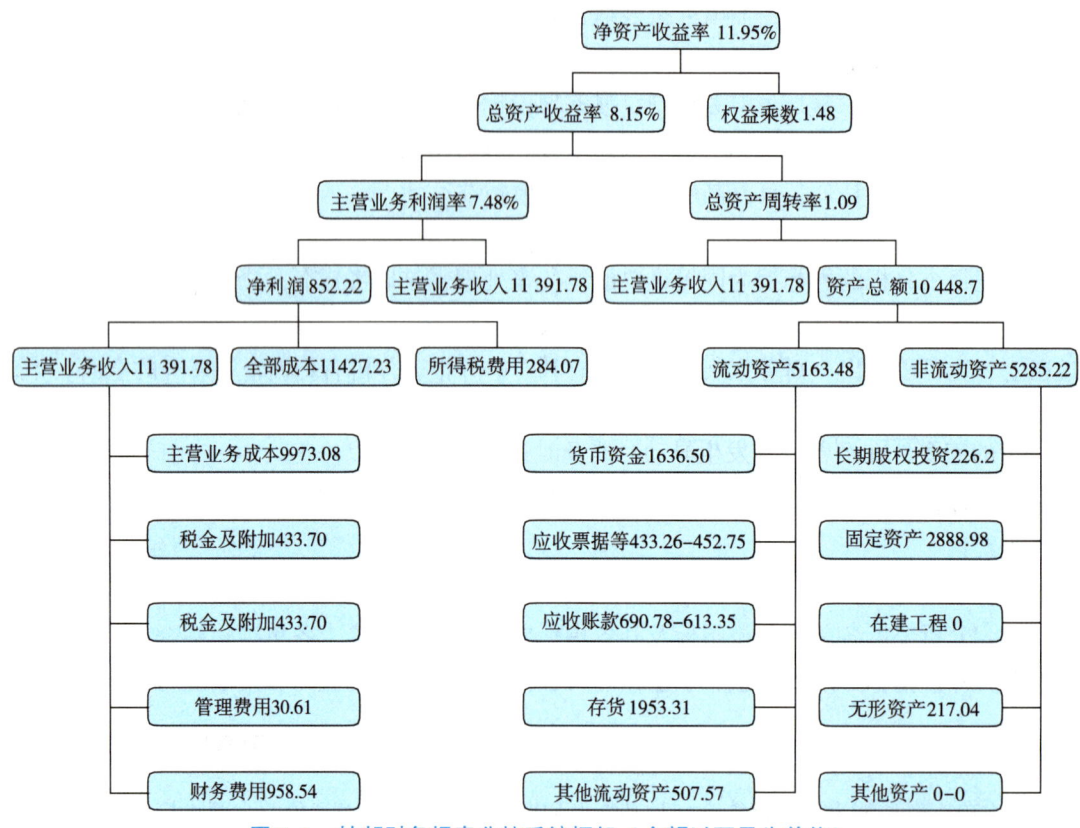

图 7-1 杜邦财务报表分校系统框架（金额以万元为单位）

(二) 杜邦财务报表分析法的分析步骤

通过杜邦财务分析法分析图和分析法，可以得出杜邦财务报表分析法的基本程序。

①因为净资产收益率是杜邦财务报表分析法的起点，所以杜邦财务报表分析法理应从分析净资产收益率开始。

②销售净利率反映的是企业净利润与销售收入的关系。

可以通过以下途径提高销售净利率：

一是扩大市场份额，提高销售收入；二是加强对成本费用的管理，合理配置资源以降低耗费，达到提高利润的目的；三是总资产周转率是反映资产经营情况的重要指标，企业应该既要提高流动资产的流转速度，又要降低非生产固定资产的比重，从而有效地提高总资产利用率；四是权益乘数又称股本乘数，是指资产总额相对于股东权益的倍数，表示企业的负债程度；五是将计算出来的指标填入杜邦分析图中，会显得一目了然，也方便追源溯本。

从上图可以看出杜邦财务分析体系各主要指标之间的关系如下。

(1) 净资产收益率=净利润/平均净资产

（2）第一次主要分解过程：

净资产收益率＝净利润/平均净资产

＝净利润/平均总资产×平均总资产/平均净资产

＝总资产净利润率×权益乘数

（3）第二次主要分解过程：

总资产净利润率＝净利润/平均净资产

＝（净利润率/营业收入）×（营业收入/平均总资产）

＝营业净利润率×总资产周转率

（4）由（1）、（2）和（3）得出如下核心公式：

净资产收益率＝营业净利润率×总资产周转率×权益乘数

这一等式也被称为杜邦等式。采用杜邦财务分析体系图将有关分析指标按其内在联系加以排列，从而直观地反映出企业的财务状况和经营成果的总体面貌。杜邦财务分析体系将企业盈利能力、资金营运能力和资本结构指标有机联系在一起，之后再进行层层分解，这样就可以全面系统地揭示出企业的财务状况及系统内部各个因素之间的相互关系。杜邦财务分析体系从评价企业绩效最具综合性和代表性的指标——净资产收益率出发，层层分解至企业最基本生产要素的使用，从而满足企业管理层通过财务分析进行绩效评价的需要，在经营目标发生异动时能及时查明原因并加以修正。

（二）杜邦财务分析体系的基本比率

从杜邦财务分析体系图及各主要指标之间的关系公式，可以深入理解以下五个基本比率：

1. 净资产收益率

净资产收益率是杜邦财务分析体系中的核心指标，是一个综合性最强、最具有代表性的财务比率。它代表了所有者投入资金的盈利能力，反映了企业筹资、投资、资产运营等活动的效率。其他各项指标都是围绕着这一核心指标，通过研究彼此之间的依存制约关系来揭示企业的盈利能力及其影响因素。这一指标的高低不仅取决于总资产净利润率，而且还取决于企业的资本结构。从杜邦财务分析体系图可知，第一次分解后，净资产收益率的影响因素有两个：总资产净利润率和权益乘数；第二次分解后，决定净资产收益率高低的因素有三个：营业净利润率、总资产周转率和权益乘数。分解后，可以把净资产收益率这样一项综合性指标发生升降变化的原因具体化，比只用一项综合性指标更能说明问题。另外，还可以采用因素分析法，分别计算分析这三个指标的变动对净资产收益率的影响方向和程度，进一步分解各个指标并分析其变动的深层次原因，找出解决办法。最后，这三个指标在各企业之间可能存在显著差异，通过对差异的比较，可以观察本企业与其他企业的经营策略和财务政策有何不同。

2. 总资产净利润率

总资产净利润率是把企业一定期间的净利润与企业的总资产相比较，从整体上反映了企业资产的利用效果，可用来说明企业运用其全部资产获取利润的能力。总资产净利润本是营业净利润率和总资产周转率的乘积，也是一个综合性较强的财务比率指标。因此，可以运用因素分析法进一步分析销售成果和资产管理情况对总资产净利润率的影响，企业的营业收入、成本费用、资产营运情况等各种影响因素。都直接影响到总资产净利润率的高低。

3. 营业净利润率

营业净利润率是企业净利润与营业收入的比值，该指标可以用来反映企业营业收入的盈利能力。营业净利润率受营业收入和利润两方面的影响，其中营业净利率与利润成同向关系，与营业收入成反向关系，企业在增加营业收入的同时，必须相应地获得更多的利润、降低成本费用。只有这样才能提高营业净利润率，从而提高企业的收益水平，因此，提高营业净利润是提高企业盈利能力的关键所在，提高营业净利润率一般要从两方面入手，一是增加营业收入，它既有利于提高营业净利润率，又可提高总资产周转率；二是要加强成本费用控制，降低营业成本和期间费用。从杜邦财务分析体系图可以确定成本费用的基本结构是否合理，从而找到降低成本费用的途径和加强成本费用控制的方法。如果企业制造成本偏高，就要从产品构成上进行分析；如果企业管理费用过高，就要进一步分析其资产周转情况或行政管理机构是否臃肿；如果企业财务费用过高，就要进一步分析其负债比率是否过高等。为了详细了解成本费用的发生情况，在具体列示成本总额时，还可根据重要性要求，将那些影响较大的费用单独列示，以便为寻求降低成本费用的途径提供依据。

4. 总资产周转率

总资产周转率是企业一定时期的营业收入与平均资产总额的比值，揭示了企业资产实现营业收入的能力，可以用来反映企业全部资产的利用效率。对该指标的分析可以从其重要的影响因素——资产入手，资产结构是否合理将直接影响资产的周转速度。一般而言，流动资产体现资产的营运效率及偿债能力，而非流动资产则反映企业的经营规模与发展潜力，两者之间必须有一个合理的结构比率。对于资产周转情况的分析，不仅要分析企业总资产周转率，还要重点分析企业的存货周转率与应收账款周转率，并将其周转情况与资金占用情况结合起来分析，进而判断影响总资产周转情况的主要方面。

5. 权益乘数

权益乘数反映了股东权益与资产总额之间的关系，一定程度上能反映企业的资本结构。它通常表示企业的负债程度，反映企业利用财务杠杆进行经营活动的程度。权益乘数与资产负债率之间的关系可表述为：权益乘数=1+（1-资产负债率）。根据杜邦财务分析体系，如果企业在一定范围内适度开展负债经营，提高权益乘数，可以充分发挥财务杠杆的积极作用，企业就会获得较多的财务杠杆利益，就可以提高净资产收益率；但权益乘数不能随意大幅提高，因为随着权益乘数的提高，负债程度也跟着提高，风险也随之加剧。因此，企业既要合理使用全部资产，又要合理安排资本结构，这样才能有效地提高净资产收益率。

从上面对五个基本比率的分析可以看出，通过杜邦财务分析体系自上而下地分解指标，可以了解企业财务状况的全貌及经营成果的增减情况，揭示出企业各项财务指标间的依存关系，查明各项主要指标变动的影响因素；通过杜邦财务分析体系提供的财务信息，企业能够较好地解释指标变动的详细原因和趋势，这为进一步采取措施指明了方向，而且还为企业管理层优化经营结构和资本结构、提高企业经营效率提供了基本思路——提高净资产收益率的根本途径在于增加收入、改善经营结构、控制成本费用、合理配置资源、加速资金周转、优化资本结构、树立风险意识等。

总之，从杜邦财务分析体系中可以看出企业的盈利能力涉及企业经营的各个方面。净资产收益率与企业的营业收入、成本水平、资产营运管理和资本结构等因素紧密相连。这些因素构成一个完整的系统，系统内部各个因素之间相互作用。只有协调好系统内部各个因素之间的关系，才能使净资产收益率得到提高，从而实现企业价值最大化的目标。因此，杜邦财务分析体系可使财务报表综合分析的层次更清晰、条理更突出，为报表分析者全面、仔细地了解企业的经营和盈利状况提供方便。杜邦财务分析体系有助于企业管理层更加清晰地看到净资产收益率的决定因素及营业净利润率与总资产周转率、债务比率之间的相互关联关系，给管理层提供了一张明晰地考察企业资产管理效率和股东投资回报是否最大化的路线图。

三、杜邦财务分析体系的运用

由于杜邦财务分析体系是一种对财务比率进行分解的方法，所以不同企业都可以根据需要利用财务报表等有关数据资料，利用杜邦财务分析体系对企业财务状况进行综合分析评价。

例 7-1 现以某汽车股份有限公司为例，说明杜邦财务综合分析法的运用，某汽车股份有限公司

2020年度资产负债表、2020年度利润表如表7-1和表7-2所示。

表7-1 资产负债表

编制单位：某汽车股份有限公司　　　　　2020年12月31日　　　　　　　　　　　金额单位：万元

资产	年初余额	期末余额	负债和所有者（股东）权益	年初余额	期末余额
流动资产：			流动负债：		
货币资金	997.29	1636.50	短期借款	581.47	915.71
交易性金融资产	174.00	217.50	交易性金融负债		
应收票据	433.26	452.75	应付票据	139.91	217.50
应收账款	690.78	613.35	应付账款	161.16	379.94
预付账款	292.32	287.10	预收账款	382.85	488.27
应收利息			应付职工薪酬	51.38	74.46
应收股利			应交税费	42.71	55.42
其他应收款	4.35	3.04	应付利息		
减：坏账准备	0.11	0.08	应付股利		
其他应收款净额	4.24	2.97	其他应付款	65.27	56.25
存货	1139.70	2280.64	一年内到期的非流动负债	104.40	78.36
其中：原材料	456.75	1630.46	其他流动负债		
产成品（库存商品）	609.00	572.49	流动负债合计	1529.15	2265.92
减：存货跌价准备	73.95	327.32	非流动负债：		
存货净额	1065.75	1953.31	长期借款	1041.89	963.53
一年内到期的非流动资产			应付债券		
其他流动资产			长期应付款		
流动资产合计	3657.63	5163.48	专项应付款		
非流动资产：			预计负债		
其他债权投资			递延所得税负债		
债权投资			其他非流动负债		
长期应收款			非流动负债合计	1041.89	963.53
长期股权投资	217.50	226.20	负债合计	2571.04	3229.44
投资性房地产			所有者（股东）权益：		
固定资产：			实收资本（股本）	4350.00	4350.00
固定资产原值	3481.74	3741.00	其中：国家资本		
减：累计折旧	260.99	303.20	集体资本		
固定资产净值	3220.75	3437.81	法人资本	4500.00	4350.00
减：固定资产减值准备	522.26	548.82	其中：国有法人资本		
固定资产净值	2698.49	2888.99	集体法人资本		
资产	年初余额	期末余额	负债和所有者（股东）权益	年初余额	期末余额
在建工程			个人资本	4350.00	4350.00
工程物资			外商资本		
固定资产清理			减：已归还投资		
生产性生物资产			实收资本（股本）净额	4350.00	4350.00
油气资产			资本公积	794.53	1345.02

续表

资产	年初余额	期末余额	负债和所有者（股东）权益	年初余额	期末余额
无形资产	2257.04	2170.04	减：库存股		
其中：土地使用权	2257.04	2170.04	盈余公积	1065.01	1387.88
开发支出			其中：法定公益金		
商誉			未分配利润	50.09	136.36
长期待摊费用			外币报表折算差额	6259.62	
递延所得税资产			归属于母公司股东权益小计		7219.26
其他非流动资产			少数股东权益	6259.62	
非流动资产合计	5173.03	5285.22	所有者（股东）权益合计	8830.66	7219.26
资产总计	8830.66	10 448.70	负债和所有者（股东）权益合计		10 448.70

表 7-2 利润表

编制单位：南方汽车股份有限公司　　　　　　　　　2020 年 12 月　　　　　　　　　金额单位：万元

项目	行次	本月数	本年累计数
一、主营业务收入	1	972.92	11 391.780
减：主营业务成本	4	890.88	9973.01
税金及附加	5	36.14	433.70
二、主营业务利润（亏损以"-"号填列）	10	45.90	984.99
加：其他业务利润（亏损以"-"号填列）	11	80.15	961.77
减：销售费用	14	2.33	31.30
管理费用	15	2.55	30.60
财务费用	16	80.49	958.54
三、营业利润（亏损以"-"号填列）	18	40.67	926.33
加：投资收益（亏损以"-"号填列）	19		18.32
补贴收入	22		
营业外收入	23	34.80	435.00
减：营业外支出	25	21.75	243.35
四、利润总额（亏损总额以"-"号填列）	27	53.72	1136.30
减：所得税费用	28	13.43	284.07
五、净利润	29	40.29	852.22

1. 将计算出来的指标填入杜邦分析图中

该汽车股份有限公司的杜邦财务分析图见图 7-1 所示。

2. 对该汽车股份有限公司各项财务比率进行逐项分析

（1）对净资产收益率进行分析。

该汽车股份有限公司的净资产收益率从 2019 年的 6.67% 提升到 2020 年的 11.95%。企业的所有者用这个指标来考察经营者的业绩和决定股利分配政策。当然，这个指标对企业的管理者也是非常重要的，管理者可以依据这个指标对一些重要决策做出决定。净资产收益率的计算公式为：

$$净资产收益率 = 销售净利率 \times 总资产周转率 \times 权益乘数$$

2019 年净资产收益率：6.67% = 4.77% × 0.99% × 1.41%；

2020 年净资产收益率：11.95% = 7.48% × 1.09% × 1.45%。

通过分解可以很明显地看到，该汽车公司净资产收益率的变动是资本结构（权益乘数）与总资产周转率和销售净利率三方面共同作用的结果。资本结构（权益乘数）的变动不大，于是，可以得出这样的结论：该汽车股份有限公司2020年净资产收益率的提高主要依赖于总资产周转率和销售净利率的提高。

（2）对总资产净利率的分析

$$总资产净利率 = 销售净利率 \times 总资产周转率$$

2019年总资产净利率：4.73% = 4.77%×0.99%；

2020年资产净利率：8.15% = 7.48%×1.09%。

通过对总资产净利率的分解可以看到，该汽车股份有限公司在2019年到2020年，销售净利率显著提高，总资产周转率略有上升，说明资产的利用得到了比较好的控制，同时在销售上得到了显著的改善。销售净利率的提高与总资产周转率的提高共同促进了总资产净利率的增加。

（3）对销售净利率的分析

$$销售净利率 = 净利润/销售收入$$

2019年销售净利率：4.77% = 417.42/8 743.5；

2020年销售净利率：7.48% = 852.22/11 391.78。

该汽车股份有限公司2020年的销售收入比2019年提高了30.29%，净利润提高了104.16%，这个幅度是相当大的。成本增长的幅度要远小于收入增长的幅度，因此促成了销售净利率的大幅度提高。

（4）对全部成本的分析

$$全部成本 = 主营业务成本 + 税金及附加 + 销售费用 + 管理费用 + 财务费用$$

2019年全部成本：9459.93 = 7638.20+415.43+27.06+30.26+906.62；

2020年全部成本：11 421.20 = 9973.08+433.70+31.30+30.61+958.54。

从对销售净利率的分解可以看到，该汽车股份有限公司的销售净利率虽然在2020年有显著提高，但全部成本增长过大，而在全部成本增长额中，主营业务成本增长额所占比例最大，说明该汽车公司应当改进技术以降低分摊到每种产品上的成本。

（5）对权益乘数的分析

$$权益乘数 = 1/（1-资产负债率）$$

2019年权益乘数：1.41 = 1/（1-29.11%）；

2020年权益乘数：1.45 = 1/（1-30.9%）。

从对权益乘数的分析中可以看出，2019年至2020年间该汽车股份有限公司的资本结构发生了变化，2020年的权益乘数较2019年略有提高。权益乘数越大，说明企业的负债越多，偿债能力越差，财务风险程度越高。这个指标同时反映了财务杠杆对利润水平的影响。该汽车股份有限公司的权益乘数在近三年一直处于1.5左右，即负债率为28%~30%，属于经营保守型企业。在这种情况下，企业的管理者应该准确把握企业所处的环境，正确利用负债给企业带来的利润，但是也应该注意负债给企业带来的经营风险。

（6）分析结论

对于该企业，最重要的是要努力降低各项成本，尤其是降低主营业务成本，企业应该改进技术以降低生产成本，同时降低销售费用及管理费用，当然也要保持较高的总资产周转率，这样就可以大大提高销售净利率，从而提高总资产净利率。

四、传统的杜邦财务报表分析体系的局限性及其改进

（一）传统杜邦财务报表分析体系的局限性

①没有区分经营活动损益和金融活动损益。

②没有区分有息负债与无息负债。

(二) 改进的杜邦财务报表分析体系

(1) 改进的杜邦财务报表分析体系的主要概念

①资产负债表的有关概念。

基本等式：净经营资产＝净金融负债＋股东权益

其中：净经营资产＝经营资产－经营负债

　　　净金融负债＝金融负债－金融资产

改进的杜邦财务分析体系与传统杜邦财务分析体系相比，主要有以下区别：一是区分经营资产和金融资产；二是区分经营负债和金融负债。

②利润表的有关概念。

基本等式：净利润＝经营利润－净利息费用

其中：　　　　经营利润＝税前经营利润×(1－所得税税率)

　　　　　　净利息费用＝利息费用×(1－所得税税率)

改进的杜邦财务报表分析体系对收益分类的主要作用：一是区分经营活动损益和金融活动损益；二是经营活动损益内部，可以进一步区分主要经营利润、其他营业利润和营业外支出。三是法定利润表的所得税是统一扣除的，为了便于分析，需要将其分摊给经营利润和利息费用。

(2) 改进的杜邦财务报表分析体系的核心公式

净资产收益率＝（经营利润/股东权益）－（净利息/股东权益）

　　　　　　＝[（经营利润/净经营资产）×（净经营资产/股东权益）]－[（净利息/净负债）×（净负债/股东权益）]

　　　　　　＝（经营利润/净经营资产）×[1＋（净负债/股东权益）]－（净利息/净负债）×（净负债/股东权益）

　　　　　　＝净经营资产利润率×(1＋净财务杠杆) －净利息率×净财务杠杆

　　　　　　＝净经营资产利润率＋(净经营资产利润率×净财务杠杆－净利息率×净财务杠杆)

　　　　　　＝净经营资产利润率＋(净经营资产利润率－净利息率)×净财务杠杆

任务三　沃尔综合评分分析法

一、沃尔综合评分分析法的原理

财务比率反映了企业财务报表各项目之间的对应关系，以此来揭示企业财务状况。但是，一项财务比率只能反映企业某一方面的财务状况，为了进行综合财务分析，可以编制财务比率汇总表，将反映企业财务状况的各类财务比率集中在一张表中，这样能够清晰明了地反映出企业各方面的财务状况。并且，在编制财务比率汇总表时，可以结合比较分析法，将企业财务状况的综合分析与比较分析相结合。

1. 传统横向比较分析法的起点

横向比较是将本企业的财务比率与同行业平均财务比率或者同行业先进的财务比率进行比较，这样可以了解企业在同行业中所处的水平，以便综合评价企业的财务状况。这种分析法尽管在企业综合财务报表分析中也经常被使用，但是它存在以下两个缺点：

①这种分析法需要找到同行业的平均财务比率或者同行业先进的财务比率等资料作为参考标准，但在实际工作中，这些资料很难找到。

②这种分析法只能定性地描述企业的财务状况,如此同行业的平均水平略好、与同行业平均水平相当或者略差,而不能用定量的方式评价企业的财务状况究竟处于何种程度。

2. 沃尔综合评分分析法的产生

沃尔综合评分分析法的先驱者之一亚历山大·沃尔(Alexander Wole)在其1928年出版的《信用晴雨表研究》和《财务报表比率研究》中选择了七个财务比率,分别为流动比率、产权比率、固定资产比率、存货周转率、应收账款周转率、固定资产周转率和自有资金周转率,并分别给定各指标在总评价中的比重,总分为100分;然后确定这七个财务比率的标准比率(以行业平均数为基础),并将其与实际比率进行比较,得出相对比率,将此相对比率与各财务比率比重相乘,得出总评分,以此对企业的信用水平做出评价。沃尔综合评分分析法能克服传统横向比较分析法的两个缺点,因而后来被普遍采用。

二、沃尔综合评分分析法的发展及完善

沃尔综合评分分析法在产生之初,在理论和实际应用上,都有其缺点:一是未能证明为什么要选择这七个指标,而不是选择更多或更少的指标,或者选择其他财务比率。这七个指标是否有代表性,每个指标所占比重是否理性,至今没有从理论上得到解决。二是在给每个指标评分时,没有规定上限和下限,这会导致个别指标异常时对总分造成的不合理影响。为了克服沃尔比重评分法的弱点,人们在实际使用过程中,逐渐对其进行了发展和完善。

现代沃尔评分法即综合评分分析法,一般包括以下七个方面的内容。
①选定评价企业财务状况的财务比率;
②确定各项财务比率的标准评分值;
③确定各项财务比率评分值的上下限;
④确定各项财务比率的标准;
⑤计算实际值;
⑥确定关系比率;
⑦计算各项财务比率的实际得分。

任务四 可持续发展财务分析体系

杜邦财务分析体系自产生以来在实践中得到广泛应用与好评。但随着经济与环境的发展及人们对企业目标认识的进一步升华,许多人意识到杜邦财务分析体系中没有涉及企业的发展能力,没有摆脱追求短期利润的局限。针对杜邦财务分析体系存在的这一缺陷,美国哈佛大学教授克雷沙·帕利普等在其著作中,提出了以可持续增长比率为核心指标的综合财务分析指标体系。

一、可持续发展财务分析体系的概念

(一)可持续发展财务分析体系的含义

从财务的角度来看,一味追求快速增长并不一定是件好事。因为快速增长会使一个企业的资源变得相当紧张,除非经营者采取积极的措施加以控制,否则快速增长可能导致企业破产。如有很多原本已获得成功的知名企业因一味追求做大、做强,甚至不惜一切代价,拼资源、拼消耗非要快速增长达到最大化不可,结果导致这些企业很快陷入破产。因此,企业的整体目标是在保持良好的财务状况的前提下,为股东创造价值。

可持续发展财务分析体系又称为帕利普财务分析法，就是以杜邦财务分析体系为基础、以可持续增长比率为核心指标、以盈利能力为企业的核心能力、以良好的股利政策为依托，根据盈利能力比率、资产管理比率和债务管理比率三者之间的内在联系，对企业的财务状况和经营成果及利润分配进行综合、系统的分析评价的一种方法。

（二）可持续发展财务分析体系的基本原理

从长远来看，企业的价值取决于企业的盈利能力和发展能力。这两项能力又取决于其产品市场战略和资本市场战略，而产品市场战略包括企业的经营战略和投资战略，资本市场战略包括融资战略和股利政策。财务分析的目的就是评价企业在经营管理、投资管理、融资战略和股利政策四个领域的管理效果。可持续增长比率就是企业保持盈利能力和财务政策不变的情况下能够达到的增长比率，它取决于净资产收益率和股利政策。因此，与杜邦财务分析体系一样，可持续发展财务分析体系也采用指标分解的方法，将核心指标可持续增长比率逐步推移分解为销售净利率、总资产周转率、权益乘数和留存收益比率四者的乘积，形成一组指标体系，综合反映企业盈利能力、营运能力、偿债能力、资本结构和股利政策的共同作用对企业可持续发展的影响，评估企业的发展战略是否可持续。核心指标可持续增长比率的计算公式为：

$$可持续增长比率=净资产收益率×（1-股利支付比率）$$
$$=销售净利率×总资产周转率×权益乘数×留存收益比率$$

需要说明的是，上述公式中的股利必须是现金股利（或现金利润），而不包括股票股利，更不能是资本公积或盈余公积转增股本（或实收资本）。因为股票股利不影响股东权益，而资本公积和盈余公积转增股本既不是利润分配，更不会影响股东权益。企业分配现金股利，既体现企业对股东投资的回报，同时也会减少企业的股东权益。当年实现的税后净利润减去支付的现金股利后，即为企业通过当年经营理财活动，从税后利润中扣除对股东的分配后，最终增加的留存收益额，也是企业在不考虑股本（实收资本）和资本公积变动情况下的当年股东权益增减。因此，可持续增长比率既考虑了利润分配对股东投资的回报，又突出了企业通过经营活动所达到的资本积累和增长，以满足企业进一步发展的需要，充分体现了可持续发展的理念。

二、可持续发展财务分析体系的内容

（一）可持续发展财务分析体系框架

由于可持续发展财务分析体系是通过对核心指标进行分解，建立的一组具有代表性的、相互联系、相互依存的指标体系。因此，可以根据其核心指标可持续增长比率与各项分解指标之间的内在联系，及其所涉及的各项会计要素，按照一定的规律进行有序排列，建立可持续发展财务分析体系图，简称可持续发展图，以便利用可持续发展图更直观、更明晰地理解并运用可持续发展财务分析体系，并进行财务报表综合分析。

（二）可持续发展财务分析体系整体思路

1. 分析利润动因——分解净资产收益率

企业的净资产收益率受两个因素影响：企业利用资产的有效性、与股东的投资相比企业的资产基础有多大。净资产收益率的计算公式为：

$$净资产收益率=总资产净利润率×财务杠杆作用$$

为了更直观地了解利润动因,将净资产收益率进一步分解为:

净资产收益率=销售净利率×总资产周转率×财务杠杆作用

分解后的公式表明,影响企业净资产收益率的动因是销售净利率、总资产周转率和财务杠杆作用。

2. 评估经营管理——分解销售净利率

销售净利率表明企业经营活动的盈利能力。因此,对销售净利率进行分解能够评估企业的经营管理效率。常用的分析工具是共同尺度利润表,即该表中的所有项目都用各项目与营业收入的比率表示。共同尺度利润表可用于企业一段时间内利润表各项目的纵向比较,也可用于同行业企业间的横向比较。通过分析共同尺度利润表可以了解企业的毛利率与其竞争战略的关系及变动的主要原因,费用率与其竞争战略关系及变动的原因,企业经营管理的效率等。

3. 评估投资管理——分解总资产周转率

对总资产周转率的详细分析可以评估企业投资管理的效率。资产管理分为流动资产管理和非流动资产管理。其中流动资产管理分析的重点在于应收账款、存货和应付账款。评估资产管理效率的主要财务指标有:总资产周转率、存货周转率、应收账款周转率、应付账款周转率、固定资产周转率、营运资金周转率。通过分析这些财务指标,可以评估企业的投资管理效果。

4. 评估财务管理检验财务杠杆的作用

财务杠杆使企业拥有大于其净资产的资产基础,即企业通过借款和一些不计息债务等来增加资本。只要债务的成本低于资产收益率,财务杠杆就可以提高企业的净资产收益率,但同时财务杠杆也加大了企业的风险。评估企业财务杠杆风险程度的财务指标有,流动比率、速动比率、现金比率和营业现金流动比率等流动性比率,以及资产负债率、有形净值债务率和利息保障倍数等长期偿债比率。

三、可持续发展财务分析体系的作用

可持续发展财务分析体系在杜邦财务分析体系以净资产收益率为目标的基础上。向前发展一步,提出以企业可持续增长比率为目标,强调企业可持续的发展能力,弥补了杜邦财务分析体系忽视企业发展能力的缺陷,体现了追求企业价值长期最大化的观念。可持续发展财务分析体系通过对核心指标可持续增长比率的逐步分解以及由此形成的指标体系表明,可持续增长比率与净资产收益率、企业的股利政策、企业的再融资政策密切相关;同时与企业的销售规模、销售盈利能力、成本水平、营运能力、资产运用效率,以及资本结构也有着密切的关系。它们构成一个相互依存、相互影响的系统。只有把这个系统内的各个方面、各个因素的关系安排好、协调好、处理好,才能使企业拥有可持续发展的能力,使净资产收益率获得持续的增长,不断地为股东创造财富,积累财富,以实现企业价值最大化的目标。

因此,企业经营者不仅要追求净资产收益率,而且更应重视利润分配与股利政策对保持企业可持续发展能力的重要影响,正确处理好对股东投资的回报与企业资本逐步积累的关系,因为当进行不恰当的高比例分配或超额分配时,即使净资产收益率较高,可持续增长比率也可能很低甚至出现负数。这种情况表明企业的可持续发展能力极差。这是一个危险信号,若企业不能及时扭转,将很快陷入困境。

四、可持续发展财务分析体系的运用

由于可持续发展财务分析体系也是一种对财务比率进行分解的方法,所以不同企业都可以根据需要利用财务报表等有关数据资料,对企业财务状况进行可持续发展财务分析。

例7-2 某公司2019年、2020年利润表百分比见表7-3所示,采用可持续发展财务分析体系对该公司2020年的财务状况进行综合评价。有关财务报表分析指标计算结果见表7-4所示。

表 7-3 利润表百分比

项目名称	2019年（%）	2020年（%）
一、营业收入	100.00	100.00
减：营业成本	86.74	84.95
税金及附加	0.05	0.15
销售费用	3.16	5.40
管理费用	4.41	4.13
财务费用	0.17	0.17
二、营业利润	5.64	5.20
加：营业外收入	0.21	0.06
减：营业外支出	1.20	0.91
三、利润总额	4.65	4.35
减：所得税	0.93	0.97
四、净利润	3.72	3.38

表 7-4 有关财务报表分析指标

项目名称	2019年	2020年
总资产周转率	1.56	1.58
财务杠杆作用（权益乘数）	1.45	1.37
营运资金周转率	7.26	4.45
应收账款周转率	3.12	4.51
存货周转率	6.47	6.51
应付账款周转率	12.42	16.84
固定资产周转率	7.03	7.30
流动比率	1.84	2.89
速动比率	0.99	2.46
现金比率	0.31	0.61
资产负债率	0.31	0.27
股利支付率	60.00%	10.87%
利息保障倍数	23.69	22.28

1. 分析利润动因——分解净资产收益率

为了对净资产收益率高低的动因有更好地理解，将净资产收益率进一步分解为销售净利率和总资产周转率，进而可得出净资产收益率的主要动因。见表7-5所示。

表 7-5 净资产收益率的主要动因

项目	序号	计算过程	2019年（%）	2020年（%）
销售净利率	①		3.72	3.38
总资产周转率	②		1.53	1.58
总资产净利率	③	①×②	5.80	5.34
财务杠杆作用（权益乘数）	④		1.45	1.37
净资产收益率	⑤	③×④	8.41	7.32

从表 7-5 的计算结果可以看出，该公司 2020 年的净资产收益率下降的原因是销售净利率和财务杠杆作用下降，虽然总资产周转率有一定程度的上升，但净资产收益率还是下降了 1.09%。为了对销售净利率高低的产生有一个更好的理解，可将销售净利率进行分解以评估企业的经营管理效率。

2. 评估经营管理——分解销售净利率

从该公司利润表可以看出，该公司的销售费用大幅提高，有可能是因为广告费、运输费、展览费等较高，需要进一步查明原因。

3. 评估投资管理——分解总资产周转率

为了进一步了解该公司资产管理效率的高低，可分析该公司的资产管理比率。该公司的营运资金周转率在 2020 年大幅度下降，应收账款周转率在 2020 年虽然有大幅度提高，但依然管理效率较低；该公司的应付账款周转率大幅度提高，说明该公司没有充分利用应付账款这一低廉的筹资工具。

4. 评估财务管理——检验财务杠杆作用

财务管理水平主要体现在财务杠杆带来的效益和风险上。当债务成本低于债务资金产生的收益时，财务杠杆就可以提高企业的净资产收益率，但同时也提高了企业的风险。该公司财务杠杆作用较上年有所下降，虽然财务风险有所降低但也降低了净资产收益率，从而造成财务管理效率较低。

5. 评价可持续增长比率

在了解了企业净资产收益率的主要动因后，可采用可持续增长比率来评价企业的发展前景有关指标，相关计算见表 7-6 所示。

表 7-6 可持续增长比率财务指标计算表

项目	2019 年	2020 年
净资产收益率	8.41%	7.32%
股利支付率	60.00%	10.87%
可持续增长比率	3.36%	6.52%

从表 7-6 的计算结果可知，该公司 2020 年的可持续增长比率比 2019 年有大幅度的提高，其提高的主要原因为股利支付率大大降低。这表明虽然可持续增长比率上升，但并不是由实质性的盈利能力提高引起的，只是由股利分配政策改变引起的。

本项目小结

财务报表综合分析是单项分析的深化，本项目分别介绍了杜邦财务分析体系、可持续发展财务分析体系、沃尔评分法，以及我国绩效评价体系的内涵及应用。通过案例分析，将理论与实践有效地结合到一起，是对本书内容的融会贯通。在具体操作时，应注意结合行业特点做出分析评价。

财务报表分析的黄金法则

财务报表分析是一门技术，也是一门艺术。因此，熟练地运用技术手段并恰当地使用艺术手法将会使你如鱼得水，百战百胜。财务报表分析的技术与艺术的融合就是你必须把握的黄金法则。

1. 比较：重动态、轻静态。"以纵向比较看趋势，横向比较看异常"，纵向是与企业自身的历史比较，进行趋势分析，预测企业未来；而横向则是企业与其他多个企业比较，彰显差异，发现异常问题或者改进空间。

2. 听故事：重逻辑、轻技术。一个财务数字暂时漂亮的企业并不说明这就是一个优秀和有前途的企业。一个老道、优秀的财务报表分析者，关注的重点首先在于对企业整体投资情况进行判断；其次关注资产组合质量、收入和利润的成长性，以及现金流量的均衡性，其间包括一些重要逻辑判断。判断一个企业的优劣主要看其是否具有独特的商业模式、是否具有核心技术优势、产品和技术是否具有不可复制性等三个方面。

3. 整合分析：重立体、轻点线。四张会计报表之间的数字纵横交错，所有的数字都不是独立的，而是作为一个整体共同描述着报表背后丰富多彩的、生动的商业活动。一项重要的商业活动必然同时对多个数据产生影响。因此，关注主要交易活动之间的此消彼长，游刃有余地穿梭于数字之间是探析企业本质的最佳姿态。

4. 抓重点：重动机、辨方向。利润操纵有两种情况：一是上下尽量膨胀的巨无霸汉堡，即收入高估、费用低估，结果是利润高估；二是上下压缩的扁平汉堡，即收入低估、费用高估，结果是利润低估。

企业呈递给银行的报表，一般可能夸大其业绩和利润的持续性；企业呈递给证监会的报表，一般可能夸大其业绩和成长性；企业呈递给税务局的报表，一般可能低估其业绩和隐藏其收入。如果还发现经营者的薪酬契约与业绩之间建立了密切联系，那么还要密切关注建立联系的那个业绩变量是什么。

因此，在分析财务报表前首先要判断会计报表的编制动机，可以为后面的工作指明方向。

5. 打七寸：重现金、轻利润。"现金为王"的道理表明现金链断裂将带来企业破产或控制权旁落的危险。现金流不易被粉饰。因此，评价企业经营活动、投资活动与筹资活动的均衡性，以及现金流弹性是一项重要的财务分析内容。

一、单项选择题

1. 产权比率与权益乘数的关系是（　　）。
   A. 产权比率×权益乘数=1　　　　　　B. 权益乘数=1／（1−产权比率）
   C. 权益乘数=1／（1+产权比率）/产权比率　D. 权益乘数=1+产权比率

2. 在杜邦财务报表分析体系中，作为起点的指标是（　　）。
   A. 总资产周转率　　　　　　　　　　B. 净资产收益率
   C. 销售净利率　　　　　　　　　　　D. 总资产报酬率

3. 下列关于净资产收益率的计算公式中，不正确的是（　　）。
   A. 税后经营利润率×净经营资产周转次数+经营差异率×净财务杠杆
   B. 净经营资产利润率+杠杆贡献率×净财务杠杆
   C. 净经营资产利润率+杠杆贡献率
   D. 净经营资产利润率+(净经营资产利润率−税后利息率)×净财务杠杆

4. 某企业下一年的净资产收益率目标为16%，资产负债率调整为45%，则其总资产净利率应达到（　　）。
   A. 8.8%　　　　B. 16%　　　　C. 37.8%　　　　D. 7.2%

5. 决定权益乘数大小的主要指标是（　　）。
   A. 资产负债率　　B. 资产利润率　　C. 销售利润率　　D. 资产周转率

6. 在沃尔综合评分分析法中不包括的指标是（　　）。
   A. 评分值/实际值   B. 标准值/实际值
   C. 标准值/评分值   D. 实际值/标准值

7. 某企业2019年销售净利率、总资产周转率和权益乘数分别为0.12、1.2、2，2013年的销售净利率为15%，则销售净利率的变动，对企业净资产收益率的影响数是（　　）。
   A. 10.2%   B. 0.8%   C. 7.2%   D. 5.5%

8. 下列财务指标，不属于衡量企业获取现金能力的财务比例指标是（　　）。
   A. 营业现金比率   B. 每股营业现金净流量
   C. 全部资产现金回收率   D. 现金营运指数

9. 某企业库存现金2万元，银行存款68万元，交易性金融资产80万，预付账款15万，应收账款50万元，存货100万，流动负债750万元，据此，计算出该企业的速动比率为（　　）。
   A. 0.2   B. 0.09   C. 0.01   D. 0.27

10. 从ABC公司2020年年末的资产负债表、利润表及相关的报表附注中可知，该公司当年利润总额为3万元，财务费用中利息为2000万元，2020年资本化利息支出300万元，可计算得出该公司已获利息倍数为（　　）。
    A. 16   B. 16.15   C. 14.04   D. 13.91

11. 企业增加速动资产，一般会（　　）。
    A. 降低企业的经营风险   B. 提高企业的机会成本
    C. 增加企业的财务风险   D. 提高流动资产的收益率

12. 某公司2020年的税后净营业利润为2000万元，资产总额为20 000万元，税后债务资本为6%，股权资本成本为10%，产权比率为1，假设没有需要调整的项目，则该公司的经济增加值为（　　）万元。
    A. 300   B. 400   C. 500   D. -100

13. 下列各项中，不会稀释公司每股收益的是（　　）。
    A. 发行认股权证   B. 发行短期融资券
    C. 发行可转换公司债券   D. 授予管理层股份期权

14. 较高的现金比率一方面会使企业资产的流动性较强，另一方面也会使企业的资产的流动性较强，另一方面也会带来（　　）。
    A. 存货购进的减少   B. 销售机会的丧失
    C. 利息的增加   D. 机会成本的增加

15. 若流动比率大于1，则下列结论一定成立的是（　　）。
    A. 速动比率大于1   B. 营运资金大于0
    C. 资产负债率大于1   D. 短期偿债能力绝对有保障

16. 在计算速动比率时，要把存货从流动资产中剔除的原因，不包括（　　）。
    A. 可能存在部分存货已经损坏但尚未处理的情况
    B. 部分存货已抵押给债权人
    C. 可能存在成本与合理市价相差悬殊的存货估计的问题
    D. 存货属于非流动资产

17. 如果企业速度比率很小，下列结论成立的是（　　）。
    A. 企业流动资产占用过多   B. 企业短期偿债能力很强
    C. 企业短期偿债风险很大   D. 企业资产流动性很强

18. 影响速动比率可信性的最主要因素是（　　）。
    A. 存货的变现能力　　　　　　　　　　B. 短期证券的变现能力
    C. 产品的变现能力　　　　　　　　　　D. 应收账款的变现能力
19. 下列各项中，不会影响流动比率的业务是（　　）。
    A. 用现金购买短期债券　　　　　　　　B. 用现金购买固定资产
    C. 用存货进行对外长期投资　　　　　　D. 从银行取得长期借款
20. 如果流动负债小于流动资产，则期末以现金偿付一笔短期借款所导致的结果是（　　）。
    A. 营运资金减少　　　　　　　　　　　B. 营运资金增加
    C. 流动比率降低　　　　　　　　　　　D. 流动比率提高
21. 下列指标中，其数值大小与偿债能力大小方向变动的是（　　）。
    A. 产权比率　　B. 资产负债率　　C. 利息保障倍数　　D. 权益乘数
22. 2020年末甲公司每股账面价值为30元，负债总额6000万元，每股收益为4元，每股发放现金股利1元，留存收益增加1200万元，假设甲公司一直无法对外发行的优先股，则甲公司2020年末的权益乘数是（　　）。
    A. 1.15　　　　B. 1.5　　　　C. 1.65　　　　D. 1.85
23. 下列关于权益乘数的表达式中，不正确的是（　　）。
    A. 权益乘数=股东权益/资产总额　　　　B. 权益乘数=1/（1-资产负债率）
    C. 权益乘数=资产总额/股东权益　　　　D. 权益乘数=1+产权比率
24. 在其他条件不变的情况下，影响总资产周转率指标是（　　）。
    A. 用现金投资购买其他企业债券　　　　B. 投资购买子公司股票
    C. 用银行存款购入一台设备　　　　　　D. 用银行存款支付应付股利。
25. 利息保障倍数不仅反映了企业获利能力，而且反映了企业（　　）。
    A. 总偿债能力　　　　　　　　　　　　B. 短期偿债能力
    C. 长期偿债能力　　　　　　　　　　　D. 经营能力
26. 下列各项中会使企业实际偿债能力大于财务报表所反映的能力的是（　　）。
    A. 存在将很快变现的存货　　　　　　　B. 存在未决诉讼案件
    C. 为别的企业提供信用担保　　　　　　D. 存在未使用的银行贷款限额
27. 假定其他条件不变，下列各项经济业务中，会导致公司总资产净利率上升的是（　　）。
    A. 收回应收账款　　　　　　　　　　　B. 用资本公积转增资本
    C. 用银行存款购入生产设备　　　　　　D. 用银行存款归还银行借款
28. 下列关于资本保值增值率计算正确的是（　　）。
    A. 本年所有者权益增长额/年初所有者权益×100%
    B. 扣除客观因素影响后的期末所有者权益/期初所有者权益×100%
    C. （本年实收资本增加额+本年资本公积的增长额）/（年初实收资本+年初资本公积）×100%
    D. （年末实收资本+年末资本公积）/（年初实收资本+年初资本公积）×100%
29. 反映企业最大的分派股利能力，超过此限度，可能就要借款分红的指标是（　　）。
    A. 股利发放率　　　　　　　　　　　　B. 每股股利
    C. 每股营运现金净流量　　　　　　　　D. 每股收益
30. 某公司2020年的净利润为2000万元，非现金净收益为400万元，非付现费用为1500万元，经营现金净流量为3500万元，则现金营运指数为（　　）。
    A. 1.13　　　　B. 0.89　　　　C. 2.1 875　　　　D. 1.114

31. 下列有关每股收益说法正确的是（   ）。
    A. 市盈率 B. 每股净收益
    C. 营业净利率 D. 每股净资产

32. 下列有关每股收益说法正确的是（   ）。
    A. 每股收益是衡量上市公司盈利能力的财务指标
    B. 每股收益多，反映股票所含有的风险大
    C. 每股收益多的公司市盈率就高
    D. 每股收益多，则意味着每股股利高

33. 我国上市公司"管理层讨论与分析"信息披露遵循的原则是（   ）。
    A. 自愿原则 B. 强制原则
    C. 不定期披露原则 D. 强制与自愿相结合原则

34. 在上市公司杜邦财务分析体系中，最具有综合性的财务指标是（   ）。
    A. 营业净利率 B. 净资产收益率
    C. 总资产净利率 D. 总资产周转率

35. 某企业2019年和2020年的营业净利率分别为7%和8%，资产周转率分别是2和1.5，两年的资产负债率相同，与2019年相比，2020年的净资产收益率变动趋势为（   ）。
    A. 上升 B. 下降 C. 不变 D. 无法确定

36. 一般认为在现代综合评分体系中，企业财务评价的内容最关注的首先是（   ）。
    A. 偿债能力 B. 营运能力
    C. 盈利能力 D. 成长能力

37. 下列综合绩效评价指标体系中，属于财务绩效定量评价指标的是（   ）。
    A. 盈利能力评价指标 B. 战略管理评价指标
    C. 经营决策评价指标 D. 风险控制评价指标

38. 某企业的净资产收益率为30%，总资产净利率为20%，则权益乘数为（   ）。
    A. 1.5 B. 0.1 C. 0.67 D. 0.5

39. 在下列财务分析主体中，必须对企业营运能力、偿债能力、盈利能力及发展能力的全部信息予以详尽地了解和掌握的是（   ）。
    A. 短期投资者 B. 企业债权人
    C. 企业经营决策者 D. 政府

40. 企业所有者作为投资人，关心其资本的保值和增值状况，因此较为重视企业的（   ）。
    A. 偿债能力 B. 营运能力 C. 盈利能力 D. 发展能力

41. 下列属于构成比率的指标是（   ）。
    A. 不良资产比率 B. 流动比率
    C. 总资产周转率 D. 营业净利率

二、多项选择题

1. 净资产收益率是杜邦财务报表分析法的核心比率，其计算公式为（   ）。
    A. 净资产收益率＝（净利润/销售收入）×(销售收入/总资产)×(总资产/净资产)
    B. 净资产收益率＝销售净利率×总资产周转率×权益乘数
    C. 净资产收益率＝销售净利率×总资产周转率×1/(1−产权比率)
    D. 净资产收益率＝销售净利率×总资产周转率×1/(1−资产负债率)

2. 企业绩效综合评分法至少应分析（   ）指标。

  A. 偿债能力   B. 盈利能力
  C. 发展能力   D. 职工收入增长水平

3. 下列各项中，可能提高企业净资产收益率指标的措施有（　　）。
  A. 提高销售净利率   B. 提高资产负债率
  C. 提高总资产周转率   D. 提高流动比率

4. 财务报表的综合分析相对于单项指标分析，突出的特征有（　　）。
  A. 综合性   B. 指标的相关性
  C. 全面性   D. 主辅指标的匹配

5. 下列指标中属于发展能力分析指标的有（　　）。
  A. 营业毛利率   B. 营业利润增长率
  C. 总资产增长率   D. 资本保值增值率

6. 比率分析法是通过计算各种比率指标来确定财务活动变动程度的方法，比率指标的类型主要有（　　）。
  A. 构成比率   B. 效率比率
  C. 相关比率   D. 动态比率

7. 某公司当年的经营利润很多，却不能偿还到期债务。为查清其原因，应检查的财务比率包括（　　）。
  A. 资产负债率   B. 流动比率
  C. 存货周转率   D. 应收账款周转率

8. 市盈率是评价上市公司盈利能力的指标，下列表述正确的是（　　）。
  A. 市盈率越高，说明获得一定的预期利润投资者需要支付的价格低
  B. 市盈率高意味着投资者对股票的预期收益看好
  C. 盈利能力的成长性较好的高科技上市公司股票的市盈率通常要高一些
  D. 市盈率过高，意味着这种股票具有较高的投资风险

9. 股利发放率是上市公司财务分析的重要指标，下列关于股利发放率的表述中，正确的有（　　）。
  A. 可以评价公司的股利分配政策   B. 反映每股股利与每股收益之间的关系
  C. 股利发放率越高，盈利能力越强   D. 是每股股利与每股净资产之间的比率

10. 市净率指标的计算直接涉及的参数有（　　）。
  A. 年末普通股股数   B. 年末普通股权益
  C. 年末普通股股本   D. 每股市价

11. 计算下列各项指标时，其分母需要采用平均数的有（　　）。
  A. 基本每股收益   B. 应收账款周转次数
  C. 总资产收益率   D. 每股净资产

12. 上市公司"管理层讨论与分析"中对于报告期间经营业绩变动的解释中，下列情况应详细说明造成差异原因的有（　　）。
  A. 企业实际经营绩效曾公开披露过的本年度盈利预测或经营计划低于10%以上
  B. 企业实际经营绩效较曾公开披露过的本年度盈利预测或经营计划低于10%以上
  C. 企业实际经营绩效曾公开披露过的本年度盈利预测或经营计划高于20%以上
  D. 企业实际经营绩效曾公开披露过的本年度盈利预测或经营计划低于20%以上

13. 下列分析方法中，属于财务综合分析方法的有（　　）。
  A. 趋势分析法   B. 杜邦分析法   C. 沃尔评分法   D. 因素分析法

14. 从杜邦财务分析体系可知，提高净资产收益率的途径有（　　）。
    A. 加强负债管理，降低负债比率　　　B. 加强成本管理，降低成本费用
    C. 加强销售管理，提高营业净利润　　D. 加强资产管理，提高资产周转率
15. 下列企业综合绩效评价指标中，属于评价资产质量状况指标的有（　　）。
    A. 资产现金回收率　　　　　　　　　B. 应收账款周转率
    C. 不良资产比率　　　　　　　　　　D. 总资产收益率
16. 在对企业进行绩效评价时，下列属于评价企业盈利能力的基本指标的有（　　）。
    A. 资产现金回收率　　　　　　　　　B. 资本保值增值率
    C. 净资产收益率　　　　　　　　　　D. 总资产收益率
17. 下列关于综合绩效评价的说法正确的有（　　）。
    A. 综合绩效评价由财务绩效定量评价和管理绩效评价两部分组成
    B. 财务绩效定量评价包括盈利能力分析、债务风险分析、经营增长分析
    C. 各类财务绩效定量评价指标由基本指标和修正指标构成
    D. 财务绩效定量评价指标中盈利能力状况占比重最高
18. 某企业 2019 年综合绩效评价分数为 92 分，2020 年综合绩效评价分数为 95 分，则（　　）。
    A. 该企业绩效改进度为 1.03　　　　　B. 该企业绩效改进度为 3.26%
    C. 该企业经营绩效上升　　　　　　　D. 该企业经营绩效下滑
19. 下列有关经济增加值表述正确的有（　　）。
    A. 经济增加值为负，表明经营者在毁损企业价值
    B. 计算经济价值时税后净营业利润衡量的是企业的经营盈利情况，不含营业外支出，递延税金等非常收益
    C. 经济增加值能体现股东资本的机会成本及股东财富的变化，能够衡量企业长远发展战略的价值创造
    D. 经济增加值的可比性好，便于不同行业、不同规模、不同成长阶段公司的比较
20. 在运用比较分析法时，应注意的问题有（　　）。
    A. 因素替代的顺序性　　　　　　　　B. 剔除偶发性项目的影响
    C. 衡量标准的科学性　　　　　　　　D. 运用例外原则
21. 当企业资产负债率低时，对其正确的评价有（　　）。
    A. 说明企业财务风险大　　　　　　　B. 可能没有充分发挥财务杠杆作用
    C. 说明企业财务风险小　　　　　　　D. 企业债务负担重
22. 一般而言，存货周转次数增加，其所反映的信息有（　　）。
    A. 盈利能力下降　　　　　　　　　　B. 存货周转期延长
    C. 存货流动性增强　　　　　　　　　D. 资产管理效率提高
23. 在其他条件不变的情况下，会引起总资产周转率指标上升的经济业务有（　　）。
    A. 用现金偿还负债　　　　　　　　　B. 借入一笔短期借款
    C. 用银行存款购入一台设备　　　　　D. 用银行存款支付应交税费
24. 下列关于收益质量分析的表述正确的有（　　）。
    A. 如果会计收益能如实反映公司业绩
    B. 若企业现金营运指数小于 1，说明企业收益质量差
    C. 若净收益运营指数大于 1，说明企业收益质量高
    D. 若营业现金比率大于 1，说明企业收益质量高

三、判断题

1. 杜邦财务报表分析法的核心指标是资产负债率。（　　）
2. 权益乘数越大，资产负债率越高。（　　）
3. 提高企业净资产收益率的措施有提高总资产周转率和资产负债率。（　　）
4. 某企业2019年销售净利率、总资产周转率和权益乘数分别为15%、1.5、2，2020年销售净利率为20%，则销售净利率的变动对企业净资产收益率的影响数是2.25%。（　　）
5. 企业绩效综合评分法要以各指标的重要性系数作为权数，进行综合评分。（　　）
6. 资本保值增值率是企业扣除客观因素影响后的期末所有者权益总额与期初所有者权益总额的比值，属于发展能力分析的指标，同时该指标也是衡量企业盈利能力的发展指标。（　　）
7. 定基动态比率，是以每一分析期的数据与上期数据相比较计算出来的动态比率。（　　）
8. 计算已获利息倍数时分目的应付利息，指的是计入财务费用的各项利息。（　　）
9. 权益乘数的高低取决于企业的资本结构：资产负债率越高，权益乘数越高。财务风险越大。（　　）
10. 从股东的立场看，在全部资本利润率高于借款利息率时，负债比例越小越好，否则反之。（　　）
11. 若资产增加幅度低于营业收入增长幅度，则会引起资产周转率增大，表明企业的营运能力有所提高。（　　）
12. 某公司今年与上年相比，营业收入增长10%，净利润增长8%，资产总额增加12%，负债总额增加9%。可以判断，该公司净资产收益率比上年下降了。（　　）
13. 净收益营运指数是收益质量分析的重要指标。一般而言，净收益营运指数越小，表明企业收益质量越好。（　　）
14. 市盈率是反映股票投资价值的重要指标，该指标数值越大，表明投资者越看好该股票的投资预期。（　　）
15. 某一企业股票的每股净资产越高，投资者所承担的投资风险越高，企业发展潜力与其股票的投资价值越大。（　　）
16. 认股权证、股份期权等的行权价格高于当期普通股平均市场价格时，应当考虑其稀释性。（　　）
17. 财务分析中的效率比率，是某项财务活动中所费与所得的比率，反映投入与产出的关系。（　　）
18. 因素分析法是依据分析指标与其影响因素的关系，从数量上确定各因素对分析指标影响方向和影响程度的一种方法，但其计算结果具有一定的假定性。（　　）
19. 在财务分析中，将通过对比两期或连续数期财务报告中的相同指标，来说明企业财务状况或经营成果变动趋势的方法称为趋势分析法。（　　）
20. 经济增加值（EVA）指从税后净营业利润扣除债务资本成本后的剩余收益。（　　）
21. 综合绩效评价是综合分析的一种，一般是站在企业经营决策的角度进行的。（　　）
22. 营业现金比率反映每1元营业收入获得的现金，在数值上等于货币资金与交易性金融资产之和与营业收入之比。（　　）

四、案例分析

1. 某公司是一家上市公司，试运用杜邦财务报表分析法解释该公司各指标的变动趋势及原因，并对该公司的净资产利润率进行因素分析。该公司的基本财务数据如表7-7、表7-8所示。

表 7-7 某公司基本财务数据（一）

项目	净利润	销售收入	资产总额	负债总额	费用总额
2019 年度	10 284.04	411 224.01	306 222.94	205 677.07	403 967.43
2020 年度	12 653.92	757 613.81	330 580.21	215 659.54	736 747.24

表 7-8 某公司基本财务数据（二）

年度	2019 年	2020 年
净资产收益率	0.097	0.112
权益乘数	3.049	2.874
资产负债率	0.672	0.652
资产净利率	0.032	0.039
销售净利率	0.025	0.017
总资产周转率	1.34	2.29

2. 某公司 2016 年末资产负债表和利润表如表 7-9、表 7-10 所示

表 7-9 资产负债表

2020 年 12 月 31 日　　　　　　　　　　　　　　　　　　　　　　　　　　　金额单位：万元

资产	年初数	期末数	负债及所有者权益	年初数	期末数
货币资金	200	300	短期借款	280	200
应收账款	450	560	应付账款	320	350
存货	800	780	长期借款	800	1000
固定资产	2000	2200	实收资本	1500	1500
无形资产	240	240	盈余公积	790	1030
总计	3690	4080	总计	3690	4080

表 7-10 利润表

2020 年 12 月 31 日　　　　　　　　　　　　　　　　　　　　　　　　　　　金额单位：万元

项目	本期金额
一、营业收入	8000
减：营业成本	4000
税金及附加	1000
销售费用	400
管理费用	600
财务费用	200
加：投资收益	20
二、营业利润	1820
加：营业外收入	
减：营业外支出	
三、利润总额	1820
减：所得税费用（税率 40%）	728
四、净利润	1092

要求：

（1）计算该公司的销售净利率、总资产净利率、总资产周转率、权益乘数和净资产收益率（凡计算指标涉及资产负债表项目数据均按平均数计算）。

（2）用文字列出净资产收益率与其他各项指标之间的关系式，用数据加以验证，绘出该公司杜邦财务报表分析图。

（3）计算该公司流动比率、速动比率、资产负债率、应收账款周转率和存货周转率，完成下表，并运用沃尔综合评分分析法对该公司财务状况做出综合评价（结果写在表7-11所示）。

表7-11　公司有关财务指标

财务比率	评分值（1）	标准值（2）	实际值（3）	关系比值（4）=（3）/（2）	实际得分（5）=（1）×（4）
流动比率	10	2			
速动比率	10	1.2			
资产负债率	12	2.1			
存货周转率	10	6.5			
应收账款周转率	8	13			
总资产周转率	10	2.1			
资产报酬率	15	31.5%			
净资产收益率	15	58.33%			
销售净利率	10	15%			
合计	100				

3. F公司经营多种产品，最近两年的财务报表数据摘要如下，见表7-12所示：

表7-12　近两年的财务报表数据

利润表数据	2019年度	2020年度
营业收入	10 000	30 000
销货成本（变动成本）	7300	23 560
管理费用（固定成本）	600	800
销售费用（固定成本）	1000	1200
财务费用（借款利息）	300	2640
税前利润	800	1800
所得税	300	600
净利润	500	1200
资产负债表数据	2019年末	2020年末
货币资金	500	1000
应收账款	2000	8000
存货	5000	20 000
其他流动资产	0	1000
流动资产合计	7500	30 000
固定资产	5000	30 000
资产总计	12 500	60 000
短期借款	1850	15 000
应付账款	200	300

续表

利润表数据	2019 年度	2020 年度
其他流动负债	450	700
流动资产合计	2500	16 000
长期借款	0	29 000
负债合计	2500	45 000
股本	9000	13 500
盈余公积	900	1100
未分配利润	100	400
所有者权益合计	10 000	15 000
负债及所有者权益总计	12 500	60 000

2019 年有关财务指标如下：营业净利率 5%，总资产周转率 1 次，权益乘数 1.25。

要求：

（1）计算 2020 年的营业净利率、总资产周转率和权益乘数，并计算 2020 年该公司的净资产收益率（利用杜邦分析关系式计算，涉及资产负债表的数据取平均数）。

（2）采用因素分析法分析 2020 年营业净利率、总资产周转率和权益乘数变动对净资产收益率的影响程度。

（3）假定该公司 2021 年的投资计划需要资金 1000 万元，公司目标资金结构按 2020 年的平均权益乘数水平确定，请按剩余股利政策确定该公司 2020 年向投资者分红的金额。

4. 已知：A 公司 2020 年初负债总额为 4000 万元，年初所有者权益为 6000 万元，该年的所有者权益增长率为 150%，年末资产负债率为 25%，平均负债的年均利息率为 10%。全国固定经营成本总额为 6925 万元，净利润为 10 050 万元，适用的企业所得税税率为 25%。假设该公司没有优先股。2020 年初发行在外的股数为 10 000 万股，2020 年 3 月 1 日，经股东大会决议，以截至 2019 年末公司股本为基础，向全体股东发放 10% 的股票股利，工商注册登记变更完成后的总股数为 11 000 万股。2020 年 9 月 30 日新发股票 5000 万股。2020 年末的股票市价为 5 元。2020 年负债总额包括 2020 年 7 月 1 日平均发行面值为 1000 万元，票面利率为 1%，每年末付息的 3 年期可转换债券，转换价格为 5 元/股，债券利息不符合资本化条件，直接计入当期损益，假设企业没有其他的稀释性潜在普通股。

要求根据上述资料，计算公司的下列指标：

（1）2020 年末的所有者权益总额和负债总额。

（2）2020 年的基本每股收益和稀释每股收益。

（3）2020 年末的每股净资产、市净率和市盈利。

（4）计算公司 2021 年的经营杠杆系数和总杠杆系数、财务杠杆系数和总杠杆系数。

（5）预计 2021 年的目标是使每股收益提高 10%，则 2021 年的销量至少要提高多少？

项目八　财务报表分析报告

知识目标

1. 了解财务报表分析报告的含义和作用；
2. 理解财务报表分析报告的类型和撰写时应注意的问题；
3. 掌握财务报表分析报告的撰写方法和步骤。

能力目标

能独立地对财务报表进行分析，并能按要求撰写一份合格的财务报表分析报告。

素质目标

具有良好的政治素质，热爱祖国，拥护共产党领导，拥护社会主义制度，具有正确的世界观、人生观、价值观，德、智、体、美全面发展；具有良好的职业素养、具备财务报表分析课程所应掌握的财务报表分析计算技能和财务报表分析的技能。

项目引例

某公司是国内一家从事建筑装饰材料生产与销售的股份有限公司。2016年底，国家宏观经济增势放缓，房地产行业也面临着严峻的宏观调控形势。该公司董事会认为，公司的发展与房地产行业整体形势密切相关，公司须进行战略调整。

2017年初，该公司根据董事会要求，召集由中高层管理人员参加的公司战略规划研讨会。部分参会人员发言要点如下。

市场部经理：尽管国家宏观经济增势放缓，但房地产行业一直没有受到太大影响，公司仍处于重要发展机遇期，在此形势下，公司宜扩大规模、抢占市场，谋求更快的发展。近年来，本公司的主要竞争对手年均销售增长率达12%，而本公司同期年均销售增长率仅为4%，仍有市场拓展余地。因此，建议进一步拓展市场，争取今明两年把销售增长率提升至12%。生产部经理：本公司现有生产能力已经饱和，维持4%的年销售增长率水平有困难，需要扩大生产能力。考虑到当前宏观经济形势和房地产行业面临的诸多不确定因素，建议今明两年维持2016年的产销规模，向管理要效益，进一步降低成本费用水平，走内涵式发展道路。

财务部经理：财务部将积极配合公司战略调整，做好有关资产负债管理和融资筹划工作。同时，建议公司战略调整要考虑现有的财务状况和财务政策。本公司2017年末资产总额为50亿元，负债总额为25亿元，所有者权益为25亿元；2016年销售总额为40亿元，净利润为2亿元，分配现金股利1亿元。近年来，公司一直维持50%的资产负债率和50%的股利支付率。

总经理：公司的发展应稳中求进，既要抓住机遇加快发展，也要积极防范财务风险。根据董事会有关决议，公司资产负债率一般不得高于60%，股利支付率一般不得低于40%，公司有关财务安排不能突破这一红线。

案例分析

没有经过细致周到的财务报表分析是无法编写出一份有质量的财务报表分析报告的。财务报表分析可以从定性分析和定量分析两个方面进行，但通常以定量分析为主。定量分析就是从数量方面对事物进行观察分析，从而揭示出事物的特征和发展规律。定量分析具有精确度和分辨率高、预见性强、对经验依赖程度低等特点。会计人员掌握着企业大量的会计数据和经济信息，在定量分析方面最有发言权，应尽量让数据说话，数据是最有说服力的，这也是会计人员发挥其专业特长最有效的地方。

任务一　认识财务报表分析报告

一、财务报表分析报告的概念

财务报表分析报告是在对财务报表和其他资料进行分析的基础上，对企业过去和现在的经营成果、财务状况及其变动的总结。通过财务报表分析报告可以了解企业过去的业绩，评价企业现在的表现，预测企业未来的发展趋势，针对经营管理中存在的问题与不足提出改善建议，有助于经营管理者完善管理，提高企业盈利水平，实现企业的可持续发展。财务报表分析报告必须包括以下内容：

①财务报表分析报告要以财务报表和其他资料为基础。
②在分析资料及数据是否优良可靠的基础上，总结过去的经营成果和业绩。
③将定量分析与定性分析相结合，评价现在的经营表现。
④通过综合分析方法，预测未来的发展趋势。
⑤提出改善建议，帮助完善管理，提高盈利，实现可持续发展。

二、财务报表分析报告的分类

1. 财务报表分析报告按其内容、范围的不同，可分为综合分析报告、专题分析报告和简要分析报告

（1）综合分析报告

综合分析报告又称全面分析报告，是企业依据资产负债表、利润表、现金流量表、会计报表附注，以及财务情况说明书，财务和经济活动所提供的丰富、重要的信息及其内在联系，运用一定的科学分析方法，对企业的经营特征、利润实现及其分配情况，资金增减变动和周转利用情况，税金缴纳情况，存货、固定资产等主要财产物资的盘盈、盘亏、毁损等变动和周转利用情况，对本期及下期财务状况发生重大影响的事项做出客观、全面、系统地分析和评价，并进行必要的科学预测而形成的书面报告。它具有内容丰富、涉及面广、对财务报告使用者做出各项决策有深远影响的特点。

（2）专题分析报告

专题分析报告又称单项分析报告，是指针对某一时期企业经营管理中的某些关键问题、重大经济措施或薄弱环节等进行专门分析后形成的书面报告。它具有不受时间限制、一事一议、易被经营管理者接受、收效快的特点。因此，专题分析报告能总结经验，使领导和业务部门对所分析的问题给予足够的重视，从而提高管理水平。

专题分析报告需要分析的内容有很多，如对企业清理积压库存，处理逾期应收账款的经验，资金、成本、费用、利润等方面的预测分析，处理母子公司各方面的关系等问题均可进行专题分析，从而为各级领导做出决策提供现实依据。

（3）简要分析报告

简要分析报告是对主要经济指标在一定时期内存在的比较突出的问题进行概要分析而形成的书面报告。

简要分析报告具有简明扼要、切中要害的特点。通过分析，能反映和说明企业在分析期内业务经营的基本情况、企业累计完成各项经济指标的情况并预测今后的发展趋势，主要适用于定期分析，可按月、按季进行编制。

2. 财务报表分析报告按分析时间，可分为定期分析报告与不定期分析报告

（1）定期分析报告

定期分析报告一般是由上级主管部门或企业内部规定的每隔一段相等的时间应予编制和上报的财务报表分析报告。年中、年末编制的综合财务报表分析报告就属定期分析报告。

（2）不定期分析报告

不定期分析报告是从企业财务管理和业务经营的实际需要出发，不按时间的规定而编制的财务报表分析报告。专题分析报告属于不定期分析报告。

任务二　财务报表分析报告的格式

1. 提要段

概括企业综合情况，让财务报告接受者对财务报表分析说明有一个总括的认识。

2. 说明段

介绍企业经营及财务现状。该部分要求文字表述恰当、数据引用准确。对经济指标进行说明时要适当运用绝对数、比较及复合指标。

3. 分析段

对企业的经营情况进行分析研究。在说明问题的同时，还要分析问题，寻找问题的症结，以达到解决问题的目的。

4. 评价段

做出财务说明和分析后，对于经营状况、财务状况、盈利业绩，应该从财务角度给予公正、客观的评价和预测。

5. 建议段

在这一部分，财务人员在对经营运作、投资决策进行分析后要形成一定的意见和看法，特别是对运作过程中存在的问题提出改进建议。

任务三　财务报表分析报告的编写要求与编写方法

一、财务报表分析报告的编写要求

①了解财务报表分析报告的阅读对象及报告的分析范围。

②了解读者对信息的需求，充分领会企业管理者所需要的信息。

③在写作财务报表分析报告前，要有一个清晰的框架和分析思路。

④财务报表分析报告一定要与公司经营业务紧密结合，深刻领会财务数据背后的业务背景，切实揭示业务过程中存在的问题。

⑤财务报表分析报告一定要观点明确、客观公正。

二、财务报表分析报告的编写方法

1. 积累素材，为撰写报告做好准备

①建立台账和数据库。
②关注重要事项。
③关注经营运行。
④系统定期收集报表具有可维护性。
⑤岗位分析。

2. 建立财务报表分析报告指引

财务报表分析报告尽管没有固定格式，表现手法也不一致，但并非无规律可循。如果建立财务报表分析报告指引，将常规分析项目文字化、规范化、制度化，建立诸如现金流量、销售回款、生产成本、采购成本变动等的分析说明指引，就可以达到事半功倍的效果。

3. 编写财务报表分析报告的关键

编写财务报表分析报告的关键在于将财务报表及其他相关资料所提供的数据进行数量、百分比及比率等形式的比较，予以量化。

财务报表应当依据流动性、营运性及盈利性来进行分析。如果需要确定企业近几年发生的主要变化，那么就要对近几年的财务报表进行连续分析，如对资产负债表的分析，可以反映出企业在资产方面的主要变化及在负债和所有者权益方面的主要变化。资产的增加是资金的运用，需要提供资金；负债和所有者权益的增加则是资金的来源，为获取资产提供资金。

任务四　财务报表分析报告中应注意的问题

一、财务报表分析报告中常见的弊病

在实际工作中，由于各个企业的具体情况千差万别，企业的经营管理水平和分析人员的素质也不同，各个企业的财务报表分析报告的质量也不尽相同。一份内容翔实、条理清晰、有理有据、富含说服力的财务报表分析报告能给使用者耳目一新的感觉，使其获得大量的有利于做出正确决策的信息。特别是有利于提高企业经营管理水平的信息，而内容空洞、不分主次、平铺直叙的财务报表分析报告不但起不到其应有的作用，反而会束缚决策者的思路，甚至会导致其做出错误的决策。下面列举一些财务报表分析报告中常见的弊病。分析人员在编制报告时应尽量避免。

1. 不收集资料或不认真整理、核实所收集的资料

不收集大量的相关资料会使财务报表分析没有足够的依据，或使内容不真实、不合法、无可比性的资料成为分析的依据。从而使分析报告缺乏真实性、可靠性和实用性，导致企业决策失误，后果不堪设想。

2. 开头"套话"，落笔太远

有的财务报表分析报告用"套话"开头，如"在××精神的鼓舞下""在××的领导下""在××的努力下""在××的基础上"之类。这些套话似乎神通广大、任何时候、任何单位、任何一种分析报告都能用，成了"通用型"的配件，其实是可有可无的，不能解决什么问题，反而占用篇幅。

3. 报喜不报忧

这种现象很常见，有的财务报表分析报告只反映经营业绩和预测美好的发展前景，对错误、缺点和发现的问题却只字不提,使企业经营管理者好大喜功,做出错误的判断。

4. 不分主次、重点不突出

有的财务报表分析报告篇幅虽长,但主次不分,重点不突出;缺乏必要提炼,结果是只见材料,不见观点,让人看了不知道要说明什么问题,编制分析报告时详细做分析评价的内容寥寥几语,该一笔带过的内容却侃侃而谈,使报告使用者得不到真正有用的信息。

5. 内容空洞、数字罗列

有的财务报表分析报告不是围绕分析的目的将有用的数字进行对比分析,从中发现问题并探索解决的办法,而是用"数字文字化"来代替分析,搞数字游戏,把财务报表上的数字简单地罗列或摘抄,对问题避而不提,缺乏必要的分析说明,导致"分析报告无分析"。这样的分析报告是毫无价值的。

6. 字句冗长,论据不充分,说服力不强

有的财务报表分析报告字句冗长、套话连篇、晦涩难懂,且论据不充分,缺乏逻辑性。这样的分析报告就很难具有说服力。

7. 口号代替具体建议与措施

有的财务报表分析报告结尾是"在新的一年里,我们一定要加强薄弱环节的改进,大干快上,努力赶超先进水平,为完成和超额完成预算目标而奋斗",不是针对问题与不足提出建议与措施,而是用一些笼统的口号来代替。

为避免上述弊病在财务报表分析报告中出现,分析人员除应不断提高自身业务能力以外,还应注意以下几点:

①对各种资料收集齐全后,要认真核实,保证资料的合法性、真实性、可比性。

②要开门见山、单刀直入。文字力求言简意赅、综合概括、通俗易懂,内容的条理清楚、结构紧凑,有说服力。

③要全面地、实事求是地分析问题,坚持一分为二,对成绩予以肯定、对好的经验加以推广;对存在的不足提出建议,对问题要提出有针对性的改进措施。

④要抓住关键,突出重点,不要事无巨细、面面俱到。

⑤要真正摸清情况,认真做好深入细致的调查研究,善于提出问题,多问几个"为什么"。要围绕分析的目的将相关的数据进行对比分析,从中发现问题并探索解决的办法,如超额完成了计划的主要原因在哪里;没有完成计划,又是受哪些因素影响;成本降低了,是怎样降低的。

⑥要内容充实。根据实际情况实事求是地进行分析,抓住主要矛盾,找出薄弱环节。

⑦在说明和分析问题之后,要写清楚怎样采取具体措施,如何加强薄弱环节管理,从哪些方面、采取哪些措施赶超先进水平等。只有措施写得具体、明确、实在,才能作为相关决策的依据。

二、财务报表分析报告中的数字运用

定量是财务报表分析的工具和手段。没有定量分析就弄不清数量界限、阶段性和特殊性,而数字构成了会计报表的主要内容,它是对会计报表进行定量分析的依据。值得一提的是,进行财务报表分析时,会计报表资料中各项具体数据固然重要,但若运用不当,也达不到分析的目的。因此,问题的关键是如何运用各项数据的内在联系及变动趋势来分析、评价企业经营成果、财务状况及其发展趋势,即"用数字说话",用数字之间的内在必然联系来揭示事物的内在。财务报表分析必须透过数字看本质,没有恰当的数字运用就得不出正确的结论。这里主要介绍财务报表分析报告中的数字运用应注意的几个问题。

①数字可比。要注意分析所依据的会计核算口径和会计报表资料编制方法有无变化,若有明显变化,进行分析时应对有关数据进行调整,确保财务报表分析报告所依据的数据资料口径具有可比性。

②在进行比较分析时,对各项指标的绝对数与相对数比较必须同时进行。因为绝对数指标与企业生产经营规模的大小有直接,关系采用绝对数指标进行对比分析虽然能反映出各项财务指标的表面差异,但不能深入揭示问题的本质,采用相对数指标对比则能做到这一点。

③对金额较大的项目应重点分析。如在进行利润分析时,产品销售收入和产品销售成本是影响营业利润的主要因素,且金额也较大,就应重点分析其增减变动的原因及对营业利润的影响程度。

④要注意分析数字的反常现象。若某一项目金额上升或下降的幅度较大,即出现了数字反常现象,应针对反常的数字进行深刻分析查明原因,也许这正是企业经营管理问题的问题所在或应发扬光大之处。

⑤利用数字进行分析时,要注意各项指标的计算应准确无误,以保证财务报表分析报告的真实可靠。

三、财务报表分析报告样本

根据某股份有限公司 2020 年度的财务报表资料,撰写该公司的财务报表分析报告。该股份有限公司 2020 年度财务报表分析报告如下。

(一) 公司简介

某股份有限公司创建于 1985 年,2001 年 6 月在上海证券交易所挂牌上市,员工 3000 多人,旗下拥有三个事业部、六家控股子公司和四大生产基地。

截至目前,该公司已形成电机与控制、输变电、电源电池三大产品链,产品涵盖各类电机及其控制、超特高压变压器、高速铁路引牵变压器、城市轨道交通地铁成套牵引整流机组、UPS 电源、电动自行车、工程机械等 40 大系列 2000 多个品种,具备年产 600 万千瓦各类电机生产电力,0.8 亿 KVA 各类电力变压器制造能力,90 万 KVAH 铅酸蓄电池和 70 万 KVAH 锂电生产能力,主导产品电机与控制,引领国际国内主流市场并配套多个国家重点工程项目。部分产品市场占有率 20% 以上,综合实力位居中国电机制造行业领先地位。

(二) 公司财务指标对比分析

1. 资产负债表分析

资产负债表水平分析表和资产负债表垂直分析表见表 2-21 和 2-14 所示。

该股份有限公司总资产本期增加 357 398 967.54 元,增长幅度为 31.36%。说明该公司本年资产规模有大幅度的增长,进一步分析可以发现:①流动资产增长 150 406 019.45 元,增长幅度为 58.11%,说明该公司资产的流动性大为提升。其中,货币资金增加了 52 764 874.43 元,增长幅度 70.57%,这将对企业的偿债能力和满足资金流动性需要有所影响。应收票据减少了 13 272 797.58 元,下降幅度达 70.45%,说明应收票据的质量是可靠的,基本不存在拒付现象。应收账款增加 12 114 313.43 元,增长幅度达 15.19%。对此应结合该公司销售规模变动、信用政策和收账政策进行评价。其他应收款增加了 68 186 875.39 元,增长幅度高达 2165.81%,说明该公司不必要的资金占用大幅增加。预付款项增加了 15 006 752.97 元,增长幅度为 77.28%。本年存货增加 15 606 000.81 元,增长幅度为 24.81%。这可能导致企业资金占用增加,机会成本增加。②非流动资产增长 206 992 948.09 元,增长幅度 23.49%,低于流动资产的增长幅度。其中,长期股权投资增加了 171 891 952.69 元,增长幅度为 30.05%,说明该公司对外扩张意图明显。固定资产增加 22 406 172.29 元,增长幅度为 10.73%,说明该公司的未来生产能力会有显著提高。在建工程增加了 2 320 707.90 元,增长幅度为 2.83%。在建工程项目的增加虽然对本年度的经营成果没有太大的影响,但随着在建工程在今后的陆续完工,有助于扩张该公司的生产能力。无形资产增加 9 722 256.68 元,增长幅度为 63.62%,说明该公司越来越重视无形资产投资。

该股份有限公司权益总额较上年同期增加 357 398 967.54 元,增长幅度为 31.36%,说明该公司本年权益总额有较大幅度的增长。进一步分析可以发现:本年度负债增加了 218 162 095.77 元,增长幅度为 80.57%,使权益总额增加了 19.14%。其中流动负债增长幅度 28.87%,主要表现为其他应付款和预付款项大幅度增长。短期借款的减少对于减轻企业的偿债压力是有利的。应付账款和应交税费的增加则可能说明该公司的信用状况不一定值得信赖,当然还要结合企业的具体情况进行分析。非流动负债增长使权益总额增加了 12.28%,主要是长期借款增加引起的。本年度股东权益增加了 139 236 871.77 元,增长幅度为 16.02%,对权益总额的影响为 12.22%,主要是由未分配利润和资本公积较大幅度增长引起的,盈余公积和股本的增加也是股东权益增加的原因之一。该公司本期流动资产比重只有 27.32%,非流动资产比重却有 72.68%,由此可以认为,该公司资产的流动性不强。资产风险较大,资产结构不太合理。本年所有者权益比重为 67.35%,负债比重为 32.65%,说明该公司资产负债率较低、财务风险相对较小。

2. 利润表分析

利润水平分析表和利润垂直分析表分析:

从利润水平分析表可以看出该股份有限公司 2020 年度实现净利润 95 132 412.82 元比上年增加了 391 464 504 元,增长率为 10.34%,增长幅度不高,从水平分析表来看,公司净利润增长主要是利润总额比 2019 年增长 291 912.71 元,二者相抵,导致净利润增长了 891 464 534 元。该公司 2020 年利润总额比 2019 年增长了 92 065 505 元,关键原因是营业外收入比 2019 年增长了 18 861 792.81 元,增长率为 501.03%;同时营业外支出下降也是导致利润总额增长的有利因素,营业外支出减少了 638 604.16 元,下降率为 54.19%,但公司受营业利成本不利影响,利润总额减少 10 298 838.92 元,增减因素相抵,利润总额增加了 920 655 805 元,必须指出的是,尽管营业外收入的增长和营业外支出的下降对利润总额的增长是有利的,但其毕竟是非常规项目,数额过高是不正常现象。该公司营业利润减少主要是由于成本费用过高所致。营业收入比上年增长 22 321 709.58 元,增长率为 4.66%;税金及附加和财务费用的下降,增利 24 414 395.8 元;投资收益的增加,增利 552 249.89 元。但由于其他成本费用均有不同程度的增加,抵消营业收入的增长,营业成本、销售费用和管理费用增加了 33 882 474.44 元,资产减值损失增加,减利 1 699 719.75 元,增减相抵,营业利润减少 10 293 838.92 元,下降率为 11.99%,值得注意的是,销售费用、管理费用及资产减值损失的大幅度上升,可能是不正常的现象。

从利润垂直分析表可以看出,该股份有限公司 2020 年度各项财务成果的构成情况,营业利润占营业收入的比重为 15.09%,比 2019 年的 17.95%下降了 2.86%;利润总额占营业收入的比重为 19.50%,比 2013 年的 18.49%增长了 1.01%;净利润占营业收入的比重为 19.00%,比 2019 年的 18.03%增长了 0.97%,由此可见,从企业利润的构成上看,利润总额和净利润的比重都有所上升,说明盈利水平比上年有所增强;但营业利润的比重下降,说明营业利润的质量不容乐观。各项财务成果比重的增减,从营业利润结构看,主要是销售费用、管理费用和资产减值损失的比重上升以及投资净收益比重下降所致。利润总额比重上升的主要原因就是营业外收入比重增长所致。营业成本、税金及附加、财务费用、营业外支出下降,对营业利润、利润总额和净利润比重都产生了一定的有利影响。

3. 现金流量表分析

现金流量水平分析表和现金流量结构分析表分别见表 4-6、表 4-7 和表 4-8 所示,从现金流量水平分析表可以看出,该股份有限公司 2020 年度净现金流量比 2019 年度增加 103 638 778.49 元。其中,经营活动产生的现金流量净额比 2019 年度增长了 43 579 724.95 元,增长率为 176.38%。经营活动现金流入和现金流出分别比 2019 年增长 28.73%和 20.62%,增长额分别为 136 372 034.77 元和 92 692 309.82 元。经营活动现金流入量的增加主要是因为收到其他与经营活动有关的现金增加了 11 295 978 190 元,增长率为110.53%，还有销售商品提供劳务收到的现金增加了28 004 887.86元，增长率为6.35%，经营活动现金流出量的增加主要是由支付其他与经营活动有关的现金增加了76 448 782.54元，增长率为117.02%的影响；另外，购买商品、接受劳务支付的现金和支付给职工的金额为减少了86 732 071.45元，主要原因是投资支付的现金和购建固定资产、无形资产和其他长期资产支付的现金分别比2019年增加95 092 063.25元和14 747 150.07元；而处置固定资产、无形资产和其他长期资产收回净额只增加了24 045 264.76元，取得投资收益收到的现金只增加了1186.11元，微不足道可以忽略不计。筹资活动产生的现金流量净额比2019年增长了146 791 124.99元，主要是2020年取得借款收到的现金较2019年增加了22 373 000 000元。

从现金流入结构分析表可有看出，该股份有限公司2020年现金流入总额为161 574 422.56元。其中，经营活动现金流入、投资活动现金流入和筹资活动现金流入所占比重分别为52.57%、6.88%和40.55%。可见该公司的现金流入主要为经营活动流入，其次是筹资活动中的借款，而投资活动的现金流入相对较少，经营活动中的销售商品、提供劳务收到的现金所占比重高达40.40%，说明企业的主营业务较为稳定，这对于企业的可持续发展是有利的，投资活动现金流入不仅所占比重极小，而且只有取得投资收益收到现金和处置固定资产等收到的现金。取得投资收益收到的现金多，说明企业对外投资的决策正确；而处置资产是多余或闲置的，这种变现对企业的经营和理财是有利的，否则可能说明企业经营或偿债出现了困难。筹资活动现金流入中取得借款收到的现金比重高达38.58%，而"吸收投资收到的现金"的比重仅为1.97%，其结构不太合理。

从现金流出结构分析表可以看出，该股份有限公司2020年现金流出总额为1 108 809 548.13元。其中经营活动现金流出、投资活动现金流出和筹资活动现金流出所占比重分别为48.91%、16.80%和34.29%。在企业现金流出中，购买商品、接受劳务支付的现金占30.15%，结合资产负债表和利润表，主要原因是企业当年销售上升，增加了当年采购和生产方面的支出。企业偿还债务支付的现金比重达30.42%。与取得借款收到的现金相比较，可以明显看出，产生的原因是企业借款为偿还债务所致，每期内企业借新债还旧债，以解决流动资金的需求。投资活动现金支出占16.80%，它表明企业的投资活动处于良性循环状态。由于投资支付的现金数额较大，也表明该企业对外扩张的意图明显，企业极具发展潜力。

(三) 财务效率分析

1. 偿债能力分析

(1) 短期偿债能力分析 (表8-1)

表8-1 短期偿债能力分析表

项目	2020年初	2020年末	增减变动	行业平均值
流动比率 (%)	117.0	96.0	21.0	137.0
速动比率 (%)	95.0	72.0	23.0	83.0
现金比率 (%)	37.0	28.0	9.0	—
现金流动负债比率 (%)	19.6	9.1	10.5	4.4

某股份有限公司2020年末所有衡量短期偿债能力的指标较2020年初均有提高，这表明企业的短期偿债能力明显增强。除流动比率外，2020年末的速动比率和现金流动负债比例均高于行业平均值，现金比率也明显高于经验标准值，这表明该公司具有较强的短期偿债能力。

（2）长期偿债能力分析（表8-2）

表8-2　长期偿债能力分析表

项目	2020年初	2020年末	增减变动	行业平均值
资产负债率（%）	32.65	23.75	8.90	65.00
产权比率（%）	48.48	31.15	17.33	185.70
已获利息保障倍数	10.70	8.41	2.29	3.60

该股份有限公司2020年末的资产负债率比2020年初提高了8.90%，产权比率较2020年初提高了17.33%，但仍低于行业平均值。一方面，表明所有者权益对债权人权益的保障程度较高，长期偿债能力较强；另一方面，表明该公司没有充分发挥负债的财务杠杆效益，已获利息倍保障倍数较2020年初提高了2.29，且远高于行业平均值3.60，也充分表明该公司的长期偿债能力较强。

2. 盈利能力分析（表8-3）

表8-3　盈利能力分析表

项目	2020年初	2020年末	增减变动	行业平均值
销售毛利率（%）	17.27	15.63	1.64	—
营业利润率（%）	15.08	17.94	-2.86	13.0
成本费用利润率（%）	19.98	19.34	0.64	10.2
总资产报酬率（%）	8.17	9.43	-1.26	5.1
净资产收益率（%）	10.13	10.40	-0.57	9.8
盈余现金保障倍数	0.72	0.29	0.43	1.1

该股份有限公司2020年末的销售毛利率较2020年初提高了1.64%，指标虽有提高，但毛利率水平不够高，企业盈利能力不容乐观，成本费用利润率较上年提高了0.64%，也高于行业平均值，这表明盈利能力有所增强，营业利润率、总资产报酬率和净资产收益率均较上年有所下降，这表明企业盈利能力在逐步下降，但这三项指标均高于行业平均值。说明企业盈利能力仍然较强。盈余现金保障倍数较上年提高了0.43，这表明2020年的获现能力强于2019年，但明显低于行业平均值，其收益质量有待进一步提高。

3. 营运能力分析（表8-4）

表8-4　营运能力分析

项目	2019年初	2020年末	增减变动	行业平均值
应收账款周转率（次数）	5.11	5.42	-0.31	4.3
存货周转率（次数）	5.86	6.92	-1.06	3.0
流动资产周转率（次数）	1.50	2.07	-0.57	2.8
固定资产周转率（次数）	2.28	2.42	-0.14	—
总资产周转率（次数）	0.38	0.45	-0.07	0.8

该股份有限公司2020年末的应收账款周转率和存货周转率较2019年初有所下降，表明营运资产管理效率在逐渐退步，但指标实际值高于行业平均值，说明企业营运能力较强。

流动资产周转率和总资产周转率较2019年均有所下降，且明显低于行业平均值，说明其营运能力在下降。固定资产周转率下降了0.14，也说明企业经营资产效率在下降。

4. 发展能力分析（表 8-5）

表 8-5　发展能力分析表

项目	2019 年初	2020 年末	增减变动	行业平均值
销售（营业）增长率（%）	4.66	4.08	0.58	17.00
总资产增长率（%）	31.35	15.43	15.92	13.00
资本积累率（%）	16.02	10.19	5.83	9.00
资本保值增值率（%）	116.02	110.19	5.83	103.00
净利润增长率（%）	10.34	4.69	5.63	—
营业利润增长率（%）	-11.99	-0.6	-11.69	16.00

该股份有限公司 2020 年的销售（营业）增长率、总资产增长率、资本积累率、资本保值增值率和净利润增长率较 2019 年均有所提高，除销售（营业）增长率外，其他指标均高于行业平均值，这表明企业的发展能力有所增强。

营业利润增长率较 2019 年下降了 11.39%，其增长率为负增长，且远低于行业平均值，说明该公司成本费用的增长速度大于营业收入的增长速度，公司持续增长能力在下降。

（四）综合评价及建议

该股份有限公司 2020 年的流动资产占总资产的比重只有 27.32%。非流动资产所占比重却有 72.68%，说明该公司资产的流动性不强，资产风险较大，资产结构不太合理。为此，该公司应提高流动资产占总资产的比例，使企业不仅保持较强的资产流动性和变现能力，同时还使企业具有适应生产经营规模的生产资料，这样可以保持较强的市场竞争能力和应变能力。

2020 年的所有者权益在总权益的比重为 67.35%，负债所占比重为 32.65%，说明该公司资产负债率较低，负债的财务杠杆作用没有充分地发挥出来。若想要提高公司的经济增加值，可以考虑在保持税后净营业利润增长的同时，适当提高负债比例，进而降低权益资本比例，降低加权平均资本成本率。

由于该公司市场占有率较高，公司不断扩大生产规模以满足需求，造成公司投资活动产生的现金流量净额为负数，这是扩张的企业表现出来的常态。同时，值得肯定的是，该公司取得投资收益收到的现金较为稳定且金额巨大，说明对外投资成效显著。

该公司的盈利能力虽较上年有所下降，但依然保持强劲的势头，主要财务指标的数值均高于行业平均值。值得注意的是，该公司的营业利润较上年下降了 11.99%，致使营业利润率下降 4.26%。对此，该公司应加强期间费用的控制，在保证正常生产经营的前提下，尽量减少销售费用和管理费用的支出。

该公司无论短期偿债能力还是长期偿债能力都比较强，能确保公司避免陷于资不抵债的困境。

该公司主要的问题在于衡量企业营运能力的各项指标均逐步下降，且流动资产周转率和总资产周转率明显低于行业平均值，说明该公司资产运营效率不够理想。为此，公司应尽可能地加快营业收入的增长速度，做到各项资产的规模适当、结构合理，以提高各项资产的运用效率。

本项目小结

撰写一份高质量的财务报表分析报告，不仅要明确分析目的、收集真实可靠的信息、掌握较高的财务报表分析基本技术和方法，还得掌握分析报告的一些写作技巧，遵循一定的写作要求合理安排分析报告的框架结构。只有这样才能达到撰写财务报表分析报告的目的，写出高质量的财务报表分析报告，以满足报告使用者的要求。

知识链接

彩色报告模式

彩色报告模式是将财务报告的内容根据会计信息质量特征划分为五个不同的层次，分别对应五种不同的颜色，并据此灵活披露会计信息的一种报告模式。传统的财务报告是一种非黑即白的模式，只限于确认会计报表中的事项，对其他事项不予确认。然而这些不能确认的事项往往又是许多公司核心竞争力之所在。

针对黑白报告模式的弊端，美国会计学家沃尔曼提出了彩色报告模式，其层次及具体内容如下：①报告相关性、可靠性、可定义性和可计量性都符合要求的信息为核心信息层，相当于传统财务报告的披露内容；②报告相关性、可计量性和可定义性均符合标准但可靠性有问题的信息，如自创商誉；③报告相关性与可计量性符合要求但可定义性和可靠性有问题的信息，如顾客满意度；④报告除不符合可定义性外其他标准都符合要求的信息，如对于风险的计量；⑤报告除相关性外，其他三项标准均有问题的信息，如企业的持续经营价值和知识产权资本。

按照这个模式，财务报告既提供财务信息，又提供非财务信息，如顾客满意度、环境保护等；既反映历史信息，又提供预测性信息，如企业未来的经济利益和风险；既包括有形资产信息，又包括无形资产和人力资源信息，如自创商誉、知识产权等。可见，彩色报告模式可全面地报告与企业相关的各类信息，极大地拓展了财务报告的内容，提高了财务报告的信息含量，能够满足财务报告使用者多层次的会计信息需求，能够为报告使用者提供更相关和更有用的信息，因而更有利于财务报表使用者做出正确的决策。

 **知识巩固**

一、单项选择题

1. 不定期分析报告主要是（　　）。
   A. 综合分析报告　　　　　　　　B. 简要分析报告
   C. 专题分析报告　　　　　　　　D. 对比分析报告

2. 财务报表分析报告的主要目的是（　　）。
   A. 评价过去的经营业绩　　　　　B. 反映企业的经济规模
   C. 预测未来的发展趋势　　　　　D. 提供经济信息，便于合理决策

3. （　　）一般是上级主管部门或企业内部规定的每隔一段相等时间给予编制和上报的财务报表分析报告。
   A. 定期分析报告　　　　　　　　B. 专题分析报告
   C. 简要分析报告　　　　　　　　D. 综合分析报告

二、多项选择题

1. 财务报表分析报告按分析的内容范围分类可分为（　　）。
   A. 综合分析报告　　　　　　　　B. 简要分析报告
   C. 专题分析报告　　　　　　　　D. 定期分析报告

2. 财务报表分析报告按时间分类可分为（　　）。
   A. 定期分析报告　　　　　　　　B. 不定期分析报告
   C. 综合分析报告　　　　　　　　D. 专题分析报告

3. 专题分析报告主要对企业经营中的某些（　　）做出分析报告。
   A. 关键问题　　　B. 经济措施　　　C. 薄弱环节　　　D. 典型事例
4. 财务报表分析报告的主要结构内容有（　　）。
   A. 提要段　　　B. 说明段　　　C. 分析段　　　D. 评价建议段
5. 财务报表分析报告的使用者包括（　　）。
   A. 企业的投资者　　　　　　　B. 企业的债权人
   C. 企业的经营者　　　　　　　D. 政府有关部门
6. 财务报表分析报告资料内容包括（　　）。
   A. 财务资料　　　B. 业务资料　　　C. 对比资料　　　D. 其他资料

三、判断题

1. 财务报表分析报告质量的高低直接反映出分析人员的业务能力和素质。（　　）
2. 对企业某一时期经营中的关键问题重大经济措施和薄弱环节进行分析报告是典型分析报告。（　　）
3. 在撰写财务报表分析报告时，只要用事实说明了问题，就可下明确的是非结论。（　　）
4. 简要财务报表分析报告适用于定期分析。（　　）
5. 财务报表分析报告的资料来源只能从企业内部取得。（　　）
6. 财务报表分析报告通常有统一的标准和模式。（　　）
7. 财务报表分析报告的具体内容根据报告分析的对象、范围、目的不同而不同，但一般应包括提要段、说明段、分析段、评价段和建议段。（　　）

四、案例分析题

在网上查找某一上市公司的财务报告，编写该公司财务报表分析报告。

项目九 大数据在财务报表分析中的运用

知识目标

1. 要求了解什么是大数据；
2. 要求了解什么是大数据会计；
3. 掌握大数据在财务报表分析中的作用；
4. 掌握大数据在财务报表分析中的运用。

能力目标

1. 具有理解大数据的概念的能力；
2. 具有掌握大数据在财务报表分析中的应用的能力。

素质目标

具有良好的政治素质，热爱祖国，拥护共产党领导，拥护社会主义制度，具有正确的世界观、人生观、价值观，德、智、体、美全面发展；具有良好的职业素养、具备财务报表分析课程所应掌握的财务报表分析计算技能和财务报表分析的技能。

从项目一到项目八内容的阐述是讲授传统的财务报表分析，但传统的分析是后期分析，只能起到评价业绩或总结经验的作用，不能对企业业务发展趋势做出相对正确的判断以及找到解决问题的方法。大数据时代下的海量信息为事前和事中控制和判断提供了可能。尤其对于上市公司而言，公司的股价变动、股东的权益等受到很多因素的影响，仅从财务报表中一些结构化的数据（利润、红利等）中无法窥探出来，还应关注众多非结构化信息，例如国家政策、管理条例、消费者偏好等，所以将大数据运用到财务报表分析是互联网时代下的新趋势。通过对大数据的挖掘，从海量信息中提取出关联或隐藏数据，对这些数据进行分析和处理，建立企业自身数据库，不仅可以辅助财务报表分析，还可以为企业提供战略支持。

一、大数据概述

（一）大数据

所谓大数据是指以容量大、类型多、存取速度快、应用价值高为主要特征的数据集合，最早应用于IT行业，目前正快速发展为对数量巨大、来源分散、格式多样的数据进行采集、存储和关联分析，从中发现新知识、创造新价值、提升新能力的新一代信息技术和服务业态。大数据必须采用分布式架构，对海量数据进行分布式数据挖掘，因此必须依托云计算的分布式处理、分布式数据库和云存储、虚拟化技术。

（二）大数据会计

所谓大数据会计又称大数据的云会计，也有人简称"会计云"。其实质是利用云技术在互联网上构建虚拟会计信息系统，完成企业的会计核算和会计管理等内容。大数据的会计是建立在云计算基础上的、以互联网为媒介，由专门的服务商提供软件、硬件及其维护等服务，客户利用电脑等终端设备实现会计核算、财务分析等功能的在线会计信息系统。

会计数据是在会计事项处理中，以"单、证、账、表"等形式表现的各种未曾加工的数字、字母与特殊符号的集合。一般而言，数据是指对客观事物或基本事实进行观察时，采用适当形式记录下来的可供鉴别的各种符号。它不仅包括以数量形式出现的定量的属性值（数值数据），而且还包括以文字出现的定性的属性值（非数值数据）。

在会计数据处理中，会计数据主要包括伴随生产经营活动或计划（预算）执行过程中产生而引起资金增减变动的原始数据，也包括并不引起资金增减变动但需要在会计核算中记录和反映的客观事实。会计数据来源广泛、数据繁多，具有系统性、周期性、连续性和多重利用性等特点。会计数据和信息的加工处理流程（确认、计量、输入、储存、处理、传递、反馈、输出、发布），可以把会计数据分为三类：原始会计数据、中间会计数据和会计信息，以及发布的会计信息。

收集与录入对于原始会计数据的确认、计量、标准化采集和储存，实际上已经进行了多年的探索，各企事业单位对业务进行分析，从中查找有规律可循的各类经济业务，并通过公式定义等方式存储于公式库文件之中，而对于少数不经常发生的、无规律可循的经济业务，则暂时采用人工方法加以填制。所以，国内不少软件中都有了各自的模式凭证和自动转账凭证，国外软件也能自动生成各种凭证。例如：SAPR/3能够自动生成和校验各种记账凭证，能将每月必有的、可按一定规律形成的会计凭证全部实行自动生成。在国家标准《信息技术会计核算软件数据接口规范》（GB/T19581-2004）中，已经对记账凭证的数据元素（数据项）进行了规范。所以，可以结合电子商务和ERP系统，在经济业务发生时，以网络实时数据采集方式，由各项业务的经办人员操作，根据财会软件在计算机屏幕上的提示和引导，把原始会计数据导入临时数据库。临时数据库中的会计数据，由会计人员确认后，计算机程序自动进行分类整理和格式转换、存入基于XML（Extensible Markup Language）的数据仓库，会计人员通过网络进行实时控制管理，完成原始会计数据的标准化储存工作，用实时更新的数据仓库提供"原汁原味"的会计数据。

会计部门和各类信息使用者（管理、审计、投资、政府部门）可以依据各自的权限，方便地进入数据仓库的相应层次，运用各自预先准备好的专用软件，自动查阅采集所需的会计数据。

二、大数据在财务报表分析中的运用

"大数据商业应用第一人"维克托·迈尔·舍恩伯所著的《大数据时代》被认为是大数据研究的起点。许多企业和组织也开始开发大数据应用程序和解决方案，所有这些都表明大数据已经逐渐渗透到我们的工作和生活中。在经济全球化背景下，企业越来越重视财务数据的使用，以翔实方式记录企业生产交易活动的结构化的数据难以在决策中发挥作用，而大量产生的企业的非结构化数据反映出诸多提高企业效益和关乎企业命脉的关键内容。

如何有效地利用非结构化数据，挖掘非结构化数据背后的价值，有效地去驱动企业价值的提升是新时代、新环境给企业提出的新命题。而大数据为企业的财务报表分析工作提供了强大的扶持，大数据的应用把财务报表分析工作推向了新的广度和深度，这不仅增加了企业的核心竞争力，而且提供了更强的竞争优势，同时也提供了更广阔的发展空间。

（一）大数据在企业财务报表分析的作用

传统行业在信息化过程中，信息化数据呈指数增长，如何高效地分析利用，找到数据间的关联关系和内在的规则，结合历史数据特征做出企业未来发展的预测，为企业的重大决策提供有用的、有益的、科学的依据具有重要意义。大数据、海量数据为以下方面的财务报表分析提供支持。

1. 建立企业数据库

大数据技术基于数据和内部规则之间的关系，对企业生产经营活动产生的海量数据信息通过数据采集、数据预处理、特征提取、对象分析、数据挖掘等手段对数据和信息加以运用和分析，搭建出可以为企业有效运用的数据库，如依据收入和消费状况来收集、统计和分析得出的针对性产品开发数据库；依据对企业利润、销售收入、进销存情况来收集、统计和分析而搭建出产品销售数据库；依据企业风险控制情况、经营战略情况来收集、统计和分析而搭建出的企业未来发展数据库。

2. 全面的公司战略分析和公司战略实施

利用大数据分析，可以从产品的品质、产品市场发展潜力、产品的生命周期、员工的积极性、创新能力、客户满意度等很多方面来进行分析，通过及时分析数据将公司战略转变为企业政策，公司的意愿被转化为企业行动。

3. 精准、高效的企业财务分析信息

传统的财务报表分析方法缺失了很多非结构化的重要信息，这些信息中有些与决策相关的信息并没有受到重视。同时，由于分类标准的差异，数据整合、利用的难度大、效率低，但是，在大数据的背景下，财务分析中数据分析的效率及数据和信息使用的准确性得到了提高，且使得财务分析的思路得以拓展，从而使得企业管理者的经营决策更加高效和科学。

（二）大数据对财务报表分析框架

财务报表分析的架构及特征财务报表分析的架构主要基于公司的财务报表数据。财务报表所有数据均严格按照会计准则及会计法规真实地反映企业的经营情况，包括四类财务比率：债务比率、资产周转率、收入比率和增长率为分析工具。分析公司偿付能力、盈利能力、运营能力和开发能力的"四要素"，以帮助投资者了解公司过去的经营状况。估计公司未来的发展能力，以帮助做出正确的投资决策。传统财务报表的分析是事后分析，事前和事间缺乏控制；主要是报表分析，忽略非财务数据的分析；注重结果分析，而忽略了过程性的分析。

随着互联网的迅速发展，财务报表分析的内涵和外延还没有扩大。财务报表分析也面临着严峻的大数据处理问题和新的机遇和变化，财务报表分析框架的修订即将到来。比较分析学派、商业分析学派、金融危机预测学派、资本市场学派等学派都遵循以"四要素"为核心的财务报表分析框架。但此种分析框架在大数据、云计算到来的今天，其适应性和实用性，以及分析结果准确涵盖企业的环境变化因素和面临的挑战是非常困难的。而大数据以其体量大、类型多样、增长变化快速、准确性高等的优势，在财务报表分析领域迅速凸显了其价值。这就要求对新环境下财务报表分析框架进行如下调整：

（1）事前分析和预警分析

财务分析领域早期的财务失败预测模型。随着大数据和人工智能的兴起和发展，已经有了Logistic模型、神经网络模型等基于数据挖掘技术的决策树模型和其他财务预警模型。企业运用财务报表分析智能系统，构建与企业发展相关的关键指标，连接关键要素。智能系统固化数据整理和分析的方式，并有一套分析执行的标准化、流程化的工具和模型，提前设好不同的变量，最终输出不同指标的分析结果，仍需多次数据测算，最终确定出与企业发展战略目标相符合的指标及目标值。同时，在目标的执行过程中，也可以定期去关注、分析指标的变动情况，发现异动指标即可做到立即预警，从而可以加强管控的

力度，及时纠偏。财务报表分析系统可以自动的实现取数和对标，且能够对结果进行分析和评价。对异动情况进行深入挖掘，分析背后的原因，根据原因，继续分析关键因素并及时提出可行的解决方案。因此，大数据的先天优势，使财务报表分析的评价结果指导事前预测，而解决方案又用于发展战略的实施，充分利用预测、控制和评估财务报表分析的功能。目标值的不断修正，使得企业运营各环节得到指导和管控，形成了一个强大的贯穿在业务流程和产品生命周期中的闭环式的、智能的财务报表分析系统。事前分析和预警分析将发挥更大的作用，且在执行过程中，同时进行了事中的管控和事后的评价，大大提高了分析的价值。

（2）单一分析转向多样分析

传统的财务报表分析缺乏对数据和信息的问题和性质的分析，过程单一。在大数据环境下，可以采集更多渠道的、大量的关于业务、客户、企业内、外部经营环境非财务信息，极大地拓展了可采集和可供分析的数据范围，因此可以全面地、多样地进行分析，并将多种分析方法相结合，如静态报表数据分析结合动态分析企业以前的财务状况与企业当前的经济状况相结合的分析，预测企业未来发展方向更科学、更合理，还有定量分析和定性分析相结合，综合分析和个人分析等。大数据支持下的全面的、多样的财务报表分析将使分析结果更加真实、准确，且企业未来发展和决策的支持力度更大。

（3）阶段分析转向实时分析

互联网时代大幅提高了财务信息的传播速度。企业能够根据自身特点制订一套实时的信息收集与整理系统及构建更为智能化的实时财务分析体系，合理使用相关大数据挖掘的方法和工具，变传统的阶段性财务分析为即时、实时的财务分析，从客户、内部管理流程和财务流程及企业的学习与成长等全方位的维度来实时、客观地评价企业的经营状况、挖掘财务数据背后的信息和规律。财务学家约翰·阿尔莫蒂强调导致企业失败的很重要的一个原因就是会计信息不足或会计信息系统存在缺失，因此传统的财务报表分析仅对财务数据进行分析，因而无法确定源头数据的准确与否，很难真正把握企业经营成果，从而对于企业的发展前景可能产生误判。信息化时代，大数据繁荣发展，企业需进一步明确财务报表分析和大数据的关系，统筹兼顾地理清新形势下的财务报表分析的框架，变粗放、滞后的报表分析为创新、变革的企业的精益财务分析，推动企业精细化、信息化管理模式的应用。

三、应用举例

某公司是一家以物流快递服务为主业且涉及金融、租赁、理财等行业的大型企业，其拥有广泛的数据源，具有强大的数据采集能力。以物流大数据为例，物流大数据就是在海量物流数据中挖掘出新的增值价值。作为行业三大巨头之一，其推出的物流大数据产品主要服务于自有大客户及为电商客户提供决策支持。运用大数据计算和分析技术，为客户提供物流仓储、精准营销、运营管理等方面的决策支持，方便客户整合优化物流业务，提高工作效率，还可以获取行业最新信息，不断拓展新业务。通过对大数据的挖掘，还能精准地预测未来商品订单的走势，模拟分仓，合理地进行库存管理，大大地降低成本和提高时效。

通过对该公司财务报表的综合分析可知，该公司正处于企业成长期，资本力量雄厚，但资产利用率较低，偿债能力较弱，获利能力在逐渐增强。同时，从报表分析中我们能看出企业发展状况及存在的问题，但是并不能得到解决这些问题的方案。

如何对海量信息进行处理，从中提取出关联信息，对原始财务报表分析进行补充和修改呢？可以从以下几个方面做手：

①对企业三大财务报表逐一进行分析，从整体上把握企业的发展状况。

②分析相关财务指标，如偿债能力分析、营运能力分析、获利能力分析等。

③通过上述对报表的分析，列举出一些企业存在的问题，通过大数据分析技术，找出解决问题的

方法。

④企业为了做出更加合理的评价及解决方案，就必须建立多维、动态的财务系统。

例如：要提高企业资产利用率、资产流动能力等，首先就是要盘活企业闲置资产。这个问题传统的财务分析方法没法解决，这时就可以利用大数据分析技术，对企业数据库中所有资产数据进行使用时效和成本分析，通过科学计算给出最优的解决方案。

例如：要提高企业偿债能力，首先要提高企业资产的质量、降低原材料及在产品等的库存，因为大量的库存会占用资金，降低变现能力。通过大数据技术可以对数据库中资产的优劣进行筛选，处理掉劣质资产，提高资产整体质量；还可以通过对数据的分析为企业库存设置合理的预警线，使其保持在预警线下等。

因此，大数据时代下，传统财务报表分析已经不能完全适应企业发展的需要，运用大数据、云计算和物联网等IT技术来辅助报表分析，为企业提供决策支持，已是不可逆的趋势。因此，建立以采集、处理和分析与企业相关的所有数据为主导的经营模式，搭建出多维、系统、动态的财务管理体系，创建自身数据库，是企业所面临的一项紧迫任务。

本项目小结

随着社会信息化的发展，传统的财务报表分析方法已经跟不上财务报表分析的需要，我们要利用大数据为企业进行财务报表分析，为企业的经营管理、战略决策提供对决策有用的信息。

参考文献

[1] 楼土明. 会计报表阅读与分析 [M]. 北京：中国人民大学出版社，2014.
[2] 李昕，孙艳萍. 财务报表分析 [M]. 大连：东北财经大学出版社，2014.
[3] 李晓静. 财务报告与分析 [M]. 北京：北京大学出版社，2013.
[4] 任小平. 财务从不说假话 [M]. 北京：石油工业出版社，2012.
[5] 张铁铸，周红. 财务报表分析 [M]. 北京：清华大学出版社，2011.
[6] 张小溪. 跟巴菲特学看上市公司财务报表 [M]. 北京：企业管理出版社，2010.
[7] 马丁·弗里德森，费尔南多·阿尔瓦雷斯. 财务报表分析及案例（第三版）[M]. 朱丽，译. 北京：中国人民大学出版社，2010.
[8] 刘文国. 财务报表分析 [M]. 上海：上海财经大学出版社，2009.
[9] 张新民，钱爱民. 企业财务报表分析 [M]. 北京：北京大学出版社，2008.
[10] 朱学军. 公司财务分析 [M]. 北京：清华大学出版社，2008.
[11] 黄世忠. 财务报表分析：理论·框架·方法与案例 [M]. 北京：中国财政经济出版社，2007.
[12] 王化成. 财务报表分析 [M]. 北京：北京大学出版社，2007.
[13] 李敏. 会计分析技术 [M]. 上海：上海财经大学出版社，2006.
[14] 中华人民共和国财政部企业会计准则 [M]. 北京：经济科学出版社，2006.
[15] 中华人民共和国财政部企业会计准则应用指南 [M]. 北京：经济科学出版社，2006.
[16] 企业会计准则研究组. 2006企业会计准则讲解 [M]. 大连：东北财经大学出版社，2006.
[17] 杨显英. 财务分析理论与实务 [M]. 上海：立信会计出版社，2006.
[18] 科斯特斯. 财务报表分析及案例 [M]. 张志强，译. 北京：宇航出版社，2005.
[19] 高平阳，陈红明，张文静. 非财会人员怎样看会计报表 [M]. 北京：企业管理出版社，2004.
[20] 鲍勃·沃斯. 公司财务分析 [M]. 北京：中信出版社，2004.
[21] 曾英姿. 财务报表分析 [M]. 长沙：湖南人民出版社，2004.
[22] 张亚东，吴革. 财务报告陷阱防范 [M]. 北京：北京出版社，2004.
[23] 杨纪琬，夏东林. 怎样阅读会计报表 [M]. 北京：经济科学出版社，2003.
[24] 戴欣苗，谢少敏. 报表分析与会计评估 [M]. 上海：上海财经大学出版社，2003.
[25] 李心合，赵华. 财务报表阅读与分析 [M]. 上海：立信会计出版社，2003.
[26] 戴维·F·霍金斯. 公司财务报告与分析教程与案例 [M]. 大连：东北财经大学出版社，2000.
[27] 刘峰，葛家澍. 会计职能·财务报告性质·财务报告体系重构 [M]. 会计研究，2012（3）.
[28] 洪荭，胡华夏，郭春飞. 基于GONE理论的上市公司财务报告舞弊识别研究 [M]. 会计研究，2012.

学习重点:

学习难点:

必考点:

记录:

学习重点

学习难点

必考点

记录

学习重点:

学习难点:

必考点:

记录:

学习重点

学习难点

必考点

记录